디지털 세대의
아날로그 양육자들

통제와 차단, 허용과 방치 사이에서 길을 잃은
디지털 시대 육아 탐구 보고서

Parenting

디지털 세대의
아날로그 양육자들

지은이
소니아 리빙스턴
얼리샤 블럼-로스

옮긴이 박정은
감수자 김아미

for a
Digital
future

위즈덤하우스

　최근 몇 년간 가정에 많은 일이 있었다. 코로나19 팬데믹은 한편으로 가정에서 학습, 의사소통, 정보, 놀이를 위해 디지털 기술에 크게 의존하게 되었고, 이것이 물리적 봉쇄를 넘어 현재의 사회적이고 디지털적인 상호작용에 영향을 미쳤음을 상기시켰다. 또 다른 한편으로는 전 세계적 유행병을 겪으면서 직접적인 상호작용이 필수적이고 귀중하다는 사실을 새삼 깨닫게 되었다. 이 이중적인 인식이 이 책의 핵심 주장에서 가장 중요하게 드러나는 이중성을 압축하여 보여준다. 즉 디지털 기술은 현대 가정생활에 점점 더 필요하지만 아직은 충분치 않다. 또 디지털 기술은 아이들에게 기회와 위험 모두를 제공하고, 부모들 사이에 강렬한 희망과 두려움 모두를 유발한다.

　이 책은 부모뿐만 아니라 교사부터 정책 입안자, 언론인에 이르기까지 이 사안을 주시하고 있는 사람들이 궁금해하는 일련의 질문에 답하고자 한다. 부모들은 오늘날 디지털 시대의 어려움에 어떻게 대처하고 있는가? 그들은 디지털 미디어 및 기술 이용의 잠재력과 골치 아픈 현실에 대해 어떻게 생각하는가? 어린이와 새로운 기술에 대해 그토록 걱정하는 것은 당연한가? 그리고 우리는 디지털 육아에 대한 다른 많은 접근법에 대해 어떻게 설명할 수 있을까? 우리는 이 책을 쓰면서 다양한 가족을 알게 되었고, 그들의 집을 방문하고, 그들을 관찰하고, 그들에게 (기술과 관련해, 그리고 더 폭넓게는 그들의 삶과 관련해) 중요한 것이 무엇인지 말해달라고 요청했다.

우리는 디지털 기술 영역이 분투의 현장이 되었음을 깨달았다. 디지털 기술이 이해하기 복잡하고 그 영향이 불확실해서이기도 했고, 그것이 미래와 미래의 더 큰 불확실성을 상징하기 때문이기도 했다. 부모들은 면담에서, 기술에 투자하면 아이들의 미래를 개선할 수 있을지도 모른다고 말했다. 아이들이 약점을 극복하고, 장애를 감내하며, 경쟁사회에서 앞서 나갈 수 있을 것이라 했다. 하지만 완전히 새로운 기술들이 출현함에 따라(인공지능이나 메타버스를 떠올려보라) 부모들은 항상 빠르게 많은 것을 습득해야 한다. 우리가 면담했던, 최신 기술에 가장 능숙했던 부모들조차 미래의 혁신에 대비하는 동시에 현실과 과대광고를 구분하기 위해 도움과 지지, 비판적 미디어 리터러시를 필요로 했다.

문화와 환경은 중요하다. 부모들은 자신의 어린 시절 이후 일상생활이 어떻게 달라졌고 아이들이 크는 동안엔 어떻게 변화할지 알기 위해 자신이 가진 자원을 이용한다. 이 자원은 성별, 계급, 민족성, 사회경제적 지위 등에 따라 다르기 때문에 그 결과 또한 매우 다양하게 나타나고 불공평할 때도 많다. 우리는 런던에서 면담한 갖가지 유형의 가족들이 보여준 그 모든 다양성에도 불구하고, 각각의 부모가 삶 속에서 디지털 기술에 대해 포용하고, 균형을 잡고, 저항하는 방법들 사이에 유사점이 있음을 발견했다.

우리가 이 연구를 한국에서 수행했다면 비슷한 결과를 얻었을까? 세계적으로 대부분의 고소득 국가 아이들이 디지털 미래를 준비하기 위해 최신 기술을 이용하도록 권장된다는 점에서 공통점이 많았으리라고 생각한다. 교육적 기술 사용을 통해 학습을 학교 밖으로 확대하기 위해서든, 세계 곳곳에 사는 가족들과 연락하기 위해서든, 아이들의 삶에서 기술을 포용하면서도 균형을 유지하려 한다는 측면에서 한국의 가족들은 영국의 가족들과 비슷할 것이다. 하지만 학습보조 디지털 기기와 온라인 개인 교사의 활용이 스트레스와 경쟁의식을 유발할 수도 있다. 그로 인해 아이들이 종종 자유롭게 노는 시간을 빼앗기고 디지털로 인한 피해 위험에 노출되기 때문이다. 한국 부모들은 다른 국가의 부모들과 마찬가지로 디지털 놀이의 영향력에 대해 긍정적으로 느끼기보다는 스크린 타임의 영향력을 훨씬 더 많이 걱정한다. 그래서 영국 부모들처럼 저항과 통제 전략을 추구할 확률이 높다. 그러나 우리가 이 책 전반에 걸쳐 주장하듯, 스크린 타임이나 통제하려는 노력보다 훨씬 중요한 것은 아이들의 디지털 참여 각각을 이루는 내용, 맥락, 관계에 대해 분별력 있게 평가하고 사려 깊게 반응하는 것이다.

물론 분명히 한국과 영국 아이들의 디지털 유년기에는 차이가 있을 것이다. 한국은 디지털 혁신과 도입의 선봉에 있음을 자부하지만, 한국 아동이 가정과 학교에서 온라인을 활용하는 시간은 영국 아동에 비해 훨씬 적다는 비교 연구 결과가 있다. 또 한국의 대중문화는 전 세계적으로 유명하지만, 인터넷을 사용하는 아동이 겪을 수 있는 성적인 위험 수준 또한 높다. 그래서 부모들이 극복해야 할 도전 과제가 많다.

우리는 이 책이 많은 나라에 출간되어 매우 기쁘다. 사람들이 이 책에 수록된 가족들의 이야기에 관심을 가지는 것은 우리에게 중요하다. 그 이야기들은 기술에 대한 부모들의 희망과 두려움이 어떻게 아이들의 현재와 미래의 삶을 형성하며 차이를 낳는지 보여주기 때문이다. 우리가 면담했던 가족들의 목소리가 한국 독자들에게 반향을 일으키고 한국 가족들의 목소리에도 관심을 촉구하는 계기가 되길 희망한다.

앞으로 이야기하겠지만, 아이들은 디지털 세계를 '자신과 상관없는 것'처럼 치부한다. 즉 디지털 미래를 포용하고 싶지만 두려운 것도 많고 자신들의 목소리는 너무 작아 들리지 않는다는 사실을 알고 있다. 부모들도 자신의 목소리가 정책 입안자에게 전달되기를 바란다. 그들은 기술을 따라가려 애쓰고, 기술의 가치를 폄훼하기보다 각자에게 맞는 방식으로 그들의 삶에 적용하며, 아이들을 위해 최선을 다하고 있다. 교사들은 가정과 학교, 학교와 사회를 연결하며 핵심 중재자 역할을 하고 있지만, 부모들처럼 디지털과 다른 도전 과제들에 금세 압도되어버리기도 한다. 또 미래에 맞서기 위해 필요한 자원의 보유 상태도 제각각 다르다.

우리는 변화를 촉구하는 것으로 이 책을 끝맺는다. 부모들에게는 특히 떠오르는 기술들에 대한 더 많은 지원과 지도가 필요하다. 미디어는 '디지털 성장'을 덜 전전긍긍하는 태도로, 더 증거에 기반해 다뤄야 한다. 정부는 기술 회사가 아이들의 기회를 극대화하고, 위험을 최소화하며, 부모가 혁신을 예상하고 준비하는 부담을 덜어주어 그들이 그 즐거움과 가능성을 아이들과 자유롭게 공유할 수 있도록 단속해야 한다.

2023년 5월
소니아 리빙스턴, 얼리샤 블럼-로스

디지털 전환기라고 불리는 요즘, 아이를 디지털 세상으로 어떻게 안내해야 할지 고민하지 않는 양육자는 없을 것이다. 미디어 리터러시 연구자로 양육자를 만나면 아이가 몇 살이 되었을 때 스마트폰을 주어도 좋은지, 아이가 디지털 세상에서 안전하게 생활할 수 있도록 어떤 이야기를 나누고 무엇을 지켜주어야 하는지, 디지털 세상 속 아이 기르기에 대한 끝없는 질문과 고민을 듣게 된다. 이런 양육자의 질문과 고민에 스마트폰은 이때부터 쓰게 하세요, 소셜 미디어 서비스는 하루에 이만큼만 쓰게 하셔야 해요 등으로 딱 떨어지는 답을 줄 수 있으면 얼마나 좋을까. 하지만 아동의 삶에 그리고 그들이 디지털 세상에서 쌓아가는 경험에 관심을 기울일수록 이런 획일적인 답이 오히려 실효성이 없음을 실감한다.

대개 양육자는 자신의 경험을 토대로 아이의 손을 이끌고 아이의 성장을 지원하게 된다. 하지만 날이 다르게 빠른 속도로 변화해가는 디지털 세상을 마주하면 어떤 조언을 해주어야 할지 막연해진다. 내가 만난 많은 양육자들은 "나도 요즘 디지털을 모르는데 어떻게 아이를 지도해야 하나" 고민을 털어놓는다. 최신 디지털 기술을 누구보다도 잘 알고 있다고 자부하는 양육자도 아이와 디지털 이용을 둘러싼 갈등을 경험한다. 연구를 위해 어린이들을 만나다 보면 같은 나이대인데도 독립적 성향을 가진 어린이는 양육자가 자신이 경험하는 디지털 세상에 개입하지 않기를 바란다. 그에 반해 디지털 세상에서 위험을 경험한 어린이는 양육자가 관심을 가지고 조언과 도움을 주기를 바라며, 그런 양육자의 개입에 안심하고 디지털 세상을 헤쳐 나가기도 한다. 이처럼 디지털 세상 속 양육은 아이의 성향과 선호에 따라, 각 가정의 양육 문화와 경제적·문화적 자원에 따라, 아이가 경험하는 교육과 주변 또래 문화에 따라 서로 다른 모습으로 드러난다.

오랜 기간 아동의 디지털 미디어 경험을 연구해온 미디어 심리학자인 소니아 리빙스턴과 인류학 관점에서 미디어 커뮤니케이션을 연구하는 얼리샤 블룸-로스는 이 책을 통해 디지털 전환기 가정 내 양육자의 분투와 가정마다 다양하게 펼쳐지는 양육 모습을 상세히 펼쳐놓는다. 디지털 기술을 깊이 있게 알아야 미래에 직업을 구하기 쉬울 것이라 생각하고 적극적으로 디지털 환경을 받아들이는 양육자가 있는 한편, 디지털로 매개된 환경과 오프라인 환경에 균형 잡힌 노출이 중요하다고 여겨 아이의 디지털 노출 정도를 조절하고자 노력하는 양육자도 있다. 저자들은 각 가정이 위치한 사회적, 문화적, 경제적 맥락을 놓치지 않고 짚어내면서 다양한 가정의 디지털 양육관에 영향을 미치는 거시적 요소가 무엇인지 이론적 틀로 분석하며 제시한다.

이 책의 또 다른 흥미로운 지점은 아이가 가정과 교육의 장에서 경험하는 디지털 교육이 서로 어떻게 영향을 주고받는지를 살핀다는 것이다. 저자들은 아이가 디지털 세상에서 어떻게 성장해나가는지는 가정뿐 아니라 교육기관과 사회의 영향도 크다는 것을 여러 가정의 사례를 통해 보여준다. 이를 통해 디지털 미래를 위한 육아는 양육자뿐 아니라 사회의 기여와 고민이 필요함을 생각하게 한다.

처음 이 책을 접했을 때에는 디지털 기기나 콘텐츠 관련하여 어떤 방식으로 육아를 하면 좋은지 제시하는 내용이리라 짐작했다. 하지만 이 책의 강점은 저자들이 원제의 제목과 부제에 선명히 드러낸 것처럼, 디지털 기기나 기술, 정보와 콘텐츠에 양육자가 어떻게 대처하면 좋은지 정답을 제시하는 데 집중하지 않고, 디지털 사회를 살아가는 양육자들이 왜 항상 불안할 수밖에 없는지 보다 거시적인 이유를 찾아내고 사회적인 개선 방향을 제안한다는 데 있다. 이 책의 사례들은 영국 런던의 가정들로 한정되어 있다. 더구나 다양한 배경을 가진 가정의 양육 경험을 치밀하게 분석하고 있어 가볍게 넘어가는 쉬운 읽을거리는 아닐 수 있다. 그러나 저자들이 섬세하게 펼쳐내는 디지털 세상 속 양육자 사례와 이에 영향을 미치는 여러 힘에 대한 깊이 있는 분석을 따라가다 보면, 디지털 사회에서 아이를 양육하는 양육자의 노력에 공감하고, 디지털 시대 아동이 건강하게 성장하도록 돕기 위해 사회 구성원인 우리는 어떤 노력을 할 수 있는지 실천을 위한 고민을 시작하게 될 것이다.

김아미
디지털 미디어 리터러시 연구자,
서울대학교 빅데이터 혁신융합대학 연구교수

차례

1장 예상

2장 디지털 시대의 가정생활

3장 사회적 불평등

4장 디지털 가족의 긱 정체성

7장　미래를 상상하다

1장

예상

우리가 쾌적한 런던 교외에 있는 라라 머주어 Lara Mazur와 파벨 머주어 Pawel Mazur[1]의 작은 아파트로 들어서자, 라라는 우리와 이 문제를 논의하기를 손꼽아 기다리고 있었다고 소리 높여 말하며, 여섯 살 토마스 Tomas의 디지털 미디어 이용에 대해 부부가 얼마나 다른 의견을 가지고 있는지 털어놓기 시작했다. 브라질 출신의 대학 행정관인 라라의 머릿속에는 교육용 앱 조사하기, "자신감과 자립심을 키울 수 있도록" 검색하는 방법 가르치기 등 토마스가 온라인에서 얻을 수 있는 좋은 기회들에 대한 아이디어가 가득했다. 폴란드 출신의 요리사인 파벨은 온라인의 위험성을 우려했고, 특히 토마스가 친구들을 통해 폭력적인 온라인 비디오게임을 접한 이후로 걱정이 더 많아졌다.

라라는 토마스가 세상이 어떻게 돌아가고 있는지 알기를 바랐다. "세상에 어떤 일이 일어나고 있는지 아이에게 말해주는 것이 제 역할이에요. (중략) 저는 정말 개방적이에요. 어쩌면 너무 개방적인 것일 수도 있죠." 그녀는 '다른 엄마들'에게, 그리고 은연중에는 경계심을 보이는 파벨에게 비판적이었다. 가족용 노트북에 모든 사람의 비밀번호를 설정한 파벨은 주저하며 변호했다.

우리는 아이가 (중략) 올바른 선택을 할 수 있도록 인터넷 사용법을 가르쳐야 하지만, 동시에 안전해야 합니다. 통제하고 싶지는 않아요.

그저 제가 통제할 수 없는 뭔가가 있을 때 살펴볼 수 있길 바랄 뿐입니다.

토마스는 온라인으로든 오프라인으로든 축구 하는 것을 좋아한다고 수줍어하며 말했다. 비디오게임도 좋아하고 이웃에 사는 아이들과 밖에서 노는 것도 좋아한다고 했다. 이 여섯 살 아이도 디지털 기술에 대한 엄마 아빠의 접근법이 서로 다르다는 점을 놓치지 않았다. 아빠는 토마스가 좋아하는 게임인 〈피파FIFA〉를 "너무 많이 하면" 늘 못 하게 하지만, 엄마는 보통 "'그래'라고 말한다"라는 것을 토마스도 알고 있었다.[2]

부모는 디지털 기기와 경험을 어떻게 관리해야 하고 그것에 무엇을 기대해야 하는가? 왜 이 질문들이 가족 내에서, 정책 입안자들 사이에서, 언론에서 그토록 논쟁을 불러일으키는가? 이 책을 위한 현장 연구에서 만난 불안하거나, 열성적이거나, 방어적이거나, 지쳐 있던 부모들은 자신이 영감을 받거나 지지하는 '육아 철학'[3]에 대해 말했다. 이러한 질문들에 사로잡혀 있는 부모(가정에서 주양육자 역할을 하는 사람을 의미한다[4])가 있는 반면, 다른 더 큰 걱정거리가 있기 때문이든 아니면 디지털과 관련된 모든 것에 대해 소용돌이치는 불안감을 어떻게든 피했기 때문이든 그런 것에 덜 신경 쓰는 듯한 부모도 있었다. 라라와 파벨처럼 엄마와 아빠의 걱정거리가 서로 다를 때가 많았고 사회계급과 민족성도 가정들을 구분 지었지만, 항상 예측 가능한 방식은 아니었다. 이 다양성은 가족의 삶에서 디지털 기술이 어떤 역할을 하는지에 대한 대중과 정책 입안자의 추정을 복잡하게 하고 이의가 생겨나게 하기 때문에 중요하다.

라라와 파벨의 의견 차이는 우리가 이 책 전반에 걸쳐 거듭 이야기할 핵심을 분명히 보여준다. 아이의 디지털 생활을 걱정하는 듯한 부모의 말이나 행동의 근저에는 가족의 삶과 아이의 미래에 대한 더 깊은 희망과 두려움이 존재한다. 우리는 부모, 아이, 교육자를 대상으로 4년간 수행한 연구 결과에 기반해, 디지털 기술을 다양하게 즐기는 한편 도전 과제들과 씨름하고 있는 가족들의 삶을 탐구한다. 그리고 부모들이 자신이 겪고 있는 엄청난 변화를 이해하려고 노력할 때 디지털 딜레마가 피뢰침처럼 가치관, 정체성, 책임에 대한 현대의 논쟁들을 모두 소환한다고 주장한다.

육아 활동은 일상에 불과해 보일지 모르지만, 점점 더 개별화되는 사회에서 부모의 역할parenthood은 강력하게 재조정되고 있다. 우리는 특히 가족들이 일상적인 실행practice을 통해 현재의 소망과 물질적인 제약 사이에서 길을 찾는다는 사실을 이 책 전반에 걸쳐 밝힐 것이다.[5] '육아 문화 연구'라는 급성장하고 있는 분야를 소개하면서 엘리 리 Ellie Lee, 얀 맥바리시 Jan Macvarish, 제니 브리스토 Jennie Bristow는 말한다.

> 한때 진부하고 비교적 중요하지 않은, 아이와 가족의 사적인 일상생활로 여겨지던 것(밥 먹기, 잠자기, 놀기, 책 읽어주기)이, 다음 세대와 사회 전체에 미치는 부모 활동의 영향에 관한 격렬한 논쟁의 주제가 되었다.[6]

가족, 건강, 돈, 교육, 사회적 관계 등은 한때 전통적 권력에 의해 좌우되었지만, 개인이 새로운 기회와 위험에 대한 권한과 부담을 모두 가지게 되면서 더욱 첨예한 선택의 문제가 되고 있다. 동시에 개인의 선택이 사회에 영향을 미치므로 정치인, 교육자, 정책 입안자는 육아가 계속 그들의 영향권에서 멀어지고 있음에도 불구하고 그것을 관리하기 위해 무던히 애쓰고 있다.[7] 요컨대 육아라는 개념은 한편으로는 아이 또는 아이들에 대한 개인적 돌봄의 형태를 포함하지만 다른 한편으로는 문화적, 사회적, 경제적 실행을 포함하며 그것이 육아를 정치적으로 만든다. 따라서 우리는 일상적인 부모의 행동과 '육아'(최근에야 일상적인 담론에서 많이 쓰이게 된 용어)라는 논쟁적인 개념을 분석적으로 구별한다. '육아'라는 용어는 부모가 하는 일이라는 의미 이상으로 후기 근대의 부모에게 주어지는 일련의 힘든 '과업'을 가리키는 말, 심지어 그 과업을 구성해내기 위한 말로서 많이 쓰이게 되었다. 이는 '부모에게' 도덕적 책무를 완전히 부과하여, 부모 스스로가 항상 '좋은 육아'의 기준을 충족하고 있는지 자문하게 한다.

가족의 일상적인 경험에 기반하여 현장 연구를 수행했지만 우리의 관심사는 더 폭넓어서, 어떻게 살아야 하는지, 무엇이 행복을 구성하는지, 희망하는 '좋은 삶'이 무엇인지에 대해 긴급한 딜레마를 사회가 탐구하는 과정에서 어떻게 '육아' 논쟁이 중요한 수단이 되었는지를 아우른다. 우리는 육아를 이 장에서 나중에 논의할 후기 근대성 이론 및 위험사회 이론과 관련시킨다. 스티비 잭슨Stevi Jackson과 수 스콧Sue Scott은 다음과 같이 말한다. "부모는 세상이 예측하기 어렵고 안전하지 않을 때 자녀에게 더 많이 투자한다."[8] 이 투자는 모든 사람에게 영향을 미친다. '어린이가 미래'이기 때문이다. 불확실한 미래를 최적화하기 위해 설계된 사회의 불안한 계산은 종종 아이들과 자녀 육아에 주목한다.

그래서 부모가 책임을 지는 방식이 모든 사람의 관심사가 된다. 부모가 자녀의 디지털 기술 이용을 어떻게 관리하는지에 대해 대중이 판단하려 드는 것은 우연이 아니다. 미디어 학자로서 우리는 현대 생활의 딜레마를 구체화하는 것이 디지털 전환이라는 데 강한 호기심을 느낀다. 그리고 그러한 결과가 나타나는 데 매우 중요한 (불확실성과 복잡성, 자녀 육아를 야기하는) 디지털 혁신의 결합이 특히 폭발적으로 일어나는 듯하다. 다른 사람들의 서로 모순된 조언은 불안감을 더한다. 대중매체의 헤드라인은 디지털 스킬을 배우거나 따라갈 수 있도록 최신 기기를 사라고 부모들을 끊임없이 부추긴다. 그러면서 한편으로는 아이들이 온라인의 위험에 노출되지 않도록 면밀히 감시하고, 게임이나 소셜 미디어처럼 '머리를 쓰지 않는' 활동을 하며 보내는 시간을 제한하라고도 꾸준히 권한다. 기술혁신이 현 시대를 정의하는 유일한 변화는 아니지만, 우리는 연구 과정에서 그것이 어떻게 주체성 agency, 가치관, 전통(의 상실)에 근본적인 불안감을 유발하는지 여러 번 되풀이해 관찰하게 되었다.

우리는 이야기를 나눴던 부모들에게 그들이 어떻게 양육되었는지 어린 시절을 되돌아보고 자녀가 부모가 되어 있을 미래를 떠올려보도록 요청했다. 다수는 자신과 자녀의 어린 시절 사이에 가장 뚜렷하게 차이 나는 유일한 요소가 디지털 기술이라고 말했다. 물론 그래서 디지털 기술이 부모들의 관심과 걱정을 불러일으킨다. 기술변화가 정말 우리 시대의 최고 우선 과제 또는 유일한 우선 과제라거나 모든 부모가 정말 이것에 신경 쓰고 있다고 말하려는 것은 아니다. 사실 이 책 전반에서 우리는 디지털에 그런 관심을 가짐으로써 무슨 문제가 발생하는지, 따라서 어떤 다른 문제, 어쩌면 더 심각한 문제가 가려질 수 있는지 비판적으로 검토한다.

통제력을 유지하려는 파벨의 희망은 우리가 현장 연구에서 반복적으로 듣는 말이었다. 디지털 기회에 대한 라라의 낙관론도 마찬가지였다. 라라는 기대감을 드러내며 말했다. "큰 정책이 진행되고 있는데, 모든 엄마들이 신경 쓰고 있죠. 정책대로라면 아이들은 이번 학기에 코딩하는 법을 배울 거예요."[9] "[엄마들이] 걱정하는 건가요, 아니면 기대하는 건가요?"라고 묻자 라라가 이번엔 남편 생각에 동의하면서 이렇게 대답했다.

약간 얼떨떨해하는 것 같아요. 하지만 그게 지금 일어나고 있는 일이고 아시다시피 우리가 정부의 정책과 정보기술IT 수업을 피할 수 있는 게 아니잖아요. 우리가 원하든 원하지 않든 그 길로 가야 하죠. 그러니 어떤 체계나 도구를 가지고 있는 편이 더 좋을 거예요.

코딩을 가르치겠다는 학교의 새로운 계획은 라라를 운명론적으로 만들었다.

새로운 것들이 많이 생기겠지만 저는 속도가 걱정돼요. 부모가 따라갈 수 있을지 의문이에요. 모르겠어요. 그냥 잘되길 바랄 뿐이에요.

파벨은 디지털에 대한 새로운 부담을 떠안는 것으로 대처하려 애썼다.

제가 그 꼭대기에 있어야 해요. 그래야 아이를 풀어주기 전에 걔가 컴퓨터로 뭘 할 수 있는지 알 수 있죠. (중략) [그래서] 제가 코딩을 배워야겠습니다.

'자유주의자'인 라라가 토마스를 둘러싼 안전과 상업적 위협을 고려해 미디어에 대한 더 강한 정부 규제를 주장하는 데까지는 오래 걸리지 않았다. 그러나 라라는 그것이 과연 효과적일지 의심하면서 위험 관리를 많이 부담스러워했다. 라라와 파벨은 아들을 교육하는 데 얼마 없는 자원(주로 기력과 투지)을 쏟아부었다. 아들이 위험하고 불확실해 보이는(우리도 동의하는 바다) 세상에서 성공하길 바랐다. 두 사람은 우리가 면담했던 많은 부모처럼 이제 고작 여섯 살 된 아이의 개인적인 선택이 이미 미래를 암시하고 미래의 성패를 좌우한다고 확신하고 있었다.

기억되는 과거와 상상되는 미래 사이

과연 누가 20년 후의 세상을 예측할 수 있을까? 아니면 오늘의 자녀 교육이 미래에 자녀가 성인이 되었을 때 어떤 결과로 이어질지 알 수 있을까? 이러한 의문들은 인류 역사만큼이나 오래되었지만 특히 점점 더 개별화되고 경쟁이 심화되는 사회에서 급격한 사회 변화가 일어나는 시기에는 더더욱 초미의 문제가 된다. 오늘날의 사회를 형성한 많은 변화가 존재하지만, 그중에서도 디지털 기술의 광범위한 수용은 독보적으로 중요하다. 경제협력개발기구OECD에서는 이렇게 말했다.

2018년에 학교에 들어가는 아이들이 2030년에 청년이 될 것이다. 학교에서는 아직 생기지 않은 직업에 대해, 아직 개발되지 않은 기술

을 가지고, 아직 예측되지 않은 문제를 해결할 수 있도록 아이들을 준비시킬 것이다.[10]

이것은 육아에 대한 아주 오래된 의문들을 새롭고 특수하게 만든다. 부모는 2030년이나 2040년에 성인이 되는 자녀를 어떻게 준비시킬 수 있을까? 아직 생기지도 않은 직업을 위한 준비란 무엇일까? 과학 기술의 변화와 미래 노동시장을 예측할 수 없는 상황에서 미래에 살아남기 위해 필요한 디지털 능력을 어떻게 내다볼 수 있을까? 정보 과부하, '가짜 뉴스', '해킹된' 선거의 시대에 어떻게 자녀가 시민으로 성장하도록 지원할 수 있을까? 아니면 "기술적 진보와 인구통계학적 변화"에 맞서 "불안정한 저부가가치, 저임금 일자리에 종속되는(또는 더 나쁜 경우로서 직장에서 완전히 쫓겨나는)" 미래를 모면하게 하려면 어떻게 해야 할까?[11] 요컨대 부모 자신도 힘겹게 이해하거나 대처하는 디지털 세상에서 아이의 주체성과 복지를 증진하려면 어떻게 해야 할까?[12]

아이의 유아기와 성인기 사이 시절은 상징적으로 희망과 두려움으로 가득하다. 이 책에서 우리는 부모의 현재 행동이 즉각적인 필요나 욕구뿐 아니라 더 중요하게는 과거의 기억과 미래의 전망에 의해 형성된다는 사실을 전제한다. 부모가 자신의 어린 시절을 되돌아보는 것은 이해할 수 있지만, 육아는 본질적으로 미래 지향적이다. 육아에서 나타나는 개별 행동은 의미가 이중적이다. 즉 현재에 대한 개입이자 특정 미래를 달성하려는 노력인데, 이 미래는 완벽하게 지정될 수 없고 그것을 이루는 길도 불확실하다. 시간의 사회학에서는 사람들이 "예상되는 미래"[13]를 결정하는 과정에서, 빈센 애덤스 Vincanne

Adams, 미셸 머피 Michelle Murphy, 아델 클라크 Adele Clarke가 말했듯이 끊임없이 "미래, 과거, 현재 사이를 **왔다 갔다** 하면서 미래를 창조하는 틀을 만들어내게" 된다고 주장한다.[14] 대부분의 경우, 이 창의적인 회상과 예상의 기간은 과거로는 조부모까지, 미래로는 손주까지를 포함한다. 따라서 변화를 경험하고 결정을 내리는 기간이 100년 정도의 범위로 유지된다. 부모들에게 자신의 삶을 회고해달라고 요청했을 때 이미 알고 있는 그들의 과거에서 "미래 이야기"로, 창의적인, 어쩌면 위험한 도약을 강행하는 모습을 자주 목격했다. 미래 이야기에서 부모들은 알지도 못하고 알 수도 없는 자녀의 미래를 예측하려 애썼다.[15]

부모들은 일상생활을 묘사할 때 자신의 은밀한 즐거움, 결혼 생활에서의 갈등, 다른 사람들의 평가, 자녀의 미래에 대한 불안감을 포함해 필연적으로 더 폭넓은 문화적 서사를 반영했다. 우리는 이 서사가 종종 기술혁신에 따른 과거로부터의 변화와 미래에 대한 전망에 좌우된다는 사실을 발견했다. 부모들은 일간지에서 '인터넷 중독'에 대한 헤드라인을 읽고, 육아 잡지나 대중지에서 화면 보는 시간을 제한하라는 조언을 접한다. '자유롭게 자란' 어린 시절에 대한 낭만적인 설명에 공감하며, 로봇이 인간을 대체한다거나 (인간이 아니라) 인공지능이 인류의 삶을 바꾸는 결정을 내릴 것이라는 예측에 겁먹는다. 그래서 부모들은 자녀에게 가장 좋은 것이 무엇인지 가늠하는 일에 관해서라면 (다른 모든 사람이 그렇듯) 대중적인 이미지로부터 영향을 받는다.

중산층인 리나 후벤 Lena Houben [16]은 아이 옆에 더 있어 주기 위해 어쩔 수 없이 학계에서의 경력을 중단했다. 그러나 집에 있는 일부 다른 엄마들과 마찬가지로 "히스테리의 바다에서 계속 부유하고 있는 듯한 감각"[17]과 싸우면서, 고립감을 느꼈고 세상에서 자신의 입지가 불확실하다고 여겨졌다. 그녀는 집에서 디지털 기기들의 "쓰나미"에 압도되는 느낌을 받는다고 말했다. 그래서 자신이 어렸을 때 부모님이 그녀의 TV 시청을 어떻게 다뤘는지 돌아보게 되었다.

> 부모님이 정말 엄격했어요. 다른 사람은 모두 보는 걸 저는 볼 수 없었어요. 전 대화에 낄 수 없었죠. 저는 [제 딸] 미리엄 Miriam이 제가 과도하게 보호하지 않아도 스스로 살아남을 수 있을 거라고 생각했어요. 그래서 약간씩 허용하면서 스스로 실험해보게 내버려 뒀죠. 아이가 열한 살 때까지는 괜찮았는데 지금은 사태가 걷잡을 수 없게 되어서 아주 짧은 사이에 갑자기 기기가 세 개나 생겼어요. 전 다시 원래대로 불안해졌죠.

리나는 어렸을 때 느꼈던 좌절을 떠올리고 나서 육아에 더 관대해지려는 노력을 기울이게 되었다. 그러나 불안감을 완전히 몰아낼 수는 없어서 미리엄의 인터넷 이용에 대해 그 영향을 "통제"하기 위해 엄격한 규칙을 적용했다(구글 스프레드시트를 이용해서 추적했다)고 씁쓸해하며 고백했다. 그렇지만 완전히 못 하게 하는 전략을 쓰기에는 걸리는 게 많았다. 또한 미리엄은 학교에서 스크래치 Scratch를 이용해 코딩을 배우고 있었다. 리나는 그것에 대해 긍정적으로 생각했고 코딩은 디지털 미래에 필수라는 공식적인 견해도 알고 있었다.

> 새로운 라틴어 같은 거잖아요? 600년 전에 글을 읽거나 쓸 수 없으

면 성 밖의 소작농 신세가 되는 것과 마찬가지예요. 새로운 세상에선 HTML 사용법을 알아야 하죠. 자기 웹사이트를 만들 수 있어야 하고 몇 가지 툴은 다룰 수 있어야 해요. 수동적인 사용자에 머물러선 안 돼요.

리나는 다른 부모들처럼 어렸을 때 놀거리를 직접 만들거나 밖에서 맑은 공기를 마시며 놀았던 순간을 들려줬다. 하지만 미래에 대해서는 첨단기술과 관련된 일자리, 스물네 시간 감시, 개인 화면에 의해 고립된 사람들이 존재하는 SF 속 세계를 이야기했다. 리나는 다음과 같이 덧붙였다.

제가 자랄 때와 비교하면, 이전의 어떤 부모 세대도 다뤄본 적 없는 완전히 새로운 것 같아요. (중략) 저는 접속되지 않은 상태에서 자란 마지막 세대예요.[18]

"새로운 미래를 형성"하기 위해 현재를 해석하는 것은 매우 창의적인 활동이다.[19] 하지만 완전히 개인적인 활동은 아니다. 사회적으로 협의되고, 정치적으로 쟁점이 되고, 많은 조정을 거친다. 로빈 맨셀Robin Mansell은 찰스 테일러 Charles Taylor의 "사회적 상상은 보편적 타당성을 획득한 널리 공유된 이해다"라는 생각을 받아들이지만, 사회가 인터넷에 대한 사회적 상상에서 충돌하고 있다고 주장한다. 일반적으로는 경제적 요인과 시장 논리를 우선시하지만 "공통된 정보 안에서 문화를 공유하려는" 희망을 버리지 않는다는 것이다.[20] 더 나은 미래를 상상할 수 있게 하는 주장이 제기될 수 있고 그러면 많은 전문가의 대립되는 주장과 예측이 대중의 상상에서 타당성을 얻기 위해 또다시 싸우게 된다.

디지털 기술 이용이 더 나은 미래를 가져올지, 그렇다면 어떻게 그 미래를 가져올지에 대한 부모들의 질문에 쉽게 답할 수 있는 사람은 없다. 그래서 부모들은 결과를 추측하기보다 대비책을 마련하는 데 몰두하게 된다. 하루의 일상적인 순간들에도, 불안한 부모는 아이의 어떤 행동이 미래에 도움이 되거나 해가 될지 알아내기 위해 이런저런 가능성을 점쳐본다. 새롭게 솟아난 어떤 관심사가 성인기까지 이득이 되는 길로 이어질 수 있을지, 놓쳐버린 어떤 기회가 나중에 후회로 남을지, 또 쉽게 간과해버린 어떤 문제가 나중에 골칫거리가 된다는 신호인지 알아내야 한다. 부모의 어린 시절에 대한 기억은 순전히 향수 어린 추억이 아니고서는 흐릿하다. 자녀의 어린 시절과 비교하면 그때는 확실히 집과 주머니에 다양한 디지털 기기가 없었고 지금은 있다는 것이 확연한 차이다. 그리하여 어른들은 자신들의 어린 시절과 분리된 채 통제를 위한 개인적 투쟁을 강변하게 된다.

또한 이런 차이점이 되기 때문에 디지털 기술은 가정생활의 협상을 위한 핵심 지형, 때로는 전쟁터를 나타내기도 한다. 그것이 다시 차이를 만드는지는 또 다른 질문이며, 마지막 장에서 그 질문으로 돌아간다.

수용, 균형, 저항

최신 미디어 기술은 항상 가정의 관습과 공공정책의 변화를 요구하면서 사람들의 희망과 두려움을 불러일으켰다. 좋게 봐도 시간 낭비, 나쁘게 보면 부도덕과 폭력을 퍼뜨리는 것으로 여겨지는[21] TV가

처음 나왔을 때 그것은 "가족 관계와 가정의 효율적인 기능에 대단히 파괴적인 영향을 미칠 것"이며, 아이의 눈과 뇌를 망치고 심지어 암을 유발할 것이라는 두려움이 있었다.[22] 그와 동시에 기술에 대한 사회의 투자와 낙관론도 꾸준하다. 새로운 기회를 만들고 포용의 장벽을 낮춤으로써 아이들의 교육적 가능성을 완전히 바꾸고 접근을 민주화할 것이라는 끈질긴 희망이 존재한다. 그러한 가능성이 실현될 것인지, 누구를 위한 것인지를 두고 사회과학자들이 오랫동안 논쟁해왔지만 최신 디지털 기술에 대한 논의에서 역시 사회과학자들의 비슷한 과장 표현이 되풀이되고 있다.[23] 한편에서는 스마트폰이 "한 세대를 망쳤고" 소셜 미디어가 "대화를 단절시켰다"고 한다.[24] 다른 한편에서는 전문가 집단이 강조하고 고용주가 요구하며 정부가 장려하는 "21세기 스킬"을 부모가 자녀에게 습득시킬 필요가 있고 그러지 않으면 아이들이 뒤처질 수 있다고 이야기한다.[25]

에밀리 Emily(6세)와 토비 Toby(5세)의 엄마 리지 코리엄 Lizzie Coriam [26]은 온라인에서의 안전과 폭력에 대해 걱정이 많았고 그래서 아이들을 주의 깊게 살폈다. 그녀는 우리에게 많은 부모가 직면하는 딜레마를 포착해 말해주었다.

저는 미술과 만들기를 하고, 앉아서 책을 읽고, 자연에서 산책하는 것 같은 일들에 소홀한 엄마라는 말을 듣고 싶지 않아요. 그래서 (중략) 아이들이 컴퓨터를 얼마나 오랫동안 사용하는지 신경 쓰고 있다고 말해요. 부모들을 평가하는 사람들이 있거든요. (중략) 하지만 사실 고민이 많아요. IT 분야에서 돈을 많이 버는 사촌들이 남아프리카공화국에 많이 있거든요. 그래서 이런 생각도 들어요. 오히려 적극적으로 권장해야 하는 건가? 모르겠어요. (중략) 그 문제로 괴로워요. 아이들이 뒤처지는 게 싫은 거죠. 가끔 우리가 어쩌면 더 많이 배워야 한다는 생각이 들어요. 그래야 아이들이 더 빨리 배우고 경쟁에서 앞설 수 있을 것 같아요.

부모들이 이 양분된 비전에 어떻게 대응하는지를 이해하려는 것이 이 책을 쓴 주요 동기다. 우리는 자신의 가치관과 선호도에 따라, 지원의 많고 적음에 따라, 저마다 나름의 방침을 세우려고 노력하는 많은 부모를 만났다. 개중에는 매우 특별한 도전 과제에 직면한 부모도 있었다. 일부 부모에게는 이러한 비전에 대응하는 데 디지털 기술이 도움이 되었고, 또 다른 일부 부모에게는 기술의 차원을 넘어서는 도전 과제가 주어졌다.

톨스토이의 명언, "행복한 가정은 모두 비슷하지만, 불행한 가정은 저마다의 이유로 불행하다"와는 달리 우리는 모든 가정에서 복잡성과 양면성을 발견했다.[27] 그래서 이 책은 부모와 자녀가 화합, 훈육, 도덕성을 배척하며 개인 화면에 '접속되어' 있다는, 만연한 가족 불화에 대한 대중의 담론을 지지하지 않을 것이다.[28] 부모들이 디지털 발달을 따라가라는 훈계를 듣는 동시에 '스크린 타임'이 너무 길다며 비판받을 때 자신들이 놓이게 되는 잘못된 위치를 어떻게 다양한 방식으로 재조정하려고 하는지 기쁘게 관찰했듯이, 사실 우리는 그 자체가 부모들이 매일 직면하는 평가와 다를 바 없는 이런 식의 담론을 거부한다.

한편 우리는 교육을 위한 기술과 자원 측면에서 부모의 투자가, 축적된 사회경제적 차이를 좁힐 수 없고 어떤 면에서는 심화시킨다는 사실을 발견했기에 불평등에 대한 우려를 지지한다.[29] 또 디지털 기회에 대한 많은 약속이 깨지기 쉽고, 그렇게 자주 깨지는 것이 계급에 대한 숨겨진(또는 그다지 숨겨져 있지 않은) 피해를 악화시킨다고 해석할 수 있음을 보여줄 것이다.[30] 동시에 우리는 계급, 성별, 민족성, 장애, 그 밖에 가족의 자원, 사상, 성과를 형성하는 다른 요인들 사이의 상호 관계에 모두 주의를 기울이는 교차적 접근법을 채택한다. 곧 알게 되겠지만 "특권과 압력은 단순한 가법 모형을 따르지 않고 변하기 쉬운 맥락적 변수와 관련되어 개인적으로 해석된다."[31]

영유아의 부모 혹은 10대의 부모, 수백만 파운드짜리 집에 사는 부모 혹은 사회 주택에 사는 부모의 경험을 반영하여 우리는 '디지털 육아'에 대한 뚜렷하게 구별되는 세 가지 유형을 식별한다. 유형들은, 항상 의식되거나 일관되지는 않은 방식으로 (사회, 디지털, 미래에 대한) 특정 가치관, 신념, 상상에 의해 의미 있어지는 실행 군집이다.[32] 세 가지 유형은 다음과 같다.

- 수용: 이 유형에서는 부모들이 자신이나 자녀를 위한 디지털 기술을 찾아낸다. 가정생활을 편하게 하거나 가치 있는 전문 기술 또는 일부 '미래형' 정체성과 생활 방식을 가지게 하려는 목적이다.
- 균형: 이 유형에서 부모들은 디지털적인 실행 중 일부는 장려하고 다른 것들은 그렇게 하지 않음으로써 위험을 분산하려고 노력한다. 종종 즉석에서 현재 또는 미래의 핵심적인 기회와 위험을 따지기도 한다.
- 저항: 이 유형에서 부모들은 자신의 노력이, 막을 수 없을 것 같은

디지털 기술의 가정생활 침투를 적어도 일정 기간 동안 저지하기 위한 시도라고 표현한다.

일부 사람들에게 저항은 특정 자녀에게 기술이 문제가 되는 것으로 보일 때 어떤 사건이나 행동에 대응하는 방식이다. 그러나 저항은 때때로 가치 주도적인 것보다 덜 반응적이다. 다른 활동이나 미래를 우선시하려는 욕구가 반영되기도 하고 사회적 압력과 상업주의에 저항하는 방식이 되기도 하기 때문이다.

이 책의 전반에 걸쳐 이 유형들이 가족들 간 공통성과 다양성을 조화시키는 방법을 제공한다. 이 유형들은 부모들이 기술적, 사회적인 상황에 대해 개인적 환경에 따라 다양한 방식으로, 심지어 반대되는 방식으로 반응하지만 그렇더라도 공통 패턴을 파악하고 분석할 수 있음을 상기시킨다. 예를 들어 라라와 파벨의 희망과 우려에는 디지털 기술에 대한 특유한 가치관과 그것을 둘러싼 실행이 내재되어 있는데 이것들은 모두 다른 사람들에 의해 반복되고 충돌된다. 라라와 파벨은 매일 이동하고 일하느라 지쳐 있을 때가 많았지만 토마스의 스크린 타임을 하루에 한 시간 정도로 제한하고 관리하기 위해 열심히 노력하고 있었다. 다른 한편으로 파벨은 친척이 모두 다른 나라에 살았기 때문에 토마스가 조부모와 스카이프Skype로 통화하게 하려고 애썼다. 그러나 실제로는 효과가 거의 없었는데, 조부모가 디지털 기술에 익숙하지 않았던 데다 토마스는 조부모를 거의 모르고 폴란드어도 할 줄 몰라서 조부모를 불편해했기 때문이다.[33]

기술은 두려움과 희망 모두를 상징했지만 기술을 통해 협상과 관리가 쉬워지는 것은 아니었다. 라라는 기술 덕분에 열린 새로운 기회를 수용하는 데 더 열심이었지만, 파벨은 전통적 가치를 이어나가기 위해 저항했다. 그러나 그 지향이 고정된 것은 아니었다. 파벨은 마지못해 균형을 찾기 전까지만 저항했다. 라라는 수용하면서도 스스로 저항하고 있음을 느꼈다. 그들은 변화하는 역학 관계 속에서 점점 불가피해 보이는 것들을 시간이 흐르며 수용하게 되었고 상대와 협상하고 조정했다. 라라가 설명한 것처럼 "정말 모든 종류의 사안에 걸쳐 모든 것이 미디어와 컴퓨터에 물들었다. 그래서 그것을 피할 방법이 없다."

　리나 후벤은 불안한 양가감정을 느끼며 균형을 잡고 있었다. 스크린 타임이 너무 길어지면 미리엄의 "손과 눈의 협응력, 소근육 운동 기능"에 영향을 미치고 "자신을 표현하는 방식이 위축"될까 봐 걱정했다. 하지만 그러한 걱정에도 불구하고 딸이 쓴 시를 블로그에 올리라고 격려한 바람에 미리엄의 아빠인 에이버리 달 Avery Dahl과 갈등이 빚어졌다. 에이버리는 최근 미디어 제작 업무로 복귀했지만, 한동안 중산층 가정의 재정 상태를 위협하는 실직 상태에 있었다. 에이버리는 미리엄의 "어린 시절 작품"이 미래의 "브랜드"에 악영향을 줄까 봐 두려워한 반면 리나는 딸의 블로그를 앞으로 누릴 좋은 것들을 기록하는 아카이브의 시작으로서 소중하게 여겼다. 비록 결과는 어떻게 될지 장담할 수 없지만 에이버리는 "새로운 기술에 대해 더 유리한 위치"에 있었고 우리에게 이렇게 말했다. "아이의 머리가 아직 유연할 때 코딩 문법에 최대한 능숙해지면 좋겠어요." 그리고 "그것을 할 수 있는 사람과 그렇지 않은 사람 사이에 격차가 벌어질 수 있는" 디지털 미래를 걱정했다. 아마도 그의 가정이 지금은 재정적인 안정을 되찾았지만 이전에 느낀 불안정을 잊기 힘들었기 때문일 것이다.

이와 같이 '수용', '균형', '저항'이라는 유형은 개인이나 가족에 대한 깔끔한 분류라기보다는 실행, 가치관, 상상이 문화적으로 공유되는 집합체다. 우리는 부모들이 가족을 위한 균형을 찾을 때 어떨 때는 수용하고 어떨 때는 저항하는 장면을 자주 목격했다. 부모들이 '내가 옳았을까?', '효과가 있을까?' 자문하듯, 각 유형은 고유의 불안감을 동반한다. 수용한다는 것은 시대의 흐름을 선도하는 위치에 선다는 의미이고, 사회규범과 자원이 지원을 제공할 수 있는 준비가 되기 전에 행동해야 하기 때문에 무방비 상태로 느껴질 수 있다. 균형을 잡는다는 것은 구르는 통나무 위에 서 있는 것처럼 적극적이고 노력이 필요한 과정이다. 단순히 타협하는 것이 아니라 '이게 맞나?', '어떻게 하면 알 수 있지?'라고 끊임없이 자문하고 조정하는 과정이 필요하다. 저항한다는 것은 직업적으로나 개인적으로 좋은 기회를 놓치는 것에 대해 걱정하는 것을 의미할 수 있다. 또는 다른 모든 사람이 하는 듯한 일을 **안** 하는 위험을 무릅씀으로써 불리한 입장이 되는 것이다.

육아의 실행이 앞서가는지, 뒤처지는지, 새로운 표준으로 보이는 것에 머무르는지 끊임없이 평가되는 한, 이 유형들은 부모를 서로에게서 고립시킬 수 있는 규범적 시선을 내재한다. 부모는 각자 자신의 접근법을 결정하기 전에 서로를 지켜보고 평가한다. 이것은 특히 디지털 기술과 관련해 걱정스러운 부분이다. 전례가 거의 없어서 부모가 새롭게 해결해야 하는 문제이기 때문이다. 리나는 운동장에서 자신과 생각이 비슷한 부모들을 찾으려고 노력하는 것에 대해 이렇게 말했다.

다른 사람들에게 뭘 했는지 묻고 정보를 공유하는 게 너무 부담스러왔어요. 스스로 내켜서 한 일이 아니었거든요. 그래서 결국 매우 고립되어 있다고 느끼게 된 것 같아요. 정말 모래 구덩이 속으로 걸어 들어가는 느낌이었어요. 내가 아이에게 어떻게 하는지에 대해 누군가에게 비판받거나 평가받지 않고는 한 걸음도 나아갈 수 없으니까요. 그래서 완전히 혼자가 되어버리는 것 같아요.[34]

부모들이 불안감을 가지고 디지털 기술을 해석하든 그렇지 않든, 우리는 많은 부모가 개인적인 책임감과 서로에 대한 평가를 깊이 느끼면서 이러한 질문들에 응답한다는 사실을 발견했다. 부모들은 이러한 토대 위에서 서로를 평가하고 판단한다. 어떤 부모는 게으르거나 '스크린 타임'에 너무 관대하다는 평가를 받고 또 어떤 부모는 너무 엄격하고 통제적이어서 아이가 배제되거나 뒤처진다는 말을 듣는다. (후기 근대 서양 사회에서 칭송받은) 부모의 자율성은 다양성으로 이어지는데, 이 다양성은 이 책에서 '부모' 또는 '육아'에 대해 균질화하는 설명에 반대되는 개념으로 인식된다.[35] 그러나 자율성과 다양성은 개인에게 부담을 떠안긴다. 부모는 지금 내리는 결정이 미래에 아이에게 큰 대가를 치르게 할 수도 있음을 인식하기 때문이다. 또한 집단에게도 비용을 지우는데, 규범이 약해지고 개인이 위협을 느낄 때 상호 평가와 심지어 인신공격까지 나타날 수 있기 때문이다. 아이들 이야기를 해달라고 요청받은 부모들이 모두 너무나 열정적으로, 우리에게 문을 열어주고 디지털 기술에 대한 걱정이나 판단을 쏟아내고 그들이 수용하거나 균형을 이루거나 저항하기 위해 무엇을 선택했는지 털어놓은 것은 전혀 놀라운 일이 아니다.

변화하는 시대, 변화하는 가족

수용, 균형, 저항 중 무엇을 선택할지를 포함해 디지털 기술에 집중된 부모들의 관심을 지켜보면서 우리는 이것이 얼마나 가치 있는지, 어쩌면 더 다루기 어려운 다른 문제들을 어느 정도까지 볼 수 없게 하는지 의문을 품게 되었다. 라라와 파벨은 디지털에 대한 의구심과 갈등을 공유하고 싶어 했다. 그러나 그들과의 면담에서는 또 다른 면모들도 드러났다. 세계화 이론가 아르준 아파두라이 Arjun Appadurai 가 말한 것처럼 우리는 돈, 사람, 기술, 미디어, 생각의 흐름 속에서 장기적인 변화를 거치며 살아가고 있고 그것들이 뒤얽힌 역사는 예측할 수 없는 결과를 만들어내고 있다. 라라와 파벨 같은 가족들의 삶이 그 증거다. 이들의 삶은 이주, 불안정한 직업, 취약한 공동체, 불확실한 자원에 의해 형성된다. 라라와 파벨은 육아에서 서로 다른 대륙, 언어, 문화를 연결하기 위해 모든 것을 새롭게 협상해야 한다는 필요성을 절감한다. 그런데 자신들의 부모와 멀리 떨어진 채, 어려움도 많고 물가도 비싼 세계적 도시 global city에 살면서 곡예하듯 불안정한 가족 생활을 꾸려야 하는 상황에서는 이런 과업이 쉬워질 수가 없다. 그들이 아들에게 자신들이 어릴 적 누렸던 기회를 주려고 애쓸 때, 아이를 위해 자신들의 야망을 추구할 수 있는 수단을 내어놓는 것으로 디지털을 바라본다는 점은 꽤 의미심장하다.

리나와 에이버리의 노력은 이와 대조적으로 성별을 반영하는 관점을 끌어들인다. 리나는 교육받은 여성이지만 커리어와 사회적 지위를 포기해야 했던 탓에 자신감이 떨어졌고 스스로를 쉽게 의심했다. 디지털 미래로 나아가는 아이의 진로를 지원하면서도 낙오된 자신을 책망했다.

제 인생은 많은 이점을 지니고 시작됐던 것 같아요. (중략) 하지만 일생에 걸쳐 현대 기술의 관점에서 소작농의 지위로 전락해버렸던 걸 알게 됐죠.

어쩌면 리나는 사회에서 커리어나 결혼 생활 이상으로 통제할 수 있고 통제해야 하는 것이 디지털이라고 말했기 때문에 디지털에 집중했던 듯하다.

다른 가족들은 다른 도전 과제에 부딪힌다. 가족 붕괴, 질병이나 가난, 특수교육 요구special educational needs, SEN나 장애가 있는 자녀 돌보기에 골몰한다. 가장 분명한 것은 우리가 면담한 가족들이 모두 런던에 살고 있다는 사실이다. 사회학자 사스키아 사센Saskia Sassen은 런던이 다른 세계적 도시들처럼 국경을 초월한 다양한 역학과 갈등이 얽히고설키는 교차점에 위치해 있다고 특징짓는다. 이러한 점이 창의적 기회를 포착하는 감각에 기여하지만, 동시에 불안정, 극심한 불평등, 그리고 런던이라는 장소에 대한 양가감정의 원인이 되기도 한다. 특히 런던의 초국가적이고 초이동적인 주민에게 더욱 그러하다. 더불어 사센은 다음과 같이 썼다.

세계적 도시라는 개념이 네트워크 경제에 강력한 의미를 부여한다. 금융과 전문적인 서비스, 새로운 멀티미디어 분야, 원격통신 서비스 등 그곳에 자리 잡기 쉬운 산업의 공통된 성질 때문이다.[36]

런던이 제공하는 일자리 창출 기회(특히 기술 부문), 그리고 어느 정도 사회이동(개인이나 집단이 특정한 사회적 위치에서 다른 사회적 위치로 이동하는 것 —옮긴이)에 기여하는 최근의 상당한 학업 성취 향상과 관련해서, 런던은 영국의 다른 도시에 비해 다문화와 다국어 가족의 비율이 특징적이다.[37] 가족들이 형편에는 맞지 않지만 '좋은' 학교가 더 가깝고 '더 나은' 동네에 있는 집에 어떻게든 들어가 살면서 창의적이거나 흥미롭거나 단순히 현실적인 취업 기회를 찾는 것과 같은 런던의 사회경제적 분투도 주목할 만하다.

더 일반적으로 말하면, 가족의 삶은 이러한 상황과 성적 취향, 일, 종교적 소속, 교육체계, 이주 패턴 등등에서의 다른 변화들에 의해 재구성되고 있다.[38] 그 결과는 전통과 혁신 사이의 새로운 긴장 상태다. 이는 상당 부분 사람과 생각의 세계화된 흐름이 빚어낸 것으로, 종국에는 세대 간의 관계를 재구성한다. 특히 경제적 변화가, 현존하는 사람들의 기억에 있는 세대 중에서 현재 서양에서 자라고 있는 아이들이 그 부모보다 덜 번영할 것으로 예측되는 최초의 세대라는 것을 의미한다는 점이 중요하다. 그에 반해 전후戰後 세대에게는 세대 간 사회이동의 전반적인 비율이 안정적으로 유지되었다. 존 골드소프 John Goldthorpe는 다음과 같이 설명한다.

지금 젊은 세대의 남녀는 부모(또는 조부모)보다 불리한 이동 가능성에 직면해 있다. 즉 상향 이동을 경험할 가능성은 더 낮고 하향 이동을 경험할 가능성은 더 높다.[39]

이것은 최근 수십 년 동안 교육적 기회는 확대되었지만 직업이라는 결과는 더 불확실해졌기 때문이다. 직장은 점점 더 유연해지는데 동시에 점점 더 요구가 많고 취약하고 불안정해진다.[40] 젊은이들은 전후 세대와 비교했을 때 더 긴 청소년기를 경험한다. 더 오래 교육을 받고 더 늦게 취업하거나 독립한다. 게다가 은퇴 기간이 길어지고 점점 노령화되는 인구의 건강이 향상되면서 많은 부모가 '샌드위치 신세가 되어' 위아래로 돌봄 책임을 떠안는다.[41]

특히 제2차 세계대전 이후로 서양에서는 앤서니 기든스Anthony Giddens가 말한 것처럼 "사적 영역의 민주화"가 일어났다.[41] 그는 친밀한 관계란 혈연, 의무, 종교에 따라 규정되기보다는, 그가 순수한 관계(더는 전통적인 힘의 불평등에 의해 좌우되지 않고 "반사적으로 조직되는, 개방적, 지속적" 관계)라고 부르는 것의 본질적인 특성에 더욱 의존한다고 주장한다.[43] 결과적으로 가정생활에 대한 기대는 그것을 충족하는 수단이 더 불확실해졌음에도 상당히 증가했다. 기든스는 성별 관계를 바꾸는 데 더 관심을 보이지만 엘리자베트 베크-게른스하임 Elisabeth Beck-Gernsheim은 좀 더 일반적으로 말한다.

일상적인 가정생활의 특징은 점차 변화하고 있다. 사람들은 한때 원활히 기능하는 규칙과 모델에 의지할 수 있었지만, 이제는 (중략) 점점 더 많은 것들이 협의되고 계획되고 사적으로 이뤄져야 한다.[44]

특히 그녀는 아이들이, 부모가 끝없는 "균형과 조정의 곡예"[45]에 어떻게 임하는지 관찰하면서 스스로 개별화된 문화로 사회화된다고 주장한다. 이것이 결국 아이들의 주체성을 인식할 수 있게 한다. 그러나 아이들이 "관계의 상태를 결정하고 규제할"[46] 권리를 얻은 반면 부모들은 아이들을 핵심 결정에 참여시킬 책임을 얻었다. 심지어 권위를 주장하기보다 상호 존중을 구축하는 데 기초한 관계에서 자녀에게 더 큰 책임을 지게 되었다. 하지만 디지털 기술과 관련해서는 부모가 상호 존중을 구축하기 어려운 것으로 입증되고 있다.

위험사회의 육아

현대의 가정생활을 연구하는 학자들은 부모가 위험, 불확실성, 급격한 사회 변화 아래서 아이를 키우려고 애쓸 때 증대되는 불안감과 '강화되는' 논리에 대해 이야기한다.[47] 동시에 어린 시절의 위기에 대한 경고가 늘고 있다.[48] 가정생활에 대한 최근의 여러 학문적, 대중적 서술에서 분석하는 바에 따르면, 일부 부모는 자녀를 '솜뭉치'로 감싸 애지중지하며 보호하려 애쓰거나, '타이거맘 tiger mom'처럼 행동하면서 자녀를 위해로부터 지켜내기 위해 '헬리콥터'처럼 주위를 맴돌거나, 기술을 '디지털 밧줄'처럼 사용하는 식으로 사회적 요구에 대응한다.[49] 또 다른 부모들은 완전히 다른 전략을 채택한다. '방목' 육아와 같은 철학을 토대로 자녀를 위험에 직접 노출시키고 회복력을 키움으로써 예방접종이 되기를 바란다.[50] 특히 소셜 미디어의 육아 그룹에서 맹위를 떨치는 망신 주는 논쟁을 부추길 뿐 아니라 자녀의 성과를 '최적화'하는 새로운 방법을 약속함으로써, 기술은 이 세심한 교정校正의 과정에 새로운 도전 과제를 제시하고 그것에 대한 새로운 형태가 가시적으로 드러나게 한다.[51]

그러나 기술은 오늘날의 부모가 직면하는 많은 어려움 중 하나일 뿐이다. 개별화되고 신자유주의가 가속화되는 사회에서, 그리고 복지 안전망이 축소되거나 민영화되는 현실에서, 사람들은 (권한이 생긴 것이든 부담이 커진 것이든) 급속한 불확실성과 서로 모순된 전문가들의 조언을 바탕으로 결정을 내려야 한다. 실제 위협과 인식된 위협의 동시대적 집합체는 울리히 베크Ulrich Beck가 말하는 '위험사회'로 수렴된다. 자연 발생적인 위협과는 대조적으로, 위험사회에서는 "위험이, 근대화 자체로 인해 초래되고 도입된 위험 요소와 불안정을 처리하는 체계적인 방법으로 정의될 수도 있다."[52] 부모들은 여러 가지 위험에 직면해 자신의 행동과 그로 인해 생겨나는 결과에 대해 새롭게 '책임을 떠맡게' 되어 불안정감과 불안감을 점점 더 크게 느낀다. 베크와 베크-게른스하임이 관찰한 것처럼 그것의 불평등한 비용과 결과를 포함한 이 부담은 사회경제적 변화의 우연한 결과가 아니다. 그보다는 사회적 지원이 축소되는 상황에서 '가라앉거나 수영하거나'로 표현되는 경쟁적 문화에서의 정치적 이데올로기(그들은 이것을 '제도화된 개인주의'라고 부른다) 문제다.[53] 프랭크 푸레디Frank Furedi가 보기에 현대의 육아는 점점 더 '편집증적'이다. "위기에 처한 것이 어떤 특정 문제와도 관계없이 별개로 존재하는 영구적인 상태처럼 취급되는 것"이 그 이유 중 하나다.[54] 이에 대응하여 가족 자체가 변화하고 있다. 필립 웨브Philip Webb는 이것을 "바깥 세상의 예상 밖 변화로부터 보호받기 위한 정서의 장소에서 현대의 거래적 기관[으로]"의 변환이라고 묘사한다.[55] 하지만 곧 설명할 내용처럼, 우리는 가족들이 받는 압력을 인식하고 있으나 가정생활에 대한 푸레디나 웨브의 절망적인 예측에 완전히 동의하지는 않는다.

육아 불안감은 종종 '중산층'의 이야기로 여겨진다. 하지만 우리는 다양한 부모들이 정도의 차이는 있더라도 오늘날의 육아 문화에 사로잡혀 있음을 보여줄 것이다. 부모들은 가정 내에서 개입하고 경계하려 분투하며 궁극적으로는 위험사회에서 아이의 미래를 최적화하기 위한 현재를 만들려고 한다.[56] 우리는 중산층에게만 육아 문화가 매혹과 불안의 근원이라는 생각을 계급적으로 비평한다. 중산층 부모가 불안감에 대해 더 큰 목소리를 낼 수는 있지만 우리는 부모들이 스스로 아이들의 미래 삶의 가능성을 육성할 책임이 자신에게 있다고 여기기 (그리고 다른 사람들이 그것을 강요하기) 때문에 위험사회에서 육아의 '개별화'가 빈곤한 가족에게도 영향을 미친다고 주장할 것이다.[57] 동시에 우리의 현장 연구는 대중의 영역에서 제기되는 부모의 불안감에 대한 더 극단적인 주장에 의문을 갖게 한다. 가족들에게서 그러한 다양성을 발견했기 때문이기도 하고, 많은 사람에게 그들의 '육아 철학'이라고 일컬을 만한 것이 어떤 안도감을 주었기 때문이기도 하다.

우리는 애나 마이클스Anna Michaels에 대해 이야기함으로써 이 주장들을 분명히 보여줄 수 있다. 그녀는 아직 10대일 때 미혼모가 되었다.[58] 애나는 남런던의 보수적인 기독교도이자 서인도제도 출신인 가정에서 자랐는데, 어릴 때 자신에게 요구되었던 것들에 반발하기도 했고 답습하기도 했다. 그녀는 자신이 열세 살 데릭Derrick과 열 살 디온Dionne에게 '강압적인 부모'라고 말하며 약간의 자부심을 드러냈다. "저는 어리고 동성애자인 싱글 맘이에요. 사회에서 부정적으로 인식되는 다수의 범주에 속해 있죠." 그녀는 종종 돈 때문에 힘들어하면서도 아이들에게 "최고를 주고" 싶다고 분명하게 말했다. "[하지만] 저는 그걸 당연하게 생각하는 것은 원하지 않아요." 그래서 애나는 '가난한 가족' 또는 '한부모'에 대해 무책임하다고 묘사하는 고정관념에 맞서려고 노력했다. 사회가 그녀에게 할당하는 자리를 거부하는 방식으로서, 디지털 기술을 포함한 배움에 집중함으로써 위험사회에서 어려운 상황을 극복하려는 노력의 불확실한 가능성과 필요성 모두를 분명히 보여줬다.

애나는 집을 학습 환경으로 만들었다. 모든 책을 사고, 퀴즈를 내고, 교사 역할을 하고, 하루 시간표를 엄격하게 짜서 아이의 숙제를 지원했다. 특별히 흥미를 보이는 것도 할 수 있게 도와줬다. 디온은 춤을 열심히 췄다. 데릭은 청소년 훈련 프로그램인 생도 부대army cadet 활동을 하고 태권도를 했다. 아이들이 최대한 위험해지지 않도록, 더불어 생산적인 미래로 나아갈 수 있도록 신중하게 장단점을 고려해서 각각의 선택이 이루어졌다. 워킹 맘인 애나는 아이들이 수업에 참석하지 않는다면, "돌봐주는 사람 없이 거리에 있을 것"이라고 염려했다. "이 근처에는 폭력 조직이 많아서 아들이 걱정돼요. (중략) 아들은 잘하고 있어요. 지금은 얌전히 바른 생활을 하고 있죠." 데릭은 10대 흑인 소년이고 또래 아이들이 폭력을 경험하는 지역에 살고 있으니 위험은 곧 현실이었다. 그래서 애나는 데릭이 컴퓨터와 게임에 흥미를 보이는 것이 반가웠다. 그렇지 않으면 집 밖으로 나갈 텐데 그 덕분에 안전하게 집에 있었기 때문이다. 그녀는 아이에게 오래된 전화기를 분해하게 두었다고 자랑스럽게 말했다. "아이가 물건 해체하는 걸 좋아해요. 어떻게 작동하는지 알고 싶은가 봐요."

다른 많은 가족들과 마찬가지로 애나가 직면한 도전 과제는 여러 가지였다. 그리고 앞서 말한 맥락에서 애나는 디지털 전환이 도움이 될 수 있을 거라 판단했다. 그녀의 희망은 (우리가 다른 많은 가족에게서 보았듯이) 집에 다양한 기술 장비를 갖추고 아들의 괴짜 같은 실험을 북돋아주며 집에서 배우는 것과 학교에서 배우는 것 사이에 가교를 놓으려 애쓰도록 이끌었다. 이런 측면에서, 애나가 기관으로서의 학교에 대해 아주 비판적이지 않았음에도 불구하고, 전문 지식이 없는 그녀의 학습이론은 맥아더 재단MacArthur Foundation(이 프로젝트가 속한 커넥티드 러닝 연구 네트워크Connected Learning Research Network에 자금을 지원했다)이 개발한 '커넥티드 러닝' 이론에 공명한다.[59] 하지만 애나의 접근은 기술을 수용하는 것보다 균형을 유지하는 것에 더 가까웠다. 그녀의 열정은 디온이 초등학교 같은 반 친구에게 사이버불링을 당하고 "끔찍한 시간"을 보내면서 많이 사그라들었다. 애나는 자신이 얼마나 화가 났었는지 우리에게 털어놓으며 후회를 가득 담아 말했다. "기술이 발전하는 방향은 바꿀 수가 없어요. 그저 적응해야 할 뿐만 아니라 그것에 적응하기 위한 사고방식도 갖춰야 하죠."

어떤 의미에서 애나는 자기 정의self-definition의 가능성(그녀의 경우에는 사회가 부과하는 부정적인 예상에 맞설 기회를 포함한다)이 불평등, 불안정, 소외의 위험과 함께 생겨나는 성찰적 근대성 문화를 받아들였다. 현대의 많은 사회적, 기술적 변화는 사회이동, 유연 근무, 재창조된 생활방식, 스스로 선택한 가치관에 대한 새로운 희망을 불어넣을 뿐만 아니라 이것들이 이루어질 수 있는 새로운 길도 열어준다. 애나는 스스로의 삶을 성찰함으로써 한층 더 개방적인 정체성을 개척해나갔다. 또한 아이들 각각의 필요와 강점에 기반해 이를 시도했다. 애나는 어린 흑인 동성애자 싱글 맘을 강점보다 약점의 측면에서 바라본 가정과 사회의 구속을 거부하고, 자신만의 '육아 철학'을 만들었다. 이러한 경험들을 장애물이 아닌 자원으로 재구성한 것이다.[60] 그녀는 자기 훈련의 부담을 짊어졌지만 사회가 잠재적으로 처벌하려고 그녀나 그녀의 아이들을 '감시하는 것'을 피하기 위해 그렇게 한 것이었다.[61] 디지털 시대 육아의 세 가지 유형 측면에서 그녀는 종종 '애플Apple 중독자'를 자처하며 기술을 수용했지만, 수용과 어느 정도의 경계 사이에서 균형을 유지했다. 애나는 데릭과 디온에게 자립을 준비시키려는 자신의 노력을 이렇게 표현했다. "기술이 미래야. 하지만 기술은 신뢰할 수 없어. 너희는 읽고 쓸 줄 알아야 해. 기술이 모든 일을 해주는 게 아니야. 너희가 직접 해."

애나는 디지털 미래에 대해 낙관적인 모습을 보여줬지만 비판적인 학자들은 (특히 취약한 가정에 대해) 너무 개별화되고 노력이 필요한 전략의 위험성을 우려하고 있다.[62] 따라서 우리는 연구자로서 그녀의 낙관론만 듣는 것이 아니라 이것을 구조적 불평등과 낮은 사회 이동이라는 더 넓은 맥락에 놓아야 한다(3장 참조). 마찬가지로, 부모들이 젊은 세대의 실패를 예측하는 미디어의 기사들을 손쉽게 공유하는 상황이지만 그들의 경향성이 '다른 사람들'에 대한 도덕적 공황을 부채질하고 있음을 우리가 인식하는 것이 중요하다. 어쨌든, 디지털 기술이 출현한 기간인 최근 수십 년 사이에도 아이들의 복지, 심지어 교육적 성취는 장기적으로 개선되었다.[63]

위험사회에서 부모들은 맨 앞줄에 서서 비난과 수치를 감당하고 일이 잘못되거나 자녀가 '뒤처지면' 누구보다 먼저 자신을 탓한다. 일상의 육아 활동은 결과를 의식하는 것에 잠식되어 있고 부모들은 아나 비얄로보스Ana Villalobos가 '안전보장전략security strategies'이라고 부르는 것을 채택한다. 그에 따라 아이의 미래 불안정성에 영향을 미치는 큰 사회적 변화의 다수가 부모들의 통제 범위를 멀리 벗어나 있음에도 불구하고 그들은 아이들을 위해 '상황을 더 좋게 하도록' 노력을 다하라는 책임을 떠안는다.[64] 기술은 아이의 안전에 대한 위협이자 미래를 보장하는 약속된 경로가 되었다.

리나 후벤의 가정에서는 부모와 열두 살 딸 미리엄이 디지털 미래를 추구하고 있었지만 그에 동반된 위험이 불안과 불화를 불러일으켰다. 미리엄이 엄마 몰래 인기 브이로거 조엘라^{Zoella} ⁶⁵ 스타일로 자신의 영상을 공유했을 때 유튜브에 아무것도 올리지 말라고 당부해오던 리나 후벤은 격노했다. 미리엄의 아빠는 리나의 결정에 동의하면서도 그와 별개로 유튜브를 "가장 놀라운 자원"이라고 생각했다. "유튜브는 제가 상상조차 할 수 없었던 겁니다. 그 존재 자체가 저는 경이롭게 느껴져요." 리나는 특히 "미리엄과 같은 학교에 다니는 어떤 남자아이가 [엄마와 딸이 함께 만든 두 번째 유튜브 영상을] 발견하고 모욕적인 이메일을 보내기 시작한" 이후 미리엄과 관련하여 극도로 방어적인 태도를 취했다. 그런데 정작 자기 자신은 기술에 의존해 블로그에 엄마로서의 경험, 특히 학계를 어쩔 수 없이 떠났던 것, 일과 육아의 균형을 유지하는 삶, '부모의 삶이 얼마나 힘든지'에 대해 썼다.⁶⁶

기회는 최대한 활용하고 위험은 최소화하는 두 마리 토끼를 잡으려 애쓰는 디지털 시대의 부모들을 돕기 위해 정책 입안자, 교육자, 의료 종사자는 물론 '육아 전문가'라는 새로운 직업군이 만들어내는 육아에 대한 조언이 급증하고 있다.⁶⁷ 부모들은 정말이지 육아라는 '신성한' 과업에 대해 조언이 전혀 부족하지 않다.⁶⁸ 주장하건대, 정부의 후원과 상업적 동기에서 비롯된 육아 조언과 '개입'이 크게 늘어난 것은, 사생활이라고 간주할 만한 영역에서 부모들을 지도하거나 비평가들의 표현대로 감시하고 감독함으로써, 위험사회에서 제도적이고 공동체적인 지원이 중단된 데 따른 공백을 메우기 위해 설계된 것이 틀림없다.⁶⁹ 그 일부는 오늘날 아동기 문제의 추정 원인으로 몰아붙여 디지털 기술에 책임을 전가하고 그것을 '중독적으로' 사용하는 사람들에게 책임을 전가하며 도덕적 공황을 불러일으킨다.[70] 일부는 고도로 규범적이고 출세 지향적인 중산층의 디지털 미래에 대한 비전을 홍보하여 가족에게 가장 도움이 된다고 소문난 최신 기기와 서비스를 판매하는 식으로 상업적 동기를 드러낸다.

이러한 '문제'에 대한 대중적 비전에 혹할 만하지만, 이것은 부모들의 즉각적이고 현실적인 난제를 해결하는 데 도움이 되지 않는다. 아이에게 스마트폰을 언제 사 줘야 하는가? 소셜 미디어에 너무 많이 공유한다는 것은 어느 정도를 의미하는가? 태블릿PC 사용이 아기의 뇌에 어떤 영향을 미치는가? 코딩은 무엇이고 수업을 등록해야 하는가? 더욱 큰 문제는 많은 조언이 훈계조라는 것이다(부모가 무거운 책임을 느끼게 하고 평가당한다고 느끼게 하는 명령으로 가득하다). 또한 그중 대다수는 기술에 대한 부모의 전문 지식 향상 수준을 과소평가하고 부모들을 아무것도 모르는 사람으로 취급하거나, 진부하거나 지나치게 단순화한 규칙을 제시한다(예를 들어 스크린 타임 제한, 특정 정보 차단 프로그램 설치, 디지털 기기를 가족 공용 공간에 놓기). 부모들이 받는 압박은 점점 늘어나고 가정을 지원하는 공공서비스는 감소하는 상황에서 이러한 규칙들은 현대 가정생활의 다양한 현실을 다루지 못한다. 그리고 부모들이 디지털 너머를 보도록 돕는 것은 많지 않다. 그들의 문제에는 전혀 다른 원인들이 있을 수 있지만, 흔히 디지털에 초점을 맞추는 상황에선 (개인 또는 집단의) 대안적인 대처 전략은 쉽게 간과되고 만다.

이 책의 개요

이 책의 원제인 '디지털 미래를 위한 육아 Parenting for a digital future'는

일종의 도발이다. 우리는 '육아'와 '디지털 미래'에 계속 주의 환기용 인용부호를 붙일 것이다. 그것이 부모들을 둘러싼 쟁점이고 우리가 조사하는 이 쟁점에 의해 형성된 살아 있는 현실이기 때문이다. 사실 '부모'라는 말은 비교적 간단하지만 동사적 의미의 (그리고 적극적인 개입으로서) '육아'라는 말은 최근에 들어서야 부상했다. 이는 아이들을 키우는 과업뿐만 아니라 개인적, 문화적, 심지어 이념적 '프로젝트' 그 자체를 가리킨다.[71] 이 책에서 우리는 육아 경험들을 면밀히 살펴보는 동시에 더 폭넓고 비판적인 시각으로 육아가 이뤄지는 사회를 바라보는 것을 목표로 한다. 이와 관련하여, 디지털 기술이 가정생활에 미치는 영향에 대해 충분히 알고 있긴 하지만 현대의 육아 딜레마에 대해 기술적으로 결정론적인 설명을 피하려고 노력한다. 공론장에서, 그리고 정책 입안자들에 의해 촉구되는 그러한 설명의 영향력을 탐구할 때도 마찬가지다. 그러니까 우리의 핵심 주장은 디지털 딜레마가 가족들이 직면한 수많은 다양한 도전 과제들에서 비롯되는 뿌리 깊은 불안감을 확고히 한다는 것이다.[72] 이것들은 디지털 도전 과제를 포함하는 한편 훨씬 뛰어넘는다. 이 도전 과제들이 불평등하게 분배되기 때문에 디지털 딜레마에 대한 가정들의 반응과 필요한 지원의 형태도 그에 따라 달라진다. 또한 우리가 보여주듯이 부모의 반응은 종종 대중의 기대가 틀렸음을 입증한다. 이는 대중적 기대(일반적으로 부모에 대한 비판으로 표현된다)가 부모의 기반을 약화시킬 뿐 아니라 정책 입안자를 안내하는 경향이 있는 한 그 자체로 중요하다.

부모들의 고통이 무엇이든(구조적인 문제든 대인관계로 인한 문제든) 아이를 키우는 수십 년의 프로젝트가 그들을 시험한다. 전례 없는 디지털 혁신기를 살고 있다는 사실이 도움이 될 수도 있고 방해가 될 수도 있다. '디지털'이라는 말은 단순히 우리의 일상생활에 밀어닥친 디지털 기기와 콘텐츠보다 훨씬 더 많은 것을 지칭한다. 독점적이고 광범위하게 네트워크화한 시스템으로 구성되는 복잡한 디지털 인프라에 사회가 점점 더 의존하는 현상을 포함하며, 이는 결과적으로 혁신적이지만 불안정한 형태의 일과 생활이 나타나게끔 자극하고 있다.[73] 변혁적 역사가 궁극적으로 이렇게 판단 내릴지는 모르겠으나, 지금 당장은 이것이 부모에게 의심할 여지 없이 매우 중요하고 문제가 된다. 우리는 디지털 시대의 육아에서 개별적으로 새로운 영역의 지도를 그리고 있다고 느끼는 많은 부모를 면담했다. 디지털이 오늘날의 개인적, 대중적, 정치적 투쟁이 벌어지는 무대가 된 상황에서 우리는 부모들 스스로가 디지털을 바라볼 때, 그리고 부모들을 위해, 부모들에 대해 끊임없이 말하는 사회에 의해 드러날 때 현대 육아의 분투에 디지털이 어떤 독특한 특징을 부여하는지 탐구한다.

이 책을 위해 조사를 하는 과정에서 우리는 2015년과 2016년에 런던에 거주하는 일흔세 가정을 대상으로 육아의 실행, 가치관, 상상을 탐구했다. 2017년 후반에 영국 전역에서 2000명의 부모를 대상으로 설문조사를 실시하고 그 결과도 반영했다. 우리는 18세 미만 부양 아동이 있는 가족을 모집했고, 부록에 설명되어 있듯 그들의 사회경제적 지위, 가족 구성, 민족성, 자녀의 나이는 매우 다양했다. 우리는 부모의 진짜 목소리와 경험을 듣기 위해 디지털 시대의 육아 경험을 이야기하는 과정으로서 몹시 감정적인 면담을 일부 수행했다. 부모들은 자신들이 상상하는 최고의 미래를 만들기 위해 어떻게 했는지 들려주었는데, 아이의 삶의 기회를 개선하기 위해 설계된 가족의 가치관과 실행을 확고히 다지는 한편 그렇게 하기 위해 다양하고 매우 불평등한 자원에 의지했다고 했다.[74] 이러한 노력 안에서 '디지털'은 사회의 희망을 미래로 전달하는 과업을 짊어진 아이들에게 분명한 길을 제시하는 것처럼 보인다. 하지만 미래를 통제하려는 그러한 노력이 결국 새로운 위험, 즉 현재와 미래 모두에서 오늘의 아이이자 내일의 어른에 대한 어른들의 불안감을 가중하는 위험을 만들어낸다.[75]

우리는 또한 '디지털 미래'라는 개념에 어떻게든 맞서는 부모들을 찾아냈다. 그들에게는 뚜렷한 목적이나 뚜렷한 관점이 있었다. 우리는 그들을 학교에서 개최한 부모의 밤 행사나 아동 센터에서, 육아 기관이나 아이들의 방과 후 프로그램(코딩 클럽, 미디어 아트나 디지털 '제작' 프로그램을 아우른다)을 통해 만났다. 특수교육 요구 및 장애special educational needs and disabilities, SEND가 있는 아이를 키우는 가족들도 포함했다. 그들이 너무 자주 배제되기 때문이기도 했고 그들 중 많은 면담 대상자가 디지털 미디어가 자녀들에게 무엇을 제공할지에 대해 높아진 희망과 우려를 표현하거나 디지털 미디어를 미래에 사회적 또는 경제적으로 포용되기 위해 몹시 필요한 차선책으로 바라봤기 때문이기도 했다. 또한 우리는 자칭 '긱geek'인 부모들을 포함했다. 자신의 육아에 대해 블로그에 기록하는 부모도 포함했는데, 팔로워가 수십만에 달하기도 하고 소수에 그치기도 한다.

1장에서 전후 맥락을 살펴보고 우리의 의문에 집중했다면 2장에서는 하루라는 프레임을 활용해 부모가 하루 동안 디지털 육아의 유형 사이를 옮겨 다니는 다양한 방식에 대해 알아본다. 부모는 아침에 일어나고, 숙제하고, 가족끼리 함께 시간을 보내고, 잠자리에 드는 등 현재 조정 중인 활동에 대해 협상하면서 디지털 기술만이 아니라 더 중요한 가정생활에 대한 가치관을 분명하게 표현했다. 우리는 부모에게 자녀의 '스크린 타임'을 감시하라고 권하는 문제투성이 공공정책과, 디지털 기술에 대한 자녀의 관심을 존중하여 더 '민주적인' 방식의 가정생활을 유지하려고 애쓰는 부모의 노력을 대조한다. 우리는 부모가 언제까지나 디지털에 무지하다는 근거 없는 믿음을 거부하며, 디지털 기술에 대한 부모의 관심과 희망이 어떻게 새로운 육아 방식을 찾아 나서는 여정으로 이어지는지 밝힌다. 놀랍게도 디지털 활동을 함께 즐기는 것에 초점을 맞추는 방식도 종종 목격되었다.

3장에서는 서로 매우 다른 환경에서 살고 있는 가족들의 경험을 대조한다. 특권층 가족들뿐만 아니라 정말 모든 사회적 스펙트럼의 가족들이 지금 일종의 '집중 양육 concerted cultivation (적극적으로 아이들의 재능, 의견, 기술을 길러주고 비용을 대는 교육 방법 ─옮긴이)'의 실행에 투자하고 있으며, 그것을 통해 부모들은 아이를 위해 상상한 미래를 실현하려 한다. 이는 디지털을 수용하는 활동을 포함한다. 런던과 같은 세계적 도시에 존재하는 문화적, 경제적 자본의 독특한 교차점을 인식하고 나면 가정들을 선형적으로 분류한 사회학자들의 기준에 단서를 달게 된다. 교육은 받았지만 저소득인 가정에서 디지털 기술을 다루는 창의적이거나 대안적인 방식을 추구하는 것이 특히 흥미로운 현상으로 나타난다. 그다음에 우리는 육아 활동 간에 격차를 만들고 그래서 디지털 기술의 혜택을 받을 수 있는 기회를 불평등하게 형성하는 데 계급이 어떻게 여전히 중요한 역할을 하는지 밝혀낼 것이다.

4장에서는 자칭 '긱'인 자녀와 부모를 살펴봄으로써 디지털 미래라는 개념을 수용하기 위해 가장 적극적으로 '몸으로 의사 표시를 한' 가족들에 대해 알아본다. 이 가족들은 어떤 점에서 예외적이긴 하지만, 그들의 삶에는 미래가 곧 디지털이라는 전제(공공과 민간 부문에서 모두 열렬히 홍보된다)에 의해 요구되는 상당한 감정적, 금전적, 시간적 투자가 나타난다. 그러나 그 결과는 알 수 없고, 장기적인 결과 측면에서 전통적인 경로보다 더 위험하다고 거의 단언할 수 있다. 우리가 시사하는 바는, 이러한 가족들은 '긱' 정체성을 채택하면 어떤 독특한 일대기적 과제를 극복하는 그럴듯한 경로가 제공된다고 여길 때 이 용어를 받아들인다는 것이다. 하지만 그들의 미래는 알 수 없으므로 그들을 칭송하는 것은 피한다. 그들은 앞서 나간 만큼 혜택을 받을 수도 있고 받지 못할 수도 있다.

특수교육 요구 및 장애가 있는 아동의 부모는 종종 디지털 기술의 위험과 기회 사이에서 균형을 유지하기 위해 심화된 어려움을 겪을 때가 많다. 5장에서는 이러한 가족들이 예외라기보다 많은 가족이 다양한 수준으로 느끼는 디지털 시대의 딜레마를 더 강력하게 보여준다고 주장한다. 우리는 이 딜레마가 불확실성과 위험이 고조된 조건에서, 동시에 종종 구조적 지원이 줄어드는 상황에서, 개별화된 경로라도 그려보려는 부모의 노력에서 비롯된다는 사실에 주목한다. 디지털 기술은 요컨대 가정의 자원이나 역량의 부족을 해결하는 창의적인 해결책과 더불어 사회적으로 인정받고 혁신적인 미래로 나아가는 분명한 길을 제시하는 것으로 보인다. 하지만 5장에서 논의하는 일부 가족에 대해서는 디지털 기술 덕분에 부풀어 오른 희망이 헛된 것으로 밝혀질 수도 있다. 이런 경우에는 더 나은 국가 서비스가 제공되는 편이 아이들에게 확실히 더 도움이 될 것이다.

디지털 미래를 위한 디지털 학습의 가능성 때문에 많은 가족이 디지털 기능, 디지털 학습 기회에 투자하게 된다는 사실을 인식하고 나서, 6장에서는 이 가능성을 실현하기 위한 부모의 현실적인 노력을 탐구한다. 이 노력은 아이의 삶에서 주로 학습하는 현장들인 집, 학교, 과외활동에 걸쳐 있다. 과외활동에서는 디지털 학습을 실험하기 위해 자원, 유연성, 전문 지식을 결합하기 때문에, 우리의 현장 연구는 학습 잠재력에 대한 각자의 생각이 디지털 기술과 어떻게 연관되는지를 이해하기 위해 교육자들과 부모들의 목소리를 한데 모음으로써 세 가지 과외학습 현장의 가치관과 상상을 대조해본다. 다소 의외였던 점은 우리가 선택한 학습 현장들이 보유한 자원 상태가 서로 상당히 달랐는데도, 모두 다 아이들의 디지털에 대한 관심을 뒷받침하는 데 있어서 부모의 중요성을 깎아내리는 경향이 있고, 사소해 보이지만 중요한 일련의 장애물을 이용해 자녀의 학습과 부모를 단절시키는 행동을 한다는 부분이었다.

7장에서 우리는 부모가 후기 근대에 벌어진 협공 작전에 붙잡혀 있다고 결론 내린다. 부모들은 한편으로 국가 지원의 약화와 점점 더 불확실한 사회경제적 미래 때문에 더 큰 책임을 짊어진다. 다른 한편으로 오늘날의 '민주적' 가정에서는 많은 부분을 협의를 통해 해결하며 아이의 주체성을 존중해야 하는 상황이다. 부모들은 살면서 자주 부딪히는 딜레마를 처리해나가는 과정에서 자신의 어린 시절을 되돌아보고 상상되는 미래, 주로 디지털 미래를 내다본다. 부모들이 말하고, 종종 대중 또는 미디어의 담론에 의해 되풀이되고 증폭되는 세대 간 이야기를 통해 디지털 기술은 부모의 더 깊은 희망과 두려움을 구체화한다. 이로 인해 부모들은 가족의 현재와 자녀의 미래를 형성하는(미래에 혜택이 되거나 문제가 되는) 방식으로서 기술을 수용하거나 균형을 잡거나 그에 저항하며 다양하게 대응하게 된다.

　디지털 위험과 기회를 관리하는 것은 도전적인 과제일 때가 많지만 부모들은 미래에 내재하는 불확실성과 관련된 훨씬 더 큰 도전에 직면한다. 그들은 디지털에 대한 결정의 결과와 관련해 알려진(또는 알 수 있는) 것이 거의 없음에도 불구하고 디지털에 수용, 균형, 저항 중 무엇으로 대응할지 (대부분 스스로 알아서) 결정해야 한다. 게다가 디지털은 다양한 종류의 세대 간 변화(이주, 사회이동, 가족 붕괴, 경제적 불안정 등등)가 일어나는 영역이 되었다. 부모들은 매일같이 **디지털적** 결정을 하면서 자녀와, 그리고 급기야 자신의 부모와 권한, 가치관, 정체성에 대해 직접적으로 또는 기억 속에서 협상을 벌인다. 현대의 삶이 위험과 불평등으로 특징지어지는 상황에서 가족들마다 이 결과는 상당히 다르다. 우리는 이러한 연구 결과와 부모들이 자신들의 걱정거리에 대해 말해준 것을 토대로 가족들의 삶과 미래, 디지털과 그 외의 것들을 개선할 책무가 있는 핵심 조직에 요구되는 행동을 권고하는 것으로 끝을 맺는다.

2장

디지털 시대의
가정생활

하루의 시작

런던의 이른 아침. 위에서 내려다본 집들은 마치 아무도 살지 않는 듯 아직 고요하지만, 집 안에서는 하루가 시작되고 있음을 나타내는 신호들이 있다. 어떤 부모는 스스로 몸을 일으켜 아침을 맞지만, 어떤 부모는 자신의 의지와는 상관없이, 에너지 넘치는 어린아이들에 의해 아직 어두운 추위 속으로 끌려 나온다. 침대 옆 협탁 위에서, 담요 안에서, 아침 먹는 식탁에서, 거실에서, 수천 개의 크고 작은 화면들이 살아나 어둠을 흐트러뜨린다.

런던 외곽의 한 연립주택에서는 갓난아이와 습관적으로 한밤중에 깨는 세 살 아이를 달래느라 밤마다 잠을 설치는 니콜 손더스 Nicole Saunders가 힘겨운 아침을 맞이하고 있었다.[1] 이제 막 걸음마를 배우고 있는 유아인 엘로이즈 Eloise가 아침에 침대로 기어올라 오면, 니콜은 조금이라도 더 눈을 붙이려고 아이가 (이미 엘로이즈의 프로필이 생성돼 있는) 넷플릭스나 유아 채널 시비비스 CBeebies 앱(영국 공영방송 BBC에서 시작된 미취학 유아용 방송 콘텐츠 제공 서비스로, 부모들이 믿고 볼 수 있다—감수자)을 열 수 있게 도와준다. 니콜은 이것에 "죄책감"을 느끼며 자신이 "게으른" 것 같다고 말했다. 자신이 "스크린 타임" 규칙을 제멋대로 바꾸고 있다는 걸 알았다. 하지만 좀 더 자는 (그리고 커피) 덕분에 하루하루를 견딜 수 있다는 것도 잘 알고 있었다. 적

갈색 머리와 주근깨 난 얼굴에 다크서클이 진하게 드리운 니콜은 집에서 딸들과 함께 있으려고 정규직 홍보 일을 그만뒀다고 말했다. 니콜은 엘로이즈가 태어나기 전부터 블로그에 임신에 관한 글을 쓰기 시작했고, 이제는 매월 수십만 조회수를 기록 중이다. 토요일엔 남편 제프Jeff가 일찍 일어나 딸을 돌보기로 되어 있었다. 제프는 엘로이즈에게 〈스타워즈Star Wars〉의 재미를 알려준다는 사실에 매우 흡족해하며, 아이와 잠옷 차림 그대로 소파에 서로 바싹 붙어 앉아 TV를 보고 있었다. 니콜은 늦잠을 잘 수 있는 것은 기뻤지만 제프에게는 약간 화가 났다. "또 TV나 틀어주겠죠. 항상 제일 쉬운 선택을 하는 것 같아요." 니콜 자신은 일주일 내내 엘로이즈가 할 수 있는 가치 있는 일들을 찾고 있었기 때문에 그런 제프가 못마땅했다.

수십 년 전 에티오피아에서 런던으로 이주해 온 하비바 베켈레Habiba Bekele는 도심 빈민 지역, 공영주택 단지에 있는 1960년대에 지은 아파트에 살면서, 매일 해 뜨기 전에 일어나 아침 기도를 올렸다.[2] 기도가 끝나면, 보안 요원으로 일하는 남편 스티븐Stephen이 직장에 갈 준비를 하는 사이, 가족 노트북을 켜고 이집트에 있는 아랍어 강사에게 전화한다고 하비바는 말했다. 네 살부터 열 살까지 네 명의 자녀가 아침을 먹는 동안에는 TV가 위성 채널인 가이드어스티브이Guide-US.tv에 맞춰져 있다. 미국의 이슬람교 채널로 주로 설교가 방송되고, 부모들이 방송국으로 보낸, '아야스ayahs'(이슬람교 경전인 쿠란의 구절)를 암송하는 아이들의 모습도 나온다. 하비바는 아이들이 가족 공용 아이패드에 다운로드한 '재키와 친구들과 함께 쿠란을 배우자Let's Learn Quran with Zaky & Friends'라는 앱을 이용해 암송을 연습하고 있다고 말했다.

하비바는 아이들 돌보는 일을 했다.[3] 자녀들이 하교할 때 동네 다른 가정의 아이들도 함께 맞이했다. 그리고 그 아이들의 부모들도 '스크린 타임'을 허용하지 않는다는 사실을 알았기 때문에 그 부분에 특히 주의해서 아이들을 돌봤다. 하비바는 자신의 자녀들에 대해서도 걱정이 있었다. 네 살 데전 Dejen이 〈끔찍한 역사 Horrible Histories〉를 좋아하면서부터 점점 무례해지는 것 같고(TV 시리즈 〈끔찍한 역사〉 원작이 청소년 도서 베스트셀러임에 착안한 영국식 유머 ─ 감수자) 아홉 살 다윗 Dawit이 친구 집에서 음란물을 봤을 때 속상했다고 털어놨다. 그녀는 아이들을 주의 깊게 관찰했다면서 "디지털 기기를 사용하게 두면 가족과 보내는 시간은 원하지 않아요"라고 생각에 잠겨 말했다. 하비바는 아이들이 너무 많이 요구한다는 생각이 들 때 하루나 이틀 동안 디지털 기기를 압수하고는 그 대신 '가족의 날'로 정해 함께 시간을 보내는 방법으로 신속하게 바로잡으려 했다.

런던 중심부에서 상류층과 이웃해 살고 있는 스벤 올손 Sven Olsson[4]은 스웨덴 출신의 바쁜 기업체 임원으로, 보통은 출근 전 운동을 위해 맞춰둔 아이폰 알람 소리에 잠을 깬다. 침대에서 업무 메일을 확인한 다음 러닝머신에서 땀을 빼고 주식시장을 확인하며 하루를 준비한다고 했다. 그의 열 살, 열네 살 아들 숀 Sean과 조지 George는 잠에서 깨는 데 오랜 시간이 걸린다. 아이들은 부모가 게임을 할 수 있는 아이패드와 노트북을 보관하는 금고를 열기 위해 가끔 (부모 몰래) 새벽 2시로 알람을 맞춰놓는다. 숀은 "가끔은 형이랑 같이 들어가서 누가 그랬는지 알아내기가 쉽지 않아요. (중략) 부모님이 누가 그랬는지 모른다는 게 진짜 웃겨요"라고 말했다.

녹음이 우거진 교외에 살고 있는 스웨타 플레처 Sweta Fletcher[5]는 두 아이의 엄마로, 도심을 뚫고 출근해야 하기 때문에 식성이 까다로운 니킬 Nikhil에게 아침을 먹이느라 진땀이 날 때가 많다. 스웨타는 하교 시간에 다른 엄마들과 그에 대한 이야기를 나눠봤는데, 다른 엄마들은 아이들이 아침을 **먹는** 것에 대한 보상으로 TV를 보여주고 있었다고 설명했다. 그녀는 이 이야기를 하면서 은연중에 혐오를 드러냈지만 재빨리 이렇게 덧붙였다. "그게 나쁘다는 건 아니에요!" 하지만 네 살 니킬이 가족 공용 아이패드를 보여달라고 조를 때, 신중하게 타이머를 10분에서 15분으로 설정했다. 그녀는 이렇게 말했다. "스크린 타임에 대한 대화는 사소하지 않아요. 많은 부모가 첫째로는 스크린 타임이 얼마나 길어도 괜찮은지, 그리고 둘째로는 그게 어떤 영향을 미치는지 걱정하고 있는 것 같아요."

다섯 살, 여덟 살인 메톡 Metok과 돌마 장포 Dolma Zangpo[6]는 아침에 TV를 봐도 되는지 물어볼 만큼 어리석지는 않다고 말했다. 학교 가는 날에는 금지된 일이었기 때문이다. 아이들은 아침에 "얌전하게 굴지" 않으면 학교에 다녀와서 아마존 파이어 Amazon Fire 태블릿을 볼 수 있는 소중한 시간이 사라진다는 사실을 알고 있다고 말했다.[7] 그러나 메톡은 레고 Lego와 플레이모빌 Playmobil 장난감 가지고 놀기를 좋아했고, 돌마는 독서를 정말 좋아했기 때문에(그리고 어차피 학교에 다니느라 여유 시간이 많지 않아서) 걱정할 필요는 없었다.

도시에 해가 떠오를 때 수백만 가정이 아침 일과를 시작하고, 그중 많은 가정의 일과에 기술에 대한 협상(때로는 갈등)이 포함된다. 우리는 디지털 시대 가족들의 삶에서 하루를 함께 살펴봄으로써, 가족들이 디지털 미래에 대해 느끼는 희망과 두려움의 영향을 받아 자신들의 삶에 디지털 기술을 통합하는 데 어떤 식으로 다양하게 수용하고,

균형을 이루고, 저항하는지 탐구한다. 그 과정에서 우리는 연구 방법과 우리가 면담했던 가족들을 소개한다(부록 참조). 사실상 우리는 이 협상의 성패가 기술을 둘러싼 새롭고 불확실한 육아 과업뿐 아니라, 주체성, 공정성, 발언권에 대해 높아진 기대와 함께 비계급적인 '민주적 가정'이라는 새로운 도전 과제에 달려 있다고 주장한다. 더 나아가, 이 둘 모두 '스크린 타임'에 대한 중압감을 주는 대중적 담론에 의해 어려워지고 있다고 주장한다. 이러한 담론이 부모가 디지털 기술의 특정한 사용에 대해 긍정적인지 부정적인지 스스로 판단하는 것을 막고, 최근 수십 년간의 문화적 변화를 통해 벗어날 수 있었던 전통적인 권위주의적 역할을 부모들에게 다시 부과하기 때문이다.

'민주적인 가정'의 디지털 기술

민주적인 가정은 앞 장에서 논의한 것처럼 최근 수십 년의 사회경제적, 정치적 발전의 눈에 띄는 성과다. 베크가 말한 것처럼 점점 더 "협상은 지배적인 패턴이고, 요구되는 것"이며, 선택 사항이 아니고 개인적으로, 그리고 정치적으로 "전통적인 권한 관계"[8]에 의문을 품게 한다. 가족역사학자 하워드 개들린 Howard Gadlin은 부모와 자녀 관계에 특히 초점을 맞춰, "가족의 의사결정과 부모와 자녀의 상호작용에서 민주주의"가 지금 널리 기대되는 정도까지 이르도록 "부모의 권한과 책임이 지속적으로 축소되는 것이 현대 자녀 교육의 가장 중요한 특징"이라고 말한다.[9] 그러나 부모가 어떻게, 그리고 얼마나 자녀와 협상해야 하는지, 어떤 규범에 따라 어떤 결과를 이뤄야 하는지, 새로운 질문에 대한 답은 거의 없다. 육아 담론은 (적어도 산업화된 서구 사회에서) 아동 전문가와 대중매체에 의해 고취된 것처럼 "아동 중심의 육아 형태가 바람직하다고 강조한다. 이러한 육아 형태는 아이들이 한 개인으로서 주체성을 발달시킬 수 있도록 스스로 선택할 수 있는 기회를 충분히 제공한다."[10]

디지털 세상에서는 특히, 어린이와 유년기에 대한 대중적 인식과 디지털 환경에 대한 대중적 인식(장난기 많고 표현적이기 때문에 자유롭지만 잘못된 행동을 하기 쉽다) 사이에 풍부한 시너지 효과가 있다. 이것은 ('디지털 이주민 digital immigrant'으로서 부모에 대한 통념과 함께) '디지털 원주민 digital native'에 대한 통념에 힘을 싣는다. 따라서 부모는 아이가 얼마나 똑똑하게 기술을 다루는지 이야기하기를 좋아한다. 이것이 자신의 권위를 훼손한다는 사실을 알게 될 때에도 그렇다. 사실이 점에 있어서 디지털은 역사적으로 차이를 나타낸다. 과거에는 아이들이 사회적으로나 경제적으로 귀중한 어떤 능력에 대해서도 거의 칭찬받지 못했다. 따라서 아이의 관점에서는 디지털이 주체적으로 행동하고 권위에 도전하는 아주 흥미로운 가능성을 제공한다. 그러나 이렇게 아이의 주체성을 우선시하는 것은[11] 반갑고 가치 있는 일이지만, 흔히 알려져 있는 것처럼 부모의 권위에만 도전하는 것이 아니라 부모의 가치관, 철학, 열망을 포함하는 부모의 주체성과 부모가 수용하거나 그 대안을 만들어내는 전통에 도전한다.

이 장에서 우리는 연결되어 있는 두 가지 주장을 할 것이다. 첫째, 가족 협상을 수행하는 데 유독 디지털 기술에 초점이 맞춰지고 있다. 디지털 환경의 변화가 부모와 아이 세대를 너무 확실하게 구별 짓기 때문이다. 둘째, 그러한 협상이 절실하게 필요해진 이유가 단지 디지털 기술이 출현했기(이것이 가장 눈에 띄는 이유인 것은 사실이다) 때문만은 아니었다. 더 근본적으로는 비슷한 시기에 민주적 가정이 부상했기 때문이기도 했다. 이전 세대의 전략("엄마가 제일 잘 알지", "아버지 퇴근하실 때까지 기다려라", 그중에서도 가장 악명 높은 "그냥 시키는 대로 해")은 더이상 지지를 얻지 못한다. 오늘날에는 부모들에게 관계된 모두의 권리와 이해관계를 존중하면서 자녀들과 협상하고 귀를 기울이기를 기대한다. 그리고 부모들에게 새로운 역할을 수행하기를 기대한다 (권위자뿐 아니라 멘토, 동무, 학습 파트너, 절친한 친구가 되어야 한다).[12]

민주적 가족 협상은 10대와 하든 어린아이와 하든 진이 빠지고 의기소침해질 수 있는 일이다. 가족들이 충돌하는 욕구와 기대를 협상하는 수단으로 디지털 기술을 이용하는 것은 그것이 눈에 잘 띄는 특성을 가지고 있기 때문인 것으로 보인다. 좀 더 평범하게 말하면, 많은 부모가 그런 소모적 협상을 끝내기 위해 사실상 지난날의 당근과 채찍을 부활시켜 디지털 기술을 제공하거나 회수하는 것에 의지한다.

그러나 디지털의 영역에서 욕구 또는 규율을 협상하는 것은 가족의 긴장을 낮추기보다는 고조시키면서 그것 자체가 문제를 일으킨다. 결국 디지털 활동의 가치는 불분명하다. 회사들은 대립되는 주장, 종종 과장된 주장을 펼치며 제품을 홍보하고, 과학자들은 서로 의견이 분분하고, 정책 입안자들은 어느 방향으로 가야 하는지(디지털 경제를 지원할지, 위험한 혁신을 제한할지) 알지 못하며, 부모들은 자녀가 다 자라서 올바른 결정을 내렸는지 확인할 수 있을 때까지 기다릴 수 없다. 아마도 그 결과, 실질적 혜택이 있을 거라는 희망을 품고 경제적으로나 가정의 공간, 시간, 노력 면에서 디지털 기술에 투자했음에도 불구하고 부모들은 자녀의 '스크린 타임'을 제한하거나 '감시해야' 한다는 겉보기엔 간단한 대중의 기대에 굴복하게 된다.[13]

우리가 보기에, 스크린 타임이라는 개념은 부모에게 공식적으로 승인된, 그리고 외견상 간단한 육아 '성공'의 측정 기준을 제공하는 듯하다. 그것은 기술이 이득이 될지 해가 될지에 대한 불확실성과 함께 가족 구성원들의 이해관계 충돌을 간단한 주먹구구식 규칙으로 축소시킨다.[14] 그러나 스크린 타임 규칙은 실제로 앞으로 나아가는 합리적인 경로를 제시하기는커녕 부모를 더욱 구석으로 내몰리게 한다는 사실이 밝혀졌다. 예를 들어 레아 크로 Leah Crowe [15]는 올바른 "노출 수준"을 찾느라 "골머리를 앓고 있다"라고 말했다. 레아의 큰 아들 리스 Reece(12세)는 1장에 나온 토마스[16]처럼 '진짜' 축구와 축구 비디오게임 〈피파〉를 모두 정말 좋아했다. 리스는 두 가지 축구 모두 사교적으로 친구들과 같이 했기 때문에 레아가 축구 비디오게임에 대해 "A급 마약"에 "중독"되었다고 비유한 것은 과장된 표현 같았다. 하지만 레아는 최근에 이혼하고, 리스와 리스의 두 남동생을 사실상 혼자서 키우고 있었다. 그래서 방과 후 〈피파〉 허용이 등하교시키는 과정을 수월하게 하기 위해 리스와 "거래하는" 편리한 방법**이었다.** 우리는 레아와 또 다른 부모들의 사례에서 스크린 타임에 초점을 맞추는 것이 어떻게 (아이가 '문제 있는 자극물'에 접근하도록 내버려 둔 것에 대한) 죄책감을 유발하고, 동시에 현실적인 압박감에 직면했을 때 아이와 협상하려고 애쓰는 것에 대한 해결책을 제공하는지 볼 수 있었다.

우리가 이 장에서 제시하는 것처럼 스크린 타임과 관련된 부모들의 분투는 몇 가지 더 근본적인 문제를 가린다. 현대의 가족이 내부적으로는 민주적 가정이라는 새로운 규범에 대응하고, 외부적으로는 다양한 사회적 위험과 압력에 의해 뒤흔들리며 재구성되고 있다는 것이다. 가정생활이 종종 디지털의 영역에서 펼쳐진다는 사실은 부모를 돕기도 하고, 어렵게도 한다.

하루의 일과

스웨타 플레처는 아침 식사가 끝나고 니킬을 학교에 데려다준 다음, 주말의 지역 농장 체험 사진을 첨부한 이메일을 니킬의 선생님이 받았는지 확인한다. 선생님은 교실에서 ('발표 수업'의 한 형태로) 대화식 전자 칠판에 띄울 가족 사진을 보내달라고 부모들에게 정기적으로 요청하고 있다.[17] 다른 곳에서는 홀리 장포 Holly Zangpo가 아이의 학교로부터 학교 축제에 기부하는 것을 상기시키는 자동 발송된 문자 메시지를 받는다. 메시지가 수신할 수 없는 번호로 오기 때문에 문의 사항이 있어도 답장을 보낼 수 없다.

일상생활에서 디지털이 매개의 역할을 하는 경우가 증가함에 따라 학교와 가정생활 사이에 상호 의존이 커지고 있다. 그 결과 부모의 책임이 확대되고 복잡해진다.[18] 스웨타가 가족의 주말 여가 활동 기록을 남기고, 그것을 니킬의 선생님에게 제때 제출하는 과업을 부여받은 것은 기회인가? 아니면 부담인가? 홀리가 언제든 학교의 연락을 받지만, 답장을 보낼 방법이 없는 것은 어떠한가? 일부 부모는 소통의 공백을 메우기 위해 디지털 미디어를 통해 집단을 형성한다 (학부모 교사 협회 parent-teacher association, PTA를 위한 페이스북 그룹, 1학년 부모를 위한 왓츠앱 WhatsApp 그룹).[19] 학교도 점차 부모들과 아이들이 학교를 지지할 수 있도록 구조화하기 위해 가정에 다가가려고 노력한다. 언젠가 블루벨 초등학교는 디지털 숙제 플랫폼을 도입하려고 시도했으나 비밀번호 분실, 제한된 기능, 집에 태블릿이나 컴퓨터가 없는 부모들로 인해 홍역을 치렀고, 플랫폼은 한 번도 제대로 사용되지 못했다.[20] 우리는 데클런 Declan과 매슈 바르뎀 Matthew Bardem[21]에게서 좀 더 나은 성공에 대해 들었는데 이 아이들은 학교의 숙제 플랫폼

퍼플 매시 Purple Mash에서 제공되는 게임을 정말 좋아했다.

때로는 기술이 도움이 될 때조차 그 나름대로 성가실 때가 있었다. 열변을 토하는 PTA 메시지는 끊임없이 오고, 산술 능력 숙제 앱은 역설적이게도 "중독성이 있다"라고 묘사되었다. 일부 가족들은 그러한 디지털 매개의 연결로 인해 사생활이 침해된다고 느꼈고, 일부 연결되지 않은 상태를 유지하려고 노력했다.[22] 제이컵 바르뎀 Jacob Bardem은 학교가 학급 블로그를 운영하며, 아이들이 방학 동안 한 일을 게시하도록 격려하는 것에 대해 이렇게 말했다. "그게 그렇게 좋은 것 같지는 않아요." 데이지 Daisy는 이런 것들이 확실한 이득도 없이 시간만 잡아먹는다고 불평했다. 요컨대 디지털 연결은 학습 강화와 부모의 참여 측면에서 많은 편리성과 기회를 제공하지만 때로는 불청객처럼 가정생활을 침범한다.[23]

디지털 기술은 부모의 일이 집으로 연장되는 것과도 밀접한 관련이 있다. 이것은 근무시간에 대해 더 큰 융통성과 통제력을 발휘할 수 있게 하지만 새로운 압력과 제약을 처리하도록 요구하기도 한다. 스벤 올손이 이른 아침, 휴대전화로 이메일을 확인할 수 있는 것은 억울한 일인 동시에 고마운 일이었다. 그렇다, 그는 아직 침대에 있을 때 업무 메일을 확인해야 하지만 적어도 운동을 하고 아들들과 아침을 함께 먹을 수 있다. 스웨타 플레처는 니킬의 곁에 있으려고 휴직했지만 소셜 미디어를 통해 동료 및 친구들과 계속 연락할 수 있었고 그 덕분에 나중에 더 쉽게 직장으로 복귀할 수 있었다. 하지만 다른 한편으로는 균형을 유지하는 데 어려움을 겪기도 했다. 한번은 공원에서 인스타그램을 확인하고 있는데 니킬이 휴대전화 보다가 그냥 흘긋 올려다보지 말아달라고 요구하며, "엄마, 나 좀 **오래** 봐줘!"라고 소리쳤던 일화를 후회 섞인 목소리로 들려주었다. 니콜 손더스는 엘로이즈를 학교에 데려다주고 아기인 코라 Cora 낮잠 재우기도 마침내 완수하고 나면 식탁에 노트북을 놓고는 자신이 얼마나 지쳤는지에 대해 블로그에 농담조의 글을 남기곤 했다. 블로그 구독자 수를 늘려감과 동시에 점점 더 많은 브랜드들을 위해 시간제로 소셜 미디어 관리자(21세기의 특수 직종이다)로서 일했다. 니콜이 코라의 낮잠 시간을 활용해 기회주의적으로 일하는 것을 통해 분명히 알 수 있는 것은 직장과 집을 연결하는 새로운 방식이 새로운 유연성을 제공하지만 '항상 접속'되어 있어야 하고, 스물네 시간 대응하고 생산하고 수행할 준비가 되어 있어야 한다는 압박감도 준다는 사실이다.

부모의 그러한 기술 이용은 청소년 자녀가 부모의 일하는 삶을 이해할 수 있게 한다. 올루 다통 Olu Datong [24]은 나이지리아 출신으로 현재 런던의 한 대형 병원에서 IT 지원 인력으로 일한다. 그는 가족과 함께 살고 있는 남런던의 공영 아파트에서 일을 할 수 있도록 자신의 작은 침실에 컴퓨터 모니터 여러 대를 설치했다고 말했다. 올루가 '대기 중'인 모습에 아홉 살 브레이든 Braydon이 특별한 관심을 보이자 엄마 서맨사 윈스턴 Samantha Winston은 아들이 블루벨 초등학교의 새로운 코딩 클럽에 등록하고 싶어 한 것이 아빠의 영향이었는지 궁금했다. 올루의 IT 기량이 그를 현재의 커리어로 이끌었다는 사실을 아는 서맨사는 브레이든이 "다음 단계, 즉 말 그대로 글자를 입력하고 검색하는 것에만 머무는 게 아니라 실제로 뭔가를 만들게 되는 단계"에 이르는 데 코딩 클럽이 도움이 되기를 희망했다.

우리는 이 연구를 하는 동안 디지털 기술이 가정, 학교, 직장, 그 밖의 다른 곳 간의 관계에서(가족 구성원 간에도) 매개 역할을 하는 다양한 방식을 목격했다. 남런던에서 태어나고 자란 다야 타커 Daya Thakur 는 많은 부모가 그렇듯 자신의 벵골인 대가족과 근처에 살면서 매우 가깝게 지냈다.[25] 다야는 아들 카발 Kaval(14세)이 중등학교에 들어갔을 때 자립심을 키워주기 위해 첫 휴대전화를 사 줬다고 말했다. 하지만 필요하면 엄마에게 전화하고, 엄마도 전화하기 위한 목적도 있었다. 메건 Megan과 로자 블루스톤-솔라노 Rosa Bluestone-Solano 자매는 18세, 23세로[26] 스스로 알아서 밤에 나갈 수 있을 만큼 자랐지만 지리적 위치 앱을 통해 휴대전화가 연결되어 있었고 서로의 위치를 확인할 수 있었다. 아빠인 팀 Tim은 메건이 지하철역에서 집까지 걸어올 때 자신에게 전화할 수 있다는 것이 좋았다. 또는 전화기를 침대로 가져가, "몇 시든 괜찮으니까 문자 보내지 말고 전화해. 데리러 나갈게"라고 딸에게 말할 수 있는 것이 좋았다. 안전과 디지털 기술에 대한 질문들은 서로 밀접하게 관련되어 있었다. 일부 부모들은 디지털 기술이 새로운 위험을 초래할 것으로 추정했다. 또 다른 부모들은 기술을 이용해 직장에서 자녀와 연락할 수 있다는 사실을 더 안전하게 느꼈다. (1장에서 다뤘던) 애나 마이클스[27]의 경우, 집 근처에 폭력 조직이 있어서 그렇게 느낀다고 말했다.

다른 많은 가족들이 그렇듯이 '디지털 원주민'[28]이라는 개념에 의해 우리가 믿게 되는 것과는 다르게, 콩고인 망명 신청자이자 야심 있는 영화제작자인 웸베 카자디 Wembe Kazadi[29] 같은 부모들은 오로지 자녀들이 열광한다는 이유 때문에 기술을 이용하는 것이 아니었다. 그들은 친목, 편리함, 전문성 개발, 학습을 이유로 (죄책감을 느끼면서도) 너무 자주 디지털 미디어를 이용했다. 웸베는 아내가 마니 Mani를 임신하고 있을 때 고국을 떠나왔다. 그리고 5년 동안 바이버 Viber

나 왓츠앱 같은 무료 서비스를 통해서만 가족과 연락했다. 바로 얼마 전, 아내를 데려올 돈을 모을 때까지만 빈투Bintu(10세)와 마니(5세)가 그녀를 떠나 먼저 런던으로 왔고, 마니는 태어나서 처음으로 아빠를 직접 만날 수 있었다. 웸베는 정보를 검색하거나 자신이 만든 영화를 공유하는 것과 같은 디지털 활동을 아이들과 함께하는 것을 아주 좋아했다. 그는 다양한 방법으로 집과 가족의 경계와 가능성을 변화시키려 했다. 하지만 기대하는 연결을 만드는 데 기술이 항상 도움이 되는 것은 아니다. 웸베는 영어 실력이 부족한 마니를 블루벨 초등학교에 데려다주고 나면 아이가 교실에서 어떻게 지내는지 걱정되었지만 조용한 마니의 분투를 교사들에게 전달할 방법을 결국 찾지 못했다고 말했다.

부모들은 항상 이와 동일하지는 않더라도 다양한 기술적, 창조적, 결정적, 디지털적 기능을 습득하는 중이거나 이미 습득한 상태다.[30] 하지만 아직 자녀의 학교에는 거의 알려지지 않거나 이용되지 않고 있다. 어쩌면 가정의 불평등이 교실 문화에 전해지는 것에 대한 두려움 때문일 수도 있고, 어쩌면 더 일반적으로 가정생활을 조사하는 것에 대한 학교의 뿌리 깊은 거부감 때문일 수도 있다. 웸베가 자신의 영화제작과 상영에 대해 말한 후에 우리는 학교가 그의 작품인 콩고에서 식민지 탄압에 저항한 여성에 대한 영화를 흑인 역사의 달Black History Month 기념 행사(영국의 학교에서 정기적으로 열리는 행사다)에 이용하는 것을 고려한 적이 있느냐고 물었다. 웸베는 학교에서 그의 전문 기술에 대해 전혀 모른다고 대답했고, 그가 그런 정보를 전달할 방법을 찾을 수 없었음을 알 수 있었다.

비非디지털 직업을 가진 사람들도 일상생활에서 기본적인 디지털 활용 능력이 요구된다는 사실을 깨닫는다. 서실리아 아파우 Cecilia Apau [31]와 레일라 모하메드 Leila Mohammed [32]는 각각 저임금의 슈퍼마켓 계산대 점원과 가정 간병인으로 일했다. 서실리아의 직업은 계산대 컴퓨터를 사용할 줄 알아야 했다. 레일라는 더 많은 일거리를 찾고 있음을 입증하기 위해 매일 저녁 취업 상담소 웹사이트에 접속해야 했고 딸 나린 Nareen도 필요하면 가끔 엄마를 도와줬다. 하지만 그렇게 한다고 해서 우리 연구에 참여한 부모 중 IT 전문가 또는 디지털 창작자로 일하거나 다른 종류의 전문 지식을 쌓은 부모와 평평한 운동장에 설 수 있게 되지는 않았다. 따라서 부모들을 모두 '디지털 이주민'으로 일반화하는 것은 이치에 맞지 않지만, 3장에서 논의하는 것처럼 디지털 기술에 대한 의존이 오랜 사회적 불평등을 뒤집을 수 없었고, 오히려 일부 사례에서는 불평등을 심화시켰다.

디지털 기술은 매력적이고 권한을 부여하는 것으로 판명되고 있지만, 자유의 비결이자 (자기) 비난의 근원으로서 불안감도 조성한다. 아들을 키우려고 휴직했지만, 아들이 "오래 봐달라고" 요구했을 때 몹시 부끄러웠다는 스웨타 플레처의 이야기가 바로 이 부조화를 보여준다. 부모에 대한 압력이 크게 증가하면서 온라인으로 서로를 격려하는 엄마들의 커뮤니티에 참여할 수 있다는 사실이 스웨타나 면담에 참여한 다른 부모들에게 생명줄이 되었다. 또 육아를 사적인 영역에 두는 사회에서 틀림없이 육아 자체를 더 눈에 보이게 하고 사회의 근본적인 행위로 만드는 데 도움이 될 것이다. 하지만 온라인 커뮤니티는 부모를 서로에게, 그리고 사회의 비판적인 시선에 더 드러나게 함으로써 경쟁심과 불안감을 증가시킬 가능성이 있다.[33]

가치 협상

하루 중에서 일어나고, 하교하고, 잠자리에 드는 시간은 부모와 자녀가 함께하는 시간이고, 그래서 가정생활에 대한 이야기의 큰 부분을 차지한다. 일주일 동안 이 시간의 언저리에서 가족 구성원들이 서로 다른 방향으로 나아가고, 종종 다른 구성으로 다시 모인다. 우리는 많은 부모가 가정생활의 바쁜 일과 속에서도 디지털 기술과 함께, 그리고 디지털 기술 없이 가족과 같이 있는 시간을 **잘 보내려고** 노력한다는 사실을 알게 되었다. 이 장의 시작 부분에서 어린 딸에게 자신이 좋아하는 영화를 보여준 제프 손더스 사례로 봤듯이 디지털 기술은 그 자체의 가치로서 중요했고, 다문화 도시 런던에서 자라는 자녀에게 기술을 이용해 이슬람 문화의 환경을 만들어줬던 하비바 베켈레 사례에서 봤듯이 가치관을 전달하는 수단으로서도 중요했다. 확실히 가족이 종교 활동에 열성적으로 참여하고 있는 하비바에게 기술은, 자신과 자녀의 종교 활동을 전 세계적으로 수백만 명이 참여하는 일정에 맞추고, 근처에 사는 같은 처지의 이웃들과 맞추는 데 많은 도움이 되었다.

오늘날의 디지털 미디어가 대체로 가족 구성원들을 서로에게서 고립시키는 역할을 한다는 무서운 추정[34]과는 반대로 우리의 연구에 참여한 많은 부모와 자녀는 TV나 영화를 이용해, 주로 〈스트릭틀리 컴 댄싱 Strictly Come Dancing〉 〈그레이트 브리티시 베이크 오프 The Great British Bake Off〉 〈러브 아일랜드 Love Island〉처럼 전 세대가 즐길 수 있는 프로그램을 함께 보며 소중한 '공동의 미디어 참여'[35] 시간을 만든다고 말했다. 주말에는 특히 넷플릭스 같은 디지털 서비스나 주문식 스트리밍 서비스를 통해 미디어의 즐거움을 공유할 수 있다. (가족이 함께 큰 화면을 보는 중에도 각자 휴대전화를 확인하는 경우처럼) 이것이 '여러 화면'을 보는 상황으로 이어질 수도 있지만, 때때로 만족시키는 것과 같은 방식으로 공동의 요구와 개인의 요구의 균형을 결과적으로 맞췄다. '디지털 미래를 위한 육아' 설문조사는 이 질적 연구의 결과가 사실임을 보여주었다. 디지털 미디어가 TV, 영화, 비디오게임을 통해(비디오게임은 아빠들이 선호했다), 그리고 더 드물게는 주로 중산층에서 함께 음악이나 영상을 만들고 사진을 찍는 활동을 통해 가족을 모이게 하는 데 이용되는 방식을 보여주었다.[36]

서맨사 윈스턴은 아홉 살, 두 살 자녀와 함께 보내는 완벽한 주말을 묘사하면서 다양한 형태의 미디어에서 얻는 즐거움을 특별히 다른 활동들과 구별하지 않고 나란히 두었다.

우리는 영화관에 가요. 우리 가족은 다 기술을 좋아하고, 게임을 좋아하는 것 같아요. 엑스박스Xbox가 두 개잖아요. 위Wii도 있고요. 브레이든은 DS가 있고 저도 있어요. 아들은 PS Vita도 있어요.[37] 우리는 게임 같은 걸 그냥 정말 좋아하고 그래서 다 같이 해요. 컨트롤 패드가 여섯 대 정도 있어서, 10대들이 그러는 것처럼 같이 앉아서 게임을 해요. 아니면 나가서 영화를 보고요. 공원에도 가고 영화관에도 가고 책도 읽어요. 금요일에 딸에게 책을 여섯 권 정도 사 줬더니 저기 카펫에 앉아서 책을 읽더라고요.

면담의 맥락에서 볼 때, 부모가 가족이 함께 보내는 '소중한 시간qual-ity time'으로서 특정 종류의 여가 활동에 투자하는 것은 '소중한 시간'의 모습이 가족마다 완전히 다르더라도 '좋은 양육'의 한 버전을 실행하는 방식으로 해석될 수 있다. 서맨사 윈스턴이 중시한 것은 다양한 방식으로 함께 있을 수 있게 하는 다양성(플레이스테이션과 공원)이었다.[38] 통신 분야에서 일하고 언론학을 전공한 데이브 스켈턴 Dave Skelton [39]에게 열두 살 딸 에즈미 Esme와 TV나 영화를 보는 것은 가치 있는 "정치적 행동"이었다. 그는 DC코믹스의 작품에 기반을 두고 있는 것들을 포함해 "강한 여성 캐릭터"가 나오는 영화와 프로그램들을 엄선했다(마블은 여성 캐릭터에 대해 덜 일관되다고 불평했다). 또 하워드 호크스 Howard Hawks의 영화 같은 명작들과 〈뱀파이어 해결사 Buffy the Vampire Slayer〉 같은 "페미니스트" 프로그램들을 골랐다.

로버트 코스타스 Robert Kostas [40]는 서로 많이 다른 두 아들이 함께 시간을 보내는 방법 몇 가지를 기술이 제공하고 있는 것에 감사했지만, 기술을 둘러싼 자신의 가치관에 대해 훨씬 자신이 없었다. 열다섯 살 제이크 Jake는 자폐증이 있지만, 열두 살 도미닉 Dominic은 평범하게 성장하고 있었다. 둘은 자주 다퉜지만, 〈마리오카트 MarioKart〉 같은 게임을 하거나 유튜브에서 패러디 영상을 보는 것이 둘의 격한 관계를 매끄럽게 했다. 로버트는 디지털에 대한 제이크의 관심이 동생과의 관계를 좋게 하고, 취업으로 이어질 수도 있는 기술을 쌓게 한다는 점에서 그것을 긍정적으로 생각할 수도 있지만(5장 참조) 그럼에도 불구하고 걱정에 사로잡혀 있었고 (그가 보기에는 너무 관대한) 아내 콘스턴스 Constance와 제이크의 기술 사용에 대한 의견 차이로 심한 갈등을 겪고 있었다. 로버트는 특히 아이패드에 대해 걱정하고 있었고 아이패드에 대해 제이크를 "위로하는 것"이자 제이크가 "집착하고 중독되어 있는" 것이라고 묘사했다.[41] 로버트는 두 아들 모두, 하지만 특히 제이크가 "침실에 은둔자처럼 앉아 있는 것"을 봤고, 아이들이 결국 기술 때문에 "인생을 허비하게" 될까 봐 두려웠다.

디지털 기술은 가정생활에 다양한 방식으로 내재되어 있으며, 모든 부모가 한 가지 갈등을 겪거나 한 가지 혜택을 얻는 것이 아니다. 예를 들어 다야 타커는 곤혹스러움과 확신이 혼합된 디지털 딜레마에 직면했다. 다야는 하비바 베켈레처럼 자녀의 종교적 사회화를 중시했고 네 자녀 중 열네 살 카발이 이슬람교 탐구에 관심을 보이며 모스크에서 삼촌들과 사촌들을 만나고, 유튜브에서 예언자 무함마드에 관한 영상을 보는 것이 반가웠다. 하지만 다야의 전남편이 카발에게 사촌들, 학교 친구들과 함께 원격으로 게임을 할 수 있도록 엑스박스를 선물했고 다야는 카발이 그것을 너무 좋아해서 걱정되었다. 그래서 카발의 아빠에게 카발이 "그것을 어느 때고 쓸 수는 없다. 저녁 때 숙제가 있으면 숙제부터 해야 한다"라고 분명히 말해두었다. 다야는 결국 그 선물에 동의하긴 했지만, 그것을 (아이가 얼마나 오래 하는지, 그리고 게임을 하는 동안 "상스러운 말"을 듣게 되는지) 감시해야 하는 것에 대해 화가 날 때도 있었다.

하지만 다야는 서맨사 윈스턴처럼 디지털 미디어 이용이 가져올 수 있는 유대감을 좋아했다. 열 살 딸 키야Kiya가 유튜브에서 열심히 본 헤어 연출법을 다야 자신의 머리에 시도하도록 허락했던 일을 즐거워하며 이야기해주었다. 다야와의 면담은 우리 현장 연구의 초기에 이뤄져서 우리는 당시 그 면담의 이러한 측면이 얼마나 이례적인지 깨닫지 못했다(다야는 딸이 봤던 유튜버의 이름을 알고 있었고, 딸과 함께 봤으며, 그렇게 키야가 열중했던 활동에 함께 참여하기까지 했다). 다야는 특히 카발에 대해 걱정했지만 아이들을 사로잡은 영역에 대해 아이들과 소통하기 위해 디지털 미디어를 존중하고 그것을 수용할 방법을 찾았다. 여기에는 어려운 문제(다야에게는 뉴스 보도를 본 후 집착하게 된 걱정거리인 온라인상의 성적인 그루밍도 이러한 문제에 속했다)를 논의할 방법을 찾는 것도 포함됐고, 결과적으로 그녀는 이 문제를 정면으로 다루면서 위험에 대한 자녀의 회복력에 대해 더 확신이 생겼다.[42] 그러한 공유된 연결은 기술 이용을 통한 '긍정적인 학습 성과'를 찾는 연구자들에 의해 조사되는 일이 거의 없지만 부모와 자녀에게는 정말 높이 평가되고 있다.[43] 자녀의 미디어 생활에 대한 다야와 로버트의 대조적인 개입 수준은 다양성을 분명히 보여준다. 부모들은 주로 서로 다른 생활환경 때문에 스크린 타임과 관련해 다양하게 이해하고 행동한다. 그러나 이어지는 내용처럼 '스크린 타임' 담론은 이러한 차이를 무시하고 모든 가족을 똑같이 취급한다.

스크린 타임에 관한 문제

"셀프컨트롤 SelfControl 껐니?" 수전 스콧 Susan Scott [44]은 면담 도중 옆방에서 숙제하고 있던 열네 살 아들 조지 George에게 큰 소리로 물었다. 어리둥절해진 우리는 무슨 말인지 물었다. 조지가 다니는 등록금 비싼 사립학교의 학생들은 맥북에어를 한 대씩 받아 그것으로 숙제를 해서 제출하는 것 같았다.[45] 그 노트북에는 학교와 학부모가 정한 기간 동안 특정 웹사이트(소셜 미디어 또는 게임 등)를 차단하는 셀프컨트롤 앱이 미리 깔려 있었다. 수전의 남편이자 이 장의 시작 부분에서 이야기했던 스벤 올손은 기업 임원으로서 출장이 잦았기 때문에 수전이 파트타임으로만 일하며 세 아이의 육아를 거의 전담하고 있었다. 아이들이 비디오게임을 너무 좋아하는 것에 대해 복잡한 심정이었던 수전은 아들들의 게임 "집착"을 뭔가 "긍정적인" 활동으로 바꿀 좋은 방법을 논의하기 위해 부모들의 점심시간 모임을 만들었다(결국에는 엄마들만 참석했다). 수전과 그 모임의 엄마들은 우스갯소리로 자신을 "게이머 매니저"라고 소개했다. 수전은 디지털 미디어에 관한 학교 정책에 관심을 가지고 육아에 반영했다. 또 어느 시점이 되면 아이들의 "충동 조절 능력이 향상될" 것이라고 기대하며 아이들의 스크린 타임을 세심하게 관리하려고 애썼다(밤에 아들들이 방으로 몰래 들어와 가족 금고에서 태블릿을 꺼내 간다는 사실을 수전과 스벤이 몰랐던 것을 떠올려보라).

수전은 안타깝게도 자신의 육아 방식을 설명하면서 자신이 집의 "여경"이라고 말했다. 정말로 그녀는 아이들의 기기 사용을 추가적으로 감시하고, 몇 가지 웹사이트를 더 차단하기 위해 (경찰 탐지견의 이름을 딴) 케이나인K9이라는 또 다른 앱을 설치했었다.[46] 아이의 디지털 활동을 단속한다는 이 비유는 우리가 면담을 하면서 몇 번이고 반복해 들었던 말로, 두 가지 측면에서 문제가 있다. 첫째, 가정의 민주화를 확대시키고 가족들이 대체로 받아들여왔던, 장기적인 문화적 추세를 거스른다. '좋은 양육'을 '단속'으로 생각하는 것은(그리고 암묵적으로 아이를 범죄자로 생각하는 것은) '빅토리아 시대의' 아버지라는 인물상으로 대표되는, 성별과 위계에 따른 가족 권력 구조를 재구성하기 위해 최근의 부모 세대가 기울인 노력을 훼손한다.[47] 그것은 또한 서구 사회가 아이들을 아직 미완성된 인간이 아니라 '자신의 삶'을 살 권리가 있는 사람으로 인식하기 위해 노력해온 시간을 과거로 되돌린다. 부모의(그리고 다른 어른의) 가치관은 간단히 강요될 수 없고 상호 협상되어야 한다. 이와 관련해, 청소년기가 독립을 위한 변화의 과정이라면 그것은 부모의 변화도 요구한다. 부모는 드러나는 자녀의 '인간으로서의 특성'과 그것이 부모로서의 자기 정체성에 미치는 영향에 적응하는 동안 자신의 기대와 실행을 다시 돌아보게 된다.[48] 이것은 디지털 기술이 야기하는 딜레마에서 매우 분명하게 나타난다. 아이들이 디지털 기기 또는 서비스의 독립된 사용자가 될 수 있는 시기와 방법(예를 들어, 언제 아이가 휴대전화를 가져'야 하는지' 또는 열세 살이 정말 소셜 미디어를 이용하기에 '적절한' 나이인지)에 대해 이분법적인 결정을 강요하는 것으로 보일 때가 많다.[49]

둘째, 디지털 기기 사용을 단속하는 것이 부모가 의도하는 목적에 실제로 효과가 있는지를 보여주는 증거가 거의 없다. 그것이 가정의 갈등을 야기하기 쉽고, 결과적으로 아이가 (디지털은 물론이고 다른 영역에서도) 배우고, 기술을 익히며, 회복력을 발달시킬 기회를 잃게 되기 때문이다.[50] 우리가 실시한 조사에서도 자녀와 완전히 멀어진 부모들은 아이가 온라인에서 실제로 무엇을 했는지보다 스크린 **타임**에 훨씬 더 관심을 가졌고 그마저도 수면과 행동을 둘러싼 갈등 때문에 우선순위에서 밀려나 있었다. 우리의 조사 결과는 또한 영국의 부모들이 아이들의 온라인 기회를 확보하고 위험을 해결하기 위해 얼마나 열성적으로 노력하고 있는지, 그리고 스크린 타임에 대한 담론 때문에 대중의 인식에서 지워진 노력이 무엇인지 보여주었다.[51]

그래서 우리는 '부모의 중재'에 관한 꽤 많은 문헌들을 재고하게 됐다. 이 문헌들이 부모를 자녀의 미디어 사용을 관리하는 통제력으로서 너무 크게 설정하고, '성공적인' 부모의 중재를 단순히 '스크린 타임'을 줄이는 조치로 축소하기 때문이다. 이것은 설탕 섭취를 줄이고 운동량을 늘리는 것이 일반적으로 유용한 조언인 건강 분야라면 효과를 보일 수도 있다. 하지만 디지털 기술에 관해서는 우리가 철저히 디지털이 매개하는 시대에 살고 있으므로 과하지도 부족하지도 않은 것이 명백한 답이 될 수 있고, 앞서 이야기한 것과는 다른 접근법이 필요하다. 우리가 다른 곳에 썼던 글을 참고하기 바란다.

부모들은 대응의 틀을 잡기 위해, 자녀의 디지털 미디어 이용을 맥락(자녀가 디지털 미디어를 언제, 어디에서, 어떻게 이용하고 있고, 어떤 효과가 있는지), 내용(무엇을 보거나 이용하고 있는지), 연결(디지털 미디어가 관계를 얼마나 원활하게 하는지, 또는 훼손하고 있는지) 측면에서 이해해야 한다. 우리는 오랫동안 디지털 안전에 초점을 맞추고 부모의 주요 역할이 아이들을 감시하고 제한하는 것이라는 메시지를 전달했다. 그로 인해 자녀가 디지털 미디어를 통해, 또 그것에 대해, 그리고 그것을 넘어서서 배우고, 연결되고, 창조할 수 있게 하는 부모의 역할을 지지할 수 없었다.[52]

부모의 중재에 대한 전통적인 연구 문헌들은 활동 자체로서의 **육아**에 거의 관심이 없다고 봐도 좋을 것이다. 어쩌면 그러한 연구가 더 역사적으로 민감한 가족사회학보다 아동 발달에 대한 심리학의 설명을 일반화하는 것에 의지하기 때문인지도 모른다. 그것은 제한적으로 육아가 아이의 디지털 경험에 미치는 영향을 검토했고, 부모 자체와 가정생활에 대한 부모들의 희망, 두려움, 그리고 그것의 실현 가능성을 더 폭넓게 인식할 수 있도록 렌즈를 확대하지 않았다.[53] 최근에야 이 문헌들도 부모의 중재라는 개념을 미디어의 폐해를 줄이기 위한 부모의 권위 행사 중 하나로 보는 것을 넘어서서 자녀의 견해와 그것이 부모에게 미치는 영향력을 인식하고 있다.[54]

부모의 중재에 대한 연구는 수전 스콧의 경험이 보여주는 것처럼 자녀 보호 기능 분야의 때때로 문제가 있는 시장에 의해 오랫동안 이용되어왔다.[55] 그것은 이 장에서 논의되는 여러 가족이 보여주는 것처럼 스크린 '중독'에 대한 대중적 담론에서도 언급되고 있다. 하지만 많은 전문가가 심리학적, 의학적으로 정확하게 정의되어 있는 이 용어를 사용하는 것이 적절한지에 대해 의문을 제기하고 있다. 그것이 적용되는 대부분의 아이들(사실, 사람들)이 그러한 진단을 받기 위한 기준을 충족하지 않기 때문이다. 그럼에도 불구하고 공중보건 및 인터넷 안전 옹호자들이, 그리고 심지어 부모와 아이들이 자기 진단으로서 '중독'이라는 말을 구어적으로 사용하는 것은 어떻게 대중적 담론이 개인의 삶으로 흡수되는지를 보여준다. 이것은 다른 부분은 다루지 않고 놔둔 채 행위의 일부(예를 들어 연장된 이용 시간)에 대해서만 '문제'로 규정한다(이용량에 초점을 맞추면 내용이 유익한지 또는 해로운지, 그리고 누구에게 그런지에 대해 판단이 필요하지 않다).[56]

스크린 타임에 대한 걱정이 가족들 사이에서 가장 두드러졌지만 많은 이들이 디지털 활동과 비디지털 활동 간에 그들이 추구하는 균형을 명확히 표현할 방법을 찾고 있었다. 홀리 장포는 자녀 메톡과 돌마에게 창의성을 키울 기회를 주기 위해 디지털 기술에 대한 엄격한 규칙을 가지고 있었다. 홀리는 무엇이 허용되고 무엇이 허용되지 않는지, 어떤 게 시간을 잘 보낸 것인지, 어떤 행동이 '좋은' 행동이고 잘못된 행동인지를 두고 하루에도 몇 번씩 진부해 보이는 협상의 시간을 가졌다. 그녀는 아이들이 기기나 게임에 "중독될까 봐" 혹은 기기나 게임이 아이들을 "빨아들일까 봐" 걱정된다고 말했다. 돌마가 학교 신문에 실릴 자신의 기사를 위해 삼림 파괴에 관해 빨리 조사할 수 있었던 것이 뿌듯하기도 했지만, 킨들의 인터넷 연결을 끊고 그것을 침실의 높은 선반에 올려 둠으로써 "엄마가 방에 없을 때 아이들이 [인터넷에] 접속"할 수 없도록 즉시 조치하기도 했다. 홀리는 기술을 경계했지만 이렇게 생각하기도 했다. "기술을 모른 척할 수는 없어요. 이것이 현실이기 때문에 무조건 배워야 해요. 안 그러면 통제할 수 없게 될 거예요." 홀리와 또 다른 엄마 니나 로빈스Nina Robbins[57]가 각자 말하는 것의 본질은 크게 다르지 않지만, 홀리의 **저항**과 니나의 **수용**(5장 참고)은 대조를 이룬다. 니나에게는 기술 비판이 "아이에게 자전거 타는 법을 가르치는 것을 두고 철학적 논쟁을 벌이는 것만큼이나 이상하게 느껴진다. 디지털은 아이들의 세상에 내재하는 일부"다.

기술에 대한 홀리의 인식은 그녀의 더 폭넓은 육아 가치관과 방식을 반영하기도 하고 그것에 도전하기도 한다. 홀리는 종종 일찍 일어나는 메톡과 꼭두새벽부터 레고를 가지고 놀았다. 하지만 가끔 "정말로 힘이 들 때는" TV를 보여줬다. 홀리는 전반적으로 잘 놀아주는 권위 있는 부모였고, 규칙의 이유가 되는 가치관을 아이에게 설명해주는 편이었지만 스크린 타임에 관해서라면 기술을 "완전히 봉쇄하며" 좀 더 권위주의적일 때가 많았다. 우리는 이처럼 원래는 자상한 부모가 기술을 '완전히 봉쇄하기'(실제로도 그렇고 비유적으로도 그렇다) 위해 애쓰는 모습을 목격하고, 스크린 타임 담론 자체가 문제라고 할 수 있을 정도로 너무 억압적이고, 건설적인 지침은 거의 제공하지 않으면서 부모가 죄책감을 느끼게 만드는 건 아닌지 의문을 품게 되었다. 이 문제를 제외한 홀리의 육아 '방식'은 완전히 아이 중심적이었지만, 메톡과 돌마가 어떻게 기술을 이용해 혜택을 얻을 수 있는지 또는 창의적이고 협력적인 육아 행위를 어떻게 **비**디지털 활동뿐만 아니라 디지털 활동에 적용할 수 있는지를 이해하는 것에 홀리는 거의 관심이 없었다.

모든 디지털 활동을 맥락, 내용, 연결과 상관없이 똑같은 것으로 취급하는 것은 성공하기에는 근본적으로 너무 둔한 전략이다. 이제 디지털 미디어와 기술이 추가적으로 선택할 수 있는, 필수품이 아닌 사치품으로 여겨지던 시대는 지나갔기 때문이다.[58] 디지털 미디어와 기술은 일상생활에서 기반 시설의 일부가 되었고, 그래서 스크린 타임을 맥락과 관계없이 시간을 기준으로 제한하려는 노력은 효과적이지 않으며, 얻는 것보다 잃는 것이 더 많다. 가족들은 디지털 기술이 가정생활에 가져온 편안함과 친밀함에 의존하게 되었다. 문자메시지 그룹부터 가정의 재정 관리, 구입할 식료품 목록 관리, 가족 여행 계획, 친구들과 소셜 미디어로 안부 묻기, 멀리 떨어져 있는 친척들과 화상통화 등을 하기 위한 앱까지 디지털 미디어는 종종 상반된 감정을 느끼게 하지만, 가정생활의 특별할 것 없는 일부분으로 점점 "내재되고 구체화되며 일상이 되었다."[59] 우리가 조사한 결과에 따르면 적어도 한 달에 한 번 이상 인터넷을 이용하는 부모 여섯 중 다섯 명이 육아 활동에 도움을 받기 위해 인터넷을 이용한다. 그중 절반은 교육 목적으로, 열 명 중 네 명은 지역의 활동이나 행사를 찾거나 아이를 위해 콘텐츠를 다운로드하거나 재생할 목적으로, 열 명 중 세 명은 아이와 관련된 사교 모임이나 건강에 대한 정보나 조언을 얻으려고 이용한다.[60] 이런 점에서 스크린 타임을 측정하는 것이 아이들의 디지털 활동의 가치를 판단하는 것보다 쉽긴 하지만, 부모에게 시계만 쳐다보고 있으라고 요구하는 것은 디지털 시대 육아의 핵심을

놓치는 것이다.[61]

디지털을 균형 잡힌 시각에서 바라보기

우리가 면담한 모든 부모에게 디지털 기술에 대해 말하고 싶은 이야기가 있었지만, 일부 부모는 다른 부모들보다 이러한 질문들에 덜 사로잡혀 있었다. 가정생활의 전체 맥락을 이해하는 것은 스크린 타임 조언처럼 누구에게나 일률적인 '프리 사이즈' 모델에 대비되는 것이다. 아빠 마일스 테일러 Miles Taylor [62]는 열세 살 아들 제이미 Jamie를 혼자 양육했고 제이미는 자폐증과 희귀한 염색체 장애를 가지고 있었다. 제이미는 활기 넘치고, 특히 아빠와의 신체적 스킨십을 좋아했으며, 우리가 처음 만난 런던 유스 아츠 London Youth Arts, LYA의 디지털 미디어 아트 수업에서 종종 주목을 받았다. 두 사람은 작은 원룸에 살았는데, 제이미의 몸이 성인 남자만큼 커져서 그것도 점차 어려워지고 있었다. 마일스는 더 큰 아파트에 사는 공상에 빠져 제이미에게 해줄 수 있는 것들을 생각해보았다.

제이미에게 책상과 컴퓨터가 놓일 작은 공부 공간을 주고 싶어요. 아이가 로켓 과학자나 뇌 전문 외과의사가 될 수는 없다는 걸 알아요. 하지만 뭔가를 사러 갔을 때 잔돈을 잘 거슬러 받을 수 있도록 수학과 읽기의 기본 원리라도 가르쳐주고 싶습니다.

마일스는 제이미에게 도움이 되는 기술들을 수용했다. "제이미는 음악을 정말 좋아해서 유튜브에서 다 찾아 듣고 있어요. 보세요, 컴퓨터 덕분에 아이가 이 모든 것들을 즐길 수 있어요"라고 열성적으로 설명했다.

그러나 그들의 도전 과제는 어떠한 기술적 해결책으로도 다 해결되지 않을 만큼 컸다. 마일스는 혼자 제이미를 돌보면서 많은 것을 떠맡게 되었다고 말했다.

아이가 받을 수 있는 정부 혜택을 알고 있어야 하고 심리적, 감정적, 사회적 요인들을 이해하려고 노력해야 해요. 또 아이가 자립할 수 있도록 가르치고, 자존감이 떨어지지 않게 신경 써야 하고요. 병원 진료들도 모두 다니면서 그 모든 사항을 이해해야 하죠. 그리고 아시다시피, 학교교육과 가정에서의 일상생활이 있어요. 네, 맞아요. 신경 쓸게 너무 많죠. 다른 어떤 일보다도 피곤한 일이에요. 정말 지치고, 가끔은 정신을 차리기가 힘들어요.

마일스의 역할은 그가 말한 대로 제이미의 신체적 필요만 보살피는 것이 아니라 따뜻하고 즉각 반응하는 아빠가 됨으로써 아이의 자립심과 자기효능감을 키워주고 한 인간으로 성장할 수 있도록 돕는 것이다. 요컨대 민주적 가족의 에토스는 제이미가 훨씬 더 나은 보살핌을 받고, 마일스가 새로운 아버지상을 제시하는 것을 의미했다. 그러나 두 사람은 지원과 자원 없이 심히 고립되어 있는 것 같았고 마일스는 거의 버틸 수 없는 정도까지 무리하고 있었다.

우리는 제이미를 만난 LYA의 디지털 미디어 수업에서 다운증후군이 있는 열다섯 살 알렉스 리드 Alex Reid [63]도 만났다. 알렉스의 집을 방문해 엄마인 제스 Jess와 면담했을 때는 마일스와 완전히 다른 상황을 목격할 수 있었다. 이들은 북런던에 자리한 크고 비싼 빅토리아풍

주택에 살았다. 알렉스와 다른 두 형제는 각자 방이 따로 있고 스마트폰도 하나씩 가지고 있었다. 제스는 피트니스 마니아인 알렉스가 자기 전에 침대에서 운동 영상을 본다고 말했다. 알렉스가 잠든 후에 부모가 살짝 들어가 휴대전화를 가지고 나온 다음 밤사이 주방에서 충전한다(몇 년 전, 골치 아픈 집단 괴롭힘 사건이 일어난 이후부터 소셜 미디어 계정도 확인하고 있었다). 알렉스가 취침 시간에 피트니스 영상을 보는 것은 지나가는 취미 이상이었다. 제스와 알렉스는 알렉스가 피트니스 트레이너가 되려고 한다면 피트니스와 기술에 대한 알렉스의 관심이 어떻게 합쳐질 수 있는지 논의했다. 제스는 알렉스에게 이렇게 말했다. "사람들이 어떤 운동을 하고 있는지 프로그램으로 관리할 수 있을 거야. 사람들이 거기로 가끔 이메일을 보낼 수도 있고 약속 같은 것도 잡을 수 있게 만들면 좋겠다."

　재원에 대한 접근성과 더 높은 수준의 디지털 기술, 장비에 대한 접근성 등 다른 형태의 특권이 국가 간 이동, 장애, 질병 같은 도전적인 상황의 영향력을 완전히 없앨 수는 없지만 때로는 축소할 수 있다. 망명 신청이 처리되는 동안, 그리고 콩고에 있는 아내를 데려오기 위해 돈을 모으는 동안 아이들과 함께 단칸방에 살고 있던 아빠 웸베 카자디를 떠올려보라. 기술은 굉장히 멀리 떨어진 가족이 단결하는 데 도움을 주었다. 하지만 놀랍도록 다른 환경에서 아이들을 양육해야 하는 엄청난 도전 과제가 남아 있었다. 또 웸베의 법적, 경제적 지위가 너무 불안정했다. 그는 기술에 대해 생각하고 있었지만 생계를 유지하고 아이들을 키우는 것만으로도 너무 바빠서 충분히 신경 쓸 수 없었다.[64] 그렇다고 해서 자원이 많은 사람들만 기술을 둘러싼 다툼에 휘말리게 된다고 말하는 것은 아니다.

우리는 부모가 더 유연한 접근을 목표로 위험과 기회의 균형을 이룸으로써 스크린 타임을 측정하고 감시하며 제한하는 상황을 피하기 위해 노력하는 모습을 모든 소득 수준의 부모들에게서 발견했다. 에리트레아 출신인 아리얌 파크스 Ariam Parkes [65]는 아일랜드인과 결혼해 딸이 셋 있었다. 부유하지는 않았지만 크게 부족하지도 않았고, 큰 공영주택 단지의 가장자리에 있는 개인 소유의 전前 공영주택에 살고 있었다. 아리얌은 최근 딸들의 성화에 못 이겨 첫째와 둘째 딸에게 태블릿을 사 주었다. 아리얌이 아홉 살 엘렌 Elen의 작은 잘못에 대해 벌을 줄 때가 되었을 때 이 기기에 기대하지 않은 이점이 있음을 깨달았다. 아리얌은 "아이들의 책을 치워버릴 수는 없잖아요. (중략) [하지만 태블릿이라면] 그게 꽤 효과적이라는 사실을 알게 되었어요. 엘렌은 태블릿을 돌려받기 위해 무엇이든 할 테니까요"라고 말했다. 방과 후에 아이들은 합창단에 가고, 수영을 하고, 스카우트 활동을 했으며, 가족과 보드게임을 했다. 하지만 첫째와 둘째가 가끔 "케이크 장식 같은 것을 만드는 짜증 나는 남자의 영상을 보면서 몇 시간 동안" 앉아 있었고 아리얌은 "적절함의 수준"이나 그녀가 간단하게 "바보 만든다"라고 묘사하는 어린이 프로그램에 의문을 가지게 되었다. 그래도 아리얌은 기술에 대해 "평소에 저의 가장 큰 걱정거리예요"라고 말하지 않았고 "그것에 대해 크게 걱정하지 않아요"라고도 말하지 않았다. 면담 후 우리에게 강렬한 인상을 남긴 것은 그녀의 조용한 신뢰였다. 아리얌은 이렇게 설명했다.

저는 저희 엄마에게 배운 육아 원칙이 하나 있어요. 아이가 올바른 결정을 내릴 수 있을 거라고 아이를 믿어주는 거예요. 제가 아이를 올바르게 키워야 했고, 이제 아이가 올바른 선택을 할 것이라고 기대하는 거죠. 아이가 몇 번 실수를 할 때도 있겠지만, 특별한 경우가 아니면 아이들이 스스로 배우도록 놔둬야 하고 아이들을 믿어야 해요.

이 신뢰가 옳았다는 것이 입증되고 있는 듯 보였다. 엘렌과 엘렌의 동생 해나 Hanna(8세)는 부득이하게 부적절한 유튜브 콘텐츠를 봤을 때는 무시하거나 때로는 부모에게 말하도록 배운 것에 대해 우리에게 이야기해주었다.

따라서 일부 부모에게 전면적으로 적용하는 스크린 타임 조언은 기대했던 효과를 보이지 않는다. 그러한 조언은 이용 시간을 디지털 활동의 질과 특성으로부터 분리하고 이러한 맥락적 관계를 무시하기 때문이다.[66] 아리얌과의 면담은 또한 보여지는 문제(기술)가 부모 자신의 어린 시절과 거의 관련성이 없는 것처럼 보이더라도 일부 부모가 어떻게 더 오랫동안 확립된 육아 관습(좋은 의사결정과 자립을 격려하는 것)과 공명하는 지점을 찾는지 보여줬다. 아리얌은 어머니가 소셜 미디어나 기술에 대해 직접적으로 말한 적은 없지만 어머니의 조언이 도움이 됐다고 말했다.

기술에 대한 협상은 음식이나 운동,[67] 학교 또는 이웃 선택, '좋은' 여가 시간 활용,[68] 돈 또는 돈 부족, 친척과의 연락 등에 관한 가족의 다른 협상들과 함께 이루어진다. 이 문제들은 우리가 이 장에서 본 것처럼 식사, 돌봄, 학교교육, 취침 시간, 소비, 여가 등 실제적 또는 잠재적으로 디지털 요소를 가지는 모든 것과 상호 의존적이긴 하지만, 디지털 기술에 대한 결정보다 크게는 아닐지라도 그에 못지않게 부모들의 뇌리를 사로잡고 있다. 미디어학자로서 우리는 가족들의 일상생활이 점점 더 "미디어로 채워지고" 있고[69] 디지털 "물건"들로 가득하다는[70] 사실을 잘 알고 있다. 하지만 우리는 그것들의 중요성을 과장하고 싶지 않고 기술이 육아와 가정생활에 한쪽 방향으로만 영향을 미쳤다고 추정하고 싶지 않다. 우리는 우리의 연구를 가족들이 단순히 디지털 기술에 의해 변하는 게 아니라 어떻게 그들만의 방식으로 적극적으로 적용하는 방법을 찾고 디지털(그리고 디지털 이전의) 기술에 의미를 부여하는지 보여주는 학문 유형에 속하는 것으로 본다.[71] 우리는 디지털 기술을 '그들의 위치에' 두려고 했다. 말하자면 그것이 '놓여지는' 곳이, 맥락에 따라 더 중요하거나 덜 중요한, 커피 잔 옆인지 아니면 침대 머리맡인지 아니면 높은 선반인지를 통해 디지털 기술이 일상생활의 골치 아픈 맥락에 어떻게 끼어들어 있는지를 인식하기 위해서다.[72]

하루의 끝

런던의 가족들이 자러 들어갈 때는 언제나 새로운 협상이 시작된다. 예를 들어 다야 타커는 자녀가 넷인데, 침실이 두 개인 작은 공영 아파트에 살고 있다. 카발은 혼자만 아들이라서 자기 방이 있고, 방에 TV를 놔달라고 졸랐다. 그러나 다야는 거절했다고 말했다. "침실은 조용해야 해요. 마음을 차분하게 하고 자야 하는 시간이에요. 그리고 아이가 방에 있으면 뭘 하는지 볼 수가 없으니까요." 그러나 딸들(첫째와 둘째가 방을 같이 썼고 가장 어린 아이는 다야의 방에서 지냈다)에게는 헤드폰을 끼고 TV를 보는 것이 어느 정도의 개인 공간을 얻는 방법이 되었다. 하비바 베켈레는 기도하기 위해 오전 5시에 시작한 하루가 방이 두 개인 아파트에서 가구를 옮기는 것으로 끝난다고 말했다. 낮에 그녀가 돌보는 아이들이 노는 공간에 아들들을 재우기 위해서 매트를 깔아야 하기 때문이다. 큰 아파트에 사는 스벤 올손과 수전 스콧은 물리적인 재배치는 하지 않았지만 열 살인 손이 형들과 했던 폭력적인 비디오게임 때문에 밤에 무서워하며 부부의 침대를 찾아오기 시작했을 때 가끔 "아이 침대에서 아이와 함께 잤다"라고 말했다.

가족들은 항상 명확한 방식은 아니지만 다양한 방식으로, 영향을 미치는 자원 및 공간과 함께 사생활에 대한 규범을 협상한다. 부유한 엄마인 카일리 스미스슨Kylie Smithson[73]은 수면에 대한 힘든 논쟁 끝에 열두 살 아들 올리버Oliver에게 웨어러블 활동 추적기를 사 줬다. 그녀는 이렇게 설명했다. "아이에게 목표를 정해줄 수 있어요. (중략) 그리고 더 일찍 잠자리에 들어야 한다고 말하세요. 그게 있으면 정말 유용해요." 그녀는 자신의 휴대전화에서 앱에 로그인하고 아이의 "걸음 수와 충분히 걷지 않는지 여부"를 확인했다. 그리고 아이가 계속 늦게 자려고 했기 때문에 얼마나 많이 자고 있는지(또는 안 자고 있는지) 아이에게 보여줬다. 핏빗Fitbit 같은 웨어러블 기기는 우리의 현장 연구에서 두드러지게 나타나지는 않았지만,[74] 유비쿼터스 컴퓨팅과 '사물 인터넷internet of things'을 가정에서 더 많이 이용한다면 이와 비슷한 협상이 가정생활에서 더 많은 의미를 지닐 것이라고 생각한다.[75]

부모들은 골치 아픈 취침 시간 문제의 해결책을 찾기 위해 점점 더 온라인에 의존하고 있다. 인터넷은 대부분의 부모가 많은 육아 딜레마를 해결하려 할 때 가장 처음 들르는 곳이 되었다. '디지털 미래를 위한 육아' 설문조사 결과에 따르면 디지털과 비디지털 딜레마에 대해 부모가 가장 자주 하는 것은 온라인 검색이다. 하지만 이것이 모든 부모에게 똑같이 적용되는 것은 아니다. 더 부유한 부모들이 온라인 정보원에 의지할 확률이 더 높고, 가난한 부모들은 '어디에도' 의지하지 않을 확률이 가장 높으며 4세 미만 영유아 부모도 그렇다. 또 부모들은 다른 육아 문제들에 비해 디지털 딜레마에 대한 조언을 특히 필요로 한다. 디지털 조언에 대해서는 대부분의 부모가 자신의 부모에게 의지할 수 없다고 느끼기 때문이다.[76]

재닛 데일리 Janet Daly [77]는 취침 시간 때문에 여덟 살 아들과 싸우고, 아들이 컴퓨터게임을 그만하라는 말을 듣고 성질을 부리는 것에 대해 얼마나 엄격해야 하는지를 두고 남편과 다툰 후 넷멈스 Net-mums(온라인 포럼 중 하나)에서 조언을 구하고 댓글을 열심히 읽었다. 이와 비슷하게 아니샤 쿠마르 Anisha Kumar [78]는 자지 않는 아이를 어떻게 해야 할지 알 수 없었고, "옛날 사람인" 엄격한 인도인 부모가 말하는 방식(아들이 "울게" 내버려 두라는 조언)은 현실과 동떨어져 있어서 부모에게도 조언을 구할 수 없었기 때문에 온라인을 이용했다. 페이스북에서 "온화한 수면 교육"에 관심 있는 1000명 이상의 구성원들과 그룹 활동을 시작해 조언과 연구 결과를 공유했다. 아니샤는 디지털에 대한 자신감이 재닛을 완전히 능가했고 디지털 참여의 형태(와 강도)도 그랬다. 그래서 인터넷에 이미 존재하는 것을 읽는 것에 그치지 않았고 자신의 가치관에 따라 새로운 커뮤니티를 만드는 데 자신의 스킬을 이용했다.

이 두 가지 사례 모두에서 취침 시간 문제를 '해결하는' 일을 엄마가 맡고 있었다. 우리는 아이를 돌보는 책임을 맡고 있는 많은 아빠를 만났지만 이 책임의 정도가 엄마들과는 다를 때가 많았다. 디지털 시대에 엄마들은 아빠들보다 부모 블로그에서 더 많은 것을 얻는 것으로 보인다. 넷멈스와 멈스넷 Mumsnet[79] 같은 영국의 대표적 육아 사이트의 이름에서도 그 사실을 분명히 알 수 있다(우리는 일부러 엄마 블로거들 외에 '아빠 블로거들'도 찾아냈다. 부록 참조). 비록 예외는 있었지만 엄마들은 다양한 디지털 및 비디지털 육아 딜레마와 함께 자녀의 스크린 타임을 관리하는 것에서도 일차적인 책임을 맡고 있는 것으로 보인다.

제이크 코스타스와 자폐증이 있는 다른 많은 아이들처럼, 제이미 테일러는 하루가 끝날 즈음 활발한 상상력과 현실과 공상을 구분하기 어려워하는 것 등의 이유 때문에 잠을 자는 데 어려움이 있었다. 제이크의 아빠 마일스는 이렇게 설명했다. "이런 것들이 제이크의 머릿속에서는 거의 현실처럼 느껴질 수 있어요. 정말 생생한 꿈을 꾸고, 그것이 밤새 수면을 방해해요." 따라서 기술은 수면에 문제를 일으키지만 잠이 오게 하는 방법이기도 하다(긴장을 풀기 위해 TV를 보거나 이야기를 듣는 가족의 경우처럼). 그리고 확실히, 아이들과 바쁘게 하루를 보내는 동안 한숨 돌릴 시간을 주거나 아이들이 잠든 후에 긴장을 풀 수 있도록 해준다.[80]

결론

광범위한 가족의 삶에서 이 하루 동안의 여정은 부모들이 받는 압력과 그들이 활용하는 전략을 드러낸다. 부모들은 자원이 한정된 상황에서 대립하는 욕망과 요구에 대응하려 한다. 또 권위를 앞세우기보다 자녀와의 협상을 우선시하고 사회가 다각적으로 변화하는 시기에 불확실한 미래를 준비하려 한다. 부모들은 대체로 자신이 어떤 상황에 놓여 있든 자녀를 키우는 책임을 진지하게 받아들인다. 내재된 '부모의 신념 체계'[81]나 분명한 '육아 철학'을 포함해 이용 가능한 자원에 의지한다. 그러나 육아는 흔히 어렵고, 면담할 때 흐르는 깊은 감정은 종종 자신을 다른 부모들과 다르다고 생각하거나 심지어 부족하다고 생각할 때 많은 사람이 느끼게 되는 불안감과 불안정감을 분명하게 보여준다.[82]

이 장에서는 육아 활동 전반에 걸쳐 디지털 기술이 현재 어떤 역할을 하고 있는지 살펴봤다(갈등을 심화시키거나 완화시킨다, 딜레마를 야기한다, 위험과 기회를 재구성한다, 사람들을 연결시키거나 분리시킨다). 그러나 그 결과가 전통적인 가족 활동의 변화이든 재현이든, 현대 서구 문화의 민주적인 가정에서 얼마나 많은 것이 협상 과정에 달려 있는지도 보여줬다.

《옥스퍼드 영어 사전 Oxford English Dictionary》에는 'negotiate(협상하다)'의 세 가지 의미가 나오고 모두 지금 하려는 이야기와 관련이 있다. "① 논의에 의해 얻거나 가져오다. ② (장애물 또는 어려운 길) 그것에 대해서 또는 그것을 지날 때 방법을 찾다. ③ 어떤 사람의 법적 소유권을 이전하고 그 사람에게는 그에 따라 어떤 혜택을 받을 자격이 생기다."[83] 논의는 아주 중요하다. 부모들은 일상생활 도중 수많은 논의에 참여한다. 부모 간, 때로는 친구, 동료, 친척 간의 논의다. 그리고 가족의 관습, 결정, 가치관을 협상하는, 끊임없는 부모와 자녀 간의 논의다. 디지털 기술은 이때 1인 2역을 한다. 디지털 기술은 협상을 통해 기회를 극대화하고 관련된 위험을 경감시키기 위해서 자주 이용하고 적응할 것을 요구하는 그 자체로 의미 있는 자원이다. 기술이 어떻게 이용되는지가 또한 가족들이 직면한 다른, 어쩌면 더 깊은 문제를 드러낸다. 기술에 대한 협상이 명시적으로 또는 함축적으로 성별이나 문화, 자원에 대한 협상일 때도 많기 때문이다.

'협상하다'의 두 번째 의미는 부모가 하루 동안, 그리고 일생 동안 길을 찾는 방식을 포착한다. 디지털 기술은 흔히 삶의 장애물과 어려움을 이겨내거나 견딜 수 있는 방법을 제공할 것이라는 희망에서 이용하게 된다(다른 대안이 없을 때 아이들에게 즐거움을 주거나 아이들이 뒤처지지 않도록 학습을 지원하거나 특수한 상황에서 차선책을 제공한다). 그러나 그 효과가 불확실할 뿐만 아니라 스크린 타임을 줄이는 것 자체가 최우선시되는 시점에 이르면 그와 관련해 새로운 문제를 야기할 수 있다.

자격에 대한 문제(누가 결정하는가)와 관련한 '협상하다'의 세 번째 의미에 대해 우리는 디지털 기술을 둘러싼 갈등이 종종 부모의 주체성과 자녀의 주체성이 대립하는 더 심도 있는 문제를 상징한다고 시사한다. 단기적으로는, 이마저도 계속 위태롭긴 하나, 부모가 자신의 권위를 유지할 수도 있다. 그러나 장기적으로는 아이가 스스로 선택할 수 있게 가르치는 것이 부모의 과업이다. 특정 과거(부모의 어린 시절)를 되돌아보고 현재를 거쳐(가정생활) 미래(아이의 성인기)를 상상하는 부모의 세대 간 묘사(1장 참조)는 흔히 부모가 처음 자기결정권을 획득하고, 행사하다가, 아이에게 넘겨주는 과정의 측면에서 이야기된다. 아이가 독립적으로 디지털 기술을 소유하고 이용할 수 있게 성장하는 것이 오늘날의 가정에서 이러한 과정이 일어날 수 있는 중요한 방식이다.

따라서 디지털 기술은 다양한 이유로 아이의 자율성이 주장될 수 있고 부모의 권한이 행사될 수 있는 핵심 영역이 되었다. '디지털 육아'의 장기적 결과가 불확실하더라도(또는 어쩌면 불확실하기 때문에)

민주적 가족은 구성원들의 요구와 이해관계를 수용하면서 변화에 대해 수용하거나, 균형을 이루거나, 저항하려 한다. 그리고 이것은 결국 매우 몰입하게 만들고, 종종 감정적이고, 점점 더 중재가 많아진다. 우리가 조사한 결과에 따르면 이 장에서 논의된 가족들 외에도 부모의 절반 정도가 "가족의 디지털 미디어 사용을 제한하거나 그것에 저항하려고 노력한다"라고 말했다. 그리고 또 절반 정도는 "새로운 기술에 대해서라면 앞서가는 게 좋다"라고 말했다. 이 결과는 상호 배타적인 두 가지 전략을 보여준다기보다 저항(더 자주 기술을 제한하거나 그것에 저항한다), 수용(이를 통해 앞서가려고 노력한다), 균형의 다양한 조합을 채택하는 부모를 보여준다.[84]

가정생활에서 기술의 역할에 대해 균형을 유지하려고 노력하는 사람일지라도 지칠 대로 지치거나 확신이 없는 부모는 스크린 타임 규칙을 환영할지 모른다. 스크린 타임 규칙이 모순된 육아 조언의 범람을 해결하고, 저항과 수용 사이의 복잡하고 반복되는 행동의 필요성을 제거하는 방법일 수 있기 때문이다. 그렇지만 규칙이 끝없는 듯한 가족의 협상을 중단시킬 공인된 방법을 약속하는 반면, 그 결과는 그와 정반대일 때가 많다. 디지털 기술을 허용하거나 중단하는 것이 부모가 기댈 수 있는 보상이나 처벌이 된 데 그치지 않고 너무 자주 아이들이 선택한 전쟁터가 되었다. 더 깊게는, 사회규범이 계속 변하고, 이전 세대는 거의 도움이 되지 않으며, 미래로 가는 길은 불확실하고, 전문가들은 최적의 전략에 대해 서로 의견이 다르기 때문에, 부모들은 무엇이 최선인지 자신의 관점에 대해 정당성을 찾으려고 애쓰는 것 같다.

육아가 부모들 간에는 물론이고 대중으로부터 심한 감시를 받고 있다는 사실에서 추가적인 압력이 발생한다. 이와 모순되게 정책 입안자, 산업계, 대중매체에 의해 촉진되는 육아 담론에서 기술은 지속적으로 문제와 해결책의 지위를 동시에 갖는다. 더욱이 교사의 조언을 포함해 '전문가'의 의견에 접근하는 부모들에게는 실제가 공식적인 조언과 일치하지 않는 부조화의 순간이 많고, 불안감과 죄책감이 커진다. 이 부조화는 공식적 조언이 너무나 자주 (일반적으로는 중산층의) 가정생활이 어떤 모습이어야 하는지에 대한 규범적 환상을 상기시키기 때문에 일어나는데,[85] 이 모습은 '디지털 이주민'과 책임을 회피하는 무지한 부모들에 대한 대중적이지만 문제 많은 암묵적 추정과 대조를 이룬다. 그리고 어떻게 또는 왜 디지털 기술이 가정생활에 통합되고 있는지에 관한 현실 인식도 너무 적다.[86]

이러한 결론에 이르는 과정에서 우리는 약간 실망스러운 사실을 발견했다. 가족과 미디어에 관한 많은 문헌이 미디어가 아이들에게 미치는 해악과 부모의 중재 전략에만 제한적으로 초점을 맞추고 있었다. 그리고 가정생활에서 디지털 미디어의 위치 변화를 맥락, 특히 부모의 사회적 위치, 일대기, 정체성, 인간관계, 가치관과 연결시키는 데 실패한다. 요컨대 우리는 미디어 옹호자와는 거리가 멀지만 비판하는 의견은 충분히 많기 때문에 아이와 부모의 삶에서 미디어와 디지털 기술의 위치를 수용, 저항, 가장 흔하게는 균형으로 대응하는 것에 대해 그들의 주체성을 존중하려고 애쓴다. '스크린 타임'이라는 포괄적 개념의 담론적 해석은 아이가 미디어를 통해 무엇을(내용), 어떻게, 어디에서, 언제(맥락), 왜, 누구와(연결) 보고, 놀고, 하고 있는지에 대한 중요한 특수성과 이 활동에 대한 사람들의 판단과 가치관을 보기 어렵게 한다.[87]

부모에 대한 조언이 모순된 메시지(한편으로는 디지털 교육 기회에 찬성하고 다른 한편으로는 과도한 스크린 타임에 대해 경고한다)의 차원을 넘어서더라도 미래의 직업은 '디지털 직업'이 될 것이라고, 또는 부모가 자녀의 현재 삶에 적절하게 투자하기만 하면 디지털 스킬이 더 창의적이거나 포괄적이거나 자아를 실현하는 미래에 기여할 수 있다고 약속하는 대중의 미사여구와 부모의 일상적인 딜레마 사이에는 상당한 거리가 남아 있을 것이다. 우리는 부모가 스크린 타임보다 기술에 의해 가능하거나 강요되는 내용, 맥락, 연결에 더 초점을 맞출 수 있도록 연구자들과 일부 계몽된 정책 입안자들의 늘어나고 있는 요청을 지원하고 있지만 이것이 부모의 과업을 덜어주기는 어렵다. 그러한 가치판단이 더 단순하게 시간을 측정하는 것보다 힘들고, 지침이 거의 없기 때문이다.[88]

앞에서 주장했듯이 디지털 시대에 육아를 스크린 타임 감시라는 지나치게 단순화한 개념으로 축소하는 것은 관련된 사람 모두에게 피해를 준다. 그러면 무엇이 요구되는가? 우리는 부모가 (공동 학습자로서, 자원 제공자로서, '중개인'으로서, 교사로서, 그리고 그 이상으로서) 자녀의 디지털 활동을 중재할 수 있는 방법의 더 넓은 스펙트럼을 인식하고 홍보할 수 있을까?[89] 이것은 무엇이 부모에게 새롭고 중요한 임무일지를 강조한다. 즉 자녀가 디지털 기술의 가능성으로부터 이득을 얻을 수 있도록 지도하는 동시에 위험을 다루는 회복력도 키워주고, 아리얌 파크스가 간단명료하게 말했던 것처럼 "이거 하지 마라, 저거 하지 마라"라고만 말하는 것이 아니라 아이를 믿어야 한다. 일부 부모들이 알고 있는 것처럼 디지털 기술은 기본적인 읽고 쓰기를 배우는 것부터 시험 준비, 종교적·문화적 활동까지 자녀의 학습에 도움이 된다.[90] 다른 부모들에게는 디지털 기술이 창조성과 표현을 위한 공간을 제공하거나 미래의 유연성과 꿈의 실현을 약속한다. 부모들이 때때로 직업적으로나 개인적으로 얽매여 있다고 느끼는 것과는 대조적이다. 우리는 이 책 전반에 걸쳐 부모들의 이야기에 담긴 이러한 희망을 본다. 저소득 또는 이주자 부모에게서 자주 볼 수 있지만 더 많은 자원이 있는 부모들에게서도 볼 수 있다.[91]

이 모든 열망은 스크린 타임 지침에 의해 가장자리로 밀려난다. 어쩌면 역설적으로, 자녀를 온라인에서 안전하게 보호하려는 부모의 열망 또한 그렇다. 디지털 콘텐츠와 활동의 본질을 무시하는 접근법으로는 안전을 도모할 수도, 회복력을 얻을 수도 없기 때문이다. 앞에서 보여준 것처럼 많은 부모가 실제로 스크린 타임 담론의 대안을 찾고 있다. 어떤 활동은 지지하고, 어떤 활동은 용인하고, 어떤 활동은 완전히 금지하(려고 노력하)는 것을 선택한다. 그렇더라도 어떻게 기술을 관리하는지에 관해서라면 많은 사람이 스크린 타임 규칙이라는 강력한 담론으로 기울어지고, 또 암묵적으로는, 부모와 자녀의 관계를 민주화하려는 더 깊은 노력을 훼손하면서 상의하달식의 육아(또는 '감시') 모델로 이끌리는 것 같다.[92] 더 나아가 부모들이 그들의 향상되고 있는 디지털 전문 지식과 자녀에 대한 그들의 디지털 희망과 두려움을 존중하는 접근법을 찾기에는 언어나 대중의 지지가 부족할 때가 많다.

이 장에서 우리는 디지털 시대 부모들의 육아에 관한 이야기에서 다양성과 감정을 인식했다. 부모들이 다양한 방식으로 어린 시절을 되돌아보고 자녀의 미래를 내다볼 때 그들 생활의 문화적, 세속적인 상태를 깊이 살펴봤다. 1장에서 논의했듯이 사회는 부모에게 더 많은 책임을 지우고 있다. 복지국가를 후퇴시키고 그것을 시장 주도 정책과 개인의 '자율권'과 '선택'에 관한 신자유주의적 담론으로 대체하며 가정의 외부 생태계를 바꿨다. 동시에 내부적으로는 더 '민주적'인 가정으로 재구성했다. 결과적으로 부모는 (비록 실제로는 그들의 부모가 누렸던 자유보다 더 자유가 없고, 종종 자원이 더 적을지라도) 생활 방식, 교육, 가치관, 가능성에 대해 선택의 부담을 느낀다. 또 이 선택들에 대해서, 대단한 선택은 아니지만 자녀와 '정중히' 협상해야 한다.[93] 성별과 세대라는 전통적 위계는 (알게 모르게 지속되는 경우가 많은 것은 확실하지만) 대중적인 정당성을 잃었기 때문에 이제는 자녀의 자기결정권을 인정해야 한다.

이러한 변화가 '계급에 따라' 이루어지는 많은 방법이 있다는 것은 분명한 사실이지만 다음 장에서 탐구할 내용처럼 우리는 모든(또는 거의 모든) 부모가 이러한 사회적 변화를 공유한다고 주장한다. 대부분의 가정에서 아이들이 '눈에는 보이되 귀에는 들리지 않아야 하고', 윗사람이 결정한 가치관에 따르며 의무적으로 행동하는 시대는 갔다. 새롭고, 비싸고, 그리고 많은 부모에게는 불확실한 것을 아이들이 수용하는 과정에서 그들이 매우 또렷이 가시화되는 세상으로 대체되었다. 민주적인 가정에서는 궁지에 몰리지 않으려면 모든 구성원의 이해관계를 협상하는 데 많은 시간과 노력을 들여야 한다. 그리고 '디지털 육아'는 일반적인 육아보다 가정생활의 핵심에 있는 관계, 정체성, 열망을 더는 외면하지 말아야 한다.

3장

사회적
불평등

서실리아 아파우[1]와의 면담 내내, 방의 한쪽 구석에 있는 데스크톱 컴퓨터의 화면이 쉴 새 없이 번쩍였다. 검은 화면에 밝은색 픽셀들이 모여 만들어낸 줄무늬들이 불규칙적으로 나타났다 사라지기를 반복하고 있었다(바이러스의 징표였다). 서실리아의 세 자녀 중 두 명은 슈퍼마켓 브랜드의 태블릿과 스마트폰을 열심히 들여다봤고, 또 다른 태블릿 하나가 고장 난 채 구석에 놓여 있었다. 집은 큰 공영주택 단지[2] 고층아파트의 고층에 있었고, 가구가 많지는 않았지만 편안하게 배치되어 있었다. 작은 거실에는 이미 말한 세 개의 화면 외에도 오래된 스테레오 스피커 위에 평면 TV 화면이 자리를 크게 차지하고 있었다(역시 고장 나 있었다). 저가 식료품점에서 계산대 점원으로 일하며 혼자 아이들을 키우고 있는 서실리아에게 컴퓨터가 왜 그런지 묻자, 그녀는 뭐가 잘못되었는지 또는 어떻게 고치는지 알 수 없다는 의미로 어깨를 으쓱했다. 서실리아는 우리의 연구 참여 요청에 대한 답장을 보내면서 생애 첫 이메일을 보냈지만 어떻게 인터넷을 탐색하는지 기본적인 것들은 알고 있었다. 서실리아는 저녁 식사를 준비하는 동안 막내아들 에릭 Eric(4세)이 책의 페이지가 넘어가는 영상을 찾아 (그녀의 표현대로라면) "읽을" 수 있도록 에릭에게 유튜브 검색창에 검색어 '잭과 콩나무'를 입력하는 방법을 보여줬다.

그와 대조적으로 수전 스콧과 스벤 올손[3]의 집은 최신식 기술로 가득했다. 세 아들은 각자 태블릿과 컴퓨터를 가지고 있었다(첫째와 둘째는 그들의 명문 사립학교에서 지급한 최신 노트북이 있었다). 널찍한 아파트는 흠잡을 데 없이 깨끗했고 밖으로는 깔끔하게 손질된 런던의 공원이 내려다보였다. 세 아들 모두 자기 방이 따로 있었고 부모가 쓰는 사무실, 심지어 스벤을 위한 운동실도 있었다. 우리가 방문했을 때는 수전이 고용한 개인 도우미가 열 살 숀이 새 학기를 맞아 방을 치우는 것을 분주하게 돕고 있었다. 숀은 우리에게 아이들이 나이를 먹을수록 시간이 늘어나는 수전의 '스크린 타임' 체제에 관해 설명해주었다. 하지만 실제로 열여섯 살 니얼 Niall은 저녁에 로봇공학 클럽에 가느라 너무 바빠서 그 시간을 거의 이용하지 못하게 된다고 했다. 숀은 "가끔 제가 화면을 보고 있을 때 엄마가 시간을 재요"라고 말했다.

이 두 가족은 런던에서 대조적인 가정생활을 보여주지만, 유사점도 있다. 두 가족 모두 런던에서 흔히 볼 수 있는 이주자 가정이었다. 서실리아 아파우는 가나에서 런던으로 왔고, 수전 스콧은 미국, 스벤 올손은 스웨덴에서 왔다. 그들의 삶은 많은 측면에서 차이가 있었지만 두 가정 모두 디지털 기술로 가득 채워져 있었다. 또 코딩을 배우고 있는 아들들(열네 살 조지와 열 살 숀 스콧-올손, 여덟 살 유진 아파우 Eugene Apau)을 포함해 디지털에 열성적인 아이들이 있었다. 그러나 차이점이 중요하다. 기술(과 기타 소비재) 측면에서 아파우와 스콧-올손 가족의 디지털 기기 수는 다르지 않았다. 그러나 아파우 가족에게는 그것이 최대로 감당할 수 있는 수준이었고, 서실리아는 그녀의 적은 소득에서는 훨씬 더 큰 비중을 차지하는데도 더 제한된 용량의 기기를 가지고 있었다. 스콧-올손 가족은 기기를 최신 모델로 업그레이드하는 것에 대해 많이 고민하지 않았다.[4] 또한 소년들의 코딩에 대한 관심은 추구하는 것이 매우 달라 보였다. 조지와 숀은 비싼 여름 캠프인 디지캠프 DigiCamp에 참여하는 것을 아주 좋아했고 그곳에서 게임샐러드 GameSalad라는 프로그램을 이용해 자신만의 게임을 만드는 방법을 배웠다. 유진은 자신이 다니는 블루벨 초등학교의 무료 방과 후 프로그램에 매주 참석했고, 무료 코딩 프로그램인 스크래치를 배우기 위해 인쇄된 연습 문제지를 따라 했다. 유진은 처음의 열정에도 불구하고, 싫증을 내게 되었다(그리고 어차피 그 클럽은 한 학기만 유지되었다).[5]

이 유사점의 혼합과, 특히 차이점의 혼합을 어떻게 특징지을 수 있을까? 디지털 기술에 관련된 사항을 포함해 육아와 사회적 계급의 연관성을 다루는 사회과학 문헌의 상당수는 사회적 계급에 따라 나눈 범주의 겹치거나 변화하는 성질을 충분히 인식하기보다 중산층 대 노동자계급 가족을 대조시키면서 완전히 이분법적인 접근법을 취한다. 예를 들어 아네트 라루 Annette Lareau는 그녀의 영향력 있는 책 《불평등한 어린 시절 Unequal Childhoods》에서 사회학자 피에르 부르디외 Pierre Bourdieu의 사회적 불평등의 재생산(그리고 그것을 통해 낮은 사회이동의 지속[6])에 대한 분석을 바탕으로, 미국의 '중산층'과 '노동자계급' 부모의 관행을 대조함으로써 그녀의 분석에 관심을 집중시킨다.[7] 라루는 노동자계급 부모는 필요한 경우 자녀가 순종적이고 공손하기를 기대하고, 그 외에는 원하는 대로 하도록 자녀를 내버려 둔다고 설명한다. 반면에 중산층 부모는 경쟁하고 성취하도록 자신과 자녀를 압박하고 종종 어른이 조직한 학교 밖의 가치를 높이는 활동들(그녀가 '집중 양육'이라고 말하는 것이다)로 구성된 엄격한 일정을 따른다. 그리고 이것은 종종 자유로운 여가 시간과 가족과 공동체 충실성을 희생시킨다. 이와 관련해 현대 가정에서의 디지털 기술의 중요성에 대한 인식은 다르지만, 린 스코필드 클라크 Lynn Schofield Clark의 《부모의 앱 The Parent App》은 로저 실버스톤 Roger Silverstone의 가정의 '도덕 경제 moral economy' 개념을 기반으로[8] 클라크가 "고소득"가정이라고 말하는 가정에서의 "표현적 자율권 expressive empowerment"이라는 강력한 윤리를 밝힌다. 그들 가정에서는 학습과 자기개발을 위한 미디어 사용을 장려하고 집중을 방해하는 것이나 시간 낭비(그들이 그렇게 여기는 것)에 반대한다. 클라크는 이것을 "저소득"가정의 "공손한 유대감 respectful connectedness" 윤리와 대조하는데, 이러한 가정에서는 책임감 있고 순종적이고 가족 중심적인 미디어 사용을 강조한다.

라루와 클라크의 연구 외에 다른 민족지학적 연구도 중산층과 노동자계급 가족을 대조하는 비슷한 경향을 보여준다. 예를 들어 앨리슨 퓨 Alison Pugh는 부유한 미국 부모는 자신이 '올바른 가치관'을 가지고 있다고 믿기 때문에 자녀에게 소비하거나 허용하는 것을 제한함으로써 "상징적 박탈"을 실행한다고 주장한다. 반면에 가난한 부모는 자녀가 친구들 사이에서 품위를 지킬 수 있도록 퓨가 "상징적 사치"라고 부르는 것을 실행하고 "곤경에 빠지지" 않은 것에 대해 보상한다고 말한다.[9] 사회적 불평등의 재생산을 분석할 때를 포함해, 제공에 대한 경험적 통찰은 가치가 있다. 하지만 일부 연구자들은 데이터가 들어맞도록 계급을 양분하는 것에 대해 의문이 있어 보인다.[10] 클라크는 "노동자계급"이라는 명칭에 불편함을 드러내며 "중산층 지망계급 would-be middle class"(우리도 연구 과정에서 발견할 수 있었던, 가난한 가족들이 더 나은 뭔가를 손에 넣기 위해 분투하는 느낌을 포착한 것일 수도 있다)이라고 말하는 것을 선호한다. 자원이 부족한 가족들을 특징짓는 것 중 일부는 문제가 있기도 하다. 이후에 라루는 노동자계급 육아를 "자연적 성장natural growth"에 대한 믿음의 측면에서 프레이밍했다는 비판을 받자, 이러한 서술이 무심한 방치를 암시하는 것으로 보일 수 있다는 점에서 반성했다.[11]

다른 연구들은 그와 달리, 노동자계급 부모가 기술을 이용하든 안 하든 자녀를 지원하기 위해 마다하지 않는 노력에 초점을 맞추고, 또 한 이러한 수고를 불균형적으로 어렵게 하는 높아지는 일자리 불안 정성과 긴축 정책(우리가 1장에서 논의한 바)에 그들이 얼마나 더 취약 한가에 주목한다.[12] 이 저자들이 강조하는 점은 '좋은 양육'에 대한 평범해 보이는 정의가 종종 '집중적' 참여라는 중산층 모델을 기반으 로 하고 이것이 모든 부모를 대표하는 전형(그리고 어떤 부모를 부족하 다고 평가하는 기준)[13]으로 받아들여진다는 것이다. 사회학자 베브 스 케그스Bev Skeggs는 연구자와 정책 입안자 대다수가 중산층 출신이라 는 점을 고려하면 "일부 특권층을 위해 존재하는 것"을 묘사하고 "이 것을 다른 많은 사람들에게 적용되는 관점으로 [제시하는]" 경향이 있다고 강조했다.[14] 중산층의 관습을 표준으로 보는 경향은 기술 산 업계에도 만연하고, 이 산업계에서 자원이 풍부한 경영진과 기술자 들이 자신(또는 자신의 자녀, 또는 어린 시절의 자신에 대한 향수에 젖어서) 과 같은 사람들을 위해 설계하는 경향이 지배적이었다.[15] 이러한 경 향은 우리가 다양한 부모들의 이야기에 반영되어 있는 것을 확인했 듯이 중산층의 가치관과 관습을 규범적인 기본값으로서 강화한다.

우리가 현장 연구에서 면담했던 몇 가족은 빈곤선보다 훨씬 아래 에서 살고 있었던 반면 몇 가족은 상상도 할 수 없을 정도로 많은 급여를 받고 있었다(이 장의 시작 부분에 나오는 두 가족이 이 격차를 잘 보여준다). 그러나 대부분은 중산층 또는 노동자계급으로 명확하게 구분하기가 어려웠다. 그들을 영국 정부나 시장의 확립된 연구 분류를 이용해 구분 짓는 것은 분명 어려운 일이었다.[16] 우리는 두 가지 이유 때문에 이들을 분류하려고 노력했다. 첫째, 방법론적인 이유 때문이었다. 우리는 가족들을 충분히 다양하게 모집했는지 확인하기 위해서 스프레드시트에 직업, 교육 수준, 민족성, 나이, 가족 구성, 자녀수 등을 기록했다. 가족의 상황을 요약하는 것(부록 참조)이 간단한 일은 아니었지만, 이 작업은 비교적 순조로웠다. 둘째, 더 문제가 되는 부분으로, 우리는 연구 결과를 관련된 연구 문헌에 대입시켜 보기 위해서 가족들을 특권층에 가까운지 아닌지 분류하고 (어린 시절의 사회화에 대한 사회적, 문화적 연구에서 흔히 그렇듯이) '중산층', '노동자계급'으로 나눠보려고 했다. 그러나 우리는 이것이 불가능한 일이었음을 깨달았다. 사회학자 마이크 새비지 Mike Savage가 말한 것처럼 "중산층과 노동자계급 사이의 경계선"을 찾는 것이 거의 불가능했고,[17] 일반적인 접근법에 따라 분류될 수 있는 가족들도 중요한 사항에서 이례적으로 보였기 때문이다. 우리는 교육 수준이 실제로 성취한 것보다 더 큰 경제적 보장을 시사하는 많은 가족을 만났다. 그 이유는 주로 이주했거나 가족이 해체되었기 때문이었고 가치 주도의 생활 방식을 선택했기 때문인 경우도 있었다. 이 장의 시작 부분에 나온 가족들이 보여주는 것처럼 우리의 표본에서 양극단에 있는 가난한 가정과 부유한 가정은 모두, 노동자계급이나 중산층의 생활에서 연상되는, 친숙한 문화적 이미지에 잘 들어맞지 않았다.

이 현상들은 모두 우연이 아니다. 런던은 영국의 환경을 고려했을 때 여러 가지 측면에서 독특한 곳이다. 사회경제적 지위는 이주 패턴 및 민족성과 긴밀하게 얽혀 있다. 두 가지(또는 더 세분화된) 계급구조로 깔끔하게 분류할 수 없는 가정의 비율이 상당히 높다. 이러한 '예외적인' 가정 가운데 세계적인 도시가 이례적으로 지원할 수 있는, 창의적이고 때로는 디지털적인 생활 방식을 추구하는 좋은 가족들이 많이 있다.[18]

우리는 디지털 측면에서 가족들의 현재와 상상되는 미래와 관련해 가족들 간의 차이점을 탐구하면서, 후기 근대에 가족의 삶을 형성하는 중대한 불평등에 대해 개방적인 태도를 유지하려고 애썼다.[19] 그래서 우리는 새비지의 다음과 같은 주장에 동의한다.

계급이라는 개념에 대해 개념적으로 폐쇄하려고 하기보다 개념의 논쟁적 성질을 반겨야 하고 그것을 경제적 양극화의 상호작용, 종속된 환경에서 문화적 위계의 재창조, 배타적인 사회적 네트워크의 힘, 정치적 동원의 배타적인 특성을 탐구하기 위한 폭넓은 해석 도구로 이용해야 한다.[20]

이를 위하여 우리는 부르디외의 경제적, 문화적 자본 개념을 이용해 현장 연구에 참여한 가족들의 교차 집단을 구성하는 것이 후기 근대, 특히 세계적인 도시의 계급화된 생활 방식의 다양성을 이해하는 데 도움이 된다는 사실을 발견했다. 다만 우리는 앞에서 제시된 이유로, 중산층과 노동자계급의 가족들을 대조하기보다는 이 분야에서 우세한 주장 일부에 이의를 제기하거나 그것을 복잡하게 하는 생활 방식에 초점을 맞춘다. 이것은 직접 벌었든 물려받았든 경제적 자원(부르디외가 "경제적 자본"으로 이론화한 것)과 부모의 교육 수준, 문화적 지식, 관습("문화적 자본"으로 이론화한 것)이, 디지털 기술이 가정에 통합되는 방식과 사회적 불평등의 재생산에 어떤 영향을 미치는지 우리가 인식할 수 있게 한다. 하지만 우리는 또한 모든 계급의 공통점을 어디에서 찾을 수 있는지, 그리고 일부 부모들이 대안적인 생활 방식을 구축하기 위해 어떻게 노력하고 있는지 밝힌다. 그 대안적인 생활 방식은 전통적인 계급 구분에 따른 제약을 피하기 위해 디지털 시대의 독특하고 여전히 새로운 행동 유도성을 이용하는 방식이다.

빈곤선 이하의 가정

모하메드 가족[21]이 살고 있는 공영 아파트는 남런던의 중층 건물에 있었다. 건물은 큰 교차로 근처에 있었고 온 벽면에 켜켜이 앉은 때가 얼마나 오래된 건물인지 짐작케 했다. 모하메드의 집 현관문까지 가기 위해서는 일련의 보안 출입문을 거쳐 몇 개의 긴 복도를 지나야 했다. 레일라 모하메드가 길게 내려오는 검은색 '키마르 khimar'(몸을 느슨하게 덮는 형태로 된 히잡 hijab)를 두른 모습으로 문을 열어주었다. 레일라는 신경이 잔뜩 곤두서 있었고, 집 안은 거실에서 뭔가를 고치고 있는 정부 노동자들로 붐볐다. 집은 사방이 먼지로 뒤덮여 공사판 같았다. 레일라는 노동자들의 존재에 짜증 난 것이 분명해 보였지만 그들에게 치우라고 요구할 힘이 없는 것 같았다. 그런 환경 때문에 딸 사피아 Safia의 호흡기질환이 악화되었고, 최근에는 심한 천식 발작으로 병원에 입원해야 했다.

우리는 혼잡함을 피해 주방으로 들어갔고 레일라가 조금 진정되어 차를 내왔다. 레일라는 자신이 에티오피아에서 영국으로 왔고, 생기발랄한 딸들인 나린(10세)과 사피아(8세)는 런던에서 태어났다고 말했다. 그녀는 싱글 맘이었고 가정 간병인으로 일하며, 1년에 1만 5000파운드(약 2400만 원)도 벌지 못했다. 그래서 우리는 어쩌면 레일라가 사례비 때문에 면담을 원했을 수도 있다고 생각했다. 하지만 그녀는 상품권을 보고 깜짝 놀란 것 같았고 그것으로 딸들에게 자전 거를 사 줘도 되는지 물었다.[22] 레일라는 사피아의 건강 문제 말고도 다른 어려움이 있었다. 세부적으로는 말하지 않았지만 아이들의 아빠 와 과거에 겪었던 문제에 대해 넌지시 언급한 다음 이렇게 말했다. "싱 글 맘으로 사는 건 정말 힘들어요. 제 옆엔 아무도 없어요." 아이 봐주 는 사람이 기도를 위해 일찍 일어나서 여러 아이들을 모아 학교에 데 려다주었고, 그 덕분에 레일라는 심한 장애가 있는 남자아이의 가정 간병인으로 일하러 갈 수 있었다. 레일라는 무리하고 있었고 많이 지 쳐 있었다. 그녀는 울먹거리며 자신의 긴 하루에 대해 이야기했다.

아침 식사를 준비하려면 새벽 5시에 일어나야 돼요. 7시 정각에는 집 에서 나가야 하거든요. 지금도 시간이 없어요. 빨리 휴일이 되면 좋겠 어요. 아이들과 같이 있고 싶어요. 정말 피곤해요.

레일라는 "모든 부모가 아이들에게 해주고 싶은 게 미래의 삶을 위한 좋은 교육"이라고 말했고, 그러기 위해서는 돈을 모아야 한다고 걱정 했다. 레일라는 토요일엔 딸들을 쿠란 학교에 보내고, 일요일엔 추가 로 수학과 영어를 가르치기 위해 돈을 지불했다. 이 모든 것에 레일 라의 매우 제한적인 소득 중 상당 부분이 쓰였다. 그녀는 그것에 그 만한 가치가 있다고 설명했다.

레일라: 제가 아는 게 없으니까 아이들이 저한테 이런 걸 가르쳐주고 있어요.

얼리샤: 아, 아이들이 가르쳐준다고요?

레일라: 네, 저는 잘 읽지도 못하고 쓸 줄도 몰라요. (중략) 그래서 지금은 아이들이 쓰는 법을 가르쳐주고 있어요.

레일라는 딸들의 미래에 대해 큰 희망을 품고 있었다. 나린을 "우리 기술자"라고 부르고 사피아는 의사가 되고 싶어 할지도 모른다고 혼잣말을 했다. 그녀는 아이들에게 이렇게 이야기했다고 말했다.

애들아, 엄마는 모르는 것도 많고, 돈도 별로 없어. 하지만 너희들은 대학을 졸업하고 좋은 직장에 들어가면 원하는 걸 살 수 있을 거야. 좋은 교육을 받아야 해. 그게 바로 엄마가 이런 허드렛일을 하는 이유야. 그녀에게 말했거든, 엄마는 많이 못 배웠다고.

레일라는 전 시아버지의 도움을 받아 컴퓨터를 샀다(적어도 5년 전에 산 것으로 보이는 두꺼운 데스크톱이었다). 컴퓨터를 사용하기 위해 도서관에 가지 않아도 되는 것이 좋았다. 일자리를 구하고 있다는 사실을 취업 센터에 보여줘야 했기 때문이다. 딸들도 숙제를 하기 위해 컴퓨터를 사용했다(하지만 레일라는 아이들이 무엇을 하는지 정확히 몰랐고 손을 가로저으며 이렇게 말했다. "글을 잘 몰라서요"). 레일라와 딸들은 온라인에서 나시드 ^nasheed (도덕적 메시지를 포함하는 이슬람교의 아카펠라 노래)를 찾아 듣는 것을 좋아했다.[23] 레일라는 가끔 나린이 자신의 휴대전화를 사용하도록 허락했지만, 한 친구가 휴대전화를 아이에게 줬다가 요금으로 200파운드(약 30만 원)가 청구되었다는 이야기를 들은 뒤로는 경계하고 있었다.

레일라는 컴퓨터에 문제가 생기면 나린에게 도움을 청했다. 한번은 나린이 고장 난 컴퓨터의 하드드라이브 앞면을 떼어내고 뭔가를 해서 고친 일이 있었다. 레일라는 나린이 무엇을 했는지 완전히 이해하지는 못했지만 깊은 감명을 받았다고 자랑스럽게 회상했다.[24] 하지만 그녀는 기술을 전적으로 찬양하지는 않았다. "때로는 안 좋은 것들이 너무 많아서 아이들이 이런 걸 안 봤으면 좋겠어요"라고 걱정하며 말했다(우리가 대화를 나눴던 부모들 중에 특히 신앙심이 깊은 부모들이 그런 경우가 많았다). 레일라는 딸들이 접하는 내용에 대해 딸들과 거의 대화하거나 논의하지 않았지만 온라인 사용 시간을 주의 깊게 관찰했다. 그녀는 이렇게 설명했다.

뉴스에서 과학자들이 두 시간 이상은 안 된다고 했어요. 그래서 한 시간이 되면 아이들에게 그만 멈추고 나가서 하고 싶은 걸 하라고 말해요. 컴퓨터를 한 시간 이상 하거나 TV를 30분 이상 보는 것은 좋지 않아요.[25]

그런 걱정에도 불구하고 레일라는 "컴퓨터가 있어서 좋아요. 요금은 부담이 되지만 필요한 거고, 기술이 발전하고 있어서 점점 더 필요해질 거예요"라고 말했다. 확실히 컴퓨터는 레일라의 일과 딸의 숙제에 도움이 되었고, 에티오피아에 있는 친척들도 작은 사업체를 운영하기 위한 컴퓨터와 태블릿을 가지고 있었다.

레일라 모하메드와 서실리아 아파우는 복합적인 이유로 사회에서 소외되어 있었다(이주자이자 흑인이자 싱글 맘이었고 적은 소득으로 살아가면서 아이를 보살피기 위해 애쓰고 있었다).[26] 이들의 자녀는 영국 아동의 약 28퍼센트와 함께 빈곤층으로 정의된다.[27] 우리가 조사한 결과에 따르면, 부모가 흑인이거나 자녀에게 특수교육 요구가 있으면 인터넷 사용에 더 많은 어려움을 경험한다. 또 사회경제적 지위가 낮은 가정의 자녀 다섯 명 중 한 명은 인터넷을 전혀 사용하지 않거나 거의 사용하지 않는다.[28] 레일라는 영국에 와서야 영어를 배우기 시작했기 때문에 영어 실력이 부족했고, 공적인 자리에서 말하는 것을 부끄러워했다. 그래서 자기 자신이나 사피아와 나린에게 유용했을 서비스나 인간관계에 접근하기가 쉽지 않았다.[29] 서실리아와 레일라는 아이들을 위해 기술의 혜택을 얻을 수 있는 것들에 투자하기로 결정했지만 구체적인 디지털 기회, 각 프로그램 간 혜택 차이, 디지털에 대한 관심이 어떻게 다른 기술이나 채용으로 이어질 수 있는지에 대한 세부적인 지식이 없었다.

그래서 두 엄마는 기술을 긍정적으로 생각했지만 자녀가 더 자립적이고 창의적인 방향으로 나아가도록 격려할 수 있는 좋은 입장이 되지 못했다. 자녀가 추가적인 공부나 고용 기회를 찾으려 할 때 그들을 지원해줄 디지털 기술을 배우는 데 큰 도움을 주지 못했다.[30] 확신할 순 없지만 유진 아파우의 코딩에 대한 관심은 이미 다른 곳으로 옮겨 가기 시작했다는 점에서 지속될 것 같지 않았다. 게다가 아이는 코딩을 커리어로 선택하더라도 저소득가정의 흑인 소년으로서 그것을 실현하는 과정에서 상당한 장벽에 부딪힐 것이다.[31] 저소득가정 또는 소수민족 출신의 청소년들은 또래들에 의해 인정받는 문화적 자본 형태를 발달시킬 때조차 이것이, 주로 백인인 교사나 고용인이

114

부여하는 다른 형태의 이점으로 전환되지 않는다.[32] 그리고 이러한 큰 역경에 저항할 수 있게 하는, 자신에 대한 믿음을 유지하려면 상당한 감정노동이 요구된다.[33] 디지털 직업을 가지게 될 가능성에 대해 많이들 이야기하지만, 이러한 산업 내에서 유색인종의 젊은이들이 성공할 수 있는 전반적인 가능성은 뿌리 깊은 많은 이유들에 의해 '최저' 수준을 유지하고 있다.[34]

2장에서 논의했듯이 저소득가정의 경험은 '스크린 타임'에 대해 일률적으로 적용하는 조언에 피상적으로 언급될 뿐이다.[35] 저소득가정이 디지털 수용을 촉진하기 위해 만들어진 정책에서는 더 많은 관심을 받는다 할지라도, 연결 불량, 업데이트와 고장 수리의 어려움, 청구 금액 미납, 모바일 기기 요금제의 데이터 부족과 같은 문제가 지속적이지만 잘 드러나지 않는 성질임을 명심하는 것이 중요하다. 그래서 많은 가정에서 문화적, 경제적 자본과 관계없이 디지털 기술을 특히 미래의 성공으로 가는 길을 보장할 확률이 높은 것으로 생각한다. 그러나 열망을 실현하기 위한 그들의 능력에 많은 차이가 있고, 그래서 기회를 놓치고 자원을 낭비하는 사례가 너무 많다.[36] 아이의 학습을 지원하기 위한 지식과 전문 기술이 상대적으로 부족했던 것을 포함해 이러한 장벽들이 있었던 점을 감안하면, 서실리아 아파우와 레일라 모하메드가 아이의 미래에 많은 투자를 하고 그것을 위해 기술을 수용한 것은 주목할 만한 일이다.[37]

엘리트 가족, 엘리트 기술

템스강 근처, 호화로운 정문으로 꾸며진 주택단지에 티보 Thiebault 가족[38]의 펜트하우스 아파트가 있었다. 집은 세심하게 고른 예술품들과 대리석 벽, 비싸 보이는 박제품으로 마치 앤티크 상점처럼 꾸며져 있었다. 게임기, 태블릿, TV, 노트북 등 적어도 열다섯 대 이상의 최신식 디지털 기기들이 집 안 곳곳에 자리 잡고 있었지만 기술 회사의 고위 간부인 아빠 미셸 티보 Michel Thiebault 와 전업주부인 엄마 조지핀 Josephine 에게(두 사람 다 프랑스 출신이다) 비용은 전혀 문제가 되지 않았다.

미셸이 생각하기에 아들들에게 기술을 가르치는 것은 자전거를 잘 타기 위해 자전거의 작동 원리를 이해하는 것만큼 필요한 일이었다.

자전거를 탈 때도 작동 원리를 알면 다른 것들을 쉽게 알 수가 있어요. 속도를 높일 수 있을까? 출발할 수 있을까? 방향을 바꿀 수 있을까? 이렇게 할 수 있을까? 저렇게 할 수 있을까? (중략) 디지털 환경도 똑같아요. 그게 어떻게 작동하는지 모르면 살아가면서 어려움을 겪을 거예요.

조지핀도 미셸의 이러한 열정을 공유하며 집중적으로 배울 수 있는 (그리고 비싼) 여름 캠프인 디지캠프와 같은 기술 캠프들에 아들들을 보냈고 우리가 마크 Marc(13세)를 처음 만난 곳이 디지캠프의 파이썬 Python Ⅱ 수업이었다. 이 부모와 아이들은 상호 연결된 기기로 부모가 필터링하고 감시하는 시스템이 있는 '스마트 홈'을 설정했다는 점에서 디지털 리터러시를 갖추고 있었다. 마크의 플레이스테이션4는 집의 네트워크에 접속되어 있었기 때문에 부모는 아이가 다른 방에서 무슨 게임을 하는지 볼 수 있었다(마크가 분하게 여기는 부분이었다). 아빠는 마크가 밤에 자게 하려고 가끔 라우터에서 와이파이를

꼈다. 부모 모두 그렇게 감시는 했지만 아이가 온라인에서 무엇을 접하는지에 대해서는 특별히 염려하지 않았다. 대체로 아이들을 믿었고, 마크가 스크린 타임 담론을 안다는 듯이 기술에만 관심 갖지 않고 "사람들과 어울리기, 친구들과 게임하기, (중략) 밖에서 놀기, 운동, 체스 같은 다른 활동과 균형을 맞춰요"라고 말할 때는 고개를 끄덕였다.

어릴 때부터 마크는 일련의 기술 캠프에 참석했고 〈마인크래프트 Minecraft〉의 '모드 mod'(사용자가 만든 기존 게임의 변형)를 만들려고 자바 Java를 독학했다. 또 파이썬을 계속 공부하고, 자신만의 롤플레잉게임 role-playing game, RPG을 만들기 위해 유튜브의 코드카데미 Codecadamy 튜토리얼을 따라 했다. 마크는 디지털 스킬 덕분에 자기 자신에 대한 자부심을 가질 수 있었고 "그냥 아이폰을 가지고만 다니는" 학교 친구들을 비웃었다. "친구들은 아이폰을 가지고 놀기만 하지 그게 어떻게 작동하는지도 몰라요." 반면에 마크와 마크의 형 피에르 Pierre(18세)는 디지털 스킬이 있었고 프랑스어 클럽이나 테니스 같은 다른 활동도 충분히 했다. 미셸과 조지핀은 기술을 수동적으로 소비하기보다 창조하기 위한 학습의 중요성을 강조했다. 아들의 관심사를 지원하고 격려할 수 있을 뿐만 아니라 〈데스티니 Destiny〉〈스나이퍼 엘리트 Sniper Elite〉 같은 게임을 아들과 같이 할 수 있을 정도로 부모 자신이 많은 교육을 받았다. 조지핀은 기술 분야에서 일하지 않았지만 자바나 파이썬 같은 코딩 언어의 혜택과 제약에 대해 유창하게 말할 수 있었고 피에르가 코딩을 "글 쓰는 법을 배우는 것과 같다"라고 묘사했을 때 동의의 뜻으로 끄덕였다.

미셸과 조지핀은 아들의 미래와 그들 자신이 아들에게 기회를 중개하는 역할을 지속적으로 해온 것에 자신감이 있었다.[39] 미셸은 "센서, 인공지능 시스템"의 세상을 예측하며 이렇게 말했다. "그걸 조금도 이해하지 못한다면 완전히 길을 잃는 거예요." 미셸은 그의 사회적 비교에서, "컴퓨터에 관해 전혀 모르고", 컴퓨터를 무비판적으로 사용하며(그는 은행 창구 직원들이 "로봇처럼" 행동한다고 생생하게 묘사했다), 이 기술이 "마법"처럼 신기하게 보일 수 있는 다른 "불쌍한" 사람들과 달리, 아들들의 고급 디지털 스킬은 "신사라면 갖춰야 하는 것"이라고 부르기까지 했다. 조지핀은 미셸의 발언 수위를 누그러뜨렸지만 아들들이 경쟁에서 앞설 것이라는 미셸의 비전에 공감을 표했다.

> 디지털 경제를 이해하면 더 자립적이고, 더 많은 선택권을 가질 수 있다고 생각해요. 저는 아이들이 수동적인 사람이 되는 것을 원하지 않아요. 아이들이 미래에 적극적이길 바랍니다.[40]

부르디외는 《구별짓기 Distinction: A Social Critique of the Judgement of Taste》에서 부유한 가정의 그러한 노력은, 그 개별 가정의 관점에서는 이해할 수 있지만, 불평등 심화를 대가로 그들의 상대적 우위를 유지하는 새로운 방식을 구축하는 효과가 있다고 주장한다.[41] 티보의 자녀들은 디지털 시대의 이야기를 말하는 법과 디지털이든 아니든 이용할 수 있게 된 새로운 자원을 요구하는 법을 배우고 있었다. 이것은 단지 자격증을 따는 문제가 아니었다. 디지털 환경에 대한 지식과 그 안에서 번영하기 위해 요구되는 기량을 얻는 것이기도 했다. 그것이 자원이 부족한 상황에서 뒤지지 않으려고 애쓰는 가난한 가족들에 비해 그들을 유리하게 하고, 이러한 현실이 디지털 포용에 관심 있는 정책 입안자들에게 도전 과제가 된다. 조지핀과 미셸은 자녀의 디지털 활동 비용을 댈 수 있는 자원도 있었고, 주위에서 (프로그래밍 언어들을 구별하는 것부터 이러한 기업가의 담론이 초점을 맞추고 있는 시장을 이해하는 것까지) 구체적이고 전문적인 지식을 얻을 수 있었다.[42]

정책 및 교육 계획으로서 '코딩'은 이 맥락에서 특히 애매하다. 코딩만으로 기업의 고위 간부가 되기는 어렵겠지만, 만들고 창조하고 손보는 것을 보상하는 새로운 디지털 시장에서 일부 아이들은 코딩을 통해 커리어를 쌓는 데 도움을 얻을 수도 있다. 그러나 수준이 각기 다른 미래의 기업가, 창작자, 프로그래머 사이에서 핵심적인 차이가 생겨나고 있기 때문에 많은 경우 코딩을 배우는 것이 디지털 분야에서의 블루칼라 일자리로 이어질 수도 있다.[43] 즉 수십 년 전 폴 윌리스 Paul Willis가 말한 것처럼 "노동을 배우는 것"일 수 있다.[44] 따라서 디지털 스킬의 필요성에 대한 대중의 낙관론과 공인된 예측에도 불구하고, 아직 생겨나지 않은 직업들을 포함해[45] '디지털 일자리'들은 그것들이 대체하는 여러 종류의 일자리들만큼 다양할 것이다. 그리고 경제의 여러 분야에서 나타나는 기술혁신의 빠른 속도와 점점 더 불안정해지는 고용 관행을 생각하면 기술 전문 지식이 있다고 해서 반드시 미래에 관련된 직장을 얻을 수 있다고 보장할 수 있는 것은 아니다.[46]

창조적인 삶

계급에 대한 양극화된 설명에 딱 들어맞지 않는 일부 가족은 계급 상징이 혼란스럽게 배치된 모습을 보여주었다. 그들은 석사 이상의 학위를 취득했거나 자신의 관심사와 세계관에 관해 스스로 "예술가

병에 걸렸다"라고 묘사했다는 면에서 높은 수준의 문화적 자본을 축적했다.[47] 그들은 문화시설에 쉽게 접근할 수 있었지만 소득이 적거나 불안정한 경우가 많았고 비좁고 짐이 쌓여 있고 심지어 허물어져 가는 집에 살았다.[48] 이러한 가족들에게 **런던** 자체와 런던이 나타내는 모든 것은 그들의 육아에 대한 신념에서 분명하게 특징을 이루고 있었다. 그들은 이런 생활을 불가피한 일로 느꼈을 수도 있지만 이러한 부모들의 생활 방식은 어느 정도는 선택에 의한 것이고 그 자체가 어떤 점에서는 특권이었다. 국가의 다른 지역에서 제공하는 물질적인 안락함을 포기하고, 애써서, 어쩌면 무리해서 런던의 문화적, 예술적 다양성의 이점을 누리는 것이다.[49]

공예가 메리 Mary와 초등학교 교사 스티븐 애런슨 Stephen Aronson [50]의 세 자녀는 LYA의 저비용 활동에 참여하고 있었다. 스티븐은 이렇게 설명했다.

우리는 기회의 땅, 런던에 살고 있어요. 대부분은 비용을 지불해야 할수도 있지만 그래도 기회는 그곳에 있죠. 열심히 찾아보면 그렇게 돈이 많이 들지 않는 곳들을 발견할 수 있고, 저희가 그렇게 하고 있어요.

이와 비슷하게 세 자녀의 엄마 데이지 바르뎀 Daisy Bardem [51]은 스스로를 이렇게 묘사했다. "저는 밖에 나가서 제가 할 수 있는 한 많은 것을 하는 데 푹 빠져 있어요. (중략) 지역에 참여할 수 있는 것들이 꽤 많아요." 그녀는 심지어 런던의 자기 동네에서 제공되는 모든 것에 매료되어 친구들이나 지역 카페의 공지를 통해 무료 또는 저비용 활동에 대한 정보를 얻었다. 그뿐 아니라 딱 이러한 목적으로 런던의 부

모들이 직접 개발한 후프^{Hoop}라는 앱도 이용했다.⁵²

바르뎀 가족 또한 애런슨 가족처럼 예술품으로 가득한 작은 아파트에 살았고, 아파트는 남런던의 상점가 건물 위층에 있었다. 우리가 현관문으로 들어서자 곧바로 아빠 제이컵이 종이 반죽으로 만든 조각품들(스타워즈 피겨, 상어 같은 것들이었다)이 낮은 천장에 매달린 채 흔들리며 우리를 맞아주었다(사실은 머리에 마구 부딪혔다). 벽에는 사진작가인 제이컵이 찍은, 시선을 사로잡는 사진들이 줄지어 붙어 있었다. 하지만 그는 반복된 실직 때문에 응급구조사로 재교육을 받았다. 데이지는 예술대학에서 은 세공과 금속 가공을 훈련받고 잠시 보석 세공인으로 일했지만 기본적인 수리가 아닌 다른 일을 해서는 생계를 꾸려나가기가 어렵다는 사실을 깨달았다. 대학의 동급생들은 "오래된 난간을 복원하는 것"처럼 재미없는 일을 하러 떠났고 데이지는 "결국 정말 하고 싶지 않은 일을 해야 하는" 상황에 놓인 것을 깨달았다. 그래서 매슈^{Matthew}(8세), 데클런^{Declan}(6세), 니코^{Nico}(3세)의 엄마로서 전업주부가 되는 길을 선택했고 가정주부로서의 삶에 집중하게 되었다.⁵³

아파트 안에는 세 대의 컴퓨터가 있었다. 제이컵이 구형 포토 스캐너와 연동해 쓰려고 계속 사용 중인 오래된 데스크톱, 아이들이 사용하는 더 최신의 데스크톱, 그리고 주로 데이지가 "그냥 검색하려고" 쓰는 노트북이 있었다. 또 가족이 같이 쓰는 태블릿이 있었고 부모 모두 스마트폰이 있었다. 매슈는 휴대전화를 사달라고 조르고 있었지만 제이컵과 데이지 모두 여덟 살은 아직 너무 이르다고 생각했다. 비록 데이지는 "혼자 집까지 걸어오기도 하는" 많은 대도시 아이들에게 약간의 동정심을 느끼고 있었지만 사실 학교에서도 아이들에게 휴대전화를 가져오지 말라고 요청했다. 제이컵이 "그게 켜져 있으면 아이들이 볼 거예요. 합리적이거나 더 나은 대안을 주면 아이들은 그에 따를 겁니다"라고 날카롭게 말하기는 했으나, 저녁때 아이들은 가끔 영화를 봤다. 아이들이 보통 데이지가 요리하고 있을 때 영화를 봤기 때문에 데이지는 아이들과 자주 함께하지는 않았다. 하지만 제이컵은 "지금까지 백만 번쯤 본 것 같은 디즈니의 〈겨울왕국 Frozen〉" 같은 영화만 아니면 아이들과 함께 보는 것을 좋아했다. 제이컵은 특히 〈요리할 수 있어요 I Can Cook〉 같은 프로그램(BBC에서 제작한 아동용 요리 프로그램)을 높이 평가했는데, "아이가 뭔가를 하는 것에 관심을 가지게 만들기" 때문이었다.

데이지와 제이컵은 평일에는 아이들이 스마트폰과 태블릿을 사용하지 못하게 했지만(아이들은 가끔 아침에 태블릿으로 〈닥터 후 Doctor Who〉를 본다고 말하며 다른 이야기를 들려주었다) 주말과 필요할 때에는 더 자유롭게 대응했다. 그래서 웨일스에 사는 데이지의 가족을 만나기 위해 차를 오래 타야 할 때나 아이들이 수영 강습을 받으며 서로를 기다릴 때는 태블릿 사용을 허락했다. 데이지와 제이컵은 문화 큐레이터로서 진지하게 책임감을 가지고 있었고 아이들이 접속하는 미디어에 대해 확고한 의견이 있었다. 데이지는 〈모뉴먼트밸리 Monument Valley〉라는 게임을 발견했고 "스팀펑크" 스타일의 그래픽이 "에스허르 Escher가 그린 그림"과 비슷하다고 생각했다. "게임이 보기에 정말 아름다워요." 매슈가 하고 싶어 했던 게임(제이컵은 "어린이용 〈그랜드 테프트 오토 Grand Theft Auto〉" 같다고 설명했다)에 대해서는 내용을 가늠하기 위해 다른 엄마들에게서 정보를 얻었고 매슈가 아직 너무 어려서 할 수 없다고 결정했다. 부모들은 아이들이 〈마인크래프트〉를 할 때 좋아했지만 그 게임에 대해서 잘 알지는 못했다[예를 들어 게임을 '소셜'(다른 사람들과 함께 하는) 모드로 하고 있는지 '크리에이티브'(혼자 하는) 모드로 하고 있는지 잘 몰랐다)]. 데이지는 데클런이 "애들이 제 주변에 몰려들 거예요"라고 설명하며 〈좀비 전멸 Zombie Annihilation〉이라는 게임을 다운로드했을 때는 그리 좋아하지 않았다.[54]

데이지가 아이들을 돌보는 데 있어서 주된 역할을 했기 때문에 아이들의 디지털 능력의 많은 부분이 그녀에게서 나왔다. 우리가 방문하기 바로 얼마 전에 데이지가 데클런에게 온라인에서 물건 사는 법을 설명해줬고 그래서 데클런이 우리에게 엄마가 "[닌자 코스튬을] 인터넷에서 어떻게 샀는지" 이야기하며 곧 상자에 담겨 배달될 것이라고 말했다. 데클런은 비록 한때는 할아버지 할머니 댁에 갔을 때 "군인들이 싸우는 게임"이 마법처럼 나타난 줄 알았지만 이제 아이패드용 게임을 고르는 사람이 주로 엄마라는 사실을 알고 있었다. "고블린을 죽이고 나쁜 요정으로 플레이하는 것"을 좋아하는 데클런은 할머니와 할아버지가 게임하는 것을 허락해줘서 신났다(데클런의 말대로 어쩌면 두 사람이 아이패드에 대해 "전혀 몰라서" 그랬을 수 있다). 데이지는 부모가 "스크린 타임"을 얼마나 허용할지 걱정했지만 데클런의 조부모도 공예에 관심이 많았다(그들이 아이들과 함께한 활동이었다).

이 가족은 대체로 생활 속에서 디지털 기술에 대해 수용과 저항 사이의 균형을 찾았다. 기술을 수용했을 때는 실용적인 이유도 있었지만(친구들과 놀 때나 조부모 집에 갔을 때, 또는 주말에, 아이들이 하고 싶어 하는 것을 허용하는지에 관한 문제였다) 창의적인 관심에 의한 것일 때도 있었다. 그것은 앱과 게임에 대한 데이지의 큐레이션과 이 가족이 기술에 대해 나누는 대화에 분명히 나타났다. 기술에 대한 저항 측면에서는 부모들이 흔히 하는 스크린 타임에 대한 염려, 특히 무섭거나 폭력적인 게임에 대한 걱정을 가족이 공예, 물건 제작, 예술 활동을 하면서 느끼는 특정한 즐거움 및 능숙함과 혼합했다. 야외 활동도 중요했는데 이들 부모는 캠핑, 나무 타기, 그리고 최근에 사과 서리와 사과주 만드는 법에 대해 배우기 위해 지역의 자연보호구역으로 여행 갔던 일에 대해 이야기해주었다.

제이컵은 이렇게 미래를 상상했다.

아이패드와 노트북은 현대의 물건이에요. 현대의 공책이고 그것이 아이들이 사용하는 것이죠. 그게 차의 창문 유리와 전면 유리에 통합되는 것도 시간문제고요. 저는 그걸 피하지 않고 있는 그대로 받아들일 겁니다. 하지만 먼 훗날 아이들의 손주가 제게 와서 "책이라는 게 뭐예요?"라고 묻는다면 슬플 것 같습니다.

하지만 제이컵과 데이지는 이 상상되는 디지털 미래에 아이들이 준비될 수 있도록 애쓰면서도, 비디지털적으로 지내고, 만들고, 배우고, 소통할 수 있게 하는 데 더 주력하고 있다. 데이지는 비디오게임이 같은 움직임을 계속 반복하게 하거나 "신속한 결정"을 내리게 함으로써 "인내심"을 가르쳤다는 데 감사했지만 아들들과 탐정 보드게임 〈클루도 Cluedo〉 앞에 둘러앉아 함께 게임을 즐기는 것은 상상할 수 없는 일이 되었다. 제이컵은 자신이 "발버둥을 치고 비명을 지르며 디지털 시대로 질질 끌려가고 있는 것 같다"라고 표현했다. 그는 컴퓨터가 아들들에게 필수라고 생각했지만(니코가 학교에 들어갈 때쯤이면 모든 숙제가 아마도 온라인에서 수행될 것이라는 점을 생각하면) 그로 인해 잃어버릴지도 모르는 것에 대해 분명한 양가감정을 느끼고 있었다. 우리는 현장 연구에서 자주 봤던 것처럼 뒤를 돌아보고 앞을 내다보는 상상 활동에 의해 가족의 현재 활동과 의미가 정해지는 것을 목격했다.

이 부모들은 창의적이고 "인간적인" 존재 방식을 강조하면서 디지털 기술을 무시하지는 않지만 근본적으로는 창조하기 위해 노력한다. 넬슨이 "다양한 스킬과 능력을 갖춘 적응력 있는 아이들 (중략) 부모는 성취를 위한 좁은 경로에 너무 빨리 자리 잡는 것을 말리는 순간에도 특정한 재능의 증거를 알아차리기 위해 항상 주의를 기울여야 한다"라고 말한 것과 같다.[55] 문화적 자본은 많고 경제적 자본은 적은 가족들의 다수가 자녀의 자아실현에 대한 열망, 특정 디지털 기회에 대해 장단점을 조사하는 능력 면에서 고소득 부모와 유사성을 띠고 있었지만 이것은 다르게 육성된 특성이었다. 클라크Clark의 말을 빌리면[56] "표현적 자율권"이라는 윤리가 비슷하게 있지만 이러한 가족들 사이에서는 자율권의 목표가 경제적 성공보다는 창의력이나 자기효능감이라고 말할 수 있을 것이다. 부모의 가치관은 자녀에 의해 은연중에 해석될 때가 많다. 따라서 무엇이 미적으로 보기 좋은지, 창조적으로 도움이 되는지, 그리고 **흥미로운지**에 대한 부모의 특정한 기준과 평가에 따라, 자녀의 선택이 이뤄지고 규칙이 확립된다.[57] 이것이 자녀에게 디지털 미래에서 '성공'이 어떤 모습일지에 대해 대안적인 비전을 제시한다.

특권이 중요한 이유

우리가 방문했던 가족의 아이들에 대해 장기적인 결과는 알 수 없지만, 라루가 현장 연구에서 만났던 가족을 10년 후 다시 찾았을 때 10년 전의 사회계급 차이가 여전히 분명하게 보였다는 점에서 어느 정도 짐작할 수는 있다. 라루는 이렇게 말했다.

> 모든 부모가 자녀의 성공을 원했지만 노동자계급과 가난한 가정은 더 많은 슬픔을 경험했다. (중략) 중산층 부모의 중재는 개별 행동으로는 사소할 때가 많았지만 결국 누적된 이익을 가져왔다.[58]

라루는 '집중 양육'이라는 부모의 관습을 이야기하며 이 지속되는 불평등을 설득력 있게 설명한다. 라루는 부르디외의 문화적 자본에 대한 분석을 이용해, 중산층 부모가 자녀를 경쟁적인 미래에 대비시키기 위해 어떻게 과외 심화 활동을 특별하게 이용하는지 보여준다. 제도적 환경에서 스킬과 자신감 측면에서 경험을 가치로 **전환하도록** 자녀를 지도하는 것이다. 그렇게 함으로써 부모들은 사회 기관, 특히 학교의 '문화적 논리'를 다루거나 심지어 "조종"하는 방법을 습득하여 특권의식을 만들어내고, 자녀들에게 그들의 '차별적 우위'[59]를 물려준다.[60] 몇 번이고 라루는 중산층 부모의 방식을 목격했다.

> 그들은 사전에 자녀가 활동하는 환경을 바꾸려고 노력했다. 그들은 자주 사전에 잠재적인 문제를 예상하고 아이들을 다른 방향으로 다시 보낼 수 있었다. 아니면 잠재적 문제가 아이의 궤도를 바꾸지 못하도록 전략적으로 개입할 수 있었다.[61]

그 결과 중산층 아이들은 학교에서, 또 나중에 대학에서 그 구조와 규칙을 더 잘 이용할 수 있게 된다. 자신에게 더 자격이 있다고 느끼기 때문이고 귀중한 자원의 문지기 역할을 하는 사람들(교사, 대학 입학사정관 등)의 관심을 얻을 수 있기 때문이다. 가장 분명한 것은 이것이 비용의 문제이기도 하지만, 특히 세계적 도시에서 이용할 수 있는, 다방면에 걸친(그러나 찾기 어려울 때가 많은) 기회의 잠재 가치를 찾아내고 인식하기 위해 필요한 문화적 자본 때문이기도 하다는 점이다. 따라서 서실리아와 레일라는 자녀들이 뒤처지지 않게 하는 노력에 대해서는 성공을 거둘 수도 있지만 그 자녀들은 그 모든 노력에도 불구하고 부모가 바라는 만큼 훨씬 앞지르지는 못할 가능성이 크다. 또 부유한 티보 가족의 아들들이 (열성적으로 디지털 시대에 적응하고 디지털 미래를 준비하는) 수전 스콧과 스벤 올손의 자녀들이 그렇듯 성공할 확률도 높다.

라루는 이상하게 2011년 개정된 책에서 노동자계급 가정의 TV 시청을 제한하지 않는 (문제 있어 보이는) 관습에 대해 이따금 말한 것을 제외하고는 디지털 기술에 대해 거의 말하지 않는다. 하지만 디지털 시대에는 디지털 기술을 다루려는 가난한 가정의 의지가 그 자녀의 디지털 기술에 대한 상당한 열의와 합쳐져 사회의 불평등 재생산을 부추기는 끈질긴 힘에 대항하거나 그것을 극복할 수 있을 것이라 많은 사람이 희망한다. 2013년에 출간된 클라크의 《부모의 앱》은 미국 가정에 컴퓨터와 다른 디지털 미디어가 이미 완전히 뿌리내린 것과 관련된 관습을 탐구한다. 클라크는 라루의 주장을 지지하면서 불평등이 디지털 관습을 통해 심화된다고 주장한다. 대체로 사회 및 교육 제도는 저소득가정에서 추구하는 '공손한 유대감'이 아니라 부유한 가정에서 지향하는 '표현적 자율권'의 가치를 인식하도록 구성된다. 이에 따라 클라크는 다음과 같이 결론짓는다.

> 디지털 및 모바일 미디어는 깊이 분열된 사회로 나아가는 경향을 심
> 화시킨다. 그러한 사회에서는 항상 열정적이고 시간이 부족한 중산
> 층 삶의 특정한 이상과 이미지를 정상 상태로 본다.[62]

이것은 중산층 가정이 노동자계급 가정의 온기를 부러워한다고 해
도 계속된다고 클라크는 덧붙인다. 그런데도, 중산층 가정은 경쟁적
이고 개인주의적인 열망을 포기할 수 없기 때문에 노동자계급 가정
이 경험하는 유대감이라는 혜택(2장에서 서로 머리를 손질해준 다야 타
커[63]와 그녀의 딸을 생각해보라)을 모방할 수 없고 스트레스가 많은 자
신의 생활 방식에 숨어 있는 비용에 대해 되돌아볼 수도 없다.[64] 예를
들어 피에르 티보는 대입을 위한 A 레벨 시험을 준비하는 데 필요한
활동들의 목록을 작성했다. 몇 달간의 혼신을 다하는 공부, 과외활
동, 경쟁, 걱정 같은 일들이 포함되었다.

한편 가난한 부모는 라루가 강조하는 것처럼 미래의 가능성보다
당장 필요한 것에 사로잡혀 있다. 여러 압력 중에서도 더 불안정한
직업, 더 큰 경제적 걱정이나 돌봄 책임 때문이다. 여기서 디지털 기
술은 상상되는 미래를 위해 노력하는 접근 가능한 방법을 제공할 뿐
만 아니라 현재의 부모와 아이에게도 혜택과 편의를 제공한다(예를
들어 레일라는 취업 상담소 웹사이트에서 일자리를 검색했고 서실리아는 저
녁 식사를 준비하는 동안 에릭이 책을 읽을 수 있게 도와주는 유튜브를 이용
했다). 그러나 부유한 부모와 가난한 부모 모두 자녀에게 이익을 주기
위해 기술을 이용한다 해도 그렇게 하는 데 있어서 서로 매우 다른

위치에 있다. 그래서 부유한 가족과 가난한 가족의 아이들 모두 코딩 및 다른 형태의 기술 전문 지식을 배우지만 그 결과는 매우 다르다. 마크 티보와 숀 스콧-올슨은 유진 아파우보다 더 수준 높은 디지털 스킬을 지니고 있었다. 더 진보된 형태의 창조를 하고 있었고(파이썬 코딩 같은 테크닉을 이용하고 자신만의 게임을 만들었다) 부모의 격려와 지지를 받았기 때문이다. 그들의 부모는 자신의 지식과 네트워크를 이용해 자녀가 이러한 스킬을 배울 수 있는 수업들을 찾았다.[65] 반면에 유진은 더 '일반적인' 언어를 사용하고 있었다. 그것이 학교에서 무료로 제공되었기 때문이고(실제로 스크래치는 영국에서 이미 컴퓨터 교육과정에 통합되었다) 따라서 보통의 이점만을 제공했다.[66] 유진의 엄마는 대체로 아이의 관심사에 대해 지원했지만, 코딩 그 자체나 다른 기회들에 더 깊게 참여하도록 격려하거나 '뒷받침하기scaffold'에는 시간과 기술적 자원, 문화적 어휘가 부족했다(6장에서 자세히 다뤄볼 것이다).[67]

중산층 부모는 기술에 대한 지식에 더하여 특권적 경험과 기관에 대한 지식도 이용한다. 예를 들어 수전 스콧의 대학 생활에 대한 지식이 육아에 영향을 미쳤다. 그녀는 이렇게 설명했다. "칼리지에 가려면 학습 도구로서 컴퓨터를 사용하는 데 재능과 자신감이 있어야 합니다. 그것이 현재 교육이 이뤄지는 방식입니다." 그래서 열 살 숀은 사실 "온종일 화면 앞에 앉아서 프로그래밍하는 걸 그리 좋아하지 않아요. 축구 하면서 공원을 뛰어다니는 게 더 좋아요"라고 말하면서도 코딩이 미래에 도움이 될 수 있다는 엄마의 의견에 따랐다. 그러나 그러한 활동에 참여하는 아이들을 조용히 "너드nerd"라고 언급했다. 2장에서 우리는 민주적 가정에서 이뤄지는 부모와 자녀 사이의 협상에 대해 논의했다. 여기에서 우리는 어떻게 협상이 현재 충돌하는 욕구를 다루려는 노력에 의해서만이 아니라 의미 있게도 현재의 욕구보다 미래의 비전을 중요시하는 방식으로 추진될 수 있는지 볼 수 있다. 수전 스콧은 자신이 (가족과 사회에 대해) 표현적 자율권에 가치를 두고 있다는 점에서 육아의 책임을 이렇게 행사하는 것을 합리화했다. 큰아들인 니얼에 대해서도 이렇게 말했다.

> 니얼은 정말 창조적이고 항상 뭔가를 만들어요. (중략) 부모로서 제 역할은 단지 아이들이 재능을 쓸 수 있는 길을 찾고, 바라건대 그 과정에서 세상을 더 나은 곳으로 만들 수 있도록 돕는 거라고 생각해요.

이 상대적 특권은 또한 앞서 언급했듯이 가정과 학교의 관계를 부드럽게 한다. 수전 스콧은 육아에 대한 결정을 내릴 때 지원과 전문가의 조언을 얻을 수 있는 다양한 정보원(학교, 심리학자나 치료사 같은 전문가, 그녀가 조직하거나 참여하는 육아 모임 등)을 찾아내기 위해 엘리트 계층의 지위를 이용했다.[68] 조지핀 티보는 심지어 디지캠프의 이사진 중 한 명이었다. 바르템 가족은 확실히 티보 가족이나 스콧-올슨 가족보다 덜 부유했지만 제이컵과 데이지 바르템은 상당한 문화적 자본을 통해 자녀의 교사가 필요한 만큼 지원하도록 압력을 가할 수 있었고 가정환경을 자신감 있는 학습과 표현에 도움이 되도록 만들었다.

그와 대조적으로 레일라와 서실리아 같은 부모에게는 자녀의 교사에게 모습을 드러낸 것이 '결핍 있는' 부모로 보일 위험을 감수한 것이었다.[69] 우리는 확실히 부모 자신이나 자녀가 가정에서의 디지털 (또는 다른) 참여를 학교 또는 다른 성취와 연결할 수 있도록 부모를 돕는 효과적인 지원 활동이나 다른 제도적 체계를 거의 발견하지 못했다.[70] 서실리아 아파우는 친구들에게 조언을 구하고 있지만, 교회나 자녀의 학교에서는 별로 도움을 받지 못했다고 말했다. 사실 그녀는 학교에서 몇 번의 실망스러운 경험을 한 이후 학교가 자신의 문의에 답하지 않는다는 것을 깨닫고 더는 묻지 않게 되었다. 이와 비슷하게 레일라 모하메드는 자녀의 선생님과 소통할 수 있는 확실한 창구가 없었고, 자신이 사피아와 나린을 위해 추가적인 교습과 지원을 찾는 데 시간과 돈을 상당히 투자한 것에 대해 학교에서 알고 있는지 어떠한 힌트도 얻을 수 없었다.[71] 이것은 학습 환경을 포용적으로 설계하려고 일부러 노력하지 않으면 그들이 기존의 불평등을 개선하기보다 악화시키는 관계를 조성할 것임을 시사한다.[72]

아이들이 가정과 공동체에서 얻은 지식을 학교, 대학, 고용주가 인정하고 보상하는 가치로 평등하게 바꿀 수 없다면, 우리는 이것이 개인적 노력의 실패이기보다 사회 내 구조적 불평등의 결과라고 결론 내린다.[73] 한 가지 문제는 교육자들의 지원 활동과 부모와의 관계, 또 가난하고 소수민족인 아이들(또 더 근본적으로는 아이들에게 자원이 불평등하게 제공되는 사회의 결과인 존재)의 관심사, 지식, 성취에 대한 수용성을 제도적으로 설계하는 데 있다. 노르마 곤살레스 Norma González, 루이스 몰 Luis Moll, 캐시 아만티 Cathy Amanti 가 주장하듯 가난한 가족들이 너무 자주 무시되는 현실이지만 그들에게는 "지식이 있고, 그것은 인생 경험에서 얻은 지식이다."[74] 그렇지만 그들은 자신의 활동을 학교에 전달할 방법을 찾지 못할 수도 있고 교육적인 개입에서 간과될 때가 많다.[75] 특히 레일라가 가정에서 교습과 기술에 투자하는 것은 학교에 보이지 않았고 딸을 이슬람교도로 키우기 위해 쏟는 에너지도 학교에서는 알지 못했다. 이것이 가져올 것으로 그녀가 생각하는 혜택은 (지금까지는) 주류에서 알아볼 수 없는 것이었고 주류로 전환할 수 있는 것도 아니었다. 크리스 구티에레스 Kris Gutiérrez 와 바버라 로고프 Barbara Rogoff 는 교육자들이 저소득가정에 대해 "지나치게 일반화한" 이해를 토대로 개입을 지원하기보다, 가정은 그들의 경험, 지식, 가치관에 근거해 다양한 "관습의 레퍼토리"를 가진다는 인식을 가지고 가정의 개입을 바라볼 것을 요구한다.[76] 이들의 요구는 새로운 것이 아니지만 디지털 기술이 부모에게 정확히 자녀의 가정 학습을 지원하는 수단으로 '팔리고 있고' 이때 가정이나 학교의 관습과 정책은 간과된다는 점을 고려하면, 그 요구는 디지털 기술을 이용한 학습에도 적용되는 것이다.

결론

디지털 기술을 대규모로 채택하는 것은 부모에게 최근 부상하여 아직 불확실한 디지털 미래에 대해 자녀의 가능성을 키울 수 있는 새로운 길을 약속하면서 가정에 잠재적으로 유익한 기회를 가져온다. 우리가 방문했던 대부분의 가정은 디지털 기술에 대한 대중의 상상과 부모들의 공유된 욕망과 희망의 증거인 디지털 '물건'들로 가득 차 있었다. 계급 또는 다른 차이를 뛰어넘어 부모들은 공통적으로 기술이 육아 과정을 통해 "긍정적인 결과를 위해 길러질 수 있는" **뭔가**를 제공한다는 견해를 가지고 있는 것으로 보였다.[77] 그리고 부모들은 경쟁 사회에서, 또 상상되는 디지털 미래를 위해 자녀를 지원할 수 있는 잠재력을 이용하는 것이 자신의 책임이라는 사실에 동의한다. 하지만 이 책임감은 부모가 스트레스를 유발하는 가족 간 협상과 여가 및 사생활의 '커리큘럼화'를 감수하면서 자녀에게 어떤 가정 환경을 제공하고 자녀의 성취를 어떻게 도와야 하는지를 규범적 압박을 통해 명령하는 수단이다.[78]

부모들에 대한 이전의 기대(예를 들어 가정에서 조용한 공간과 시간을 제공함으로써 자녀의 숙제를 돕는 것)와 비교하면 디지털 기술과 관련된 더 효과적일 것 같은 부모의 지원 형태는, 현재 또는 특히 미래에서 기술의 가치에 대해 확립된 지식이 부족하다는 점에서 부담스럽고 답답할 정도로 불확실하기도 하다. 서실리아가 '교육적'이라고 판단한 앱을 스무 개에서 서른 개까지 다운로드했지만 결과적으로는 단 몇 개에 대해서만 자녀가 학습하고 있는지, 또는 무엇을 학습하고 있는지 말할 수 있었다는 점에 대해 생각해보라.[79] 우리가 면담했던 중산층 부모들도 그러한 앱들이 어떤 가치를 제공하는지 설득력 있게 말할 수 없었다. (가령 기술이 대체하는 것으로 보이는 책의 세계와 대조적으로) 디지털의 가능성은 매우 불투명하고, 그래서 부모들도 그 가치에 대해 양면적인 태도를 보인다. 하지만 가난한 가정의 투자는 종종 그들이 놓치는 기회처럼 다른 가정의 투자와 불균형적이다. 그에 반해 (데이지와 제이컵 바르뎀처럼) 재력은 부족하지만 자부심이 강하고 창의적인 가정에서 디지털 기술은 비기술적인 기회와 균형을 이룬다면 모험을 무릅쓸 만한 기대되는 혁신을 시사한다. 그들은 해석적으로 융통성이 있는 이 분야에서 살아남기 위해 그들의 대안적인 미학과 가치관을 가져올 방법을 찾기 때문이다.[80] 그리고 인생에서 성공하기 위해 무엇이 필요한지 은연중에 알고 있는 스콧-올슨 가족처럼 특권을 가진 일부 부모에게 기술적 혁신은 어쩌면 자신의 어린 시절에 비해 걱정스러운 불확실성을 야기할 수도 있지만 그렇더라도 위험은 아마 크지 않을 것이다(기술이 마음을 모두 사로잡을 정도로 너무 매력적인 것이 되는 경우는 제외한다. 이러한 사례에서는 우리가 다음 장에서 탐구할 내용처럼 다른 형태의 집중 양육이 이뤄진다).

기회, 압력, 불확실성의 결합이 디지털 기술에 대한 부모의 (그리고 정책) 논의에서 나타나는 일부 긴장감과 불안감을 설명한다. 현장 연구에서 우리는 사회 각계각층의 부모들로부터 희망과 두려움을 목격했다. 그래서 중산층**만** 집중 양육(결과적인 방식에서 자녀를 유리하게 하는 개인적 자원의 노력을 통한 제공으로 정의된다)에 몰두하고 노동자계급은 그 대신에 라루가 "자연적 성장"의 추정이라고 부르는 것에 의존한다는 라루의 주장에 동의하지 않는다.[81] 하비바 베켈레[82]는 "전 아이들에게 [기술을] 권장해요. 그게 아이들의 미래니까요"라고 말하며 많은 저소득가정에서 나타나는 헌신을 분명하게 보여줬다. 한편 바르템 가족과 같은 가정에서는 미래의 경제적 성공을 위한 수단으로서 초점을 맞추는 대신, 자발적이고 창의적이었던 어린 시절을 낭만적으로 강조하며 자연적 성장이라는 부모의 비전에 가장 가깝게 기술을 교육했다.[83]

더 일반적으로 말하자면 우리는 가난한 가정도 아우르는 공통의 육아 문화(주장하건대 중산층은 개별적 성취를 중시하고, 그 자체가 성찰적 근대성에서 위험의 개별화에 대한 반응이다)가 발흥하는 것을 본다. 우리는 "거의 틀림없이" 중산층이라고 말한다. 그러한 육아 문화가 노동자계급 가정의 관심사에 반하는 것으로 분명하게 읽을 수 있고 특히 그 결과가 언제나처럼 불평등해서, 가난한 가정에게 희망은 일반적으로 망상이기 때문이다. 하지만 우리와 면담했던 가족들이 이야기한 것에 따르면 그들의 희망은 널리 공유되고 진지하게 받아들여지고 행동으로 이어지는 경우가 많은 듯했다. 핵심은 디지털 기술과 관련된 것을 포함해 책임감 있는 육아가 사회이동으로 가는 새로운 경로와 함께, 더 큰 선택권, 주체성, 자아실현을 내놓을 수 있다는 시각이었다. 두려움 또한 (보통 대중매체에 의해) 널리 공유되고 널리 조장되었다. 이 부분에서 어쩌면 서실리아는 특별했다. 그녀는 많은 중산층 부모들과는 대조적으로 온라인의 위험에 대해 걱정하지 않았다. "아이들을 잘 아니까요. 제가 하지 말라는 건 안 하거든요. 어디에 가는지, 그리고 무엇을 하지 말아야 하는지에 대해 제한이 있어요."[84]

그러한 희망은 특히 디지털 기술과 관련해 널리 받아들여지고 있다. 학교, 직장, 공공서비스, 지역사회에서 디지털 기술에 상당한 투자가 전국적으로 이뤄지기 때문이기도 하고, 특히 노동시장의 불안정성과 기술 주도의 현저한 사회 변화라는 맥락에서 디지털이 매개하는 학습과 고용에 대한 희망이 공감을 불러일으키는 것으로 보이기 때문이기도 하다. 뒤처지고 밀려나고 손해를 보는, 디지털 매개의 위험에 대한 두려움 또한 복지 제공이 축소되는 상황에서 똑같이 공감을 불러일으키는 것으로 보인다.

공통의 육아 문화에 참여하는 것은 불평등을 거의 제거할 수 없다. 이 장에서는 고소득가정에서 기술과 관련된 새로운 형태의 집중 양육이, 자녀에게 성공적인 미래를 안길 수 있는 오랜 시간 확립되어온 방법을 빠르게 보완하는 모습도 보여줬다. 이러한 부모들은 자녀의 디지털 활동이 지속적으로 발전할 수 있도록 고품질의 기기와 그와 관련된 (창의적이고, 기술적이고, 전문적인) 전문 지식을 제공할 수 있다. 지식과 디지털 격차 연구가 분명히 보여줬듯[85] 불확실하고 경쟁적인 시대에 중산층 부모들이 그들의 이점을 유지하고 위험을 낮추기 위해 활용할 수 있는 경제적, 문화적 자원을 더 많이 이용할수록 그들을 따라잡으려고 애쓰는 빈곤한 가정에는 기준이 더 많이 높아지는 것이다. 그러나 가난한 가정에게 디지털 기술의 이용 가능성과 기술을 둘러싼 담론은 이 길이 여전히 유일하게 접근 가능하다는 것을 의미한다.

10년 혹은 20년 전이었다면 서실리아와 레일라가 현재 디지털 기술에 투자하는 만큼 책과 그 밖의 교육적 자원에 많이 투자했을까? 그럴 수도 있고 아닐 수도 있다. 우리는 교육의 장래성과 재미있는 현실을 심심풀이가 되는 방식으로 혼합하는 기기와 서비스의 매력이 디지털 투자에 특히 끌리도록 한다고 추측한다. 반면 아이 자신의 디지털 습득에 대한 열정은 여러 권의 가족 백과사전에 거의 적용되지 않았다. 그러나 그러한 가족들에게 가정에서의 디지털 기술 사용이 약속하는 것과 실제 현실 사이의 차이는 특히 도전적이다. 금전적인 헌신과 실현 가능성도 관리하기 어렵다(종종 예기치 못하게 그렇다). 그리고 그들은 자신의 자녀를 넘어서서 도움을 요청할 수 있는 사람들이 부족하다.[86]

그러나 그 결과는 단순하지 않고 특권을 가진 가정과 그렇지 않은 가정의 양극화된 모습도 아니다(특히 세계적 도시 런던은 다수의 교차하는 힘들의 영향을 받는다). 첫째, 제도적으로 인정된 형태의 문화적 자본(고등교육에 대한 접근, 공식 기관과의 신뢰)이 부족한 일부 가정은 대안적 형태의 '자본'[87](예를 들어 소수민족이나 종교의 문화에 기반하거나 그 안에서만 의미 있는 지식을 말한다. 그들은 이것을 의도적으로 자녀에게서 발달시킨다)에 접근성이 있을 수도 있다. 그 결과, 공동체에 소속된 상태, 추가적인 언어, 종교적 지식, 흩어져 사는 가족 간 관계, (하위)문화적 또는 다른 형태의 전문 지식을 포함해 다양한 혜택을 얻는다. 하지만 이 아이들은 이러한 경험을 통해 얻은 지식을 학교, 대학, 고용주에 의해 인정받고 보상받을 수 있는 가치로 전환하는 데 어려움을 겪을 수 있다.[88] 이러한 노력에서 디지털 기술은 물리적으로 흩어진 공동체 내의 관계를 유지하는 데 도움이 될 수 있다. 딸이 온라인에서 이슬람교 노래를 찾아 듣도록 레일라가 격려했던 것을 다시 떠올려보라(그렇게 하지 않았다면 분명 영국의 주류문화 안에서 정착하기 어려웠을 것이다). 또는 하비바 베켈레가 이집트에 있는 선생님에게 아랍어를 배우기 위해 스카이프를 사용하고, 대체로 비종교적인 나라에서 자녀가 훌륭한 이슬람교도가 될 수 있도록 앱과 위성 TV를 이용했던 것을 생각하라(2장 참조).[89] 이와 비슷하게 여호와의 증인 신도인 부모 아푸아 오세이 Afua Osei와 콰메 투푸어 Kwame Tuffuor [90]는 세 자녀가 종교적인 학습과 놀이를 위해 'JW' 앱과 웹사이트를 이용하는 것을 장려했다.[91] 다른 가정들은 언어 발달부터 공예까지 '틈새 niche' 관심사를 위해 다양한 목적의 콘텐츠를 만드는 디지털 미디어의 '롱테일 long tail' 전략에 따른 서비스들을 이용했다.[92] 포르투갈 출신의 클라우지아 페헤이라 Claudia Ferreira [93]는 딸 마리아나 Mariana(9세)와 같이 들을 수 있는 포르투갈어 인터넷 라디오와 TV 채널을 찾았다. 친척이 방문했을 때 마리아나가 그들과 대화할 수 있게 부모의 모국어를 배우도록 격려하기 위한 것이었다. 그녀는 다른 형태의 학습을 위해 유튜브 같은 사이트를 이용하기도 했다. 마리아나가 뜨개질을 배우고 싶어 했을 때 튜토리얼 영상을 봤고, 뜨개질은 곧 엄마와 딸이 함께 즐기는 취미가 되었다. 그러나 이러한 활동의 일부만이 아이에게 이익을 줄 수 있는 아이들의 삶의 다른 현장(학교, 대학, 직업 세계)에 알려질 수 있고 대부분은 아마 그렇지 않을 것이다.

둘째, 우리는 고학력이고 종종 창조적이거나 하위문화적이지만 소득이 상대적으로 낮거나 매우 낮은 가족의 접근법을 강조했다. 런던은 미술, 음악, 연극 같은 창조적이고 문화적인 산업들뿐만 아니라 게임 기획과 같은 신흥 산업들이 확실히 자리를 잡고 본거지로 삼는 곳이다. 이것은 계급에 기반한 육아 해석에 대단히 흥미로운 복잡성을 더한다. 부르디외는 "새로운 소시민계급"을 정의하면서 그러한 사람들이 "가장 규정할 수 없는 구역"에 살고 있으며 "[경제적으로가 아니라] 문화적으로 중산층의 극단을 향한다"라고 묘사한다. 그들이 경제적으로 최근 생겨난 기회를 이용하기 위해 이 자리를 "발명해냈다"라고 말하기까지 한다. 이렇게 그들은, 위험한 미래만을 보장받으면서도, 그러지 않았다면 제한됐을 자원을 보완한다.[94] 따라서 런던과 같은 세계적 도시에서 뚜렷하게 나타나는 언어, 요리, 가치관, 문화의 '흔한 다양성'은 전통적으로 생각하는 '중산층'과 '노동자계급' 분류에 포함되지 않는 교차 지점의 생활 방식을 가능하게 한다.[95] 이것은 바르템 가족, 애런슨 가족, 그리고 높은 문화적 자본을 가진 다른 저소득 가족의 두드러지게 창의적이거나 자유분방한 가치관만 포함하는 것이 아니다. 그들 중 일부는 계획적으로 중산층의 불안감 담론에 대한 자신만의 차선책을 찾고 있다. 그것은 종교적이거나 언어적인 지식, 또는 소수민족의 지식에 근거한 다양한 대안적 형태의 자본(아마 '공동체 기반의' 또는 '하위문화의' 자본이라는 더 나은 이름이 붙었을 것이다)도 포함한다.[96] 앤절라 맥로비 Angela McRobbie는 다른 세계적 도시와 마찬가지로 런던에서 '창조적 노동'이라는 독특한 기회를 인식하며, 이 전략이 특히 '열정을 느끼는 일'의 추구를 포함한다고 주장한다.[97] 런던에서 우리가 부모들을 모집했을 때 독자적으로 일하는 영화제작자, 화가, 제작자, 공예가, 사진작가, 웹디자이너 등과 면담하게 된 것은 분명 우연이 아니었다. 우리가 바르템 가족에 관해 탐구한 것처럼 디지털 기술은 돈을 많이 들이지 않고 문화적 지식과 창조적 노력을 통해 보상받을 수 있는 지위를 획득하는, 혁신적 차선책을 제공하기 위해 이용되고 있다. 게다가 그러한 기술과 관계를 맺는 것이 대안적이고 종종 창조적인 틀 안에서 상상될 수 있(고 상상된)다. 그리고 결과적인 지식이 여전히 틈새로 남을 수도 있지만, 다른 형태의 대안적 자본과 달리 대중적으로 가치 있게 여겨질 수 있는 미래 경로를 이들 가족이나 그 자녀에게 약속하기도 한다.[98]

이 장에서 우리는 다이앤 레이 Diane Reay가 강조하듯 "개인과 계급의 궤적 사이를 연결하는" 것이 가족임을 인식하면서 불평등의 사회적 재생산이라는 지속되는 도전 과제에 주의를 기울였다.[99] 디지털 기술을 가정, 학교, 그 밖의 다른 학습 현장에 끼워 넣음으로써 수용하는 것의 장기적 결과에 대한 결론을 끌어내기에는 너무 이르다. 우리는 사회적 정의를 지향하는 해결책을 설계하는 사람들에게[100] 가족들의 출발점이 각기 다르다는 것을 강조하고, '손을 뗀 것으로' 보이는 부모들이 사실 종종 보이지 않는 방식으로 디지털 기술을 통해 그리고 그것을 넘어서서 아이들을 지원하고 있을지도 모른다는 사실을 상기시킨다. 왜냐하면 그들은 제도 내에서 그것들을 알아볼 수 있게 하는 문화적 자본이 부족하기 때문이다. 또는 대안적인 윤리를 추구하고 있기 때문에 학교와 같은 기관의 규범적 기대에 의도적으로 맞추지 않는 가족들일 수도 있다. 또 우리는 부모들의 비슷해 보이는 노력이 얼마나 다른 결과를 가져오는지에 대한 인식을 촉구한다. 풍부한 문화적 자본은 특유의 이점을 보장할 수 있고 그것이 없으면 고군분투하게 되기 때문이다. 서실리아 아파우의 바이러스에 감염된 컴퓨터가 현재는 쓸모없을지 몰라도 그녀가 "딸(에시 Esi, 12세)이 숙제를 하려면 컴퓨터를 써야 했기 때문에" 그것을 샀다는 점을 인식해야 한다. 지금 깜박거리는 화면은 그녀의 디지털 미래에 대한 희망과 그것에 이르기 위한 분투, 모두를 상징한다.

4장

디지털 가족의
긱 정체성

우리는 열두 살 조시 Josh의 디지캠프 수업이 끝난 후, 조시의 중소득층 부모 다니 사이크스 Dani Sykes [1]를 한 카페에서 만났다. 디지캠프는 런던 중심가에 본사가 있는 고가의 코딩 여름 캠프로 우리는 그곳에서 어린이와 청소년을 관찰했다. 대부분 특권층의 자제로, 백인과 아시아인 소년들이었고, 자바, 파이썬, HTML, 〈마인크래프트〉, 3D 프린팅 등을 배우고 있었다. 다니는 면담에 열심히 임했고 기술에 관한 자신의 모든 경험을 풀어놓았다. 어릴 때 코모도어 Commodore 64(1980년대에 유행했던 8비트 가정용컴퓨터 ─ 편집자)로 베이식 Basic(프로그래밍 언어 중 하나 ─ 편집자)을 배운 것부터 기술 영업 분야에서 일할 때 영업 시간 후에 '윤리적 해킹' 자격증을 취득한 것까지 이야기했다. 다니는 자신과 아들의 디지털에 대한 관심을 뒷받침하기 위해 첨단기술로 집을 구성했다. 그리고 세간의 이목을 끌었던 최근의 해킹이 실제로 어떻게 이뤄졌는지 알아보기 위해 다크 웹을 추적하고 또 동시에 조시 형제의 〈마인크래프트〉 플레이를 위한 코딩 과제를 부과하며 행복한 저녁 시간을 보낼 수도 있다. 그녀의 비전은 즐거운 뭔가(코딩)를 함으로써 조시 형제, 그리고 어쩌면 그녀 자신이 경제적으로 성공할 수 있는 미래를 만드는 것이었다. 다니는 최근 온라인 데이트 사이트의 혼외정사와 관련된 개인정보 유출 사건에 대해 이야기하며 그 일이 어떻게 일어났는지 열심히 설명했다.

다니: 애슐리 매디슨 Ashley Madison [2]은 12파운드(약 2만 원)에 프로필을 삭제할 수 있다고 공포했어요. 그러니까 완전히 삭제할 수 있다고요. 그런데 그들[해킹 커뮤니티]은 그게 가능하지 않다고 말했죠. (중략) 애슐리 매디슨이 철회를 거부해서 그들이 그것을 해킹했고 삭제된 프로필을 무더기로 손에 넣었어요. 프로필 삭제가 불가능하다는 것을 증명한 거죠. 그게 기본적으로 긱의 주장이었어요.

조시: 그 말은… 그러니까 완전 똑똑한 긱들이 뭔가에 대해 엄청난 주장을 한다는 거고 그 주장은 그러니까, 쟤네 뭐라고 하는 거야? 이런 의미였다는 거네요. 그러고 나서부터는 정말 웃겨요.

다니: 그래, 나는 원래 긱들을 이해해. 나도 그들 중 한 명이니까 걱정하지 마.

소니아: 제가 그 단어를 여러분에게 써도 될까요?

다니: 전 긱인 게 정말 행복해요. 긱은 전혀 잘못된 게 아니에요.

다니와 조시는 면담을 하는 내내 기술에 대한 관심을 우리에게 보여주려고 하는 만큼 서로에게도 보여주려고 했기 때문에 대화 속도가 빨라지고 말이 계속 쏟아져 나왔다. 우리는 두 사람이 극적으로 변화하는 세상에서 함께 비밀 탐험가로 존재하는 감각에 감명을 받았다. 다니에게 "내부자" 지식을 얻는다는 것은 그녀가 생각하는 디지털 미래에 반드시 성공하게 하는 것이었다.

아이가 일단 [자바]의 원리를 이해하고 나면 무엇으로든 옮겨 갈 수 있어요. 다른 문법 세트를 추가적으로 배우기만 하면 돼요. 그건 그냥, 아시겠지만, 여러 가지 의미에서 라틴어를 배우는 것과 비슷해요.

다니는 가정에서의 기술 이용에 투자했을 뿐만 아니라 더 중요하게 디지캠프의 비싼 수업료를 지불함으로써 기술에 관련된 모든 것에 매력을 느끼는 공통점을 아들과의 유대 관계에 끼워 넣었다. 조시는 다니와 만나기는 했으나 부모가 이혼한 이후로 함께 살지는 않았다. 조시가 긱으로서 활기차게 하는 이야기들은 그런 조시와 다니를 연결했다. 아이는 자신과 학교 친구들을 비교하며 기술에 관한 전문 지식 덕분에 자신이 돋보이는 것을 즐기는 듯 보였다.

제가 자바 얘기를 하면 애들은 그게 뭔지 알 거예요. 우리 반에 많은 아이들이, 어쨌든 대부분의 아이들이 제가 자바 얘기를 하면 그게 뭔지 알겠지만 그걸 진짜 아는 게 아니에요. (중략) 음, 아니, 그게 뭔지는 알고 그게 게임 [설계]인 건 알지만 그걸 진짜 아는 게 아니에요.

다니와 조시는 부모에게 너무 자주 제공되는 디지털 육아 조언을 따르며(그리고 그것을 훨씬 넘어서서) 디지털 미디어를 '수용하는' 극단적인 예를 분명히 보여준다. 즉 가족 간에 미디어 사용을 공유하고 여러 세대에 걸쳐 원활한 의사소통을 유지하며 미래를 위해 자신의 디지털 기술을 향상시키고 있다.[3] 그러나 긱이 되는 것은 정확히 무엇과 관련이 있을까? 관련된 그것들에 대한 기회나 위기는 무엇일까? 그리고 오히려 더 폭넓은 사회 측면에서 이익이 되려면 이 경험에서 무엇을 배울 수 있을까?

브리지드 배런 Brigid Barron의 말처럼 한편으로는 "전문 지식의 발달은 이 지식이 가능하게 하는 활동과 역할에 관련된 사람들의 자존감 또는 정체성에 영향을 미친다." 그리고 다른 한편으로는 "상상되는 미래 자체가 학습에 동기를 부여하기도 한다."⁴ 상상되는 미래가 디지털이고 그것을 즐긴다면 어떻게 될까? 이 장은 '긱'의 위치를 주변부에서 디지털 시대의 주류로 바꾸는 것이 학습, 관계, 정체성에 미치는 영향을 탐구한다. 우리는 기회가 많은 만큼 잠재적인 위험도 많고 전념해야 하는 수준도 높다고 주장한다. 이것은 긱이 가는 길이 그렇게 위험한 수용 방식을 요구한다는 점을 고려하면 우리가 긱으로부터 배우는 것에서 무엇이 더 폭넓게 적용될 수 있을지 걸러서 들어야 함을 의미한다.

긱에 매료된 현대사회

구글 이미지 검색에서 'geek'을 입력하면 성실해 보이고 창백하고 안경을 쓴 수많은 얼굴이 결과로 나타난다. 보통 백인 남자이고, 이 얼굴 중 일부는 영리하고 볼품없는 외톨이의 전통적인 이미지가 여전히 유지되고 있음을 시사한다. 하지만 또 다른 더 '힙스터' 같은 모습도 볼 수 있다. 별나고, 비사교적이고, 바보 같은 사람들을 모욕하는 말이었던 '긱'이라는 용어는 역사적으로 전자 장비를 뜯고 땜질하는(취미 활동으로 아마추어 무선통신에 열심이었던 사람들을 포함한다) 주로 남성의 역사에서 볼 수 있었던 괴짜를 가리키는 말이었다가 오늘날에는 특히 디지털과 관련된 좁은 형태의 전문 지식을 집요하게 쌓는 사람을 가리키는 말이 되었다.⁵ 가브리엘라 콜먼 Gabriella Coleman 은 긱의 가치관인 "교활함, 반권위주의 문화 양성, 자유로운 공간에서의 노동을 둘러싼 연대 유지"에 대해 분명하게 설명하고 있다.⁶ 그러한 활동은 종종 눈에 띄지 않고 주류사회에서는 중요하지 않겠지만 긱 문화의 "교활한 사고방식"은 해커 문화의 더 정치적인 활동에 기여한다. 그러한 활동에서 해커들은 콜먼이 "긱의 무기"라고 부르는 것(많이 배운 특권층 백인 남성의 틈새 전문 지식, 반영웅주의 정치, 자신감 있는 위험 감수를 말한다. 그들은 에드워드 스노든 Edward Snowden이나 마크 저커버그처럼 우연히 주류가 될 수도 있다)을 효과적으로 이용한다.[7]

긱의 특성을 개인적(사회적, 감정적)인 결함에서 디지털 시대의 자산으로 변화시키기 위한 공공정책의 노력은 덜 멋있지만 더 강력한 영향을 미칠 것이다. 긱의 특성은 변화하는 전문 지식, 미래의 직업, 기업 혁신, 경쟁에서의 성공을 좇는 것과 관련된 국가적 의제에 집중하지 못하도록 방해하는 것이 아니라 그것의 중심을 이루는 것으로 그 위치가 바뀌었다. 해킹은 극단적이고 때로는 범죄적인 성질을 띠기도 하지만, 경쟁에서 우위를 점하려는 상업적 문화에 의해 어느 정도는 끌어들여졌다(지금은 아주 흔한, 소위 해커톤 hackathon이 그 예다). '사이버 보안' 프로그램의 증가가 그 증거이고(특히 미국에서 인기가 상승하고 있다) 이 프로그램들은 청소년에게 해커의 사고방식과 전술을 이용해 어떻게 보안 침해를 좌절시키는지 가르친다.[8] 언론이 페이스북, 마이크로소프트, 구글의 기업가적인 설립자를 영웅처럼 묘사하는 것에 대해서도 생각해보라. 언론이 해커를 위험하지만 낭만적인 사람으로 묘사하는 것, 또는 유럽이 스티브 잡스나 빌 게이츠 같은 인물을 아직 배출하지 못했다는 사실에 대해 애통해하는 것을 생각해보라.[9] 브이로거나 '유튜버'의 증가가 '긱'이라는 개념에 직접적으로 관련된 것은 아니지만 이 스타들은 디지털 기술이 어떻게 부와 명예를 가져올 수 있는지 보여주며 대중의 상상력을 사로잡기도 한다. 한편 '너드파이터 nerdfighter'와 같은 사회적 정의 활동가들이 현대의 긱 문화에서 디지털 전술과 대안적 가치관이 연결될 수 있음을 전형

적으로 보여주고 있다.[10]

긱을 재해석하려는 이러한 문화적 노력에서 종종 매력적인, 소녀와 여성의 이미지가 몇 명의 유색인종과 함께 나타나기 시작한다(《긱 소녀 Geek Girl》나 《코딩하는 소녀들 Girls Who Code》 같은 청소년 도서를 떠올려보라). 하지만 그들은 여전히 모두 안경을 쓰고 있다. 즉 비범한 지능을 상징하는 것으로 인식되지만 여전히 아웃사이더 또는 낙인찍힐 수 있는 지위의 이미지를 풍긴다.[11] 할리우드 블록버스터에서는 긱이 위기를 해결하는 컴퓨터 신동으로 묘사되고, 〈빅뱅 이론 The Big Bang Theory〉이나 〈IT 크라우드 The IT Crowd〉 같은 인기 TV 프로그램에서는 긱을 웃음거리로 삼으면서도 동시에 똑똑하고, 풍자를 좋아하고, 대담한 긱의 정체성을 인정한다(그리고 심지어 이들에게 합당한 범위 내에서 특권을 준다). 많은 사람들이 알고 있는 다윗과 골리앗 이야기가 긱이나 핵티비스트의 지식, 낭만적인 반영웅 정체성, 어느 정도의 반권위주의, 따뜻하게 지지해주는 또래 커뮤니티를 가치 있어 보이게 하면서, 그러한 디지털 미디어 참여의 틀에 일상을 넣는다. 헨리 젠킨스 Henry Jenkins와 그의 동료들이 보여줬듯 소외된 집단 출신의 청소년은 의도적으로 디지털 스킬을 쌓아 "필요한 어떤 매체로든" 사회적 정의에 대한 집단의 관심을 결집하고 표현하려 한다.[12] 더 평범하게는 이 이야기의 메아리를 아동과 청소년의 일상 대화에서 들을 수 있는데 그들은 '해킹'을 극단적인 것이 아니라 멋지지만 그들의 집단 내에서는 흔히 있는 활동처럼 이야기한다.[13]

요컨대 현재 긱이라는 개념에 매력을 느끼는 현상은 학계나 정책, 반체제 영역뿐 아니라[14] 부모와 자녀가 디지털 시대의 생활을 이해하려고 노력하면서 평범한 가족에서도 분명히 드러난다. 우리는

LYA에서 싱글 맘 젠 피어슨Jen Pearson과 그녀의 딸 테건Tegan(14세), 샬럿Charlotte(11세)을 만났다.[15] 젠은 미술을 전공했지만 소득이 적었고 현재는 집에서 홈스쿨링으로 딸들을 가르치는 데 전념하고 있었다. 그녀는 디지털 기술을 이용해 디지털 기술 교육과정을 조사하고 학습 기회를 찾았다(우리는 샬럿을 LYA의 음악 기술과 다른 여러 수업에서는 물론이고, LYA 밖의 홈스쿨링 아동을 위한 레고 마인드스톰Lego Mindstorms 모임에서도 관찰했다).[16] 테건은 다양한 학습활동 중 방송대학Open University에서 제공하는 온라인 과정을 통해 영화와 사진을 공부했고, 우리의 현장 연구가 끝날 즈음 영화학교 합격 소식을 들었다. 이러한 활동은 젠에게, 주류인 학교가 테건의 창조적 재능이나 샬럿의 특수교육 요구(샬럿의 경우, 중등증의 난독증과 통합 운동장애)를 지원하는 데 실패했다는 점에서 필요했던 차선책을 상징했다. 젠은 학교에서 샬럿에게 어떻게 했는지에 대해 이렇게 말했다.

샬럿에게 결코 맞지 않는 모양의 구멍으로 샬럿을 욱여넣으려 한 거죠. 그런데 그건 아무짝에도 쓸모없는 짓이에요. 샬럿에게 맞는 모양의 구멍을 찾아서 샬럿이 정말 잘 들어갈 수 있도록 도와야 했어요.

첫 번째 만남에서 젠은 샬럿이 어떻게 "3D 프린팅을 시작한 그룹과 긱 소년들의 집합소와 같은 〈마인크래프트〉 그룹에 들어가서 그 아이들과 함께 앉아 긱 활동을 하게 되었는지" 이야기해주었다. 우리가 "긱 활동"이 무엇인지 묻자 젠은 이렇게 대답했다. "자기들끼리 둘러앉아서 다른 사람들은 이해할 수 없는 긱들의 관심사들에 대해 이야기하는 거예요." 샬럿이 그때 수업과 수업 사이의 쉬는 시간이라서 이 대화에 참여하게 되었고, 활발한 토론이 뒤따랐다.

소니아: 엄마가 3D 프린팅에 대해 이야기해주셨어. 너 약간 긱이 되고 있다면서?

샬럿: 〈마인크래프트〉 긱이기도 해요. 너드.

소니아: 너드거나 긱이구나. 예전에 '너드'라는 말의 기원에 대해 들었는데….

젠: 제 생각에 너드는 약간 다른 영역 같아요. 너드는 오만 괴짜 같은 것들에 대해 정말 많이 알고 있어요. 긱은 행동하는 사람이고 무엇을 만들어내는 사람이에요. 전자 장비 기술자나 게임 기획자 같은 사람들이죠.

샬럿: 그 반대예요, 엄마. 모두들 그렇게 생각하지만, 그 반대라고요.

우리의 현장 연구에서 적지 않은 아이들이 디지털 진로로 나아가는 것이 무엇을 의미하는지에 대해 대중이 느끼는 매력을 반영하듯 긱이나 너드 논의에 참여하고 싶어 했다. 너는 멋있는 거야, 특이한 거야? 리더야, 팔로워야? 대안적인 거야, 주류야? 많이 아는 사람이야, 행동하는 사람이야? 이러한 논의는 자칭 '긱'인 사람뿐만 아니라 자신의 행동이 긱 같아 보일 때조차 자신이 정상이라고 주장하고 싶은 사람도 끌어들인다. 데이지 바르템[17]은 딸이 소셜 미디어를 사용했을 때 "진짜 컴퓨터 긱인 형이 있어서 최신 기술에 진짜 능한" 친구의 자녀와 비교했다. 멀리사 벨 Melissa Bell[18]은 전문적으로 블로그를 운영하는 방법을 어떻게 배웠냐는 질문에 이렇게 답했다.

저는 기술적으로 타고난 긱이나 그런 유의 사람이 절대 아니예요. 그냥 뭔가를 배웠다는 느낌이 정말 좋을 뿐이에요.

지금과 같은 디지털 시대에도 긱은 여전히 나와는 '다른 사람'으로 인식되고 있는 것 같다. 가장 큰 이유는 이제 많은 사람이 '뉴 노멀 new normal'의 일부로서 공유하고 있는 전문 지식의 범위에서, 긱은 비범한 끝 부분에 닻을 내리고 있다고 상상되기 때문이다.

긱의 학습활동

긱을 개선하거나 심지어 찬양하는 것의 중심에는 학습이론이 있다. 긱의 학습은 교육과정 중심 교육학의 전통적 개념과는 대조적으로 관심 주도, 학습자 중심, 실행 기반('행동에 의한 학습')이며, 자기결정과 전문화된 실행 공동체에 의해 지속된다. 이 대안적인 학습 비전은, 교육개혁가들이 점진적이든 급진적이든, 몹시 필요한 비판을 제기하든 정형화된 교실의 관행에 따르든, 또는 심지어 학교에 완전히 반대되는 주장을 하든 그들에 의해 오랫동안 주장되어온 이론들을 상기시킨다.[19] 예를 들어 우리의 프로젝트가 수행된 커넥티드 러닝 체제는 다음과 같은 측면에서 앞서 언급했던 콜먼이 말하는 긱 문화의 세 가지 특성을 반영한다.

커넥티드 러닝은 청소년들이 관심사를 공유할 또래를 찾을 때 뿌리를 내린다. 또 교육기관이 관심 주도의 학습을 인정하고 그것을 학교에 적용할 때, 지역사회 기관이 또래 주도의 학습 형태를 위한 자원과 안전한 공간을 제공할 때 널리 받아들여진다.[20]

이 급진적인 교육학은 일반적으로 [여러 가지 '팅커링 tinkering (다양한 재료와 도구를 활용해 물건을 만들거나 놀면서 시행착오를 통해 자연스럽게 배우는 활동—옮긴이)'의 형태와 자기 속도에 맞춘 관심 주도의 학습 중에서] '교활함'과 (개별화되고 심지어 경쟁적인 학습보다) 협력적인 '유대감'에 전념하면서 디지털 시대에 주류의 관심을 얻고 있다.[21] 그것들은 전문화되고 빠르게 변하는 디지털 환경이 요구하는 능숙도와 시너지 효과를 보이는 듯하고 따라서 혁신적이고 빠르게 변하는 노동시장이 요구하는 디지털 기술을 전통적인 학교교육이 잘 가르치지 못하고 있다는 고용주와 정책 입안자의 커져가는 우려에 대응할 수 있는 아주 유리한 위치에 있다.[22] 특히 긱 문화의 반권위주의는 일부 부모와 교사에게 위협감을 느끼게 하지만 다른 사람들에게는 신선하게 느껴진다. 다니가 윤리적 해킹 자격증을 딴 이야기로 면담을 시작했던 것을 떠올려보라. 다니는 그 이야기를 통해 자신이 동경했던 전문 지식과 반영웅 정체성을 드러냈다. 그런 다음 조시 형제가 〈마인크래프트〉에서 게임과 코딩을 하면서 학습하고 있음을 자세히 이야기하며, 아동 중심, 또래의 지원, 문제에 초점을 맞춘 실험의 중요성에 기초한 자신의 학습이론을 깔끔하고 분명하게 보여줬다.

그것은 제가 좋아하는 사교적인 측면이에요. 서로 수다를 떨 수 있다는 사실이요. (중략) 그래서 모두 태블릿을 연결해 〈마인크래프트〉를 하고 있었어요. 네 명이 소파에 앉아서 각자 태블릿을 들고 서로 협력했어요. 일반적인 것들에 대해서도 이야기하고 "좋아, 내가 저기에 집을 지을게" 같은 말도 하면서요. 제 눈에는 레고랑 똑같아 보여요. 블록으로 함께 집을 짓는 대신 태블릿을 이용하는 거죠.

이 학습 형태는 상당한 자원이 필요할 수 있고 지원하는 어른들에게도 그것을 요구할 수 있다(6장 참조). 처음에 다니는 긱이 독학을 한다는 문화적 묘사를 끌어와 컴퓨터에 대한 조시의 관심이 자발적인 것이라고 말하려 했다. 그러나 조시는 다니가 자신을 이 진로로 이끌었다고 분명하게 말했다.

다니: 아닌데, 아니야, 정말, 넌 그냥 컴퓨터에 자연스럽게 빠져들었잖아, 아닌가?

조시: 글쎄요, 전 엑스박스에 빠져들었고 그래서 그걸 주로 했어요. 그때, 아, 그때 이렇게 말했잖아요. 점심시간에 꼭 해야 하면 적어도 코딩을 하고 프로그래밍을 하라고요.

다니: 음, 하지만, 아냐, 그건 그 전이었어. 그 전이었고 그때가, 네가 처음에 했을 때가… 나는, 아니, 내 기억엔 내가 그 수업을 듣고 집에 와서 이렇게 말했기 때문이었어. "저기, 내가 이거 가져왔는데 코두Kodu라는 거야.[23] 가서 한번 해볼래?" 그러니까 네가 그랬잖아. "아, 학교에서 좀 해봤어요."

조시: 아, 맞아요. 그게, 사실….

다니: 그러고 나서 내가 그걸 기기에 설치하니까 네가 집에서 가지고 놀기 시작했잖아.

조시: 하지만 그게 태블릿에 있어서 계속 하지는 않았어요, 뭐냐면….

다니: 그래, 태블릿이 약간 느렸어. 하지만 다른 기기에 설치하니까 네가 또 그 기기에서 했잖아.

조시: 맞아요.

다니: 하지만 그건….

소니아: 그때는 컴퓨터에서 했나요? 그렇군요.

다니: 하지만 너는 계속 코두를 할 거고 계속 가지고 놀 거잖아.

조시: 재밌잖아요. 코두가 좋아요.

다니: 하지만 동시에 뭔가를 만들 거야.

조시: 맞아요.

다니: 사람들이 기본적으로, 게임을 만들 때 그렇게 한다는 사실을 깨닫게 되지.

조시: 맞아요.

이 대화에서 다니가 조시의 엑스박스에 대한 관심을 발전시켜서 코딩을 배우도록 이끌었음을 알 수 있다. 두 사람 사이에 공유된 긱 상태에 자발적으로 참여한 조시에게 이것이 부모의 이별과 새로운 중등학교에서 잘하지 못하고 있다는 걱정을 포함해 조시가 직면하고 있는 어려움의 일부에 대응하는 방법을 제공했는지 모른다.

조시와 같은 열두 살로, 디지캠프에 다니는 재스퍼 Jasper [24]는 스스로를 조시만큼 긱이라고 생각했고 비슷하게 자원에 접근할 수 있었지만 조시처럼 부모에게서 도움을 받지는 못했고 전적으로 독학했다. 재스퍼는 우리가 집에 들어가자마자 디지털 활동에 대해 열변을 토하기 시작했다.

정말 좋아요. (중략) 디지털과 관련되어 있어서 가져보고 싶은 직업이 정말 많아요. 그래픽디자인도 하고 싶고, 그게 아니면 프로게이머도 되고 싶어요.

재스퍼는 현재 사용하고 있는 컴퓨터 외에도 안 쓰는 컴퓨터와 게임기 부품들이 여기저기 흩어져 있는 방에서 자신의 컴퓨터를 자랑스럽게 보여줬다(재스퍼는 컴퓨터에 '엔비디아 지포스 NVIDIA GeForce GTX 870M 그래픽카드'와 '코르세어 Corsair K70 RGB 키보드'가 장착되어 있다고 모델명까지 술술 읊어댔다). 당시 재스퍼는 시네마포디 Cinema 4D를 배우고 있었다.

우리가 만들 수 있는 가장 기본적인 애니메이션은 〈마인크래프트〉에 있을 확률이 높아요. 그래서 〈마인크래프트〉 파일을 제 애니메이션에 어떻게 넣는지 배웠어요. 그런 다음 그것에 어떻게 질감을 넣는지 배우고, 게임의 캐릭터인 리그를 만들기 위해 리그를 어떻게 사용하는지 배워서 움직이게 했어요. 그렇게 하면 다양한 관절을 움직이게 할 수 있고 손을 움직이고 손가락, 눈동자, 눈꺼풀, 그 밖에 모든 걸 움직일 수 있어요. 그런 다음 저는 간단한 인트로를 만들려고 했어요. 내용은 그 캐릭터가 걸어 들어가고, 충격을 받은 캐릭터의 얼굴로 장면이 바뀌고, 캐릭터가 다시 가고, 이름이 쾅 박히고, 캐릭터가 뒤로 점프하는 거였어요. 그걸 하는 데 꼬박 하루가 걸려요.

재스퍼는 기술을 어떻게 배웠는지 설명해달라고 요청하자 자신의 접근법을 이렇게 압축해 말했다. "해보고, 해보고, 또 해봐요. 그러면 어느 정도 되고 그런 다음엔 그냥 혼자서 할 수 있어요." 재스퍼는 커넥티드 러닝 모델에 맞는 것처럼 자율성을 약속하는 디지털 커리어를 원했다. 재스퍼의 이야기는 모두 개인적인 발전, 재미,[25] 튜토리얼이나 다른 자원 찾기, 테스트, 다시 시도하는 것에 대한 것이었다.

재스퍼는 전문가처럼 보이는 유튜브 채널을 구성하고 흥미로운 영상을 이용해 사람들을 모으는 데 상당한 노력을 기울였다. 그런 영상들은 제법 조회수를 올리고 있었고, 인트로와 아웃트로에 대해 약간의 수수료도 얻고 있었다.[26] 이러한 성과는 재스퍼의 점차 발달하고 있는 기술력이 예술에 대한 애정, 미적 감각, 온라인 세계에서 상업적 성공을 위해 필요한 전략, 정보가 많은 또래 커뮤니티 참여와 합쳐져 이뤄질 수 있었다.

기본적으로 게임에 대한 전체 커뮤니티가 있어서 제 유튜브 영상에서도 종종 이렇게 말하는 사람이 있어요. "좋아요, 저를 스카이프에 추가해주세요, 무엇에 대해 얘기해봅시다." 그 사람들은 종종 제 채널을 홍보해줘요. (중략) 어떤 사람들은 제게 돈을 주기도 하고 그런 물건을 주기도 해요. 그리고 어떻게든 제게 보답할 거예요. 저는 뭔가를 만들어줄 거고요. 그게 커뮤니티가 기본적으로 작동하는 방식이에요.

재스퍼는 디지캠프에서 재미있게 많은 것을 배우고 있었지만 학생들보다 조금 앞서 있기만 하는 교육자들에 대해 비판적이었다. 재스퍼는 주로 지식을 공유하고 싶어 했다. 엄마에게 디지털 기술을 가르쳐주려고 애쓰고(재스퍼는 엄마에 대해 "엄마는 자기가 뭘 하고 있는지도 몰라요"라고 말했다) 온라인에서든 오프라인에서든 친구와 또래에게 전문 지식을 공유했다. 재스퍼는 학교에서 미술 교사와 IT 교사가 전문가가 만든 것 같은 자신의 유튜브 인트로를 칭찬하면 매우 기뻤지만("칭찬을 정말 많이 받았어요") 학교에서 여전히 엑셀을 가르치는 것이 (조시와 마찬가지로) 정말 실망스러웠다.

미즈코 이토 Mizuko Ito와 그 동료들이 커넥티드 러닝[27]에 대해 설명하면서 이야기한 것처럼 "긱 활동에 몰두하는 것"은 관심이 주도하는 "참여 유형"으로, 디지털 기술과 함께 많은 시간을 보내고 만지작거리는 것 이상으로 발전하는 일부 청소년들에게서 나타나는 유형이다. 이 장에서 지금까지 논의한 가족들에게서 봤듯이 이것은 "치열한 전념"을 수반한다.

> 지식과 실행의 난해한 영역을 다루는 법을 배우고 이러한 전문 지식을 교환하는 커뮤니티에 참여하는 것에 대한 전념이다. 그것은 또래 주도의 학습 모드이지만 특정 관심 분야의 깊고 전문적인 지식을 얻는 데 초점을 맞춘다.[28]

그것은 또한 많은 아이들의 학교 경험과 대조를 이루는 학습 모드이고 그래서 많은 아이들이 (재스퍼처럼) 이 길을 스스로 찾는다. 그렇더라도 우리는 디지캠프를 포함해 아이들의 커넥티드 러닝을 지원하는, 학교를 대체할 수 있는 기관들의 출현에 대해 6장에서 논의할 것이다.

(왜 아이들이 방에서 나오지도 않고 혼자 컴퓨터를 하며 시간을 보내는지 재스퍼의 엄마가 이해하지 못했던 것과 같은 어른들의 오해에도 불구하고) 개인주의적인 것과는 거리가 먼 '긱'들은 "지식 네트워크에 기여하기 위해 지식을 생산하는 데" 전념했고 그것에 의해 "전문가로서의 정체성과 자부심을 발달시켰다."[29] 분명히 커넥티드 러닝이 디지털일 필요는 없지만 조시와 특히 재스퍼는 학교에서 인정되는, 미래를 위한 가치를 창조한다는 점에서 디지털 환경이 긱 활동을 얼마나 잘 지원

하는지 확실하게 보여준다. 다른 관심 주도 학습 영역에는 우리가 이전의 프로젝트 《더 클래스 The Class》(이 제목은 '수업'과 '계급'을 중의적으로 나타낸다 — 감수자)에서 탐구했던 것처럼 스포츠와 음악이 포함될 수 있다. 하지만 틈새 관심이 "원거리 네트워크의 또래 전문가"와 함께 발달하는 한, 이토와 그 동료들이 말한 것처럼[30] 아이들이 디지털 기술을 통해 다른 사람들과 연결되는 특별한 기회를 얻을 수 있다는 사실을 이해할 수 있다.

자녀의 '긱 활동'을 이해하는 방법

그런데 부모의 관점에서는, 모두가 다니처럼 열성적으로 지지할 준비가 되어 있거나 지지할 수 있는 것은 아니다. 부분적으로는 2장에서 이야기했던, 만연한 스크린 타임 (반대) 담론의 영향력 때문이기도 하다. 사실 일부 부모에게, 자녀의 기술에 대한 관심은 (수용하기보다 저항하는 부모와 마찬가지로) 가족 갈등을 일으키는 한 가지 원인이었다. 그것이 미래에 대한 많은 걱정을 야기하는 경우가 많았다. 예를 들어 공들여 장비를 갖춘 위층의 컴퓨터 방에서 재스퍼와 이야기를 나눈 후에 아래층에서 재스퍼의 엄마와 했던 면담은 우리에게 일종의 충격을 안겨주었다. 최근에 남편과 사별한 너태샤Natasha는 곧바로 "제가 그냥 놔두면 재스퍼는 아마 밤낮을 가리지 않고 거기에만 빠져 있을 거예요"라고 말하며 재스퍼가 "집착"하고 있다고 말했다. 너태샤의 양가감정은 많은 부모들이 느끼는 감정이다. 그녀는 아이가 시간을 낭비하고 있다며 걱정했고 자신과 떨어져 위층에서 너무 많은 시간을 보내는 것이 마음에 들지 않았다. 그러면서도 재스퍼가 관심을 키워나갈 수 있는 수단들에 투자했다(너태샤의 경우 비싼 하드웨어와 소프트웨어를 많이 사 주고, 디지캠프의 비싼 웹 개발 수업에 등록해 주었다). 우리는 너태샤에게 매우 중요한 질문들을 했다. 아이가 행복한가요? 학교 성적이 좋은가요? 친구가 있어요? 그녀는 머뭇거리며 "네"라고 대답했다. 재스퍼가 아이스하키, 미술, 트램펄린 경기도 배웠다면서 "정말 사교적인 아이죠"라고 인정했다. 그러나 우리가 "재스퍼가 즐기는 세상에 대해 어머니는 얼마나 많이 이해하고 즐기시나요?"라고 묻자 그녀는 서글프게 대답했다.

거의 즐기지 않아요. 이해도 잘 안 되고요. 하지만 아이가 유튜브에 올리는 게 어떤 건지 조금 이해하고 싶어요. 예전에 아이와 멋지고 긴 대화를 나눴어요. (중략) 저는 아이에게 제가 무엇을 왜 걱정했는지 설명했어요. 그리고 이 영상들이 어떻게 사용되고 악용될 수 있는지, 그리고 한번 거기에 올라가면 어떻게 되는지 같은 것들을 말했어요. 하지만 저도 정확히 모르고 아이가 어떻게 하고 있는지 확인하지도 않아요.

너태샤는 건축가로 일하며 전문가로서 상당한 책무를 맡고 있음에도, 재스퍼의 활동에 대해 이렇게 말했다. "가끔은 버겁게 느껴져요. '이걸 어떻게 다뤄야 하지?'라고 생각해요." 불안감의 일부는 디지털 시대에 겪게 되는 어려움이었지만 일부는 좀 더 심각한 문제였다. 세상을 떠난 아빠는 늘 곁에 있을 줄 알았던 존재였다. 재스퍼에게 아빠는 디지털에 대한 관심을 공유하던 사람이고, 너태샤에겐 더는 육아를 돕지 못하는 사람이자 더는 디지털에 대한 재스퍼의 관심을 관리할 수 없는 사람이다.

너태샤의 현재에 대한 걱정은 미래에 미치는 영향 때문에 더 심화되었다.

> 재스퍼가 "프로게이머가 되고 싶어요"라고 말할 때는 가슴이 덜컹 내려앉는 것 같아요. 저는 그 생각이 정말 싫어요. 정말로 너무 싫어요. 저는 그걸 직업이라고 할 수 있는지 모르겠어요. 그게 사실이고 진실하고 솔직한 대답이에요. (중략) 다른 한편으로는 그게 아이를 행복하게 한다면 존중해줘야 하는 건지 고민도 돼요. 우리가 사실 아이에게 바라는 건 오로지 행복하고 건강한 거잖아요.

게이머로서 행복할 가능성과 관련한 무언의 문제는 디지털 문화와 조화되지 못하는 육아 문화에서 기인한다. 이것은 아마, 디지털 직업의 가능성이 정부와 산업계에 의해 어느 정도 채택되었는데, 이는 가령 프로 축구선수나 전문 댄서가 되는 것 같은 이전의 많은 야망에 대해서는 일어나지 않았던 일이지만, 그럼에도 그 성공 경로가 여전히 불투명하기(그리고 그만큼 어렵기) 때문일 것이다. 너태샤는 분명 재스퍼의 실질적인 강점에 초점을 맞춤으로써 상상되는 미래에 대한 두려움을 무시할 수 없었을 것이고, 목적이나 안전 또는 비용에 대해 대립하는 협상을 적극적인 저항 전략으로 바꾸지도 못했을 것이다.

또 다른 풍족한 가정의 시라시 라잔Sirash Rajan [31]도 긱인 열두 살 자녀를 디지캠프에 보내주고 영화제작, 연기, 코딩, 앱 개발 등을 배우게 했다. 그는 이렇게 말했다.

지난 20년 동안 삶이 얼마나 많이 바뀌었는지 알 수 있잖아요. 그러니 앞으로 20년 동안 어떻게 될지 알아내는 것은 어려운 일이 아니에요.

시라시는 "우리가 아이들을 가르치는 방식은 산업 시대의 방식 그대로예요. 정보의 시대에 살면서 여전히 공책에 필기를 하고 있죠"라고 한탄했다. 그는 딸 프라니타 Pranita의 관심사에 대해 정확히 알지 못한다고 인정하면서도 "전 기술 공포증이 있어서 그게 지긋지긋했고 제가 가진 장애를 딸은 가지지 않기를 바랐기 때문에 딸의 관심사를 격려했어요"라고 말했다. 그는 디지털 전문 지식이 미래를 위해 필수적이라고 확신했지만 앞에서 논의한 긱 문화를 지지하지는 않았다. 오히려 프라니타의 관심사를 디지털 스킬 의제에 대한 정부의 주류 담론 안으로 끌고 와서, 경쟁적인 환경에서 성공하기 위한 개인 기량과 사업가적 사고방식을 얻는 데 초점을 맞췄다.

프라니타는 [학교에서] 모바일 앱을 만들기로 결정했어요. (중략) 그 결정은 커리어 선택과 관련된 것이었죠. (중략) 그래서 아이는 앱셰드 AppShed 같은 것들을 이용해 모바일 앱을 만들었어요. 디지캠프에서 배운 걸 적용한 거였어요. 정말 호평을 받았고요. 프라니타는 뚜렷하게 재능을 보였고 그것은 아이가 했거나 해온 많은 창의적인 프로젝트 중 하나의 예에 불과해요. (중략) 이런 말 해도 될지 모르겠지만 [그때 이후로] 아이는 단 한 번도 따분한 일을 한 적이 없어요. 항상 정말 획기적이었죠.

시라시는 프라니타가 유튜브 채널로 인해 연기 경력을 시작하게 되

었을 때(일련의 축제에서 좋은 성적을 거둔 단편영화에 출연했다) 축하해
주었다.

유튜브가 급격히 인기를 끌면서 우리는 TV보다 유튜브를 더 많이 보
고 있었어요. 그래서 생각한 게 (중략) 제가 뭘 원할지 아시죠? 아이
가 어릴 때 시작할 수 있다면 정말 좋을 거예요. 그래서 그걸 격려했
고 아이도 당연히 좋아했죠.

이어지는 설명은 복잡한 역학 관계를 드러낸다. 한편으로 시라시가
프라니타의 온라인 창의성을 격려하고 촉진하고 지도했지만, 다른
한편으로는 프라니타가 시라시에게 주도하고 창조하고 자신의 목적
을 달성하기 위해 디지털 환경이 어떻게 이용될 수 있는지 가르쳤다.

몇 시간도 안 되어 아이는 브랜드 이름과 로고, 유튜브 채널을 만들었
어요. (중략) 저는 〈마인크래프트〉가 어떻게 작동하는지 몰라요. (중
략) 하지만 걔들[프라니타와 프라니타처럼 〈마인크래프트〉를 좋아
하는 친구]은 분명 영상하고 교육 영상, 아니면 자기들이 올리고 싶
거나 크게 히트 칠 것 같다고 생각하는 뭔가를 가지고 있을 거예요.

"딸의 기업가정신을 육성하는 것"을 이야기할 때 시라시의 프라니타
에 대한 접근법은 그의 고유한 세계관, 즉 사회, (치과의사라는 본업과
관련된) 자신의 삶, 딸의 미래를 바라보는 방식을 드러냈다.

제가 잘못 생각한 거라면 말씀해주세요. 자기 마음대로 살 수 있다면

누구도 다른 사람을 위해 월요일부터 금요일까지, 또 9시에서 5시까지 일하려고 하지 않을 거예요. (중략) 대부분의 사람들은 모험보다 안전을 선택해요. 그게 바로 우리 삶의 슬픈 현실이죠. (중략) 저는 인생에서 무엇을 원하는지 몰랐던 열여덟 살 때 했던 선택에 갇혀 있는 기분이에요. 그래서 내 아이만큼은 정말 절대로 그러지 않았으면 좋겠어요.

어떤 점에서는 이 부분에서 커넥티드 러닝(프라니타의 관심 주도 학습)이 실행되고, 부모가 공식적, 비공식적 환경 전반에 걸친 학습 기회를 계속 중개함으로써 뒷받침하며, 그것이 결과적으로 학계의 인정을 받는 혁신과 창의력의 결합으로 이어진다. 또래의 지원이 또한 그 이야기의 일부다. 프라니타는 한 친구와 협력했고, 필요에 따라 더 큰 블로거 커뮤니티의 지침에 의지했다. 그러나 긱 문화에 더 깊이 자리 잡고 있는 전문 지식의 공유가 부족했다. 커넥티드 러닝에 중요한 사회적 정의 정신 또한 부족했다.[32] 시라시의 이야기는 한층 더 경쟁적이었다. "기술이 변화하고 있다면 저는 아이가 그것을 넘어섰으면 좋겠어요."

주장하건대 커넥티드 러닝에 협력적인 관행과 가치관이 없다면 관심 주도 활동은 더 광범위한 정책과 상업적 맥락에 맞춰 경쟁 체제에 맞게 변형되었을 수 있다. 이것은 긱 문화에서, 시행착오를 통한 팅커링 과정이나 반권위주의적 가치관에 관련된 모든 것을 벗어나는 것을 의미한다. 그렇다면 시라시의 사례에서 기술 수용은 다니의 사례에서와는 다른 무언가를 의미했다. 우리는 협력적이거나 창의적이거나 대안적이거나 포용적인 가치관에 기초한, 상상되는 디지털 미래의 전적인 수용을 아주 소수의 가족에게서만 찾을 수 있었다.

부모 블로거의 사례

연구 결과에 따르면 부모의 디지털 전문 지식은 '디지털 원주민으로서의 아동' 대 '디지털 이주민으로서의 부모'라는 양극화된 신화를 벗어나 점차 향상되어왔고 일이나 부모 자신의 관심사를 추구하면서 얻어질 때가 많았다.[33] 이것은 그들이 자녀의 디지털 활동에 따른 위험과 기회를 어떻게 다양하게 균형을 맞추는지에 영향을 미친다. 또 우리가 앞 장에서 봤듯이 매개되는 가족이라는 새로운 형태를 가능하게 한다.[34] 우리가 이 연구를 할 당시에는 부모의 블로그 활동이 대중의 관심을 받고 있었다(나중에는 브이로거나 '인스타 맘' 같은 더 새로운 형태의 '인플루언서' 부모들에게 밀려났다). 이 활동은 부모들의 디지털에 대한 관심을 보여줬고 새로운 유형의 수익 창출 노동을 가능하게 했을 뿐 아니라 온라인에서 아이들의 모습을 공유하는 부모와 심지어 그것을 수익화하기도 하는 일부 부모에 대한 새로운 대중의 불안을 일으켰다.[35] 우리는 부모들이 어떻게 디지털 시대에 태어나서 이제 이런 기회들을 이용하고 있는지 탐구하기 위해 부모의 블로그 활동과 관련된 콘퍼런스들을 방문하고 유명한 블로그 활동 네트워크를 통해 부모들에게 연락함으로써 일부 블로거들을 연구 대상으로 모집했다.[36]

놀랍게도 우리는 다니처럼 자신의 디지털에 대한 관심에 자녀를 참여시킴으로써 결속을 추구한 부모들을 거의 발견하지 못했다. 그 대신 그들은 자신의 (다른 사람들보다 더 '긱 같은') 디지털 활동을 자녀와 분리시킴으로써 가정 내에서 상징적인 경계선을 그으려고 애썼다. 자녀의 디지털 활동에 관해 좋은 양육은 스크린 타임을 제한하는 것이고 디지털 활동은 (아이와 공유하지 않는) 부모의 영역이라는 생각을 고집하는 것으로 보였고, 그보다 더 심한 경우도 있었다.

부모가 자신은 기술을 수용하면서 자녀의 디지털 활동에는 저항하는 경우 일부 문제 있는 가족 역학 관계를 야기했다. 2장에서 아이가 부모에게 자신을 "오래 봐달라고" 애처롭게 졸랐던 일을 떠올리면서, 우리는 아이의 사례보다는 부모가 자리를 비우는 것에 대해서나, 컴퓨터나 휴대전화를 너무 오래 들여다보는 것에 대해, 또는 아이들의 기술 사용을 통제하는 데 위선적인 것에 대해 비난받는 많은 사례에 주목했다. 블로그 활동을 하는 부모들은 일반적이지는 않지만, 많은 가정에서 볼 수 있는 갈등을 분명히 보여준다. 부모들이 이제 (자녀들처럼) 디지털 세계에 점점 더 몰두하고 있기 때문이다.[37]

여기에는 성별에 따른 차이가 분명하게 나타난다. 우리가 면담한 블로거들 중에는 '아빠 블로거'도 두 명 있었지만 대부분은 어린아이의 엄마들이었다. 공공장소가 안전하지 않은 도시에서는 10대들이 집에서만 지내는 것처럼 이 엄마들도 종종 집에 틀어박혀 협력적인 커뮤니티를 제공하고 더 넓은 사회로 접근할 수 있게 하는 기술에 의지하고 있는 것 같다. 대중매체들이 부모가 아이보다 휴대전화를 더 좋아하고 '소셜 미디어에 자녀의 일거수일투족을 공유'하며 일부의 경우에는 블로그 활동에서 경제적으로 이득을 얻는 행위를 크게 책망하는 것은 엄마들을 망신 주는 오랜 역사의 한 부분이라고 할 수 있다. 이 모든 것은 부모(특히 엄마)의 복잡한 균형 맞추기를 더 어렵게 한다. 부모는 개인의 자부심과 기회, 또 자녀의 디지털 활동을 지원하거나 제한하는 것에 대한 걱정의 균형을 잡아야 한다. 그러나 우리가 (2장에 나온 니콜 손더스[38]와 같이) 최근 소셜 미디어 관리 분야에서 새롭게 일을 시작한 '엄마 블로거' 멀리사 벨과 논의했던 것처럼 블로그 활동에는 현실적인 이점이 있었다.

기술적인 측면에서 코딩과 같은 것들을 많이 배웠고 정말 좋은 친구들이 생겼어요. 사진 찍는 기술도 좋아졌고요. 편집자가 되어 자기 잡지를 발행하는 것과 비슷해요. 뭘 하라고 시키는 사람도 없는데 그걸 하면 보수를 받고요. 정말 좋아요. 아이를 돌보면서도 할 수 있어요.

여기에서도 우리는 커넥티드 러닝의 요소를 발견한다. 관심이 주도하고, 창조적이고, 시행착오를 통해 자기 속도로 배우며, 협력적인 커뮤니티의 구성원이 되어 더 넓은 세상에서 인정받는(이제 자녀에 대해 학업적인 측면에서 인정받는 것이 아니라 소득을 얻는다는 점에서 인정받는다) 것이 그 요소들이다. 하지만 멀리사는 블로그 세계의 중독성을 직접 체험했기 때문에 미래에 기술을 사용할 자녀에 대해 생각할 때 '공포'감을 나타냈다.

제 직업이나 제가 지금 하고 있는 일들이 그렇게 기술에 집중되어 있는 것을 생각하면 모순적이지만, 사실 저는 어린아이[가 기술을 사용하는 것]에 대해서는 매우 반대하는 입장이에요. (중략) 저는 그냥 아이들이 맘껏 놀게 내버려 둬야 한다고 생각해요. 그게 좋을 거 같아요. 제 말은 아이가 아이패드로 가끔 유튜브 기차 영상 보는 것을 좋아하니까 가끔 보게 해주는 정도가 괜찮을 것 같아요.

사실 멀리사는 미래의 일자리를 제공하는 기술에 대해 이야기하면서 갈등하고 있었다("우리는 기술의 세계에서 성장하고 있어요"). 그녀 자신이 블로그 활동을 통해 수익을 얻기 시작한 것에 대해서는 기뻐했지만 "그것이 자녀의 어린 시절을 빼앗을 수 있고 아이들에게 순수하지 않은 곳으로 세상을 만들어서 미래의 손주들을 위협할 수 있다는 사실에 대해 걱정했다." 그녀가 집에서 아이를 돌보기 시작하면서 수입이 불확실해지자 남편이 소득에 대해 압박감을 느끼게 되었고 그녀 또한 "블로그 활동을 전혀 하지 않으면 순위가 내려갈까 봐 두려움을 느낀다." 개별화된 위험과, 앤절라 맥로비가 분명히 한 것처럼 불안정한 창조적 노동자의 종종 성별화되는 경험이 반영된 것이다.[39] 하지만 멀리사는 (가끔은 경쟁적이기도 했지만) 보통은 힘이 되어주는 커뮤니티에 속해 있는 것이 정말 좋았다. 커뮤니티는 그녀가 육아로 인한 고립을 극복하고 블로거들이 비사교적이라는 인식을 바꿀 수 있게 했다.

여러 부모 블로거가 충분한 전문 지식을 얻기 전에 그 정체성을 받아들이고 부모 블로그 활동 커뮤니티에서 도움을 얻을 뿐만 아니라 그것에 기여할 방법을 찾기 위해 어떻게 다양한 팅커링 활동을 시작했는지 우리에게 이야기해주었다. 이는 이토와 동료들이 설명한 느긋하게 즐기는 것에서 긱 활동으로 이어지는 경로와 일치한다. 그 과정이 항상 계획적으로 이뤄진 것은 아니었다. 일부 부모는 초기의 게시물이 "히트를 쳤고" 그것에 세간의 이목을 집중시키면서 예상했던 것보다 빨리 성공을 확고히 했다. 일부 부모에게는 전업주부로서 "뇌를 쓰기" 위해서라든가, 부모 신분으로 주체성을 펼칠 수 있는 약간의 공간을 개척하기 위해서라든가, 잠을 자지 않거나 특수교육 요구가 있는 아이와 집에 고립되었을 때 또래의 지지를 얻기 위해서라는 추진 요인이 블로거가 되는 것의 다른 어떤 매력보다도 중요했다. 그 외에 (주로 블로그에서 홍보해준 것에 대한 답례로 회사들이 무료 제공하는) 새 옷이나 장난감, 더 자신 있고 지지를 얻고 있다는 느낌, 가계소득에 대한 기여 등 가족이 얻는 혜택 또한 중요했다.[40] 그러나 멀리사가 설명한 것처럼 커뮤니티에 속하는 것에는 고유의 압박감도 있다.

다른 블로거들이 쓴 글들을 보거나 들으면 금방 알 수 있는데 부모 블로거들은 그렇게 자신감 있는 사람들이 아니에요. 그들은 모든 사람이 이렇게 완벽한 삶을 살고 있는 것 같다고 말해요. 그래서 이렇게 놀라운 가정에서 또는 놀라운 자녀와 함께 놀라운 경험을 하며 사는 사람들을 보면서 자신의 육아 기술이 형편없다고 느끼게 되죠. 저는 그게 정신 건강에 좋지 않다고 생각해요. 정말 확신해요.

그럼에도 불구하고 멀리사는 블로그 세계에서 성공하기 위해 반드시 필요한 "자산"으로서 자신감과 능숙함이 주는 혜택에 대해 이렇게 덧붙였다. "아이들이 블로그를 시작하는 걸 지도할 수 있다면 더 좋을 것 같아요. 네, 그러면 정말 좋을 거예요." 세 살 엘라 Ella 는 엄마가 "모든 걸" 노트북으로 했다는 사실을 이미 알고 있었다. 그런데 네 살 밀로 Milo 는 유튜브 문제로 성질을 부리곤 했다. "이거 지금 안 되잖아." 이때 다시 갈등이 생긴다(디지털 세상은 기회를 증대시키지만, 부모의 제한도 요구한다). 하지만 멀리사는 자신의 어린 시절을 되돌아보고, 이렇게 회상하며 마음을 편하게 가졌다.

저희 엄마는 그런 걸 전혀 감시하지 않으셨어요. 그맘때 저는 낮 동안 TV를 켜놓곤 했어요. 그런데 또 TV가 켜져 있는 동안 레고로 뭔가를 만들거나 놀이를 했죠. 그리고 아시다시피 저는 책을 잔뜩 읽었어요. 제가 다독가였기 때문에 아마 엄마는 TV가 그렇게 신경 쓰이지 않았을 거예요. 하지만, 그래요, 엄마는 분명 그런 것에 개의치 않았는데 저는 왜 이렇게 신경이 쓰이는지 모르겠어요. 아마 지금은 우리가 스크린 타임이 나쁜 것에 대해 또는 우리에게 지금 쏟아지고 있는 것들에 대해 너무 많은 정보를 알고 있기 때문인 것 같아요. 우리는 자녀가 그런 것들을 너무 많이 접하도록 놔두는 것에 대해 죄책감 같은 걸 느끼고 있어요.

블로그 활동을 오래 한 잭 Jack [41]은 자녀가 디지털 미래로 가는 길에 첫발을 내디딜 수 있도록 자신의 디지털 스킬을 적극적으로 이용해 이 딜레마를 해결하기 위해 노력하고 있었다. 예를 들어 일곱 살, 다섯 살, 세 살 자녀의 이메일과 페이스북 계정을 개설함으로써 아이들이 그것을 필요로 할 때쯤(아직은 아니다!) 비밀번호를 알 수 있고 그것들을 "잘 다룰 수 있는 능력"을 가지게 될 것이다. 잭은 "아이들이 기본적으로 최신 기술을 매우 잘 다룬다는" 사실에 감사했지만, 우선은 아이들의 태블릿, 컴퓨터, TV 노출 시간을 제한하고 있었다. 그는 첫째와 둘째에 대해 이야기하면서 디지털 미래가 어떻게 현재에 압력을 가하는지, 그리고 이것을 감당하는 자신의 능력에 대해 양면적인 태도를 보였다.

두 아이 모두 걸음마를 배울 때부터 제 아이폰 사용법을 배웠어요. 저는 이 모든 것들이 중요한 세상에 아이들이 살고 있다는 사실을 의식하며 겁이 날 때가 있어요. 그리고 저는 당연히 기술에 꽤 능숙하지만 아이들이 너무 빠르게 동화되고 있음을 새삼 깨닫기도 하죠. 제 방식을 바꾸는 게 점점 더 어려워지고 있는 것 같아요. 아이들이 자랄수록 감시하지는 않으면서 아이들이 뭘 하는지는 알고 게다가 아이들을 따라가려고 애써야 하기 때문에 많은 노력이 필요해요.

이러한 부모들은 자신의 디지털 관심에 열중하면서도 자녀의 디지털 관심과(그리고 경우에 따라서는 자율성 증대와) 세심하게 균형을 이뤘다. 아빠 블로거 하비 사이먼 Harvey Simon은 이것을 직접 경험했다. 여섯 살 아들 아치 Archie [42]가 가족 나들이에서 하비가 홈스쿨링 가족 블로그에 올리기 위한 사진을 너무 많이 찍는 것에 반대하기 시작했을 때였다. 아치는 하비 모르게 찍은 하비의 적나라한 사진을 하비의 인스타그램에 허락 없이 올려 복수했다. 그때 하비는 다소 강제적으로 긱으로서의 관심사를 아치와 공유하는 방법을 배워야 했다. 하비가 "아이가 써도 된다고 하는 것"이라고 묘사한 것처럼, 어쩔 수 없이 아이를 결정에 참여시켜야 했다. [43]

그러므로 디지털 기술을 가장 강력하게 수용했던 가족 간에도 문제를 다루고 그것에 저항하는 신중한 노력은 매일 실행하는 레퍼토리의 일부였고 때로는 기술에 능숙한 부모들조차 문제를 해결할 방법을 찾아야 하는 특별한 문제를 야기했다. 하비 사이먼은 자신의 특정 디지털 딜레마를 해결하는 과정에 비디지털적인 요소(아들과 대화하고 의사결정 과정에 참여시키는 것)가 있음을 깨달았다. 아들이 〈마인크래프트〉에서 복잡한 건축 과제에 도전할 수 있게 한 열성적인 디지털 옹호자 다니 사이크스는 아들이 무엇을 하고 있는지 경계하기 위해 친구를 추가할 때 허락을 구하고, 로그인할 때 그녀의 비밀번호를 사용해야 하는 시스템을 만들었다. 다니는 조시가 "학교에서 나눈 온라인 안전에 대한 대화"를 웃음거리로 삼았을 때 그 메시지가 그래도 "매번 아이에게 조심해야 한다는 사실을 상기시키면서" 영향을 끼쳤음을 확인했다. 따라서 다니는 "어릴 때부터 온라인 상태였던" 조시를 지원하기 위해 자신이 할 수 있는 모든 것을 했지만, 그러한 수용이 균형을 유지하려고 애쓰지 않았다는 의미는 아니었다.

긱 문화에서의 불평등

너드를 친절하게 대하라. 나중에 그들의 밑에서 일하게 될 수도 있다. 우리 모두에게 일어날 수 있는 일이다.

— 찰스 J. 사이크스 Charles J. Sykes

많은 곳에서 인용되고 있는 이 예측은 빌 게이츠가 한 말로 잘못 알려져 있는데, 디지털 기술을 수용하는 가족의 관점을 담고 있다. 한때는 틈새의 지식이거나 심지어 폄하된 지식이었던 것들이, 많은 사람들이 따를 것이고 따라야 하는 성공적인 미래로 가는 경로를 밝혀내는 긱 활동을 통해 귀중한 지위를 가져온다는 시각이다. 다니는 이렇게 말했다.

디지털 미래를 생각하면 정말 흥분돼요. (중략) 일들이 아마 훨씬 더 유연해질 것 같아요. (중략) 하지만 코딩은 마이크로소프트 오피스를 사용할 줄 아는 정도로 취급될 날이 머지않은 것 같아요.

누가 이 지식을 얻을 수 있고 누구에게 유리할 것인지에 대해 중요한 의문이 생긴다. 즉 디지털 진로로 더 나아가면 성별, 민족성, 세대, 계급의 불평등이 누가 혜택을 얻는지에 어떤 영향을 미칠 것인가? (커넥티드 러닝을 포함해) 대안적인 교육학에서 깨달음을 얻어 교육을 개혁하자는 제안은 일반적으로 사회적 정의를 구현하려는 야망에서 나왔음에도 불구하고, 독학과 스스로 동기를 부여하는 '긱'을 이상화하는 것에 대해 비판을 받아왔다. 그냥 기술을 가지고 놀면서 시간을 보내는 것에서 긱 활동에 몰두하는 것으로 전환되는 데 요구되는 자원이 종종 계급화되어 있다는 사실에 충분한 주의를 기울이지 않았기 때문이다.[44] 지금까지 본 것처럼 자녀가 긱인 부모들은 자녀가 스스로 선택한 관심사에 최대한 투자하려고 애쓰지만, 콜먼이 말한 것처럼 긱의 무기는 전통적으로 고학력 백인과 관련이 있다. 세라 베넷-와이저 Sarah Banet-Weiser는 긱 문화가 주류의 지위를 얻을수록 오히려 소녀를 비롯한 여성이 소외감을 느낄 가능성이 높다고 언급한다.[45] 간단히 말해 긱 문화를 (이를테면 학교 또는 정부의 정책, 대중매체를 통해) 더 널리 전파하는 것은 별도의 대책이 시행되지 않는 한 불평등을 확대할 가능성이 있다. 가난한 가정은 (부모와 자녀, 또는 부모나 자녀의) 긱으로서의 관심을 지원하고 유지할 자원이 부족할 뿐 아니라 자녀의 학습에 대해 의도적으로 위험을 무릅쓸 여력이 없고,[46] 성공적인 미래로 가는 이 경로가 아직 단단히 확립되지 않은 것은 틀림없는 사실이다.

하지만 우리는 앞 장에서 설명한 이유에 따라 사회적 계급에 관해 단순한 결론을 내리지 않는다. 이 장에서 '긱'으로 논의된 일부 가정은 중산층으로 특징지어질 수 있다. 프라니타 가족은 틀림없는 중산

층이고, 블로거 멀리사와 잭도 중산층이라고 할 수 있다. 다니, 젠, 너
태샤는 모두 교육받은 여성이었고 너태샤는 전문직에 종사했다. 하
지만 그들은 한부모였고 그로 인해 경제적인 자원이 감소했으며 아
마 자녀에게 필요한 것은 무엇이든 제공하려는 투지는 더 강해졌을
것이다. 3장에서 우리는 가난한 가정에서 자녀에게 디지털뿐 아니라
다른 기회를 제공하기 위해 애쓰는 다양한 방법을 알아봤지만 그러
한 가정이 적어도 우리의 현장 연구에서는 특별히 긱의 특성을 보이
지는 않았던 것 같다. 따라서 우리는 디지털을 수용하는 것이 상당한
교육적 자본과 어느 정도의 경제적 자본을 요구하고 앞에서 봤듯이
미래의 위험을 무릅쓰는 확신도 요구하면서 비교적 특권계급에 속
하는 현상이라고 결론 내린다.

다만 현장 연구에 참여했던 몇몇 부모는 제공되는 디지털 기회를
수용하는 것 외에 달리 방법이 없다고 느꼈다. 구체적으로 말하면 자
녀의 특수교육 요구로 어려움을 겪는 일부 가정에서는 '긱'이나 '너
드'라는 꼬리표가, 집착적 행동이나 사회생활의 어려움 같은 문제 있
어 보일 수 있는 특성에 대해 긍정적인 해석을 가능하게 했다(이것에
대해 5장에서 더 자세히 논의할 것이다). 우리가 2장에서 이야기했던 부
유한 미국인 어머니 수전 스콧[47]은 주의력결핍과잉행동장애가 있는
막내아들 숀이 이 정체성을 받아들일 수 있기를 기대했다. "너드가
멋있다는 걸 알아차리길 바랐어요, 그렇지 않나요? 제가 너드이고
남편도 너드이고 숀의 형도 너드니까요. (중략) 너드들은 정말 굉장
해요." 긍정적인 특성 때문에 수전은 종종 폄하되는 이 꼬리표를 끌
어들임으로써 아들에 대해 긍정적인 정체성을 주장하고 그것이 디
지털 시대와 공명하는 것이라고 주장했다. 샌드라 Sandra 와 조노 스터

브스 Jonno Stubbs [48]는 디지캠프에서 저소득가정임을 인정받아 자폐스펙트럼장애가 있는 루커스 Lucas (9세)가 장학금을 받게 되었을 때 아주 기뻐했다.

샌드라: 우리나 루커스에게 긱은 좋은 말이고, 긍정적인 거고, 자신의 일에 관심을 쏟는 사람을 의미해요. 노력은 배신하지 않는다는 사실을 이해하고 스스로 노력하는 사람이죠. 아이는 단지 이 사실을 받아들이고 있을 뿐이에요.

조노: 그걸 받아들일 뿐이죠. 그리고 그게 아이의 커리어가 될 거고 아시다시피 긱이 되면 돈을 벌 수 있을 것이고 그게 생계 수단이 될 거라고 생각해요. 아이가 컴퓨터 세계에 빠지지 않았다면….

샌드라: 할 수 있는 일이 없어요.

조노: 그렇죠, 솔직히 말해서 아이가 뭘 할 수 있을지 모르겠어요.

샌드라: 아이가 갈 수 있는 곳이 없어요.

조노: 컴퓨터는 아이의 인생에서 일종의 탈출구이고 앞으로 가야 할 길이에요. 아이가 수학도 잘하고 컴퓨터도 잘하니까요. 그게 아이의 장점이 될 거예요.

샌드라와 조노는 루커스의 관심을 사로잡는 것이 얼마나 어려운지 충분히 알고 있었지만 루커스가 일단 뭔가에 관심을 가지면 그것을 열정적으로 심지어 강박적으로 계속할 거라는 사실을 알았기 때문에 무엇이든 시도할 준비가 되어 있었다(아빠와 아들은 함께 게임을 하며 많은 시간을 보냈고 또 다른 활동은 대개 긱 활동, 그리고 더 논란의 여지가 있지만 학습과 연관되어 있었다[49]). 사실 샌드라와 조노는 루커스의 다른 미래를 상상할 수 없었기 때문에 아이가 긱**이어야 했다.**

마지막으로 성별 불평등과 관련해서는 상황이 복잡하다. 디지털 전문 지식이 소년을 비롯한 남성에게 집중되어 있다는 점에서 우리 현장 연구가 재스퍼와 조시뿐 아니라 프라니타와 샬럿을 포함한다는 것은 주목할 만하다. 그러나 의심할 여지가 없는 사실은 현장 연구에 참여시킬 수 있는 소년은 훨씬 더 많았지만 긱의 정체성을 받아들인 소녀는 몇 안 되었다는 것이다. 이러한 소녀들의 부모 중 일부는 의도적으로 성 고정관념에 대응하는 것을 중요하게 생각했다. 예를 들어 현재 기업 이사로 일하는 앤 레이놀즈 Anne Reynolds [50]는 초기 직장 중 한 곳에서 겪은 일을 이렇게 회상했다.

우리 회사에 통신망이 있었는데 저는 그걸 어떻게 켜고 어떻게 사용하는지 전혀 몰랐어요. 그 회사에 오래 있었던 젊은 남자 동료 두 사람에게 창피를 당했죠. 그 사람들은 나를 비웃는 게 무척 재미있었는지 도와주지도 않았어요. 결국은 어떻게 하는지 알아낼 수 있었지만, 그게 미래에도 벌어질 일이라는 걸 아실 거예요.

우리가 6장에서 다룰 이야기 가운데 디지캠프에서 래피드 프로토타이핑 수업을 듣는 앤의 열두 살 딸 에즈미 이야기가 포함되어 있는 것은 우연이 아니다. 앤은 "그게 아이에게 힘이 될 거라고 생각하고 아이가 그걸 계속하기로 결정한다면 정말 멋진 일이 될 것 같아요"라고 말했다.

우리는 조반나 Giovanna(13세) [51]가 LYA의 소년들로 가득한 방에서 토요일을 보내는 것을 여러 번 지켜본 후 성별 문제에 대해 아이와 솔직하게 논의했다. 조반나는 작업에 집중할 때는 보통 헤드폰을 쓰고 다른 사람들과 어울리지 않았다.

소니아: 너와 이야기하고 싶었던 이유 중 하나는 디지털 애니메이션 수업과 영상 제작 수업에 여학생들이 별로 없을 것 같았기 때문이야.

조반나: 맞아요, 한 명밖에 없어요.

소니아: 아, 네가 그 한 명이구나. 왜 그렇다고 생각하니?

조반나: 모르겠어요. 작년에 한 명 있었고, 재작년에도 한 명 있었던 것 같아요. 하지만 다 그만뒀어요. (중략) 포토샵Photoshop은 슈퍼히어로 같은 것들이랑 비슷한 느낌이고 포토샵 할 수 있는 것 중에 여자아이들이 좋아할 만한 것이 많이 없어요. 하지만 그냥 동물 같은 걸 포토샵 할 수도 있으니까 그게 그렇게 중요하다고 생각하지 않아요.

소니아: 그러면 아이들이 고르는 이미지와 관련된 거네. 너는 소녀 슈퍼히어로를 가질 수도 있었으니까, 맞아?

조반나: 네, 그렇지만 포토샵 자체가 그런 유형이 아니에요. 전형적으로 여자아이들이 좋아할 만한 게 아니에요.

소니아: 그래, 하지만 너는 그런 고정관념에 신경 쓰는 여자아이는 아닌 것 같아.

조반나: 맞아요, 저는 제가 좋아서 하는 거니까요.

조반나는 종종 학술 문헌에서 주장되는 요소를 나타냈다. 강사인 다이애나Diana가 디지털 능력을 모든 배경의 소년과 소녀에게 똑같이 가르치기로 결정한 영국 흑인 여성인 것에 감사했지만, 은연중에 성별을 구분하는 예(여기에서는 슈퍼히어로)를 들었고 실행에 대해서도 그랬다("여자아이들이 좋아할 만한 게" 아니다).[52] 그러나 다이애나의 노력은 영화 산업에 더 많은 여성, 또는 조반나를 데려오려는 더 폭넓은 노력 안에서 자신의 일부 작은 역할을 이행한 것으로, 정치적인 것이었지만 성별과는 무관하다(또는 무관해야 한다). 엘린 크반데 Elin Kvande[53]의 연구와 대조적으로 조반나는 자신이 "소년들 중 한 명"이길 바라지 않았고 "내가 남자들 중 한 명은 아니지만 그건 별로 중요하지 않다"라고 말했다. 조반나는 디지털을 수용하는 것과 여자아이인 것 중에 선택하는 것처럼 보이길 피하려고 했다.

조반나가 이런 태도를 10대 시절 내내 유지할 수 있을지는 알 수 없지만 소년들 중 일부도 전통적인 성 역할에서 벗어나기 위해 '긱 상태'를 받아들이는 것으로 보였다. 예를 들어, 다니는 "긱에 대한 오명이 여전히 있다는" 점을 고려하면 조시가 "친구들과 어울리지" 않는 것을 조금 걱정하고 있었지만, 조시는 친구들을 무시하는 모습을 보였다.

우리 반 아이들은 대부분 (중략) 자기가 진짜 멋진 줄 알아요. 친구가 여든일곱 명씩 있어요. 그리고 축구, 럭비, 스포츠 이야기만 해요. 저는 스포츠나 럭비 같은 건 잘 몰라서 친해질 수 있는 친구가 없어요.

그래서 기술적인 숙달 자체는 루스 올덴지엘 Ruth Oldenziel의 말처럼 "남자의 비밀스러움"[54]으로 고취되었고 우리가 방문했던 디지털 학습 공간에는 소녀보다 소년이 분명히 더 많았지만(6장 참조) 우리는 긱의 디지털 활동이 성별과 직접적으로 관련된다고 결론 내리기를 망설이고 있다. 사실 소년들이 긱 상태에 과도하게 몰입하고 있다면 "여성화되고 다른 사람들에 의해 사회적으로 소외될" 위험을 무릅쓸 가능성이 있다.[55] 조반나와 조시의 사례는 모두 청소년들이 친구들에게 널리 받아들여지고 있는 성 역할의 이분법적 구분의 대안으로서 창의적인 디지털 정체성의 가능성을 탐구할 것을 제안한다.

그렇다면 상황이 바뀌는 중인가? 퍼트리샤 랭Patricia Lange은 여자아이들이 유튜브 크리에이터로서 "긱 활동에 몰두"하는 것에 관해, 디지털 세계가 학교와 직업 세계 모두에서 "디지털 의제"에 존재하는 성별에 대해 포용을 확대하고 더 공인된 가치를 얻을 때 긱 활동에 대한 참여가 확대되고 다양해질 것이라고 주장한다.[56] 하지만 컴퓨터 사용의 역사와 문화에서 페미니스트 장학금이 상징하듯, 컴퓨터 산업에 존재한 구조적 차별의 긴 역사로 볼 때 단순한 개선을 희망하기란 어렵다.[57]

우리는 강사 다이애나(어느 날 학생들에게 게임 산업에 소녀들이 거의 없는 이유와 소녀들을 위한 게임이 거의 없는 이유에 대해 논의할 것을 요청했다)를 제외하고 이러한 문제를 집이나 학습 현장에서 분명하게 정치적 논쟁거리로 삼으려는 시도를 거의 보지 못했다. 예를 들어 부모들, 특히 엄마들의 증가하는 디지털 전문 지식이 고정관념을 깨뜨릴 것으로 기대할 수 있지만 우리 연구의 더 성공적인 엄마 블로거들조차 불안정한 소득과 어느 정도의 고립으로 이어지는 상태, 예를 들어 융통성 없는 직장이나 국가의 지원 부족을 비판적으로 생각하지 않았다. 사실 엄마 블로거들이 '긱'이라는 꼬리표를 주장하지 **않기로** 선택했다는 사실은 디지털 직업 자체가 성별화돼 있다는 사실을 상기시킨다. 비슷하게, 여성 '인플루언서'는 종종 자신의 디지털 스킬보다는(물론 성공하기 위해서는 그 또한 중요함에도 불구하고) 여성스러운 손재주와 '스타일'에 더 가치를 두는 것으로 보인다.[58] 그러나 우리가 만난 몇몇 블로거들이 이전에는 침묵을 강요당했던 엄마로서의 경험을 공론화하는 정치에 민감해졌음에도 불구하고, 그들은 기술적인 직장에서 자신들에 대한 인식이나 미래 보장을 개선하는 가능성에 관해 정치적으로 이슈화시키는 논의를 거의 말하지 않았다.

결론

오랫동안 낙인찍혀온 '긱'의 명예를 회복시키기 위해 국가, 산업계, 대중매체가 힘을 합치고 있는 것 같다. 단순한 소비자가 아닌 콘텐츠 제작자가 되고 이제 막 생겨났거나 아직 생기지 않은 직업에 대비하기 위해 아이들에게 코딩을 가르쳐야 한다는 정책적 긴요성이 널리 형성돼 있다. 이는 디지털 시대의 학교를 재창조하는 것까지는 아니더라도 새롭게 하고, 영국을 포함한 많은 국가가 디지털 기술, 특히 코딩을 배우는 학교 밖이나 온라인 기회를 지원하는 데 공적 자금을 쏟아붓도록 이끌고 있다.[59] 코딩과 같이 이전에는 전문적이었던 컴퓨터 지식이 영국의 공립학교 교육과정에 포함된 것과 더불어 점점 더 많은 학교에서 메이커스페이스makerspace와 코딩 클럽을 만들거나 '게임잼 game jam' 또는 해커톤을 주최하고 있다.[60] 매슈 풀러 Matthew Fuller가 말하듯[61] 로봇공학, 알고리즘, 인공지능의 진보에 따라 우리는 **모두** '긱'이 되어야 하고 그렇지 않으면 자율성을 잃을 것이라는 오늘날의 주장이나, 또는 더 낙관적으로 "긱이 지구를 물려받을 것"이라는 다니의 예언 앞에서는, 〈기숙사 대소동 Revenge of the Nerds〉 같은 영화에서 '여자의 마음을 얻기' 위해 자신의 전문 지식을

이용하는 사회성 떨어지는 너드 캐릭터의 승리가 거의 애교로 보일 정도다.[62]

그런데 긱이 되는 것에 그만한 가치가 있을까? 연구 문헌들 간에는 긱의 학습과 참여의 특징에 대해 약간의 이견이 있는 것으로 보인다.[63] 커넥티드 러닝 이론에서 주장하는 것처럼[64] 디지털 환경의 행동 유도성과 관심 주도, 시행착오 협력 학습 사이의 생산적인 시너지 효과는 설사 이 장에서 논의된 것들의 일부에 의해 만들어지는, 완전한 정체성 전념에 도달하지 못하더라도 많은 사람에게 유익할 수 있다. 하지만 긱에 관한 정치적 견해에 대해서는 의견이 분분하다. 긱은 오랫동안 반권위주의를 주장하지만 그들의 차별 교육 철폐 주장에 비판적인 사람들은 그들의 가치관이 점점 더 신자유주의화되는 것을 우려하고 있다. 풀러는 이것을 현대의 "긱 비극"이라고 부른다.[65] 벤 윌리엄슨Ben Williamson은 긱이 벗어나려고 하는 바로 그 시스템에 흡수되고 있다고 주장한다.

그래서 '문화적 공명'이 인터넷 설계자들의 문화와 네트워크화된 개인주의 및 수백만 인터넷 사용자의 정신에 자리 잡은 창의적인 관중 문화의 증가 사이에 확립되었다. 네트워크화된 개인주의는 개인의 선택, 프로젝트, 자기 기업가적 행동에 초점을 두는 일련의 실리콘밸리 사이버 자유주의자 가치관의 세계화된 문화적 표현이다.[66]

면담에 참여한 부모 중 일부는 (6장에서 탐구하는 것처럼 디지캠프와 다른 기술 교육 현장의 교육자들이 그렇듯이) 그러한 원칙적인 시장 논리를 받아들였다. 대부분의 가족이 협력 학습을 기술적 참여의 일부로서 높이 평가했지만 이 협력 학습은 경쟁 정신의 수용을 배제하지는 않았다. 또한 디지털 기술이 일부 사람들에게는 (5장에서 살펴볼 특수 교육 요구가 있는 아이의 부모 일부에게처럼) 비슷한 생활환경에 직면한 사람들의 공동체에 참여할 수 있게 해주었지만, 그렇다고 해서 그 직접적인 집단을 훨씬 넘어서서 정치적으로 활동할 수 있도록 협력 학습이 확장되지도 않았다.

라르스 콘작 Lars Konzack은 기술적 긱을 사회적 정의와 신자유주의 가치관에 전념하는 것과 대립하는 것이 아니라 그것들보다 앞서서 그가 "히피족 hippie"과 "여피족 yuppie"이라고 부르는 것의 대안으로 본다.[67] 그래서 그는 실리콘밸리가 1960년대 히피 반문화와 만나 (마이크로, 가정용) 컴퓨터가 해방 수단으로 구축될 수 있었던 환경을 조성했을 때 긱 세대가 어떻게 탄생했는지에 대한 역사를 이야기한다. 그는 콜먼이 긱과 특권을 관련지은 것에 동조하며 "그들은 인터넷을 자기 놀이터인 것처럼 이용함으로써 사실 사회에서의 문화적 힘과 진보를 드러내 보이고 있다"라고 주장한다.[68] 하지만 그들은 반체제가 되기보다 오른쪽이든 왼쪽이든 규범적인 전통과 거리를 두는 혼성 정신을 구축함으로써 그렇게 한다. 우리는 면담했던 가족을 다시 떠올리며 콘작에 동의하게 되었다. 그렇다. 이 장에서 논의한 가족들은 고학력이었고 소득에는 차이가 있었지만 심각하게 위태로운 상황에 놓이지는 않았다. 긱 자녀를 지원하는 것은 부모의 상당한 헌신을 필요로 하고 모든 부모가 그렇게 할 수 있는 것은 아니다. 긱 상태를 수용하는 많은 가정이 어떻게든 요구되는 만큼 투자할 수 있고, 최종적인 결과 면에서 어느 정도의 위험을 수용할 수 있음을 인식하는 것이 중요하다. 이것을 넘어서서 우리는 서로 연결되어 있는 두 가지 일반화를 과감히 추측할 수 있다.

첫째, 이 장에서 논의한 가족들은 주체성과 인정 추구에 역점을 두고 있다. 우리가 '긱'이라고 부른 아이와 어른은 각자 기술 고유의 즐거움과 자기실현을 위해 기술을 배우고 이용하며, 전문 지식을 얻는 것에 전념했다. 때로는 이 즐거움과 전문 지식을 공동체에 공유하고 인정받는 것에 전념했다. 우리는 그들의 활동을 관련된 학습 방식(커넥티드 러닝 이론이 제시하는 것과 유사하다), 추구되는 관계의 형태(평등주의, 협력적, 또래 기반), 그렇게 함으로써 구축되는 정체성 면에서 분석했다. 물론 이 장에서 논의된 가족들은 많은 측면에서 서로 다르지만 그들이 선택한 삶의 방식에 상당한 노력을 기울이며 전념했다. 긱의 정체성을 가진다는 것은 임시적이거나 간헐적인 활동이 아니라 생활 방식 전체를 흡수하는 것이다. 우리가 현장 연구에서 알게 되었듯이 그 결과는 강력한 의욕과 방향성, 능력과 전문 지식에 대한 상당한 자신감, 관심사를 공유하는 다른 사람들과의 적극적인 연대다.

둘째, 자칭 긱으로서 긱의 정체성과 생활 방식을 수용하는 것은 또래의 대다수와 동떨어진 느낌을 불러일으키는 고위험 전략이다. 그래서 우리가 면담했던 '긱'들은 비공식적인 학습 환경이나 틈새 온라인 네트워크의 특정 관계에서 이득을 얻기도 했지만 학교 공부나 더 폭넓은 사회적 수용과 관련하여 문제가 많은 단절을 경험하기도 했다. 그러한 가족들의 경험 중 일부는 왕따가 되는 것과 관련한 약간의 슬픔과 저항하기 위한 대책을 암시하기도 한다. 또 (자녀가 현시점에 화면에 "사로잡혀 있는" 모습을 보며) 미래의 어떤 성공보다 현재의 비용이 더 클까 봐 우려하는 너태샤와 같은 부모들을 그 무엇도 안심시킬 수 없다. 하지만 부모가 좌절했거나 아이가 사람들과 "어울리지"

못하는 것으로 보이는 가족에게는 긱 정체성이 해결책을 제공하는 것으로 보였다. 특히 주류사회에서 이 정체성이 점점 인정받고 높이 평가되고 있기 때문이다.

현장 연구에서 기술을 수용한 많은 사람들이 오프라인의 매우 현실적인 문제들을 극복하거나 보상하기 위해 긍정적인 참여 영역을 찾은 것이 부분적으로 동기가 되었다는 사실은 아주 흥미롭다. 앞서 언급했듯 조시의 부모는 최근에 이혼했고, 재스퍼의 아빠는 2년 전에 세상을 떠났으며, 프라니타의 엄마는 불치병을 앓고 있었다. 샬럿은 다양한 특수교육이 필요했고, 멀리사는 젊은 부모로서 집에 있는 것에 대해 고립감을 느꼈다. 일부에게는 개인적인 믿음이 주된 동기로 작용하는 것 같았다. 조반나의 엄마 루이사 트레비시 Luisa Trevisi는 (다소 극적으로) 조반나를 아빠, 부유한 집, 태어난 나라에서 떠나게 하여 비좁은 환경으로 데려왔다. 런던에서 새로운 기회를 누리기 위해서였다. "이게 미래인 것 같아요. 저는 아이가 미래를 준비했으면 좋겠어요"라고 루이사는 말했다.[69]

현장 연구에서 이러한 개인 사례를 넘어서서 일반화할 수는 없었다. 그러나 개인의 선택, 흡수력 있는 프로젝트, 다른 사람들과 공유되는 전문 지식 증가가 상당히 매력적이라고 말하는 것은 억지가 아닐 것이다. 마찬가지로, 오프라인 세계가 위험하다고 생각할 이유도 각자 있었던 것으로 보인다. 이로 인해, 디지털 미래로 가는 긱의 길을 선택하는 것과 연관된 보상이 매우 불확실하더라도 그 상당한 투자가 상대적으로 덜 위험해 보일 수 있다. 그리고 기술 낙관적인 대중의 담론과 조화된다고 느끼고, 상상되는 디지털 미래에 대비하기 위해 할 수 있는 모든 것을 하고 있음을 아는 이점이 있을 수 있다.

우리는 가족의 역학 관계에 관해 부모와 아이 **모두** 의미 있는 정체성을 찾고 그것에 전념함으로써 기술을 수용하면 이것이 동등한 사람들 사이에 건설적인 담론을 가능하게 한다는 사실을 발견했다. 그러면 각자 상대방에게 존중받고 배울 수 있으며 그렇게 함으로써 디지털 관심사와 전문 지식이 공유되지 않는 가정을 괴롭히는, 기술을 둘러싼 일부 갈등을 피할 수 있다. 우리는 이것을 기든스가 말하는 민주적 가족의 특정 버전을 실행하는 것으로 해석할 수도 있다.[70] 이러한 가족에서는 부모-자녀 관계가 부분적으로 권한 행사에서 벗어나 상호적 학습활동과 즐거움 공유에 초점을 맞춘 또래 관계로 재구성되었다. 그렇다고 해서 이러한 부모들이 권한을 완전히 포기하지는 않았다. 다니와의 면담에서는 조시가 긱 이야기를 너무 오래 할 때 다니가 질책하거나 다니의 지식 부족에 대해 조시가 비판함으로써 약간 방해되는 순간이 때때로 있었다. 비슷한 역학 관계를 젠과 샬럿에게서도 목격했다. 젠은 필요하다고 생각할 때마다 또래, 멘토의 역할과 부모의 권위 사이를 오갔다.

하지만 부모와 자녀 중 한쪽만 '긱'의 특성을 보일 때는 너태샤와 재스퍼에게서 본 것처럼 중대한 불화를 일으킬 수 있다. 또는 그보다 좀 덜하지만 아마 멀리사와 밀로처럼 불화가 커질 수 있을 것이다. 긱인 아이가 디지털 활동에 몰두하는 것은, 그 즐거움을 이해하지 못하고 스크린 타임을 제한해야 한다는 사회의 경고에 부담을 느끼는 부모를 걱정시키고 있었다. 스크린 타임에 대한 사회의 경고는 자신도 긱이고 디지털적으로 숙련되고 가능한 혜택들을 알면서도 자녀의 디지털 활동을 제한하는 일부 긱 부모에게도 영향을 미쳤다.

이 장에서 우리는 '긱' 가족들이 종종 스스로 동기 부여되고 자신감 있고 자립적이며 학습 그 자체를 위한 학습을 즐기는 학습자라고 주장했다. 그들은 한편으로는 반복적이고 반성적이며 또 다른 한편으로는 협력적으로 또래를 지원하는 학습 개념에서 이득을 얻는다. 그러나 이 모든 것에는 상당한 자원과 몰입이 요구되고, 긱 정체성은 가족 내에서 그리고 가족을 넘어 다른 사람들(특히 친구와 교사)과의 긴장 상태를 야기할 수 있다. 어쩌면 그들은 '긱'이 되는 것의 원인(매우 개인적일 때가 많다)과 결과(위험하게도 알 수 없다)를 모두 우려하게 하는 이런 이유들 때문에 대중의 지지가 커지고 있음에도 불구하고 다른 사람들이 거의 가지 않는 길을 가고 있다.

5장

장애가 아닌
새로운 능력

샌드라와 조노 스터브스는 아들인 아홉 살 루커스 스터브스[1]가 디지캠프 여름 학기를 다니며 장학금을 받았을 때 복권에 당첨된 것 같다고 말했다. 3장에서 봤던 티보 가족[2]을 포함해 자녀를 디지캠프에 보내는 많은 가족에게 500파운드(약 80만 원)의 수업료는 문제가 되지 않았다. 하지만 스터브스 가족은 장학금이 없었다면 "결코 그 금액을 감당할 수 없었을 것"이다.[3] 샌드라와 조노는 남런던의 공영주택 단지 안에 있는 다 허물어져가는 1960년대 집에 살고 있었고 집 안 곳곳에 이 다문화 가정의 대가족 사진이 걸려 있었다.[4] 두 사람은 우리에게 루커스에 대한 희망과 두려움을 쏟아놓았고 루커스가 "수학을 좋아하고 다섯 살 때부터 체스를 했으며 컴퓨터, 축구, 포켓몬에 사로잡혀 있는 독특한 아이"라고 말했다. 루커스는 최근 몇 년 동안 친구들과 잘 어울리지 않는 것 같았다(비디오게임에 집착하고 사람들과 어울리지 않거나 특정 친구들에게만 과도하게 몰두하며 그 친구들이 떠날 때까지 성가시게 했다). 루커스의 부모는 아들 스스로도 사회적으로 점점 고립되는 것에 대해 "당황스러워한다"라고 말했지만 샌드라 자신이 더욱 "그것에 신경을 쓰고 있었다." 그래서 두 사람은 아이를 학습 전문가에게 데려가 평가받게 했다. 루커스가 디지캠프에 등록했을 때는 자폐스펙트럼장애 진단을 받은 지 약 1년이 지났을 때였다. 샌드라와 조노는 여전히 이 진단을 이해하는 중이었기 때문에 아이가 '고기능 자폐스펙트럼장애 high-functioning ASD'라고 말할 때도 있었고 '아스퍼거증후군 Asperger's syndrome'(샌드라는 이것이 "더 듣기 좋다"라고 생각했다)이라고 말할 때도 있었다.[5]

샌드라는 어린이 파티의 그래픽디자인과 오락을 전문으로 하는 작은 사업체를 운영하고 있었다(그래서 면담 때 형광 핑크 립스틱을 바르고 털로 덮인 고양이 꼬리를 단 채 느릿느릿 걸어 들어왔다). 그녀는 루커스가 비디오게임을 즐기는 것에서 게임 설계자가 되는 것으로 옮겨 가는 방법을 알아내는 데 디지캠프가 도움이 되길 바랐다. 조노(그는 자신에 대해 "뼛속까지 북런던의 노동자계급"이라고 설명했다)는 이것이 "첫걸음"일 수 있고 "아이가 이걸 하면서 살 수 있도록 궤도에 올려놓는 것"일 수 있다고 생각했다. 루커스는 이미 학교의 코딩 클럽에서 스크래치를 배웠고 샌드라가 스카이프에서 찾은 개인 교사와 협업한 적이 있었기 때문에(3장에서 제시한 이론처럼, 역시 장학금과 모든 형태의 '집중 양육'을 통해 지역의 축구 리그와 드라마 수업에도 참여했다) 코딩에 대해 약간 알고 있었다. 가정 형편은 어려웠지만(조노는 훈련받은 간호사였지만 실직 상태였다) 그들은 이것에 쏟는 비용이 그만한 가치가 있다고 판단했다. 자폐증 진단을 받았을 때 루커스의 교장이 이렇게 말하며 용기를 북돋웠기 때문이었다. "루커스를 계속 지금처럼 교육시키면 아이는 사랑스러운 꼬마 컴퓨터게임 설계자가 되어 행복하게 살아갈 겁니다."

샌드라는 디지캠프를 발견했을 때 이것이 이러한 노력을 강화할 길을 제시할 것이라고 생각했다. 디지캠프는 런던의 일류 대학에 기반을 두고 있었고, 업계 경력을 갖춘 지도교사들을 보유하고 있었다. 샌드라는 이 모든 것이 루커스에게 깊은 "영감을 주고 있다"라고 느겼다. 그녀는 우리에게 루커스의 입소 첫날 사진을 보여줬다. 루커스가 디지캠프 후드티를 입고 신분증을 목에 걸고 자신의 이름이 표시된 스타벅스 컵(안에는 코코아가 들어 있었다)을 들고 활짝 웃고 있었는데 거의 〈실리콘밸리 Silicon Valley〉 같은 TV 프로그램에 나오는 스타트업 '긱' 캐릭터의 축소판처럼 보였다(루커스는 흑인이기 때문에 일반적인 캐릭터는 아닐 것이다).[6] 루커스는 수업이 끝나도 지도교사가 직접 만든 게임을 보기 위해 남아 있었고, 그런 날 밤에는 집에 와서 "나 자신이 정말 자랑스러워"라고 선언했다고 샌드라는 말했다.

하지만 샌드라와 조노가 루커스의 '긱 특성'을 칭찬하는 행위에는 4장에서 언급한 것처럼 약간의 자포자기가 포함되어 있었다. 조노는 컴퓨터를 루커스의 "장점, 인생에 걸쳐 남들보다 앞서 있는 것"으로 생각하면서도 아쉽고 착잡한 마음을 숨길 수 없었다. 루커스 부모는 루커스의 미래를 여는 열쇠로서 기술을 수용했지만 이것이 현재의 문제를 해결해주지는 않았다. 샌드라는 루커스가 게임을 할 때 "너무 재미있어하고 다른 사람들과 함께 할 수 있고 (중략) 게임 안에서는 그냥 보통의 아이"라고 말했다. 하지만 아이가 "화장실도 안 가고 물도 마시지 않으며 꼼짝 않고 게임만 하기" 때문에 그만하라고 말하면 "말도 못 하게 짜증"을 낸다며 "심한 두통이 있어도 게임이 끝날 때까지 알아차리지 못할 것"이라고 했다. 아이의 "집착"이 자폐증 때문인지 아닌지는 부모가 말하기 어려운 부분이었다. 그 진단이 여전히 부모에게 이해하기 어려운 부분으로 남아 있었기 때문이다. 두 사람은 또 자폐증에 대해 어디까지 루커스에게 이야기해야 할지도 확신이 없었다. 조노는 이렇게 말했다.

저는 아이가 자신을 비정상이나 그런 비슷한 것으로 생각하지 않았으면 좋겠어요. 그건 사실이 아니니까요. (중략) 어쨌든 비정상인 사람은 없어요. 우리는 모두 고유해요. 하지만 그것이 병의 종류인 것은 사실이고, 그 병이 아이에게 그렇게 재능 있는 영역을 가지게 하는 거죠. 특별한 병 때문에 결점뿐만 아니라 그런 혜택이 있는 거예요.

샌드라와 조노는 그래서 우리가 면담했던 다른 많은 가족들이 공유하고 있는 언어를 발달시키기 시작했다. 그 언어에서는 루커스의 자폐증이 '병'이기도 하지만 '재능'이기도 했다. 루커스의 기량과 어려움을 고려했을 때 디지털 기술은 아주 현실적인 문제들이 있음에도 불구하고 엄청난 가능성을 약속했다. 그래서 두 사람은 아이의 '재능'을 미래의 취직 능력, 사회적 관계, 행복과 연결시키는 방법으로서 디지털 기술을 수용했다. 비록 루커스는 겨우 아홉 살에 불과했지만 이러한 희망이 절실하게 느껴졌다.

장애의 정의

이 책에서 우리는 유사점이 있는 가족들을 그룹으로 묶으려고 노력했지만 그들 사이에 중요한 차이가 있다는 것을 알게 되기도 했다. 이것이 이 장에서 까다로운 부분이다. '장애인'이나 '특수교육 요구'와 같은 꼬리표가 **치료를 받고**(의학적 모델), **동정을 받고**(자선 모델), **영감을 일으킨다**(숭고한 영웅 모델)고 여겨지는 '기타' 혹은 외부 그룹으로 뭉뚱그려 가리키는 데 사용될 수 있기 때문이다. 다른 한편으로는 꼬리표가 가정의 다양한 경험 속에서 유사점을 이해하도록 돕는다. 우리는 또한 어떻게 꼬리표와 진단이 가족들에 대한 실질적, 경제적,

감정적 지원을 도모하는지도 목격했다.[7] 특수교육 요구와 장애가 있는 아동의 가정에 대해 일반화하는 실수를 피하기 위해 책 전반에 걸쳐 다양한 가족을 포함한 결과 그들에게 있어 유의미한 주제가 일치했고 이 장에서 그들을 집중적으로 살펴보려고 한다. 하지만 우리의 초점은 장애아동이 아니라 그 **부모**에게 있음을 밝힌다. 장애아동은 틀림없이 학업에 충분한 관심이 없고 그 부모도 마찬가지다. 그와 더불어 이 부모들은 그들 자신과 자녀를 돕기 위한 공적인 담론과 서비스 설계에서도 종종 간과된다.[8] 하지만 아이가 아닌 부모에 초점을 두면 이것이 아이의 감정보다 특정 진단이나 장애에 더 과도하게 초점을 두어야 하는 것으로 해석될 수 있음을 인정한다.

'장애', '장애인', '특수교육 요구'라는 용어에 대해서는 '표준'으로 여겨지는 것에서 변형되었음을 의미한다는 점에서 문제 있는 표현이라는 주장이 있다. 일반적인 정의들은 '약점, 결점, 특히 보통의 성취를 제한하는 신체적이거나 정신적인 손상, 방해하거나 무력화하는 무언가'에 초점을 맞춘다.[9] 이 관점에 대한 비판과 그것을 뒷받침하는 지배적인 의학 모델은, 더 넓은 사회적, 관계적 맥락을 이해하기보다 장애를 개인의 '문제'로 만들면서 그 사람들에게 부족하다고 알려진 것을 가지고 그들을 정의하는 방식을 거부한다. 이와 대조적으로 장애 및 미디어 학자 엘리자베스 엘세서 Elizabeth Ellcessor와 빌 커크패트릭 Bill Kirkpatrick에 따르면 장애의 사회적 모델은 "장애와 비장애able-bodiedness(직역하면 '결격 없는 신체'—옮긴이)의 사회적, 육체적, 경제적, 이념적 조건"이 구성되는 것이라고 주장한다.[10] 그래서 사회적 모델은 장애를 **가진** 것이 개인이라고 주장하는 대신 사회가 다양한 경험을 수용하지 못하고 기대되거나 표준적인 예상 범위에 들지 못하는 사람들을 **장애인으로 만든다**고 주장한다. 따라서 이 모델은 '장애'를 가진 사람이 아니라 포용적으로 정의된 모든 사람이 참여 기회를 가질 수 있는 환경을 만드는 데 실패한 기관으로 주의를 돌린다.[11]

또 다른 사람들은 장애가 결함이라는 생각을 깨뜨리는 사회적 모델의 가치를 인정하면서도 사회적 구조에 초점을 두는 것은 장애가 신체와 사회적 맥락 사이의 상호작용에서 비롯된 방식으로 "복잡하게 구현된다"는 사실을 덜 중요해 보이게 만들 위험이 있다고 말해왔다.[12] 나중에 설명하겠지만 면담했던 많은 부모가 장애의 사회적 모델이 제공하는 언어가 자녀를 **부족한 사람으로** 보지 않는 부모들의 관점을 지지한다는 사실에 매료되었다. 또 '주류'사회가 자신과 자녀가 필요로 하는 지원을 제공하지 못하는 것에 대해 비판적 시각을 보이는 점에 끌렸다. 동시에 '의학적 모델'이 지원 서비스가 일반적으로 이용하는 언어이기 때문에 그것에 의지했다. 그래서 부모들은 종종 아이의 장애가 미치는 영향을 관리하거나 완화하기 위한 방법으로서 의학 또는 학습 전문가와의 약속들을 번갈아 잡으며 그것에 집착하고 있었다.

우리는 샌드라와 조노 스터브스의 설명에서 이러한 모순을 많이 목격했다. 그들은 '비정상'[13]이라는 꼬리표를 분명히 거부했지만 '보이지 않는 장애'[14]를 가진 아이들의 가족들이 대부분 그렇듯 루커스가 학교와 다른 여러 기관에서 가치 있는(그리고 비싼) 자원에 접근할 수 있게 하는 진단을 받았을 때 크게 안도했다.[15] 두 사람은 때때로 걱정을 유발하는 사회적 상호작용을 경험했고, 루커스가 '10대 초반'이 되었을 때는 루커스의 의학적, 사회적 필요를 돌보는 데 몰두하고 있었다. 루커스에게 '특수교육이 필요하다는 결정이 내려진'(그 자체가 널리 쓰이지만 문제가 되는 표현이다) 것에 안도했지만 필요한 자원을 얻기 위해 필사적으로 투쟁했다. '긴축 영국' 정책은 사회 서비스를 축소시켰고 학교에서의 지원을 포함해 사회적 고립과 소외를 감소시키는 조치를 이전 수준으로 되돌리면서 장애가 있는 사람, 특히 아동에게 커다란 영향을 미쳤다.[16]

샌드라와 조노는 학교와 좋은 관계를 유지하고 있었지만, 우리가 면담했던 다른 장애 있는 아동의 부모들은 '시스템'에 의해 실망하게 되는 것을 느꼈다. 나중에 살펴보겠지만, 많은 부모가 아이를 전담해서 돌보기 위해 또는 홈스쿨링으로 가르치기 위해 일을 그만둬야 했다.[17] 모든 부모에게 정체성은 자녀의 정체성과 서로 관련이 있고 함께 형성된다.[18] 장애가 있는 아동의 부모들에게 이것은 종종 더 밀접하고 몹시 감정적이고 끝나지 않는 것처럼 묘사된다(부모가 제공하는 돌봄의 구체화된 현실을 생각해보라. 육체적으로는 10대 자녀를 안고 다니거나 결장루주머니를 교환하거나 가끔 잠을 잘 수 없는 장애를 가진 아이와 밤을 꼬박 새우는 사례도 있다). 요컨대 많은 부모에게, 자금을 지원받고 그것을 통해 현재와 미래의 가능성을 확보하기 위한 기관과의 싸움은 그들의 육아 경험, 관계 및 정체성의 중심을 이루고 있었다.

장애와 기술

디지털 기술은 장애가 있는 사람들에게 요구사항과 경험, 기쁨과 좌절을 표현할 수 있는 가능성을 제공하면서 해방 도구와 같이 여겨질 때가 많다. 음성 출력 의사소통 기구VOCA, 그림 교환 의사소통 체계PECS나 심지어 인공지능, 로봇공학 같은 신기술 등의 '보조' 공학이 어떻게 장애가 있는 아동 및 청소년이 자신의 공동체와 가정에 참여할 수 있도록 도울 수 있는지 탐구하는 연구들이 무수히 많다(하지만 이러한 기술에 대한 접근성이 고르게 또는 공정하게 분배되어 있는 것은 아니다). 디지털 미디어의 기술적인 성질과 함께 온라인 의사소통의 특별한 행동 유도성(예를 들어 대면하지 **않고** 상호작용이 동시에 이뤄지지 않을 때가 많다)은 자폐증을 앓는 청소년이 다른 형태의 의사소통에서 느끼는 압박감을 일부 완화할 수 있다.[19]

그러나 그러한 기술-유토피아적 이상주의는 문제가 있다. '접근 가능한' 기술의 증가와 기술이 장애인을 위한 '이퀄라이저'이길 바라는 희망에도 불구하고 여전히 많은 사람이 배제되기 때문이다.[20] 우리가 특수교육 요구와 장애가 있는 아동의 부모를 면담하는 데 관심을 가졌던 한 가지 이유는 일부 부모가 장애의 사회적 영향을 완화하기 위해 오히려 악화시킬 수 있는 위험에도 불구하고 디지털 기술에 의지했기 때문이었다. 미디어 및 커뮤니케이션 학자 메릴 알퍼 Meryl Alper 가 말한 것처럼 새로운 기술, 특히 터치스크린 기기들은 자녀들이 배우고, 자신을 표현하고, 그렇게 함으로써 세상에 참여하도록 돕는 방법으로 자주 부모에게 장려되고 있다.[21] 디지털에 관한 이야기 중 일부는 간단하고 보충적이다(예를 들어 시각장애가 있는 사람들을 위한 오디오북). 또는 6장에서 더 자세히 보겠지만, 에즈미 스켈턴[22]의 부모가 우리에게 이야기한 것처럼 에즈미가 맞춤법 검사 프로그램의 형태로 그런 기술을 사용한 것은 그들이 "가벼운 난독증"이라고 표현한 증상의 영향을 줄여주었다. 그 덕분에 에즈미는 학교에서 "컴퓨터로 뭔가를 좀 더 쉽게 찾을 수 있었고 더 자신감을 느낄 수 있었다."

우리가 부모들에게 들은 이야기 중 일부는 디지털이 매개하는 새로운 경로를 상상하는 데 있어서 더 복잡하고 심지어 창의적이었다.

4장에서 우리는 젠 피어슨과 그녀의 딸 테건, 샬럿[23]을 만났다. 젠은 공립학교에서 힘든 경험을 한 이후 (특히 경증에서 중등증의 난독증과 통합 운동장애가 있는 샬럿을 위해) 홈스쿨링을 하고 있었다. 젠의 기술에 대한 낙관론은 연구 문헌을 탐독하며 정립된 자신의 이론에 기초하고 있었고, 그것은 특수교육 요구, 디지털 행동 유도성, 노동시장의 변화 사이의 생산적인 교차 지점에 대한 이론이었다.

젠: 저는 아이가 〈마인크래프트〉를 많이 하도록 내버려 둬요. 아이가 그걸 많이 하는데 난독증인 아이한테 정말 좋아요. 아이는 3D를 잘 알아요. 이미 3D 환경 안에서 생각해요.

얼리샤: 〈마인크래프트〉의 어떤 부분이 도움이 된다고 생각하세요?

젠: 음, CAD computer-aided design (컴퓨터 지원 설계) 같은 거나 다른 많은 것들, 아이들이 앞으로 사용하게 될 새로운 기술들을 시작하는 데 좋은 것 같아요. 그런 것들은 직장에서 점점 더 중요해질 거고 매우 창조적이기도 하죠. 아이는 그걸 정말 잘하고 그래서 자신감에도 좋아요.

정말로 젠은 디지털 미래가 난독증을 아무것도 아닌 것으로 만드리라 믿었다.

저는 난독증이 역사에서 잠시 나타났다가 사라지는 병이 될 거라고 말하곤 해요. 왜냐하면 인류에게 글쓰기가 생기기 전이라면 아이는 아마 리더, 대가, 뛰어난 직물 디자이너, 뭐든 됐을 거예요. (중략) 그리고 어느 시점이 되면 우리는 컴퓨터에게 그냥 말로 명령을 내리게 되겠죠. 이 중간 시기에 아이가 현재에만 존재하는 학습장애를 겪고 있는 거예요.

또 다른 부모들에게 기술은 이미 취약한 아이들에게 걱정스러운 위험 요소가 되었다(우리가 조사한 결과에 따르면 특수교육 요구와 장애가 있는 아동의 부모는 자신과 자녀에 대해 더 많은 온라인 피해를 신고한다). 그래서 부모들은 기술에 저항하거나 적어도 조심스럽게 다른 비디지털 활동과 균형을 유지해야 한다고 생각한다.[24] LYA에서 우리는 로버트 코스타스[25]를 면담했다. 우리가 디지털 앱 수업에서 만난, 자폐증이 있는 열다섯 살 제이크의 아빠였다. 로버트는 제이크가 아이패드에 "너무 중독되었을까 봐" 끊임없이 걱정했고, 이것은 전업주부인 아내 콘스턴스와의 험악한 말다툼으로 이어졌다. 로버트는 아내가 너무 관대하다고 느꼈다. "평화롭고 조용한 일상을 위해 아이패드를 일종의 베이비시터로 활용한 거예요. (중략) [하지만 이제] 우리는 소를 잃어버린 채 외양간을 고치려 애쓰고 있는 중이죠." 제이크는 항상 잠자는 데 어려움을 겪었고 로버트의 간청에 따라 부부는 이제 아이의 아이패드 사용 시간을 하루에 15분으로 줄임으로써 아이가 '스크린 타임'을 끊게 하려고 애쓰고 있었다.[26] 다른 한편으로 로버트는 기술이 제이크의 미래에 성공 비결이 될 수 있기를 희망했다. 그것은 제이크가 교육계와 국가의 지원이 중단되는(LYA의 특수교육 요구 담당 교육자 미아Mia가 "절벽 끝 cliff edge"이라고 부르는 것이다) 나이에 가까워졌을 때 로버트의 마음을 짓누르는 걱정이었다. 로버트는 샌드라와 조노 스터브스처럼 이런 공상에 잠기곤 했다.

[제이크가] 선택할 수 있는 진로와 아이의 상태가 어쩌면 자산이 될 수 있을 겁니다. (중략) 아이는 고정관념에서 벗어나 있기 때문에 (중략) 세부적인 것에 놀라운 집중력을 보여줬어요. 따라서 잘 찾아보면 그런 특성이 정말 유용하게 쓰일 수 있는 직장들이 있을 겁니다.[27]

로버트가 제이크의 (장애보다) 능력을 제이크의 "자산"으로 생각하는 것은 그 누구보다도 니나 로빈스[28]와 젠 피어슨이 공감하는 부분이었다. 이러한 부모들은 자녀에 대해 설명할 때 자녀가 뭔가를 할 수 없다고 생각하는 대신 기회와 연결시킬 수 있는 '특별한' 기량과 소질을 가졌다고 생각하는 사고방식을 보여주었다. 기술 활용 직업 또는 기술 집중 직업은 특히 자폐증이 있는 자녀를 둔 부모에게 종종 가능성을 제공하는 직업으로 여겨졌고, 그래서 기술에 대한 다른 우려에 우선해 갈망의 대상이 되었다. 부분적으로는, 일부 부모가 이러한 비전에 매달리는 강도는 기술 자체에 대해 말해주기보다는 장애가 있는 사람들의 자립을 위한 방안으로 사회가 제시하는 좁은 선택지에 대해 더 많이 말해준다.[29]

우리는 현장에서 다양한 장애(대부분 신체장애가 아닌 지적장애였다)가 있는 아이들의 가족을 만났고 가장 자주 만난 것은 자폐증이 있는 아이들의 가족이었다.[30] 우리는 자폐증이 있는 아동의 부모는 자녀가 경험한 (또는 그들이 겪을 수도 있다고 희망하거나 두려워하는) 이득과 손해, 모두에 대해 논의하고 싶어 한다는 사실을 발견했다. 이 가족들은 종종 디지털 학습 기회에 끌리는 것으로 보였고 반가우면서도 걱정스러운 측면으로서 **디지털** 미래라는 개념에 초점을 맞췄다. 흔히 이것들은 자폐증을 기술적 능숙함과 동일시하는 대중(과 전문가)의 상상에서 강력하게 전형적인 것으로 여겨지는 것을 반영했다. 사회역사학자 네이선 엔스멩거 Nathan Ensmenger는 "컴퓨터 소년들"의 신화에 대해 쓴 글에서 (남성) 기술자에 대한 고정관념을 이렇게 묘사했다.

> 퉁명스럽고, 반사회적이고, '시스템'이 최종 사용자에게 정말 유익한지보다 완벽한 상태를 유지하는지에 더 관심이 있다. 그래서 컴퓨터 프로그래밍에 고도로 숙달된 것은 (이른바 긱 증후군 geek syndrome이나 기술자의 장애 engineer's disorder로 일컬어지는) 가벼운 아스퍼거증후군 및 자폐증과 연관이 있다는 이러한 고정관념이 인정받고 있다.[31]

따라서 4장에서 논의한 '긱' 가족의 자녀 중 일부에게 자폐증이 있는 것이나, 자폐증이 있는 아동이 수업들에서 지나치게 많은 비중을 차지한다는 디지캠프 설립자의 말은 우연이 아니다.[32] 우리의 조사 결과에 따르면 특수교육 요구와 장애가 있는 아동의 부모는 그렇지 않은 부모보다 '내 아이는 새로운 기술에 대해 앞서고 싶어 한다' 항목에 동의하는 경우가 많았다.[33] 녹음이 우거진 남런던 외곽의 커다란 집에서 남편 크리스 Chris, 여덟 살 딸 아이리스 Iris와 함께 사는 니나 로빈스는 우리에게 마이크로소프트의 채용 계획에 대해 이야기했다. 자폐증이 있는 사람들이 회사의 자산으로 여겨지고 있기 때문에 대안적인 채용 과정을 통해 이러한 사람들을 적극적으로 모집하는 계획이었다.[34] 니나는 이것이 아이리스가 취업할 수 있는 길이라고 생각했다. 아이리스는 자폐증과 감각통합장애가 너무 심해 옷을 입을 수 없는 상태로 며칠씩 보내곤 했다. 니나는 "직업 세계가 어쨌든 변화하고 있고 그래서 아이가 원격근무나 무엇이든 기술적으로 가능해질 최신의 재택근무를 할 수 있는 가능성도 변화할 것이고" 아이리스가 그것에서 혜택을 받을 수도 있다고 상상했다.[35]

미디어 및 커뮤니케이션 학자 아미트 핀체브스키 Amit Pinchevski와 존 더럼 피터스 John Durham Peters는 그들이 "선택적 친화성 elective affini-ty"이라고 부르는 것에 대해 깊이 생각한다. 그것은 자폐증을 가진 사람들과 디지털 기술 사이에 널리 주장되는 것이다. 그들은 그러한 사람들이 "종종 뉴미디어 시대의 압박에 대처하는 데 가장 적합하다고 알려져 있고 그것이 자폐증 활동가 자신들이 흔히 가지는 관점"[36]임을 언급하면서, 기술이 대면 의사소통에 어려움을 겪는 사람들을 위한 차선책으로 포지셔닝됨으로써 자폐증이 있는 사람들, 때로는 일반적으로 10대들도 결함이 있는 것으로 재차 단언하는 잣대로서 대면 의사소통이 다시금 확인된다는 것을 우려한다.[37]

이러한 딜레마는 우리 연구에 참여한 부모들 사이에서 불안하게 나타났다. 그들은 디지털 기술이 대면 의사소통의 압박에 대한 대안을 제시함으로써 자폐증 있는 사람들의 사회적 관계를 용이하게 할 수도 있다고 낙관했다. 그러나 여전히 대면 형태의 의사소통을 높이 평가했고 디지털이 매개하는 형태(문자메시지 주고받기, 함께 게임하기, 비동시적인 메시지)는 덜 이상적이고 사실 어쩌면 덜 인간적이라고 걱정했다.[38] 균형을 유지하려는(자폐증이 있는 아동 부모의 고조된 열망뿐만 아니라 더 현저한 우려가 이것을 더 어렵게 만들었다) 그들의 노력 때문에 우리는 다음으로 이 가족들에게 초점을 맞추기로 결정했다.

연결된 현재, 불확실한 미래

샌드라와 조노는 게임 기획자가 되는 루커스의 미래에 모든 희망을 걸었지만 다른 부모들은 현재의 도전 과제에 훨씬 더 몰두하고 있었다. 우리는 LYA의 멀티미디어/앱 개발 수업에서 카일 캠벨Kyle Campbell[39](13세)을 만났다. 경증에서 중등증의 특수교육 요구와 장애가 있는 청소년 대상의 수업이었다.[40] 그룹에서 가장 어리고 말수가 거의 없었던 카일은 중등증에서 중증의 자폐증을 가진 것으로 분류되었지만 수업에 참여할 수 있는 특별 허가를 받을 수 있었고 특히 디지털 설계에 열성적이었다. 카일의 아빠 라이언Ryan은 카일의 "컴퓨터 이해력은 타고난 것"이라고 말했다. 아이의 "언어와 단어의 시각적 구조에 대한 민감도"도 그랬기 때문이었다. 라이언은 카일이 두 살 때부터 그래픽, 특히 글자와 글꼴에 관심을 보였다고 설명했다(집 안에서 발견한 DVD 옆면과 가전제품에 부착된 로고를 공들여 그리고 또 그렸다). 카일은 항상 펜과 종이를 가지고 놀았고 더 최근에는 관심사가 컴퓨터 아트로 옮겨 가기 시작했다. 카일은 "전문가용 건축 소프트웨어인 스케치업SketchUp[41]이라는 프로그램을 기적적으로 다운로드했고" 라이언은 그 출처를 짐작조차 하지 못했다. 이것이 계기가 되어 카일은 쇼핑몰 및 도시기반시설 설계라는 새로운 관심사를 가지게 되었다.

　카일의 엄마 에이미Amy는 카일이 도시설계에 관심을 가지는 것이 약간 당혹스러웠지만 지역 여행에서 아이를 소매점에 데려가 디지털카메라로 설계에 참고할 수 있는 사진을 찍게 도와줌으로써 그것을 받아들였다. 또 카일의 부모는 아이에게 강력한 기계를 주기 위해 애플의 데스크톱을 샀다. 하지만 우리가 방문했을 때는 카일이 오래된 노트북으로 부모에게 그렇게 감명을 줬던 모델링 프로그램 대신 파워포인트를 이용해 놀고 있었다. 우리는 잠깐 카일과 앉아 있었는

데 카일은 확실히 이미지를 잘라서 붙이고 그래픽의 크기를 정하고 조정하는 데 능숙했다. 그러나 파워포인트는 정교한 그래픽 프로그램이 아니고 카일이 화면들 사이를 빠르게 오가고 있었기 때문에(아이는 언제나 작업 창을 수십 개씩 띄워놓았다) 아이가 하고 있는 작업이 특별히 창의적이거나 고급 기술인지 알아내기가 어려웠다. 잠시 후 우리는 아이에게 스케치업에서 하고 있던 작업을 보여달라고 부탁했다. 라이언이 몇 주 동안 사용하지 않았던 데스크톱의 전원을 켜자 분명해진 것은 스케치업의 무료 체험 기간이 끝났을 뿐만 아니라 데스크톱이 바이러스에 걸려 있다는 사실이었다. 카일이 부모에게 표현할 수 없었고 부모는 우리가 방문해서 계기가 생길 때까지 알아차리지 못했던 문제였다.

라이언과 에이미 캠벨은 카일이 "그냥 인터넷을 떠도는 것보다 뭔가를 만드는 것에서 얻을 수 있는 만족감"을 찾을 수 있게 돕는 것이 중요하다고 느꼈기 때문에 LYA의 수업에 카일을 등록시켰다.[42] 두 사람은 카일이 이미 "능력과 스킬"을 갖추고 있다고 판단했지만 디지털 앱 수업이 미래의 취업에 유용한 디지털 스킬에 특별히 초점을 맞추기보다 "아이가 즐기는 것"을 기반으로 "그것의 사교적 측면"을 통해 다른 아이들과 사이좋게 지내는 데에도 도움이 되길 희망했다. LYA의 직원은 수년 동안 특수교육 요구와 장애가 있는 청소년과 일한 경험이 있었지만 자폐증 전문가는 아니었다(그래서 라이언과 에이미는 카일의 학교에서 수습 교사를 고용해 카일의 도우미로서 이 수업에 참석하고 카일이 집중할 수 있도록 도와주게 했다). LYA의 '주류' 수업들을 포함해 우리가 방문했던 대부분의 다른 과외학습 현장과 달리, 특수교육 요구와 장애가 있는 청소년 대상의 수업은 프로그램 직원과 부모 사이에 훨씬 더 상세한 의사소통을 포함했고 연락책 역할을 도맡아 하는 헌신적인 직원이 있었다. LYA에서 카일의 도우미인 미아는 카일에게 바라는 것에 대해 이렇게 말했다.

카일이 의사소통과 듣는 능력을 진짜 발달시킬 수 있다면 정말 좋을 것 같아요. 카일이 그룹의 일원이 돼서 더 열심히 참여하고 너무 많이 돌아다니지 않았으면 좋겠습니다. (중략) 그게 아이한테 엄청난 성취가 될 거고 자립에도 정말 중요할 거예요. 항상 일대일로 누군가에게 의존하지 않게 될 거예요.

좋은 뜻에서 하는 말이었지만 미아의 발언은 자폐증에 대한 제한된 전문 지식을 드러냈다. 카일이 교실에서 돌아다니는 것(또는 꼼지락거리고 주의를 기울이지 않는 것으로 미아가 인식한 것)은 카일이 LYA의 공간과 과제를 이해하는 방식의 핵심이었다. 더 전문적인 카일의 도우미는 그 행동을 감각 추구로 인식하고 아이가 교실에서 움직일 수 있도록 도왔다. 아이가 그 환경에서 편안하게 느낄 수 있도록 필요한 만큼 그저 아이의 방향을 조정하거나 함께 움직였다.

그 수업은 (카일이 어려워한) 연극 같은 활동을 포함했지만 그리기와 LYA 태블릿에서 소프트웨어 맥스Max[43]를 이용해 음악 앱을 설계하는 시간도 포함했다. 마침내 그 그룹은 음향 효과와 음악을 만들기 위해 맥스, 아두이노Arduino 회로 기판, 신체적 움직임(회로를 만들기 위해 손잡기, 아두이노에 연결된 바나나 만지기)을 결합했다.[44] LYA의 '포용적 기술 책임자'(자칭 긱이기도 한 그는 이것이 "세상에서 가장 좋은 직업"이라고 말했다) 거스Gus는 "비언어적인 청소년이 (중략) 자신이 만났던 사람들

중 기술에 가장 능숙한 사용자였던" 그의 경험에 기반해 이 프로그램을 어떻게 설계할지 신중하게 생각했다. 카일은 수업이 태블릿과 맥스 소프트웨어 사용에 초점을 맞췄을 때 맥스와 아두이노를 거쳐 태블릿에서 소리가 나오게 만들기 위해 실제 전선을 과일에 연결하고 그것을 리드미컬하게 두드리며 가장 열중하는 모습을 보여줬다.

라이언과 에이미는 카일의 미래를 생각할 때 기술에 대한 아이의 관심이나 소질이 할 수 있는 역할에 대해 루커스 스터브스나 제이크 코스타스의 부모처럼 낙관하지 않았다. 카일에게 재능이 있고 아마 그래픽디자인 분야에서 전문가 수준으로 일을 할 수 있을 것이라고 생각했지만 "카일은 흥미를 잃기 때문에 그런 일이 카일에게 맞지 않을 것"이라고 에이미는 말했다. 라이언은 아이에게 업무 지침서에 따라 일하거나 고객과 함께 일하기 위한 "동기"가 부족하다고 덧붙였다. 이에 대해서는 부러워할 만한 자의식 부족이라고 긍정적으로 표현하긴 했다. "카일은 다른 사람들이 [자기가 한 일에 대해] 훌륭하다고 생각하든 쓸모없다고 생각하든 신경 쓰지 않아요." 그래서 에이미와 라이언은 카일의 실험을 아주 좋아하고 가치 있게 생각하지만 카일의 장래 취직 능력에 관한 한 "다른 사람들과 함께 일할 수 없다면 아이의 기량이 쓸모없을 것"이라는 사실을 알고 있었다.

라이언은 카일이 스스로 방향을 전환하는 것을 존중하고, 심지어 그것에 감탄한다. 이것은 우리가 4장에서 '긱'(라이언과 에이미가 이 용어를 쓰지는 않았다)에 대해 논의했던 것을 상기시킨다. 즉 자신의 전문 지식을 강화하는 데에만 몰두하는 사람들처럼 통념적인 관점, 주류의 관점과 무관하게 마음껏 창의성을 발휘한다. 두 사람은 집에서 아이를 돌보는 역할에 충실하고 기술에 대한 카일의 관심에 깊은 감명을 받은 것으로 보였지만 카일의 미래에 대해서는 비관적이었다. 일류 대학에서 뛰어난 성취를 보여주고 있는 딸 피아 Pia(20세)는 카일이 자폐증 진단을 받았을 때 여덟 살이었다. 에이미는 이렇게 회상했다.

> 피아가 열 살 때 저에게 말했어요. "이런 말 해도 괜찮을지 모르겠지만 엄마는 언젠가 죽을 거고 그러면 제가 평생 카일을 돌볼 거예요. (중략) 카일이 원하는 거 다 해주려면 돈을 많이 벌어야 해요."

그래서 라이언은 "네 마음이 가는 대로 하라고 딸을 격려"하면서 "엄청난 죄책감"을 느꼈다. 카일의 누나라는 현실이 피아를 "성취도가 매우 높은 사람으로 만들었기" 때문에 라이언도 피아가 "대단하다"라고 생각했다. 여기에서 우리는 다시, 특수교육 요구와 장애가 있는 아동을 자녀로 둔 많은 부모에게 미래가 얼마나 예상하기 어려운 것인지 알 수 있다. 일부 부모는 현재의 자녀를 지원하는 수단으로서 기술에 의지했지만 다른 부모들에게는 이것이 더 깊은 우려에 의해 빛을 잃었다.

그래서 카일의 부모는 카일이 현재 창의적이고 사람들과 관계를 맺고 배우는 데 기술이 도움이 될 수 있다는 희망을 가지고 있었다. 이것이 설사 자립으로 이어지지 않더라도 카일의 사회성을 서서히 발달시키고 미래에 유익한 관계를 강화할 것이다. 이것은 부분적으로 아이의 나이에 기인했다. 이제 카일은 열세 살이었고 부모는 주로 아이가 다른 사람들과 사회적으로 관계 맺는 것을 돕는 데 초점을 맞췄다. 일반적으로 발달하는 또래들보다 이 부분에 더 많은 지원이 필요하다는 사실을 알고 있었다.

일부 부모는 자녀의 게임 실력이 형제나 친구와의 관계 형성을 용이하게 하고 사회적인 칭찬을 받게 했다고 말했다. 제이크 코스타스와 루커스 스터브스의 부모 모두 아들의 게임 실력이 일반적으로 발달하는 또래나 형제와 연결되는 데 도움이 되었다고 말했다. 로버트는 걱정을 하면서도 제이크가 게임을 하는 것에 대해 고맙게 생각했다. "제이크는 사회적 상황을 불편해하고 친구를 사귀기 어려워해요. 원래 그런 타입이에요."[45]

스터브스 부부가 갈라섰을 때는 기술이 또한 그 가족의 생명줄이라는 사실이 증명되었다. 적은 소득 때문에 샌드라의 조부모와 계속 함께 살았고, 조노는 잠시 북런던으로 되돌아갔지만 루커스와 게임을 함께 하면서 연락을 유지했다. "헤드셋으로 아이와 이야기하면서 연결되어 있으려고 노력했어요. 아이가 저를 많이 그리워했거든요." 이에 못지않게 가슴 아픈 이야기이지만 자폐증과 주의력결핍과잉행동장애가 있는 자녀(그리고 사실, 일반적으로 발달하는 아이)를 둔 여러 가족이 '스크린 타임'에 대해 아이들을 실제로 **포옹할** 수 있는 귀중한 기회를 제공한다고 이야기했다(가정생활의 많은 부분이 서로 떨어져 있는 시간이었다).[46]

니나 로빈스에게 기술은 아이리스를 세상과 연결해주는 것이었다.

아이의 감각 문제가 정말 심각해지더라도 세상을 가상으로 여행할 수 있고 다양한 사람들과 소통할 수 있어요. 밖에서 무슨 일이 벌어지고 있는지 궁금해하며 닫힌 커튼만 뚫어져라 바라보고 있지 않아도 되는 거죠.

니나와 아이리스는 새로운 장소로 여행하기 전에 아이리스의 불안 감을 덜기 위해 구글 스트리트 뷰^{Google Street View}나 가상 여행 같은 기술을 이용했다. 그것이 "아이가 가야 하는 곳의 환경을 확인할 수 있도록" 도와줬다.[47] 얼리샤가 집을 방문하기 전에도 니나와 아이리스는 구글에서 이름을 검색해 사진을 보고 아이리스가 얼리샤의 방문에 준비할 수 있는 시간을 가졌다. 이러한 부모들에게 디지털 기술은 단순한 대안 이상이었고 자녀가 자신의 특정한 강점과 필요에 맞게 기능하는 매체를 이용해 관계를 맺고 참여할 수 있게 하는 수단이었다.

디지털 기술은 어쩌면 역설적으로 가족 간에 **분리**될 수 있는 귀중한 방법 또한 제공했고 이는 궁극적으로 가족 관계에 도움이 되었다. 예를 들어 안드레아 포스터^{Andrea Foster}[48]는 면담에서 맏딸 엘시^{Elsie}(6세)가 두 동생 때문에 얼마나 힘들어했는지 이야기해주었다. 자폐증이 있는 엘시는 벽이 없는 오픈플랜식 집에서 유아인 두 동생이 만들어내는 혼란과 소음 때문에 불안해할 때가 많았다. 그럴 때마다 동생들로부터 '타임아웃^{time out}' 하고 싶은 엘시에게 아이패드가 더 차분하고 더 감당할 수 있는 환경으로 손가락질받지 않고 도피하는 수단이 되어주었다. 엘시의 엄마 안드레아는 이렇게 설명했다.

때로는 엘시에게 그게 필요해요. (중략) 언젠가는 혼자서 조용한 활동을 할 수 있을 거라고 달랜다고 해결될 수 있는 일이 아니에요. 그건 정말 어려운 얘기이고 엘시는 마치 벌을 받고 있는 느낌일 거예요. 하지만 아이패드가 있으면 적어도 벌을 받고 있다고 생각하지는 않을 거예요.

다른 한편으로는 이 전략이 '스크린 타임'에 대한 우려를 키웠다. 안드레아는 그것이 "모든 아이에게 좋지 않고 특히 자폐증이 있는 아동에게" 좋지 않다고 생각했다. 안드레아는 엘시가 아이패드를 너무 오래 보면 "나중에 폭력적으로" 행동한다고[49] 설명했지만, "균형을 유지하려고" 노력하는 것이 "정말 어렵다는" 사실을 알게 되었다. 엘시가 아직 여섯 살이었기 때문에 디지털 위험과 기회에 대한 안드레아의 저울질은 현재에 초점이 맞춰져 있었다. 이렇게 균형을 잡는 행위는 아이들이 나이를 먹을 때 그리고 아이들이 가정을 넘어 사회적 세계에서 길을 찾는 것에 대한 더 광범위한 걱정이 표면화될 때 바뀐다.

교차하는 정체성

특히 자폐증이 있는 아동의 부모는 우리에게 아이가 어떻게 온라인 세상을 탐색하는지 자랑스럽게 말하곤 했다. 하지만 "연결을 끊을" 시간이 되었을 때 갈등을 겪은 이야기들을 들려주었고 가상공간에서의 독특한 의사소통이 가지는 행동 유도성을 고려해볼 때 착취에 대한 두려움을 느끼는 것에 대해서도 이야기했다.[50] 우리는 앞 장에서 디지털 기술을 향한 부모의 전략과 디지털 기술에 관련된 실행(수용, 균형, 저항 중 어떤 전략이든)이 부모의 가치관과 상상에 따라 추구되었다고 주장했다. 그러나 이 장의 초점은 부모가 자녀의 욕구와 맞닥뜨릴 수 있는 어려움에 대한 자녀의 이해를 고려해야 함을 상기시킨다.

사나 케이더 Sana Kader [51](16세)는 LYA에서 제이크 코스타스, 카일 캠벨과 같은 수업을 듣고 있었고 그 수업에서 가장 사교적인 구성원 중 한 명이었다. 사나는 영화 〈트와일라잇 Twilight〉 시리즈의 등장인물

사진을 어딘가에서 오려내 한가득 공들여 붙인 공책을 우리에게 보여주고 에드워드, 제이컵, 벨라라는 캐릭터에 대해 자신이 어떻게 느끼는지 이야기했다. 우리가 사나의 아빠 알리Ali를 면담할 때 그 일을 말했더니, 그는 고개를 끄덕였지만 이 이야기가 그의 신경을 건드렸음을 분명히 알 수 있었다. 알리는 사나가 "현실과 영화를 완전히 혼동하기 시작"했다고 걱정했다. "사나가 이 캐릭터들을 정말 좋아해요. 이 캐릭터들처럼 되고 싶다고 했어요. 롤모델로 생각하는 것 같아요." 알리의 걱정은 영화 〈트와일라잇〉과 테일러 스위프트의 뮤직비디오 같은 '10대' 아이들이 즐겨 보는 미디어의 성적인 내용에 초점이 맞춰져 있었다. 긍정적인 측면은 사나가 "매우 순진"해서 "누가 사람을 죽이고 있거나 그런 비슷한" 뭔가를 봤을 때는 부모에게 즉시 말한다는 점이었다. 알리는 그것을 사나의 미디어 접근을 통제하는 데 "유리한" 측면으로 봤다. LYA의 지도교사 미아는 〈트와일라잇〉에 대한 사나의 관심을 알고 있었다. "사나는 특정 프로그램에 집착하는 경향이 있을 거예요." 미아는 연극이 사나를 참여시키는 훌륭한 방법이 될 수 있다고 설명하면서도, 지도교사로서 이러한 "집착"을 알고 수업 시간에 그것에 의존하지 않도록 지도해야 한다고 말했다. 사나의 부모는 이보다 더 강력한 입장이었다. 사나가 〈트와일라잇〉에 집착하지 않게 하는 데 실패하자 그냥 사나에게 사 준 아이패드와 컴퓨터를 치워버리고 "아이가 물어볼 때마다 바이러스 걸려서 멈춰버렸다"라고 말했다. 알리는 "사나가 질리도록 그것에 대해 물었지만 이제는 물어보지 않는다"라고 말했다.

이 가정에서 기술을 둘러싼 모든 어려움의 직접적인 원인이 사나의 자폐증은 아니다. 사나 부모의 걱정 중 일부는 10대 딸을 둔 부모가 가지는 전형적인 걱정이었고 또 다른 걱정들은 우리가 많은 부모에게 들었던 '스크린 타임'을 둘러싼 일반적인 담론의 되풀이였다. 예를 들어 사나가 아이패드를 사용할 때 알리는 이렇게 말했다. "사나는 두 시간 이상 하지 않아요. 그게 규칙이에요."(2장 참고) [52] 알리는 "첨단기술, 특히 최첨단기술과 관련된 일을 하는 사람들이 자녀의 아이패드나 디지털 기술 사용을 허용하지 않는 것"에 대한 프로그램을 본 것도 언급했다. 짐작건대 스티브 잡스 자신은 '자녀에게 기술 사용을 제한하는 부모'였다는, 이제는 널리 알려진 이야기를 본 것 같았다. [53] 그러나 알리는 사나가 〈트와일라잇〉의 내용을 '단순한 판타지'로 해석하기 어려워하는 것에 대한 염려와 같은 자신의 일부 걱정이 사나의 자폐증에서 비롯된다고 생각했다. 그래서 미디어 사용을 "사나에게 정말 위험한 것"으로 여겼다. 또 미디어에 대한 걱정은 사나가 디지털과 물리적 영역 모두를 독립적으로 처리할 수 있는지 사나의 능력에 대한 더 전반적인 걱정의 일부분이었다. 예를 들어 사나의 부모는 사나가 스스로 런던 버스를 타고 이동할 수 있는지 의문을 가지고 있었다. 그와 관련해 이들이 찾은 해결책은 독특하면서도 일상적인 것이었다. 가족이 함께 영화를 보러 갔고(사나는 디즈니 영화와 윌 스미스를 정말 좋아했다) 사나는 좋은 행동에 대한 "보상으로" 부모의 휴대전화에 접근하는 것이 허용되었다(이것이 사나에게는 효과가 있었지만 많은 열여섯 살 아이들에게는 그렇지 않을 수 있다).

이 장에서 우리가 논의했던 가족들은 다양한 경제적 수단, 문화적 환경을 가지고 있었고 아이들의 민족성, 성별, 장애 유형도 달랐다. 우리는 이 요소들 간의 상호 관계에도 주의를 기울였고 보통은 유리한 점이나 불리한 점을 혼합하려고 애썼다. 예를 들어 알리 케이더의 사나에 대한 걱정은 아이의 자폐증 때문만이 아니라 아이가 열여섯 살 소녀이기 때문에 촉발되는 것이었고 그래서 알리가 성적 행동에 대한 사나의 관심을 우려했던 것이다. 이와 관련하여 샌드라와 조노 스터브스의 루커스에 대한 걱정은 자폐증과 그로 인한 사회적 고립에 대한 것이기도 했지만 아이가 남런던에서 자라는 흑인 소년이었기 때문이기도 했다. 샌드라와 조노는 루커스가 "실제 생활"에서보다 더 독립적인 온라인에서의 역량을 칭찬했지만, 루커스를 "쉽게 조종할 수 있는 양 같은 아이"라고도 생각했다. 루커스의 사촌 형이 루커스에게 인스타그램 사용법을 가르쳐줬을 때도 루커스가 가장 처음으로 올린 사진은 사촌 형이 부추겨서 찍은 자신의 셀카였는데 "가운뎃손가락을 세우고 있는 사진이었고 사진 밑에 '비열한 긱 새끼'라고 쓰여 있었다." 조노는 속으로 이것이 "웃기다"라고 생각했지만 샌드라는 루커스를 앉혀놓고 이렇게 말했다.

너는 흑인 남자애인데, 10년 후에 사람들이 인터넷에서 네 이름을 검색했을 때 그게 나오길 바라는 거야? 길거리 깡패로 쓰레기같이 살았다고 오해받고 싶어? 마약상처럼 보이고 싶은 거야?

많은 부모가 '디지털 발자국digital footprint'에 대해 자녀와 논의하겠지만(또는 논의해야 하지만) 루커스가 흑인이고 자폐증을 앓고 있다는 사실은 샌드라가 느끼는 위기감을 가중시켰다. 그러므로 이 책에 나오는 가족들에 관한 한, 이 가족들을 이해하기 위해 그들의 희망과 두려움이 그들의 정체성과 경험, 사회의 기대가 상호 작용하는 다양한 방식을 거치면서 어떻게 굴절되는지 살피는 교차 접근이 필요하다.

경제적이고 문화적인 자원에 대한 접근성(또는 그것의 부족)과 특권은 3장에서 논의했듯이 특수교육 요구와 장애가 있는 아동의 가족을 포함해 가족들의 기회와 위험을 뒷받침한다. 예를 들어 캠벨 가족과 로빈스 가족은 중산층 백인이고 안락한 교외 주택에 살았다. 그래서 카일의 개인 도우미를 고용할 수 있었고 니나 로빈스도 아이리스를 홈스쿨링으로 가르치기 위해 집에 머무를 수 있었다. 경제적으로도 그렇지만 '언스쿨링 unschooling' 운동의 경험들을 조사하고 따라 할 수 있는 자신감 측면에서도 그랬다. 니나가 아이리스의 〈로블록스 Roblox〉〈마인크래프트〉〈테라리아 Terraria〉 같은 '오픈 월드' 게임 사랑을 토대로, 결국 〈마인크래프트〉를 아이리스의 '언스쿨링'[54]을 위한 미끼로 활용하겠다고 생각하는 데 상당한 문화적 자본이 필요했다. 니나는 이렇게 말했다.

아이리스와 매일, 그리고 온종일 〈마인크래프트〉를 했어요. 광석, 광물, 제련, 용광로의 반복이었죠. 우리는 〈마인크래프트〉를 통해 철가루를 사서 자기력을 봤고, 그것이 화학적 용해를 보는 것으로 이어졌어요. 그 덕분에 식초, 베이킹소다, 산과 알칼리를 가지고 정말 재미있게 놀았죠.[55]

이와 비슷하게 젠 피어슨은 경제적 자원이 상당히 제한적이었지만, 자신의 훨씬 더 풍부한 문화적 자본을 활용해 샬럿의 홈스쿨링을 지원하기 위한 연구 논문을 읽었다. 그러나 특권이 매우 가치 있는 많은 방법을 통해, 특수교육 요구와 장애가 있는 아이를 둔 가족들의 삶을 수월해지게 하더라도, 그것이 장애라는 현실을 완전히 지울 수는 없다. 또 기술이 이러한 가족들의 생활을 어느 정도 편해지게 할 수 있지만 결점의 구조적 문제를 극복할 수는 없다. 사실 기술은 그 그림은 복잡할지언정 어떤 측면에서는 이전의 결점을 악화시킬 수도 있다. 우리가 조사한 바에 의하면 특수교육 요구와 장애가 있는 아동의 부모는 다른 부모들에 비해 인터넷을 덜 사용하고, 인터넷 사용을 위해 더 많은 장벽에 부딪힌다고 말했다.[56]

우리가 싱글 맘 로라 앤드루스 Laura Andrews와 그녀의 열일곱 살 아들 재커리 Zachary[57]를 방문했을 당시, 재커리는 LYA에서 중증 장애 청소년의 의사소통 능력에 중점을 둔 수업을 듣고 있었다. 두 사람은 북런던의 공영주택 단지에 위치한 비좁은 아파트에 살았다. 주로 휠체어를 타고 움직이는 소년에게 꼭 필요한 장비들이 없는 상태로 지냈고 오래되고 낡은 세간을 바꿀 돈도 없었다. 로라와의 면담 내내 재커리를 위해 TV가 켜져 있었고, 재커리는 TV를 열심히 보는 중에도 입으로 소리를 내고 몸을 앞뒤로 흔들었다. 로라는 엄마에게 의존적인 재커리를 온종일 돌보고 있었고, 걱정스러울 정도로 한계에 다다른 것처럼 보였다. 로라 자신도 육체적, 정신적인 건강 문제에 직면해 있었고 사회적 지원은 거의 없었다. 로라와 재커리는 의사소통이나 취업의 수단으로서 기술에 큰 야망이 없었다. 재커리가 LYA에 참여하는 시간과 TV 앞에서 보내는 시간이 로라에게는 절실히 필요한 휴식 시간이었고 재커리에게는 즐겁고 편안한 시간이었다. 재커리는 열일곱 살이 되면서 (LYA, 그리고 그곳까지 가는 버스 이용을 포함해) 장애가 있는 청소년을 위한 많은 공공서비스의 대상 연령에서 벗어나는 시점을 앞두고 있었다. 로라와 재커리는 서로를 끔찍이 챙겼지만 그들을 둘러싼 공동체로부터 소외되어 있는 것 같았다. 디지털 기술은 두 사람에게 현재의 시간을 보내는 귀중한 방법들을 제시했지만, 미래를 생각하면 디지털 기술로는 결코 해결할 수 없는 커다란 문제들이 앞을 가로막고 있는 것만 같았다.

목소리와 지원의 딜레마

로라는 재커리가 가진 장애의 심각성이 자신의 인간관계가 파탄에 이르고 가족에게서조차 고립되는 데 어떤 영향을 미쳤는지 설명했다. 또 온종일 아이를 돌보느라 가난해졌다고 말했다. 로라에게 기술은 다른 더 일상적인 측면에서는 가치가 있었지만, 기술 학습이나 관계 맺을 기회에 대해서는 특별히 도움이 되지 않았다. 우리가 대화를 나눈 다른 부모들은 '학습공동체 community of practice'[58]를 만들기 위해 기술, 특히 소셜 미디어를 이용하기 시작했다. 학습공동체는 특수교육 요구와 장애가 있는 아동의 부모로서 살아갈 수 있도록 실질적, 정서적 지원을 제공한다. 예를 들어 콘스턴스 코스타스는 소셜 미디어를 자주 이용했다. 자폐증이 있는 아이 엄마들이 모인 그룹에 참여하고 특히 특수교육 요구가 있는 자녀를 둔 '실제' 엄마 친구들로 구성된 활동적인 왓츠앱 그룹에 참여하고 있었다.[59]

그러나 소셜 미디어, 블로그, 메시지 그룹의 이용과 기타 다른 형태의 온라인 의사소통은 대중적이지만 그것의 문제점들은 많이 알려지지 않았다. 로버트 코스타스는 다른 자폐증이 있는 아이 부모들과 좋은 관계를 맺기 위해 애썼다. 그는 온라인 포럼을 방문했지만 부모(아빠보다는 엄마)들, 때로는 아이들이 운영하는 수천 개의 블로그가 있었다. 그중에는 추진할 의제(식이요법, 특정 행동 중재 옹호, 백신 접종 거부 등)가 있는 블로그도 많았다. 로버트는 무엇이 아들에게 적절한 것인가 하는 심오한 질문에 대한 답을 온라인에서 찾으려고 노력하는 것이 "특정 물고기를 잡기 위해 그물로 바다 밑바닥을 훑는 어부처럼 (중략) 당신이 쫓고 있는 물고기 한 마리를 바다 전체에서 어떻게 찾을 것인가?"라는 느낌이 들게 한다고 묘사했다.

한 부모의 이야기는 오늘날 '셰어런팅 sharenting 문화'[60]의 잠재력과 위험을 담고 있었다. 니나 로빈스는 "패션, 트렌드 예측, 미디어" 분야에서 일하며 창조적이고 보수를 많이 받는 커리어를 가지고 있었지만 집에서 아이리스를 돌보려고 그만두었다. 면담 당시 아이리스는 여덟 살이었고 긴 곱슬머리를 등에 늘어뜨리고 있었다. 추운 날이었는데도 몸이 갑갑하면 가렵고 불안해졌기 때문에 너무 크고 늘어난 아빠의 티셔츠 하나만 입고 있었다. 아이리스는 아이 같지 않게 생각을 분명하게 표현했다(당당하게 자신을 '아스피 Aspie'라고 부르며 자신의 자폐증과 감각통합 문제에 대해 세세한 부분까지 설명했다). 가끔 아이리스의 감각 문제가 덜 심각할 때는 모녀가 함께 디지털 또는 비디지털 수업에 참여할 수 있었다. 하지만 니나가 직장을 그만두고 아이리스도 그 일원임을 "자랑스러워했던 학교 공동체"에서 나왔을 때는 니나도 새로운 관계를 찾고 있었다. 니나가 특수교육 요구가 있는 자녀를 둔 다른 부모들과 가까워지려고 애쓴 한 가지 방법은 자기 인생에 대해 자칭 "냉소적인" 블로그를 운영하는 것이었다. 니나는 자신의 사악한 유머 감각을 이용해 아이리스를 돌보며 겪는 고군분투에 관해 글을 남겼다. 그녀는 "갑자기 집에서 꼼짝 못 하는 신세"가 되었을 때 블로그를 쓰기 시작했고 "'원하지 않는다는' 감정을 처리하는 것이 꽤 어렵다"는 것을 깨달았다. 블로그는 진심을 담고 있었고 때로는 선정적이었다. 니나는 이렇게 묘사했다.

그것도 그냥 제 모습 중 하나예요. 바에서 와인 한 잔, 아니 와인 한 병과 담배 한 갑을 놓고 앉아 있는 모습이랄까요. (중략) 다른 사람의 세상에는 존재하지 않는 사람이죠.

이 묘사는 그 모습이 연상되는 만큼 가슴이 아팠다. 니나는 항상 아이리스를 돌봐야 했기 때문에 아이리스 없이 외출하는 일이 거의 없었다. 그래서 블로그가 "술집에서 스트레스 푸는 것"을 대신했다.

니나는 면담을 얼마 앞두고 블로그에 자폐증 인식 주간을 맞아 다른 종류의 글을 게시했다.[61] 세상을 힘겹게 살아가고 있지만 엄청난 재능을 가지고 있기도 한 딸 옆에 앉아 있는 것에 대한 시였다. 니나는 딸을 위로하기 어렵다는 사실을 깨달았지만 딸은 절박하게 위로를 원했다. 의사와 전문가는 도움이 필요하다는 데 동의했지만 그 도움을 줄 수 없었다. 낯선 사람이든 사랑하는 사람이든 하나같이 "고쳐야 하는 것"에 대해 제안했다. 니나는 자신의 시를 기금 모금 행사에 링크시켜놓고 자신의 페이스북 계정에 공유하며 고모와 몇몇 다른 독자들이 보고 기부하는 것을 상상했다. 이 게시물이 밤사이에 화제가 됐다. 니나는 이렇게 설명했다.

포럼에서 이 모든 사람이 그 이야기를 하고 있는 게 거의 유체 이탈한 것 같은 경험이었어요. (중략) 더 이상 제 얘기 같지가 않고 저와는 상관없는 일처럼 느껴졌죠.

갑자기 니나의 작은 블로그 조회수가 100만 회를 넘어갔다. 니나는 급하게 돌아가 아이리스와 크리스, 그리고 자신의 오래된 사진을 삭제했다. 개인정보를 지우고 무슨 일이 일어났는지 이해하려고 애썼다. 일부 칭찬하는 메일에는 "정말 대단한 어머니세요. 아이고, 전 그렇게 못합니다"라고 쓰여 있었고 일부는 "가슴 아픈 도움 요청"이었다. 또 일부는 지독하게 공격적이었고 아이리스에게 위험 약물을 먹이거나 아이를 퇴마사에게 데려가라고 권하는 사람도 있었다. 이 모든 반응을 이해하기 어려웠다. 어떤 것들은 압도적이었고 또 어떤 것들은 주제넘었고 속상하게 했다. 블로그 활동이 **무엇을** 말할 수 있고 **어떻게** 말할 수 있는지(예를 들어 오해를 받거나 비판적인, 또는 완전히 적대적인 반응을 불러일으키지 않고 어떻게 유머와 불평의 중간 정도 되는 어조로 말할지)에 대해 딜레마를 안겨준다는 사실은 분명하다.[62]

니나는 그 일이 있은 후 자신이 그냥 **"자폐 아동의 엄마 중 한 명"**인 것을 얼마나 원하지 않는지 알게 되었다. 하지만 그보다 "아이리스가 엄마를 대변하기보다 자신의 생각을 말할 수 있도록 도와야" 한다고 생각했다. 니나와 다른 부모 블로거들에게 블로그 활동은 **누구**에게 말할 권리가 있는지에 대해 윤리적으로 골치 아픈 딜레마에 빠지게 하는 것이기도 했다. 부모가 부모 자신을 위해 말하는 한, 아이의 말에는 여전히 아무도 귀를 기울이지 않을 것이다.[63] 니나는 엄마로서의 경험을 공유하면서 어쩔 수 없이 아이리스의 경험도 노출했기 때문에 셰어런팅이라는 주제에서 자유롭지 못했다. 정체성에 대한 많은 심리학적 이해가 그것의 사회적이고 관계적인 성질을 강조하고 있지만[64] 일상적인 판단에서는 정체성이 개인주의적 측면에서 이해된다. 예를 들어 니나는 실제로 아이리스와의 관계를 벗어나 자신을 표현할 수 있었는가? 아니면 더 일반적으로 부모는 부모로서의 정체성을 의식하지 않은 상태로 자신을 한 사람으로서 표현할 수 있는가? 이 딜레마는 니나가 딸의 취약성을 직면했을 때 심화되었다. 부모로서 니나가 바로 아이의 사생활을 보호하는 데 주요 책임이 있는 사람이기 때문이다.[65] 하지만 더 넓은 사회에서 말하고 공유되어야 하지만 이야기되지 않은 채 묻혀버렸을 그녀의 이야기를 더 영향력 있게 만든 것이 물론 이 딜레마였다.

주목할 부분은 니나가 부모로서의 정체성을 표현하려고 할 때 자신이 딸을 대신해 말하는 것에 대해 비판적이었다(그리고 상상되는 미래의 아이리스에게 해명할 책임이 있다고 느꼈다)는 사실이다. 니나는 "말이 서투른 자폐아들"을 포함한 많은 아이가 어떻게 "기술을 통해 자기 의견을 말할 수 있게 되었는지"에 대해 우리와 논의했다. "제 생각엔 아이들이 이제 자기주장을 할 수 있기 때문에 아이들에 대한 이해도가 높아질 것 같아요." 아이리스가 기술을 이용해 자신을 표현할 수 있게 될 거라는 생각은 니나에게 매우 중요했다. 니나는 아이리스의 미래를 이렇게 상상했다.

아이리스는 자신의 감정을 기록할 수 있고 청원할 수 있고 포럼에 갈 수 있어요. 그 모든 고립이 사라지고 [지금]처럼 단 한 사람이라는 그 모든 오해가 사라져요. 아이리스는 소수에 속하지만 의미 있는 소수가 될 수 있어요.

니나는 자신의 비전을 실행으로 옮기면서 아이리스가 블로그를 만들 수 있도록 도와주었고 우리가 방문할 당시 블로그에는 한 개의 항목이 있었다('아스피'인 것에 대한 아이리스의 견해). 니나는 아이리스가 학교에서의 경험에 대해 글을 쓸 수 있도록 도왔고 그것이 중앙지에 실렸다.

　수사학 및 장애학 학자 신시아 르웨키-윌슨Cynthia Lewiecki-Wilson은 '중재 수사법'을 부모나 보호자가 장애가 있는 아이(특히 자기 의견을 말해야 할 때 말이 서투르거나 아예 말을 잘 하지 않는 아이들)와 언어를 "함께 구성하는" 과정으로 묘사한다.[66] 아이리스는 분명 언어를 사용하고 자기표현을 할 수 있었지만 니나는 아이리스의 목소리를 중앙지를 통해 증폭시키기 위해 디지털 미디어에 대한 지식을 포함해 문화적, 사회적 자본을 이용했다. 이것은 장애아의 부모가 자녀의 의사소통을 지원하고 그것에 개입하는 방법에 관한 알퍼의 연구를 상기시킨다. '목소리'를 위한 환경을 조성하는 것은 기술 그 자체가 아니라 불공평한 자원에 의해 패턴화된 사회적 맥락 속에 기술이 내재되는 방식이다. 알퍼가 설명하듯 특정 환경에 있는 일부 부모는 "다양한 대중과 청중 사이에서 목소리를 선별적으로 증폭시키기 위해" 이러한 도구들을 사용할 수 있다. "하지만 그들의 존재가 자동적으로 구조적 불평등이라는 현재의 상황에 (중략) 이의를 제기하는 것은 아니다."[67] 더욱이 니나는 신중을 기해야 한다고 느꼈다. (자폐증 육아 블로그에서 논의되는 것처럼) 또 다른 전형적인 자폐증 "영웅"이나 "전사 엄마"가 되고 싶지 않았고 특히 아이리스의 사생활이나 자기 의견을 말할 권리를 침해하고 싶지 않았다.[68]

　아이러니하게도 우리가 이 장을 쓰면서 니나의 블로그를 다시 찾았을 때는 그 애처로운(화제가 된) 게시글만 남아 있었다. 니나가 이전에 게시했던 일상적이고 우습고 자기 비하적이며 매우 공감 가는 글들이 삭제된 것은 그녀가 저항하려 애썼던 바로 그 효과를 증폭시키는 것 같았다.[69] 이전에는 도서관 투어, 진흙탕 놀이, 그리고 두 사람을 행복하게 했던 아이리스의 자폐증과 무관한 것들에 대한 게시물들이 있었다. 이제는 독자들을 위한 지원 정보를 얻을 수 있는 곳에 대한 안내, 그리고 지원을 요구하는(우리는 면담에서 어쩔 수 없이 알게 되었다) 니나의 목소리만 있었다(그리고 이슈가 된 게시물에 달린 댓글 700여 개가 그대로 남아 있었다).

라이언과 에이미 캠벨은 비슷한 정도의 특권을 가지고 있었지만 카일이 자신의 경험에 대해 "목소리를 낼" 것이라는 기대는 많이 하지 않았다. 장애에 대한 지배적인 묘사에 이의를 제기하거나 자신의 육아 경험을 표현하는 것에 크게 관심을 가지지 않았다. 하지만 카일이 자신의 관심사를 실현하도록 도와줄 수 있는 사람들에게 카일의 의견, 선호, 필요가 확실히 전달되기를 원했다. 쇼핑몰에서 진열된 상품의 사진을 찍는 데 쏟은 시간들, 또는 학교 교사들에게 보여주기 위해 아이의 그림과 컴퓨터 디자인으로 가득 채운 파일들은 아이가 목소리를 낼 수 있게 하는 그들의 방식이었다.[70] 라이언은 무엇이 문제인지 단호하게 잘라 말했다. "사람들은 말하지 않는 사람들은 존재하지 않는다고 생각해요." 최대한 이것을 바로잡고 아들을 대변하고, 아들과 이야기를 나누는 게 그의 역할이었다. 샌드라와 조노 스터브스는 경제적 자원이 거의 없었지만 이들과 비슷하게 루커스의 "목소리"가 아니더라도 최소한 열정을 지원할 방법을 찾기로 마음먹었고 그것은 그들이 아들의 미래의 긍정적인 비전으로 고수하는 것이었다.

결론

이 책에서 우리는 대중매체, 정책 입안자들의 공표, 상업적 압력과 또래의 압력이 부채질하는, 미래에 대한 특정한 희망과 두려움이 어

떻게 부모의 상상과 우려에 불을 지피는지 검토했다. 특수교육 요구
와 장애(특히 자폐증)가 있는 아동의 부모가 겪는 경험을 고찰하면서
이 희망과 두려움이 디지털 기술의 행동 유도성에 대한 부모의 이해,
그리고 그 자녀의 흥미 및 적성과 어떻게 교차하는지 살펴봤다. 자폐
증과 기술의 행동 유도성 사이의 '선택적 친화성'이라는 개념은 부모
가 추구하려고 노력하는 긍정적인 방향을 나타내지만, 이 분석은 누
구에게 어떤 기회가 뒤따를 수 있는지를 제한하는 불평등을 드러내
보였다.

특수교육 요구와 장애가 있는 아동의 부모는 모든 부모가 그렇듯
이 디지털 기술의 큰 가능성과 그것이 (현 시점에서, 그리고 상상되는 미
래에서) 제시하는 도전 과제의 균형을 유지하려고 애쓰고 있다. 그렇
게 하면서 그들은 계속 뒤돌아보며 오랫동안 지켜온 가치관, 자원,
예상을 자주 재평가하는 것은 물론 자신의 또래와 자녀 또래의 그것
들을 감안하기 위해 곁눈질한다. 우리가 2장에서 만났던 마일스 테
일러[71]는 이렇게 설명했다.

우리에게는 자녀와의 삶이 어떻게 흘러갈지에 대해 사전에 형성된
생각이 있고 그것을 갈망하려 애씁니다. 아이들이 이것을 할 수 없을
것이고 저것을 할 수 없을 것이라는 말을 들으면 (중략) 처음에는 그
것을 보고 싶지 않고 믿고 싶지 않기 때문에 그 생각에 이의를 제기하
려 하지만 상황이 점점 더 분명해질수록 낙담하게 됩니다.

특수교육 요구와 장애가 있는 아동의 부모는 '일반적으로 발달하는'
아동의 부모들과 조화되지 않는다는 느낌을 강하게 받는다고 말했

다(때로는 그들 자신이 일반적으로 발달하는 자녀를 양육하는 방식과 차이를 느끼기도 했다). 자부심 또는 슬픔과 함께 경험하고 있는 차이였다. 니나 로빈스는 이렇게 말했다.

미래가 어떻게 될지에 대해 우리가 원하는 모든 걸 꿈꿀 수 있지만 교과서의 시나리오대로 되지는 않을 겁니다. 모두가 당신이 예상한다고 말하는 그 모든 것들을 감정적으로 놓아버리고 그것을 다시 재건해야 합니다.

우리는 또한 부모가 자녀를 위해 디지털 진로를 제시하는 것이 어떻게 기회를 얻을 가능성을 높일 뿐만 아니라 부모가 견디는 개별화된 부담을 늘리고 다양한 형태의 불평등을 영구화하는지 기록했다. 이 장에서 논의하는 많은 가정이 국가 서비스의 일부 형태에 접근했지만 대개 이 서비스들은 특히 취약한 가정을 지원하는 과업에 불충분했다. 마일스는 제이미에 대한 국가 지원을 받기 위해 싸우다가 "진짜 미치는 줄 알았다"라고 말했다. 더욱이 아이가 성인이 되는 시기에 국가의 지원을 가혹하게 철회하는 것은 긴 후유증을 남기고 미래를 생각하는 많은 부모를 고통스럽게 한다.

따라서, 〈마인크래프트〉를 통해 홈스쿨링을 하든, 교구를 제공하든, 디지털 기술이 현재(사회관계, 자신감, 표현)나 미래(취업, 자립)에 보상 메커니즘을 제공할 것으로 희망을 가지든 간에, 현재 아이들이 차선책이나 새로운 해결책을 만들 수 있게 이끄는 사람은 주로 미래를 상상하는, 비교적 특권을 가진 부모였다.[72] 니나의 재건 노력의 일부는 기술을 진정으로 수용하는 것이었다. 니나는 자신과 남편이 아이리스에게 펼쳐질 미래가 무엇인지에 대해 "조심스러우면서도 너무나도 흥분된다"라고 말했다. 하지만 니나의 지식, 열정, 특권이 아이리스의 미래에 대한 비전을 특권을 덜 가진 많은 아이들의 비전보다 더 그럴듯하고 긍정적으로 만들었다는 사실을 인정해야 한다. 샌드라와 조노 스터브스는 더 적은 경제적 자원을 가지고 있었지만 니나의 수용뿐만 아니라 문화적 자본 일부를 공유하고 있었다. 그들은 많은 노력과 지원을 통해 루커스도 세상에서 자신의 자리를 찾을 수 있길 바랐다. 로라 앤드루스는 재커리에 대해 그러한 열망을 표현하지 않았다. 기술이 현재 두 사람 모두에게 주는 도움과 즐거움에 만족했지만 시야가 그 이상으로 확장되지 않았고 가정의 앞날은 매우 불확실했다.

특수교육 요구와 장애가 있는 아동의 부모에게 초점을 맞추는 것은 '균형'이 매우 개인적이고 가족마다 다양하다는 사실을 상기시킨다. 이러한 부모들이 소중히 여기는 혜택(사회관계, 자부심, 온기, 휴식, 평온)은 우리가 면담했던 다른 가정의 그것과 공통점이 많았다. 또 온라인에서 보내는 시간과 적절한 내용 및 행동을 둘러싼 갈등이나 디지털에 대한 관심을 미래의 혜택으로 번역하는 것도 공통점이었다. 그래서 우리는 이러한 가족들을 규칙의 예외로서 괄호로 묶기보다는, 이러한 가족들의 경험과 이러한 부모가 자녀의 특수한 취약성을 고려해 기술에 대한 균형을 잡기 위해 한 일을 이해하는 것이 모든 부모가 가정의 미디어 사용을 측정하기 위해 하는 종종 숨겨진 일의 전형을 보여준다고 주장한다.

이와 유사하게 이러한 가족들은 특수교육 요구와 장애가 있는 아이들이 특별한 요구사항을 가지고 있지만 디지털 기술의 즐거움을 즐기고 일반적으로 발달하는 또래들과 비슷한 방법으로 부모를 시험한다는 사실을 상기시킨다. 하지만 이러한 아이들은 기술 이용에 의해 특히 더 악화될 수도 있는 (개인적 그리고 사회적) 취약성을 가지고 있다(사회적 압력에 저항할 수 없었던 루커스와 많은 시간을 온라인 활동에 써서 아버지를 실망시킨 제이크, 사실과 허구를 구분하지 못했던 사나를 생각하라).

이 책에 나오는 다른 부모들처럼 특수교육 요구와 장애가 있는 아동의 부모는 기술에 대해 (그들의 경험, 기술, 가치관, 그리고 그 자녀의 필요와 욕구에 따라) 수용, 균형, 저항 사이를 오갔다. 기술을 수용하는 것은 미래에 대한 희망찬 비전과 두려운 비전의 차이, 관계와 지원 유무에 의해 정의되는 현재를 의미할 수 있다. 기술에 저항하는 것은 취약한 아이를 지원하거나 가족 간 갈등을 줄이기 위해 필요할 수도 있다.

이제 우리는 이들 가정에 대한 '자산 기반'의 접근이 어떻게 모든 가정과 관련된 통찰력을 제공할 수 있는지 알 수 있다.[73] 이 장에서 논의된 부모들은, 종종 본능적으로 '개별 맞춤형 학습 personalized learning'의 형태라고 생각되는 것을 추구하고 있었다. 특정한 관심사, 강점, 잠재적 궤도가 있는 개인으로서의 자녀에게 확실히 초점을 맞추고, 지원할 수 있는 (기술적이거나 비기술적인) 올바른 도구를 결연하게 찾고 있었다.[74]

마지막으로, 특수교육 요구와 장애가 있는 아동의 가정은 '디지털 육아'에 단 하나의 접근법이 있다는 생각에 의문을 품게 한다. 더 일반적으로 말하면 특히 엘리자베스 엘세서와 제러드 고긴 Gerard Goggin 과 같은 미디어 및 커뮤니케이션 학자들은 장애학과 미디어학을 토대로, 디지털 미디어 '사용자'[소위 (암묵적으로 신체 건강한) 디지털 원주민을 포함한다]를 해석하거나 이해하는 한 가지 방법이 있다는 생각 또는 '정상적'인 것이 따로 있다는 생각을 깨뜨려야 한다고 주장한다.[75] 우리는 심지어 '일반적'이지 않은 아이를 기르는 것이 사실은 육아 결정을 내릴 때 더 큰 자유를 허용한다고 말할 수도 있다. 이러한 부모들은 다른 모든 사람이 하는 것처럼 보이는 것에 기반한 규범적인 압력이 분명 적용되지 않기 때문에 그것을 피해 덜 '표준적인' 방식으로 기회를 보고 반응할 수 있기 때문이다. 여기에서 우리는 특수교육 요구와 장애가 있는 아동의 부모를 거짓된 부러움의 대상으로 만들려는 것이 아니라 눈에 띄지 않게 대부분의 부모들을 제약할 때가 많은, 어울려야 한다는 압박감을 말하려는 것이다. 이것이 결국 어울리지 않는 사람들을 배제하게 만드는 표준을 영구화한다. 더 긍정적으로 이 부분에서 부모들의 경험은 부모들을 위해 교육자들이 제공하는 더 나은 지원과 참여의 기회와 포용적이거나 아동 인권 친화적인 기술적 설계를 암시한다. 이것은 특수교육 요구와 장애가 있는 아동의 가정은 물론, 잠재적으로 모든 가정에 혜택을 줄 수 있다.[76] 다음 장에서는 이러한 이슈 일부를 탐구할 것이다.

6장

부모와
디지털 학습

지역의 학부모이자 자원봉사자인 베스 헤일 Beth Hale은 블루벨 초등학교의 비품 보관용 벽장을 샅샅이 뒤져 낡아빠지고 오래된 하드드라이브 하나를 찾아냈다. 우리가 학교의 컴퓨터실을 방문했을 때는 베스가 4학년 남자아이 두 명(8세와 9세)과 이 상자형 하드드라이브의 측면 나사를 열심히 풀고 있었다. 베스는 컴퓨터의 중앙 통제부인 '머더보드 motherboard'의 개념을 재미있게 설명하기 위해 아이들에게 이렇게 물었다. "너희 가족은 누가 제어하니?"(머더보드의 이름에 엄마 mother가 들어가는 것을 빗댄 농담—옮긴이) 베스는 컴퓨터공학 박사학위 과정을 중간쯤 마쳤을 때 '위민 인 스템 Women in STEM(스템은 과학 Science, 기술 Technology, 공학 Engineering, 수학 Mathematics의 약자로 제4차 산업혁명에 필수적인 이공계 분야를 의미한다—옮긴이)'이라는 네트워크에 참여했다. 그리고 그 네트워크를 통해 아이들에게 코딩을 가르치는 국가 비영리단체가 있다는 사실을 알게 되었다. 그곳에서는 방과후 클럽을 운영하는 교사나 자원봉사자가 아이들에게 기본적인 '컴퓨팅 사고 computational thinking'(컴퓨터가 처리할 수 있는 형태로 문제와 해결책을 표현하는 사고 과정—옮긴이)[1]를 가르칠 수 있도록 커리큘럼을 제공하고 있었다.

블루벨은 재원이 매우 부족한 학교였지만, 베스는 학생들이 "코딩하는 방법을 근본적으로 이해"할 수 있게 지도하고, 하드드라이브 분해와 같이 "직접 만들고 팅커링하는" 기회를 제공함으로써 "개념들이 머릿속에서 확실히 자리 잡을 수 있도록" 돕고 싶었다. 클럽에는 학교의 입학생 비율이 그대로 반영되어 아프리카, 아프리카계 카리브해 지역, 아시아, 그리고 일부 라틴아메리카 출신의 학생들이 섞여 있었고, 3분의 2는 남학생이었다. 커리큘럼은 매사추세츠공과대학교MIT에서 아이들을 위해 개발한 코딩 언어인 스크래치를 활용하고 있었다. 이 스크래치 안에서는 청소년들이 아이디어를 "공유하고 재창조"할 수 있다. 그리고 그 과정에서 "중요한 수학적 개념과 컴퓨팅 개념은 물론 창의적으로 생각하고, 체계적으로 사고하며, 협력적으로 일하는 방법을 배울 수 있고, 이는 모두 21세기에 요구되는 필수적인 기술이다."[2]

얼리샤는 클럽의 활동 모습을 관찰하고 이렇게 기록했다.

아이들은 다양한 과제를 완성할 때마다 흥분을 감추지 못했다. 로켓을 달에 보내거나 태양을 환상적인 색깔로 바꾸는 데 성공하면 나나베스를 향해 큰 소리로 외쳤다. "선생님! 선생님! 이거 봐요! 여기로 와서 이것 좀 보세요!"

스크래치의 개발자들은 (예를 들면 스크래치 웹사이트의 참여 기능을 통해) 다른 사람들과 교류할 수 있게 프로그램을 만들었지만 실제로 블루벨의 학생들은 독자적으로 작업했다. 학교가 사생활 및 아동 보호를 위해 웹사이트의 소셜 네트워크 기능으로 접근하는 것을 차단했기 때문이었다. 클럽에서 학생들은 각자 자신의 컴퓨터 앞에 앉아 있었고, 옆 사람에게 조언을 구하는 일도 거의 없었다. 문제가 생기면

베스와 또 다른 자원봉사자 일라이자^{Eliza}(또는 심지어 얼리샤)에게 도움을 요청하는 일이 더 많았다. 아마도 수업 시간에는 선생님에게 도움을 요청해야 한다고 배웠기 때문인 것 같았다.

베스는 미처 몰랐던 사실이지만, 컴퓨터를 분해하던 학생 중 한 명인 아홉 살 브레이든 다통[3]은 코딩에 관심을 보이는 것에 대해 엄마 서맨사와 아빠 올루의 강력한 지지를 받고 있었다. 서맨사(2장에서 우리에게 가족이 모두 비디오게임을 좋아한다는 이야기를 들려줬다)는 올루가 근처 병원의 IT 지원 부서에서 일하고 있다는 점을 고려해 브레이든의 클럽 참여가 아이의 향후 진로에 도움이 될 것으로 기대했다. 서맨사는 이렇게 설명했다.

브레이든은 컴퓨터로 일하는 직업을 가지고 싶다고 항상 말했어요. 그래서 제가 이야기했어요. 이 클럽이 너한테 도움이 될 수도 있어. 이제 곧 중등학교에 가게 된다고 엄마가 말했지? (중략) 컴퓨터가 어떻게 작동하는지 정확하게 알면 도움이 될 거야. 저는 이게 정말 브레이든한테 필요한 지식이라고 생각해요.

하지만 서맨사는 한 번도 브레이든의 스크래치 디자인을 실제로 본 적이 없었다. 스크래치 웹사이트의 공개 갤러리 이용을 학교에서 허용하지 않았기 때문이다. 게다가 브레이든은 수업에 관해 "자세히 이야기하는" 법이 없었기 때문에 ("재미있어한다는" 정도는 알 수 있었지만) 많은 정보를 얻지 못했다. 서맨사는 아동보호 분야에서 일했던 경험 때문에 디지털의 위험성에 대해 누구보다 잘 알고 있었다. 그래서 정보가 공유되지 않는 상황이 더 많은 걱정으로 이어지고 있었다. 브레이든은 아빠와는 더 깊이 있는 이야기를 나눴고 서맨사는 이렇게 설명했다. "부자끼리 이진법에 관해 대화해요. (중략) 남편은 브레이든에게 자신이 어떤 일을 하는지 보여줘요. 집에서 전화로 일을 할 때는 일부러 의도하지 않아도 보여주게 되고요." 서맨사는 올루가 "브레이든을 또 한 명의 IT인으로 키우고 있는 것 같다"라며 웃었다.

브레이든은 클럽 활동에 적극적으로 참여하고 있었기 때문에 베스와 함께 있을 때도 코딩에 대한 관심이 유지되는 것 같았다. 베스가 메이키메이키 Makey Makey(피지컬 컴퓨팅 physical computing; 컴퓨터로 처리된 결과물을 여러 기기를 통해 현실로 출력해주는 것 — 옮긴이) 기기⁴를 꺼냈을 때도 브레이든은 곧바로 회로의 원리를 알아내고 "원을 만드니까 전기가 몸속으로 흐르네요!"라고 말했다. 하지만 베스는 브레이든이 집에서 무엇을 했고 어떤 이야기를 했는지 알 수 있는 기회가 거의 없었고 그런 것을 참고로 해서 수업을 진행할 수 없었다. 서맨사와 올루 또한 브레이든이 교실에서 배운 것을 토대로 코딩 공부를 도와주고 싶었지만 그럴 수 없었다. 그래도 브레이든의 부모는, 부족한 재원에도 학생들이 장래에 '디지털' 직업을 가질 수 있도록 교육하겠다는 학교의 뜻을 다른 부모들에 비해 잘 이해하고 있는 편이었다. 보통은 이 무료 클럽의 학생들은 스스로 클럽에 가입했고 부모들은 아이가 어떤 활동을 하는지 거의 몰랐다. 대부분의 부모가 전반적으로는 긍정적인 반응을 보였지만 코딩이라는 개념 때문에 (서맨사와 올루와는 달리) 혼란스러워했다.

이 장에서 우리는 부모와 교육자 사이의 연계와 단절에 대해 살펴볼 것이다. 교육 연구, '가정과 학교의 연계'⁵에 관한 공공정책, 커넥티드 러닝 이론의 도움을 받아 디지털 기술에 대한 가정의 가치관,

실천, 신념이 아이의 가정 밖 학습 기회에 어떤 영향을 미치는지 탐구할 것이다.[6] 앞으로 이야기하겠지만 서맨사와 올루가 '디지털 미래'라는 미래상에 맞춰 자녀를 교육하는 유일한 부모는 분명히 아니다. 하지만 이 점에 대해 객관적으로 살펴보기 위해 우리가 조사한 결과에 따르면 작년 한 해 동안 전체 아이 중 3분의 2가 과외활동 (방과 후 또는 유치원/학교/칼리지 외부의 활동) 성격의 그룹 또는 수업에 참여했지만, 이들 대부분은 디지털 기술 교육을 포함하고 있지 않았다.[7] 부모의 역할은 어떻게 상상되고 디지털 학습 계획에는 어떻게 규정되는가? 과외의 디지털 학습 현장에서 관찰 및 교육자 면담을 거듭한 결과 우리는 이렇게 묻고 싶어졌다. 왜 부모들의 투자와 헌신은 그토록 인정받지 못하고 평가 절하되는가?[8] 그래서 우리는 어떤 변화가 일어날 수 있는지를 생각한다.

부모의 역할 예상하기

런던은 다른 대도시들처럼 수많은 공공기관과 민간기관, 자금 제공자들에 힘입어 특히, 흥미를 불러일으키는 광범위한 디지털 청소년 이니셔티브, 메이커스페이스, 창작 예술 센터, 과외활동의 오랜 본거지였다. 최근 몇 년 동안은 어린이에게 코딩, 앱, 게임 개발, 음악 및 영화 제작, 웹디자인 등을 가르치기 위한 이니셔티브가 줄을 이었다. 또 가정에서의 비공식적 디지털 학습 기회를 타깃으로 하는 시장이 확대되고 있다. 2013년 당시 교육부 장관 마이클 고브 Michael Gove 는 "학생들을 기술변화의 가장 선두에서 일할 수 있게" 준비시킬 것을 학교에 요청했다.[9] 이 요청은 점점 더 탈공업화되는 국가, 영국에서 미래의 '디지털 직업'에 맞게 아이들을 준비시켜야 한다고 강조하는 기술 옹호자들에게 폭넓은 지지를 받았다. 또 학교에서는 마이크로소프트 오피스 패키지처럼 암기 위주의 컴퓨터 사용 기술로 여겨지게 된 것에 집착함으로써 많은 비판을 받고 있는 'IT' 수업보다 코딩 교육[10]에 초점을 맞추게 되었다. 블루벨에서 코딩 클럽은 공식적인 커리큘럼의 일부가 아니었지만 학교의 IT 교사와 고위 지도부는 방과 후 클럽을 열심히 운영하겠다는 베스의 제안을 환영했다. 코딩이 학생들에게 유용하고 학교의 기관 목표 달성에 도움이 될 것이라고 생각했다. 당시 학교의 규제 기관인 교육기준청 Ofsted이 이전에는 부실하게 조사했던 것에 반해 철저하게 조사를 하고 있었기 때문이었다.[11]

다양한 유형의 학습 장소가 있지만 우리는 더 제한적인 정규 교육 과정과 대조를 이루고, 디지털 기술이 아이들의 학습에 동기를 부여하고 학습을 다양화하며 강화하는 방식을 우선시하는 장소에 초점을 맞춘다.[12] 이 장에서 우리는 학습 장소 세 곳, 즉 블루벨(우리가 방과 후 코딩 클럽 및 관련된 학교 활동을 방문했던 재원이 부족한 초등학교), LYA(우리가 방과 후, 주말, 방학의 디지털 애니메이션, 음악 제작 수업은 물론 앞 장에서 자세히 소개했듯이, 특수교육 요구와 장애가 있는 아동 대상의 주간 디지털 기술 수업을 방문했던 무료, 저비용의 크로스 아트 학습 장소), 디지캠프(파이썬과 같은 소프트웨어를 이용해 디지털 제작부터 고급 코딩까지 다양한 수업을 제공하는 고가의 여름 캠프)를 비교할 것이다. 세 곳 모두, 상상되는 디지털 미래를 수용하기 위해 **자발적으로 찾아간** 부모 또는 아이(누가 등록을 주도했는지에 달려 있다)의 마음을 쉽게 사로잡았다. 하지만 그들은 3장에서 논의한 세 가지 분류와 흡사하게 서로 간에 상당한 차이가 있었다. 빈곤선 이하로 사는 사람들(소수민족 출신인 경우가 많다), 창조적으로 사는 사람들(교육을 많이 받았지만 경제적으로 제약이 있는 경우가 많다), 그리고 엘리트 계층 가족들(다양한 측면에 걸쳐 특권을 가졌고 경쟁력이 있다)로 나뉘었다. 이 장에서 우리는 우리의 관찰 및 면담 결과가 부모, 아이, 교육자의 관점을 포함하고 있는 가족에게 초점을 맞춘다.

사회 각계각층의 부모들에게 있어, 디지털 학습 기회에 대한 접근 방법은 무엇이 '대중적'이고 '일반적'인 학습이론으로 묘사되었는지에 의해 틀이 잡히고, 기술이 아이들에게 강력하게 동기를 부여할 뿐 아니라 **교육적** 또는 **창의적**이라는 생각을 중심으로 할 때가 많았다.[13] 앞 장에서 살펴봤듯이 학습에 대한 디지털 기술의 잠재력을 상상하는 것은 부모들이 가정의 디지털 자원과 가정 밖의 교육활동에 자주 상당히 쏟는 투자를 정당화한다. 더 큰 가능성은 디지털 기술이 청소년의 학업적 성취, 직업적 성공, 시민 참여에 대한 자발적인 관심을 '뒷받침할' 수 있다는 것이다.

자신의 '불꽃'이나 '열정'을 '찾는' 아이들에 대한 논의는 많이 있었지만 디지털 기술에 대한 아이들의 흥미가 어디에서 어떻게 비롯되는지에 대해서는 이상하게 거의 관심이 없었다. 또 부모는 아이를 단지 특정 시점이 아니라 전 생애에 걸쳐 안다는 점에서 아이의 흥미를 장기적으로 유지하는 데 교육자보다 유리하다는 사실이 항상 인정받지는 못했다. 하지만 어린 시절의 사회화에 대한 연구 결과에 따르면 가정의 문화와 관행이 아이의 발달과 삶의 기회에 미치는 영향은 깊고 오래 지속된다.[14] 교육 전문가 수잰 히디 Suzanne Hidi와 앤 레닝거 Ann Renninger는 학습자의 흥미가 환경에 강력하게 기반하며, 주로 가정 내에서 자극되고 유지된다는 사실을 발견하고 **흥미 발달 모형**

interest development model을 제안한다.[15] 부모들은 대체로 이것을 직관적으로 알고, 다양한 과외의 비공식적 학습 기회를 자녀에게 제공해봄으로써 가능성 있는 관심사를 실험한다. 또 학교와 관련해 자신을 아이의 '대변자'로 포지셔닝하여 아이의 특정 관심사와 열정을 전달하고, 자신에게 허락되지 않았다고 생각하는 관심사를 아이에게 권장한다. 우리의 현장 연구에서 부모들은 무엇이 아이의 마음에 들거나 흥미를 불러일으키는지 보기 위해 마음을 끌 만한 선택지들을 최대한 다양하게 제공한다고 설명했다. 이것은 희망과 실망을 반복해 느끼면서도 수년간 수행되어온 자원 집약적인 과정이다. 때로는 자신이 가지 않은 길을 뒤돌아보고 후회하면서 '우리 아이는 이거나 저거하는 걸 좋아하고 그래서 이게 우리 아이야'로 요약할 수 있는 시점에 이를 때까지의 과정이다.

이 과정이 디지털 학습과 어떤 관련이 있을까? 발달심리학자 브리지드 배런과 동료들은 실리콘밸리의 특권층 부모들이 어떻게 자녀의 '학습 동반자' 역할을 하는지 연구했고 부모의 일곱 가지 '뒷받침하는' 역할을 다음과 같이 밝혔다. "가르치기, 프로젝트에 협력하기, 비기술적인 지원 제공하기, 학습 기회 중개하기, 학습자원 제공하기, 자녀에게 배우기, 자녀가 기술 프로젝트를 돕게 하기."[16] 그들은 더 나아가 가치관과 상황에 따라 부모가 여러 역할을 맡아 병행할 수도 있음을 보여줬다.[17] 그들의 표본이 된 부모의 특권적 성질을 고려해볼 때, 우리는 더 다양한 수단을 가진 부모가 가족의 관심과 활동을 대외적 성취로 바꿀 수 있는지 궁금했다(3장에서의 논의 참조).

그에 반해 커뮤니케이션학자 멀리사 브러프 Melissa Brough 와 동료들은 예외적으로 열정적인 저소득 '커넥티드 러닝 학습자들'의 부모들을 면담해 이들이 자녀의 기술에 대한 관심을 격려하기 위해 찾은 '관여'와 '미관여'의 범위를 밝혀냈다.[18] 부모의 지원은 대화를 끌어 내기 위해 '접점을 격려하는 것'(예를 들어 아이들이 디지털 사진을 찍는 부모님을 볼 때)처럼 간단한 것일 수 있다. 그러한 가정에서 부모는 아이가 디지털 생활을 통해 고도의 자율성을 발달시키도록 지원했다. 다른 연구들에서는 디지털 기술 이용에 그렇게 민주적으로 접근하는 경우가 이민자 가정에서는 흔하다는 사실을 알아냈다. 예를 들어 부모가 익숙하지 않은 언어 또는 환경에서 협상하는 것을 돕기 위해 아이가 (디지털과 비디지털) 매체를 이용한다.[19] 비키 캐츠 Vikki Katz와 빅토리아 라이드아웃 Victoria Rideout은 미국의 저소득 라틴계 가정에서 학교와 관련된 것을 포함해 학습과 성취를 지원하기 위해 아이와 함께 기술을 보거나 가지고 놀거나 이용할 확률이 훨씬 더 높다는 사실을 발견했다.[20]

이들 연구를 포함해 여러 연구 결과에 따르면 많은 가정에서 디지털 기술은 아이들의 관심사와 인지적, 사회적 발달에 대한 '정신적 지주'를 제공한다. 예를 들어, 2장에서 우리는 신앙심이 깊은 가정에서 종교적 활동을 위해 어떻게 앱과 온라인 매체를 이용하는지 살펴봤다. 또 다른 이민자 부모는 영어가 지배적인 문화에서 성장하는 자녀가 부모의 모국어를 더 잘 할 수 있도록 위성 라디오나 인터넷 콘텐츠를 이용했다.[21] 연구자들이 그것을 일컫는 말인 '공동 미디어 참여 Joint media engagement'는 다양한 특정 학습 성과를 뒷받침한다는 점에서 특히 가치가 있고 디지털 미디어 리터러시에 대해서도 그렇다.[22] 학습 과학자 로리 다케우치 Lori Takeuchi와 리드 스티븐스 Reed Stevens는 사회가 "사람들이 어떻게 함께 미디어를 이용하고 그것을 통해 무엇을 배우고 어떻게 배우고 있는지에 대해 너무 좁은 그림"을 가지고 있다고 우려하면서 이렇게 주장한다.

아이들이 미디어를 통해 무엇을 배우고 무엇을 하는지는 미디어의 내용에 따라 많이 달라지지만, 그것들이 이용되고 보여지는 맥락과 누구와 함께 이용되고 보여지는지에 따라서도 많이 달라질 것이다.[23]

'커넥티드 러닝'이나 '공동 미디어 참여'의 잠재적 혜택을 알면 우리가 2장에서 비판했던 '스크린 타임'에 관한 의학적 모델보다 훨씬 더 전도유망한 방향으로 나아갈 수 있다. 이것은 부모에게 자녀가 기술과 함께 보내는 시간을 제한하고 감시하는 것보다 더 많은 역할을 제시한다.[24] 그러나 가정에서 디지털에 대한 자녀의 관심을 지원하기 위해 부모가 하는 모든 일에도 불구하고 그러한 관심이 지속적인 성공의 형태로 번역되려면 부모의 노력이 가정 밖의 다른 사람들과 연결되고 그들에게 인정받아야 한다.[25] 가정에서의 디지털 관심과 가치관이 청소년의 삶에서 변화시키는 힘을 지니기 위해서는 교사의 인정을 통해서든, 다른 교육자나 온라인 또는 오프라인 또래의 인정을 통해서든 다른 곳에서 강화되어야 한다. 그러한 디지털 미래를 위한 준비는 학습 기회를 제공하는 도구적 가치 이상을 포함하는 것이라고 우리는 주장한다. 곧 이야기하겠지만 부모와 교육자 모두 학습자를 한 **사람**으로 형성하기 위해(스탠턴 워섬 Stanton Wortham의 말로 아이의 '학습 정체성'을 형성하기 위해) 애쓴다.[26]

우리가 '긱' 가족(4장)과 특수교육 요구와 장애가 있는 아동의 가족 일부(5장)에서 가장 확실하게 관찰할 수 있었던 것처럼 모든 가정에서 디지털 학습에 대한 투자는 돈과 시간뿐 아니라 아이의 정체성, 집에서의 가족의 관행을 투입하는 것이고 미래의 혜택이 될지 매우 불확실한 상황에서 미래에 대한 부모의 희망을 투입하는 것이다. 그런데 3장에서 탐구했듯이 많은 부모가 장애물과 놓친 기회에 대해 장황한 설명을 늘어놓는 반면 일부 부모는 부모가 이미 수용한 것을 자녀가 배울 수 있도록 기회를 찾아내고 식별할 수 있는 더 나은 자원을 가지고 있었다.[27] 많은 부모는 자신의 상황이 어떻든 자녀를 지원하기 위해(또는 지원하지 않기 위해) 준비되어 있다. 하지만 지금까지 다른 장에서 분명히 보여준 것처럼 부모의 디지털 학습에 대한 투자 '성공'은 부모의 능력뿐 아니라 아이의 삶에 관여하는 다른 어른들의 능력에도 의존한다. 따라서 우리는 부모와 이야기하는 것에 더해 교육자들에게 부모의 노력에 대해 무엇을 알거나 생각하는지 묻고 그들의 관점에서 '커넥티드 러닝'에 대해 생각해볼 것이다.

블루벨 — 포용하는 노력

베스는 블루벨에서 코딩 클럽을 개설하기 전에 자원이 더 많은 지역의 공립학교에서 그것을 운영했다. 그러나 그곳에서 동기부여가 되지 않고 도전적인 행동을 보이는 학생들을 발견했다. 그 아이들은 다른 방과 후 클럽도 많았기 때문에 코딩은 "할 게 너무 많은" 활동이라고 생각했다. 반면 블루벨에서는 학교 무상급식을 받는 학생이 전국 비율(빈곤을 나타내는 지표)의 두 배에 달했기 때문에 학교가 다른 방과 후 기회를 거의 제공할 수 없었고 클럽의 지원자 수가 너무 많았다.[28] 블루벨의 상냥한 IT 교사 숀Sean은 시간강사였음에도 컴퓨터 커리큘럼 시행 및 '디지털 리더' 제도[29] 운영을 담당하고 있었고 학생

뿐만 아니라 다른 교사들에게 기술을 가르치는 업무를 맡고 있었다. 게다가 그는 학교의 '인터넷 안전 옹호자'였고 정부의 사찰단(교육기준청)이 요구하는 대로 학생과 교사를 다시 훈련시켰다.[30] 얼리샤는 어느 날 방과 후에 긴 하루를 보내고 피곤한 기색이 역력한 교사들을 온라인 안전에 대한 전문성 개발 수업으로 이끄는 그를 지켜봤다. 아니나 다를까 수업에선 기술의 긍정적인 이용에 대해서는 어떠한 언급도 없었고 오로지 위험에 초점이 맞춰져 있었다. 논의가 부모 이야기로 전환되었을 때 교사들은 "부모들이 그루밍에 대한 교육을 받기를" 간절히 바라고 있었다. 또 "부모들이 스마트폰을 물려주는" 것이 "버스에서 또는 집에 가는 길에" 일부 학생이 사이버불링을 당하는 결과로 이어지는 것에 대해 애석하게 생각했다. 교사들은 부모들이 무지하다고 느꼈고 그래서 아이들뿐만 아니라 보호자들을 교육해야 한다는 책임감을 느꼈다.[31]

베스가 코딩 클럽을 학교로 통합시키고 부모를 참여시키려고 한 것은 이러한 전후 사정 때문이었다. 그녀는 교사들에 대해 이렇게 묘사했다. "정말 적응력이 뛰어나요. (중략) 그냥 나가서 어디서든 자원을 구하죠." 그러나 "너무 바빠서" 클럽에 올 수 없다는 것이 아쉬웠다. 부모들도 아이들을 데리러 갔을 때 보통은 정신이 없고 시간 여유가 없어서 컴퓨터실로 올라가지 못하고 1층 입구에서 아이들을 만났다. 또 일부 부모는 베스에게 친근히 대했지만 영어가 서툴러서 수업 시간에 무엇을 했는지 많이 물어보고 싶어도 그러지 못했다.

서실리아 아파우[32](2장과 3장에서 만났다)는 아들 유진이 코딩 클럽에 다니는 것은 알았지만 이렇게 말했다. "아이가 정말로 뭘 하는지는 몰라요. 아이가 설명하려고 애쓰는데 무슨 말인지 잘 이해가 안

돼요." 서실리아는 그것에 대해 베스에게도 물어보지 않았는데 아마도 그럴 기회가 없었거나 이전에 학교와 소통하려 했는데 불만족스러운 경험을 했기 때문일 것이다. 우리는 이 가족을 방문했을 때 유진이 코딩 클럽에서 무엇을 했는지 서실리아에게 직접 설명하도록 유도했다. 하지만 아이는 '코딩' 부분을 분명히 설명하지 못하고 그 대신 게임 플레이에 초점을 맞춰 말했다. 클럽에 참여하면서도 코딩의 성질이나 가능성을 완전히 이해하지 못한 것 같았다. 얼마 후 유진은 코딩이 "재미없다"라며 그만뒀고 엄마는 그 원인이 "집에서 코딩을 연습할 수 없기 때문이었는지" 궁금해했다. 코딩을 계속하고 싶어 하는 사람들에게도 계속할 수 있는 선택권은 없었다. 클럽에 지원하는 사람이 너무 많아서 다른 사람들에게 자리를 내주기 위해 누구도 한 학기 이상 계속하는 것은 허용되지 않았다.

요컨대 코딩 클럽에서 배우는 내용의 많은 부분이 부모가 이해하기는 힘든 내용이었다. 그런 한편으로 부모가 학교와 관계를 맺는 더 익숙한 방법이 있었다. 예를 들어 저소득 싱글 맘인 베서니 카슨^{Bethany Carson}[33]은 아홉 살 딕슨^{Dixon}이 코딩 클럽에서 무엇을 하는지 거의 알지 못했다. "아이가 진짜로 관심 있어 하고 완전히 집중해요. 원래는 뭔가에 오래 집중하지 못하기 때문에 정말 반가운 이야기죠"라고 말할 수 있을 뿐이었다. 그러나 학교에서의 활동을 모르는 것은 일반적이라기보다 예외적인 것이었다. 베서니가 유감스러워하며 말한 것처럼 딕슨의 블루벨 교사는 그녀와 매일 연락했다. 딕슨이 수업 시간에 끊임없이 말하는 것처럼 보이고, 종종 까불고, 공부가 뒤처져 있었기 때문이었다. 그래서 베서니는 학교로 불려 왔지만 더 긍정적인 목적이 있어서가 아니라 문제를 해결하기 위함이었다. 딕슨이 코딩 클럽에 참여해 옆자리 친구와 협업하는 모습을 우리가 어떻게 봤는지 이야기했을 때 베서니의 얼굴에는 기뻐하는 기색이 역력했다 (그녀에게 코딩은 덕슨이 단순히 기술을 배우는 것뿐만 아니라 참여하고 듣고 집중하게 함으로써 유익한, 추상적으로 좋은 것이었다).

블루벨은 또한 부모와 연락하기 위해 디지털 기술을 이용하기 시작했다. 보통 문자메시지로 연락했고 부모의 의견을 요청하기보다는 가정으로 메시지를 보내는 일방향적인 방식이었다. 그러한 메시지는 서실리아 아파우가 큰딸의 교사에게 일제고사 준비를 돕는 앱에 대한 정보를 얻었다고 말한 것을 제외하면 (부모들이 답할 수 없는 번호로 체육복을 가져오는 것을 상기시키는 문자를 보내는 것과 같이) 주로 학교의 행정상 필요에 의한 것이었다. 우리가 현장 연구를 하던 시기에 이 학교는 교육 도시라는 의미의 '에듀케이션 시티 Education City'[34] 라는 '디지털 숙제' 플랫폼을 새롭게 도입했다. 우리는 설명회에 참석해, 부모들과 아이들이 학교의 아이패드에 비밀번호를 설정하게 하려고 IT 교사 숀이 의연하게 애쓰는 모습을 지켜봤다(안타깝게도 요구되는 플래시 Flash 소프트웨어가 없는 아이패드가 절반 정도 되어서 설명이 제대로 되지 않았다). 게다가 참석한 부모의 수가 너무 적어서 비밀번호와 아이패드 대여에 관한 문제가 몇 주 동안 계속되었다. 에듀케이션 시티는 읽고 쓰기와 계산하기를 배우고 익히는 앱들로 구성되어 있었다(베스가 코딩 클럽에 포함하려 했던 더 창의적인 활동과는 거리가 멀었다).[35]

우리는 그 기간에 블루벨이 주로 스스로 학교를 찾는 부모들, 흔히 문화적 자본이 더 풍부한 부모들(그리고 어느 정도는 경제적 자본이 더 풍부한 부모들)에게 하는 연락이 성공하는 것을 목격했다(부유한 가정은 없었지만 빈곤선 이하로 살고 있는 블루벨의 다른 가정보다 더 나은 상황이 었다). 다른 부모들과의 연락은 성공하지 못했거나 기회보다 문제에 의해 이뤄질 때가 많았다(앞쪽의 서실리아 아파우와 서맨사 윈스턴의 사례에서 본 것처럼). 아이러니하게도 과외활동으로서 코딩 클럽의 비공식성은 아이들이 종종 집과 학교 모두에서 기술에 열정적이라는 점을 고려하면 가정과 학교의 더 나은 관계에 도움이 될 수 있었을 것이다. 그럼에도 불구하고 부모들은 여전히 아이들이 무엇을 하는지 분명히 알 수 없어 방해받고 있었다. 우리의 조사 결과에서도 부모 중 절반가량만이(주로 10대 자녀보다 더 어린 자녀가 있는 부모들) 자녀가 유치원이나 학교 또는 칼리지에서 무엇을 배우는지 잘 알고 있다고 생각했다.

우리가 블루벨에서 경험한 것은 문제와 가능성 모두를 드러냈다. 서실리아, 서맨사, 베서니는 모두 자녀가 배우고 있는 것에 관심이 있었지만 접근할 수 없거나 참여 요청을 받지 못했다. 세 사람 중 서맨사가 남편 올루와 함께 아들의 관심사를 지원하는 데 가장 적극적이었고 이것은 우연이 아니었다. 베서니와 서실리아는 모두 싱글 맘이었고 그래서 기꺼이 지원하려는 마음은 있었을지도 모르지만 시간이 충분치 않았고 올루처럼 디지털 스킬이 있는 것도 아니었다(엄마들이 이러한 스킬을 가질 수 없거나 가지지 않는다는 말은 아니다. 예를 들어 학교의 베스 헤일도 엄마였다). 우리는 자원봉사자가 운영하는 방과후 클럽의 한계와 부모들 자신의 어려움을 고려해볼 때 어떻게 이러한 부모(특히 엄마)들이 학교에서의 경험에 초대받을 수 있을지 궁금해졌다. 우리는 블루벨에서 아이에게 문제가 있을 때 부모에게 연락하고 인터넷 안전에 대해 교육하거나 시험 준비 또는 숙제를 위한 앱처럼 도움이 되는 디지털 활동을 제시하려고 노력하는 것과, 코딩 클럽에서 경험할 수 있는 것 사이의 차이를 눈치채지 않을 수 없었다.[36] 우리가 4장에서 논의한 것처럼 그 보상이 상당할 수 있지만 종종 불투명한, 더 창의적이거나 제한이 없는 활동에 대해서는 부모들이 대체로 알아서 했다.

디지캠프 ― 첨단기술

디지캠프의 래피드 프로토타이핑 수업은 런던 중심부의 '메이커스페이스'에서 이뤄졌다. 웨어러블 기기부터 비닐 두루마리들, 전기 전도를 위한 구리 천까지 '메이킹 making' 키트의 잡동사니들로 가득한 곳이었다. 우리는 학생들이 프로토타이핑을 시작했을 때 협력 학습을 생생하게 관찰할 수 있었다(학생들이 물체를 설계하고 만들며 그것을 반복하는 방법을 배우는 빠른 속도의 수업이었다). 학생들 모두 '미래를 만들자'라고 쓰인 티셔츠를 입고 있었고, 실력 있는 아시아 출신 학생들도 소수 있었지만 대부분 남학생이었고 대부분 백인이었다. 이곳이 "세계적 수준의 센터"이고 학생들은 이미 기술에 "능숙하다"라는 자신감 넘치는 이야기를 들을 수 있었다("너는 메이커야", "너는 전문가야"). 첫째 날 효과적인 비유 하나가 학생들에게 강조되었다. "모든 사람이 비행기에서 일하고 있고 너희는 조종사야. 우리는 너희가 반드시 이번 주 내로 이륙하길 원해." 이 이야기에서 교육자들은 학생들이 "날아오르도록" 도울 준비가 된 "관제탑"이었다.

기술 분야 기업가이자 디지캠프 설립자인 수재나 로저스 Suzanna Rogers의 비전은 완전히 전문적인 기업에 대한 것이었다. "자원봉사자들에게 기반을 두고 싶지 않았어요. 그게 어떤 수준까지 이뤄지길 바라고 그들이 어떻게 행동하길 바라는지 말할 수 있기를 원하기 때문이었죠." 그녀는 이러한 목표 의식을 가지고 캠프의 명성에 맞는 기관에서 수업을 하기로 결정했고(런던 명문 대학의 메이커스페이스에서 강의실을 빌리고 협력했다) 학생들에게 미래 진로에 대한 영감을 줄 수 있기를 희망했다. 수재나는 직원에게는 요구가 많았지만 학생들에게는 더 유연했다. "아이들이 주말까지 뭔가를 완성하기만 하면 돼요." 그녀는 이렇게 설명했다.

아이들은 그것을 아름답게 만들 수 있어요. 아니면 복잡하게 만들 수도 있어요. 철자가 틀릴 수도 있죠. 우리는 그 작업의 어떤 것에 대해서도 제동을 걸지 않아요. 그저 아이들이 집중해서 과업을 해결하게 합니다.

디지캠프는 프로토타이핑과 함께, 코딩하는 방법(파이썬, 자바같이 더 복잡한 코딩 언어를 이용한다)을 배우는 것부터 비디오게임을 만들고 웨어러블 기술을 설계하는 것까지 다양한 수업들을 운영했다. 이 학습 모델은 자기 속도대로 할 수 있는 독립적인 학습 중 하나로, 문제 해결과 (물체 또는 코딩에 대한) 팅커링을 통해 학습하고 필요한 경우 또래와 전문가가 길잡이 역할로 지원했다. 디지캠프에서 일하는 젊은 교육자들은 자신들이 대학이나 직장에 있을 때뿐만 아니라 여가 시간에도 메이커, 코딩하는 코더, 디자이너, 게이머라고 우리에게 말하고 싶어 했다. 디지캠프의 수업들은 최소한의 설명만 하고 학생들이 창의적인 결정을 하도록 놔둠으로써 실수를 감수하거나 노력을 배가하도록 하는 게 기풍이었다. 이러한 '긱'의 기풍은 디지털 전문 지식을 찬양하는 한편, 캠프의 사교적 측면에는 거의 주의를 기울이지 않았다. 예를 들어 마크 티보[37]는 집에서는 자신만만했지만(3장 참고) 파이썬 II 수업에서는 외톨이였다. 수업은 열심히 들었지만 쉬는 시간에도 자신만의 세계에 있는 것처럼 혼자 앉아 있었다. 이런 점에서 마크는 조직적이거나 즉흥적인 사회적 상호작용이 부족했다. 그러한 특성은 상당히 전형적인 것이었고 그것이 학생들과 캠프의 긱 정체성에 기여한다는 사실은 부인할 수 없다.

웹디자인 수업에서는 학생들이 편안한 분위기에서 예의 바르게 행동하며 가끔 나누는 잡담을 제외하고는 조용히 공부했고 가끔 옆 친구들을 도와주는 모습도 보였다. 웹디자인은 코드를 틀리지 않아야 하는 성가신 작업이었고 학생들이 창의성을 발휘할 여지는 없었다. 칠판에 쓰인 명령어를 그대로 옮겨 써야 했고 이미 완성된 사이트를 개조하기 위해 문제를 일으키는 모든 오류를 꼼꼼하게 잡아내야 했다.

열두 살 올리버[38]는 키가 작고 안경을 쓴 남학생이었고 실력이 아주 뛰어난 것은 아니더라도 항상 수업 시간에 쾌활했다. 올리버는 학교 친구인 재스퍼[39](4장에서 이야기했다)에게 디지캠프를 소개했다. 두 소년은 수업을 재미있어했고 열심히 배웠지만 유튜브에서 음악도 듣고 같이 웃기도 했다(그리고 두 친구는 우리에게 많은 램과 인상적인 비디오 및 사운드 카드로 만든 특화된 게임기를 꼭 보여주고 싶어 했다). 디지캠프의 방침은 학생들이 자신이 사용할 노트북을 가져오는 것이었다. 자신의 노트북을 가져온 아이들은 디지캠프의 라이선스로 설치한 소프트웨어 복사본을 노트북에 남겨둘 수 있었다. 이는 더 많은 특권을 가진 아이들이 집에서 작업을 계속할 시간을 가지기가 더 쉬왔다는 것을 의미한다. 블루벨의 아이들은 클럽 밖으로 자신의 작업물을 가지고 나올 수 없거나 가지고 나오지 않았고 그래서 대부분의 부모가 작업물을 볼 수 없었던 것과 뚜렷하게 대조된다.

재스퍼의 엄마는 아이의 긱 특성을 제대로 인식하거나 지원하는 데 어려움이 있었지만 올리버는 엄마 카일리에게 충분한 지원을 받았다. 카일리는 우리가 면담한 부유한 가족 중 드물게 대학에 다닌 적이 없는 크게 성공한 여성 사업가였다. 올리버의 교육과 관련해 카일리에게 동기를 부여한 요소는 두 가지였다. 첫째, 그녀는 아이가 다니는 사립학교의 결점이라고 생각하는 것을 보완하려 했다. 사립학교에서는 수업 시간 외에는 IT 사용을 제한했고 유용하지만 창의적인 면이 거의 없는, 마이크로소프트 오피스 소프트웨어 제품군 교육에 초점을 맞췄다. 카일리는 이렇게 말했다. "그건 그냥 관리하는 거죠. IT는 프로그래밍, 웹디자인, 모바일 기기 설계를 이해하는 겁니다." 또 이렇게 덧붙였다.

요즘 아이들은 디지털 기술을 잘 다루는 세대예요. 저는 학교, 심지어 정말 좋은 시설을 갖추고 있다는 사립학교도 그 교육에서는 충분하지 않다고 생각해요.[40]

둘째, 카일리는 올리버에게 다른 접근이 필요하다고 믿었다. 카일리는 올리버가 시각형 학습자visual learner이고, 디자인에 관심이 있지만 코딩 경험은 부족하고, "딥 코딩"이 "정말 지루하다"라고 할 것 같았다고 설명했다(그래서 올리버는 가령, 파이썬이 아닌 웹디자인 과정에 등록하게 되었다).[41] 카일리는 올리버가 〈마인크래프트〉 하는 것을 지켜보고 있으면 "아이가 코딩을 잘할 수도 있다는 생각, 공학적 사고방식 같은 것을 가지고 있을지도 모른다는 생각이 들었어요. 왜냐하면 이 놀라운 것들을 만드는 것만 내내 하고 있었거든요"라고 말했다. 이렇게 카일리는 "관심이 주도하고" 또래의 지원을 받는 전형적인 학습 과정을 묘사했다. "올리버는 포럼 같은 곳에 가서 뭔가를 찾고 다른 아이들의 도움을 받아요. 제안 같은 거요. (중략) 뭘 찾고 싶든지 간에 결국에는 찾아요." 카일리는 올리버에게 성취를 강요하지 않았다고 분명하게 말했다. 기술, 스포츠, 음악, 그 밖의 다른 활동에 대한 면담이 끝나고 나서 카일리는 이렇게 말하는 것으로 면담 내용을 정리했다.

저는 아이에게 많은 것을 소개하고 싶지만 그렇게 하면 아이는 계속 새로운 것을 시작하기만 할 거예요. 아이가 뭔가를 좋아할 때는 많지만 끈질기게 하지 않기 때문에 약간 실망스러워요.

이렇게 우리는 많은 부모에게서 무엇이 시작되는지 보기 위해 뭔가를 시도하는 것에서 오는 혼란에 대한 이야기를 들었다. 그리고 그것은 집중 양육으로 보일 수도 있지만 부모가 관심 주도 학습과 스스로 동기를 부여하는 학습 정체성을 지원하는 방법이기도 했다.

카일리는 올리버가 다니는 학교의 한계라고 여겼던 것을 보완하기 위해 가정 밖의 학습활동 제공에 초점을 맞췄지만, 열두 살 에즈미[42]의 부모는 가정, 학교, 과외학습 사이의 더 큰 상호 보완성을 생각했다. 에즈미는 래피드 프로토타이핑 수업에서 아주 자발적인 학생 중 한 명이었다. 우리는 에즈미가 레이저 커터로 잘라낼 무인도를 디자인하는 모습을 관찰했다. 대부분의 학생들은 온라인에서 찾은 아이디어를 베끼려고 했지만 에즈미의 프로젝트는 야심적이고 독창적이었다. 에즈미는 끈질기기도 했다. 소프트웨어 잉크스케이프 Inkscape를 이용해 '교차 intersection'와 '합 union'을 어떻게 하는지 배웠을 때는 조각들이 한번 만들어지면 서로 잘 맞춰지도록 프로젝트를 몇 번이고 반복했다.

에즈미는 코딩이 "미래"이고, 성공적인 취업으로 가는 길이라고 이야기했다. 그래서 학교와 집에서 하는 스크래치와 파이썬 공부를 디지캠프에서 보완하고 싶다고 했다. 예를 들어, 에즈미는 국립(공립) 초등학교에서, 스크래치를 사용하는 것으로 알려진 새로운 사립 중등학교로 올라가는 것에 대해 이렇게 말했다.

> 저는 실험을 했어요. 왜냐하면 새로운 학교로 가기 전에는 스크래치로 코딩하는 것이나 그런 것에 대해 많이 몰랐거든요. 그래서 스크래치로 그냥 실험을 하고 그걸 찾아본 다음에 학교로 돌아왔을 때 그 연습했던 것을 넣었어요.[43]

여기에서 우리는 커넥티드 러닝을 설명하는 요소들을 본다. 관심 주도, 시행착오 기반, 또래의 지원(에즈미의 가장 친한 친구 한 명도 코딩을 아주 좋아한다), 학문적으로 인정받음.[44]

특히 에즈미는 집과 학교에서, 방과 후에, 그리고 디지캠프에서 관심사에 대해 공부할 기회가 있었고 그 결과 선순환적으로 지원을 받을 수 있었다. 이것은 부분적으로 가정과 학교 간의 긍정적인 관계에 기반한 것이었다. 에즈미의 엄마 앤은 우리에게 말했다. "저는 이런 것들이 일반적으로 받아들여지는 것이라고 생각해요. 아이들 모두 삶을 끝까지 개척해나가야죠." 에즈미의 부모는 직업적으로 성공했고 특히 아빠는 집에서 전문가적 자원을 제공함으로써 에즈미의 미디어 리터러시(2장 참조)와 디지털 제작을 지원하려고 노력했다(4장 참조). 에즈미는 부모에게 크리스마스 선물로 (이미 가지고 있던 라즈베리 파이 Raspberry Pi와 리틀비츠 littleBits 로봇 키트에 더해) 메이키메이키를 받고 아주 좋아했고 아빠 데이브(컴퓨터 얼리 어답터로 우리에게 자신이 1983년부터 "긍지를 가지고 온라인"에 있었다고 말했다)와 함께 그것을 파악해가고 있었다.[45]

앤과 데이브는 불안해하기보다 열성적이었다. 기술을 아주 좋아하고 면담 과정에서도 소셜 미디어 플랫폼을 비교하고 게이머게이트 Gamergate와 3D 프린팅의 잠재력, 사물인터넷에 대해 논의하는 것을 즐겼다. 그들은 디지캠프에도 긍정적이었다. 데이브는 공개 행사에 갔고 앤은 에즈미가 만든 야자나무를 자신의 사무실에 전시했다. 두 사람 모두 에즈미가 배우고 있는 것에 대해 에즈미와 대화를 나눴다. 데이브는 교육자들이 프로토타이핑에서 실패가 왜 중요한지, 그것이 왜 과정의 일부인지 충분히 설명하지 않은 것에 비판적이었지만 에즈미가 교사들에게서 대단히 중요한 자립을 배웠음에도 딸의 학습에 계속 관여했다.

에즈미의 부모는 분명 에즈미를 지원하기 위해 자신들의 상당한 기량, 관심, 자원을 이용했다. 하지만 현장 연구에 참여한 다른 부모들은 대부분 기회가 있어도 그렇게 효과적으로 이용하지 못했다. 이 가족에게는 두 학습이론이 적용되고 있었다. 긱 문화의 팅커링 이야기(4장에서 논의했다) 그리고 강요하는 듯한 분위기 없이, 이따금 변덕스러운 청소년의 관심을 지속하고 지지하는 데 요구되는 섬세한 균형이라는 좀 더 일반적인 이야기 말이다. 데이브가 설명한 것처럼 "에즈미는 소프트웨어 개발자가 될 거예요. 자신감만 가지면 돼요"가 아니었다.

디지캠프 설립자 수재나는 더 노골적으로 야심을 드러내며 이렇게 말했다. "아이들은 매우 기업가적이에요. 그래서 신병훈련소 개념으로 스타트업을 몇 개 운영하려고 해요." 학생들이 끊임없이 '수익화와 분배'에 대해 물었기 때문이다.[46] 수재나는 다양한 배경의 학생들을 교육하기 위해 고통을 감수했다. 가령 루커스 스터브스[47](5장에서 논의했다) 같은 저소득가정의 아이들에게 장학금을 지원하기 위해 기업의 후원을 얻어냈다. 앤과 데이브는 에즈미가 미래에 얻는 것보다 현재의 흥미를 우선시하는 것으로 보였지만 디지캠프의 부모들의 풍부해 보였던 문화적, 경제적 자본은 그들이 디지캠프를 통해 접근 가능해지는 진로를 암묵적으로 이해하고 있음을 암시한다. 그와 대조적으로, 서맨사와 올루는 블루벨에 다니는 유진에 관해 비슷한 이야기를 했고 교육자인 베스는 창의성을 키워주기 위한 환경을 만들려고 노력하고 있었음에도 범위가 훨씬 더 제한적이었고, 비전은 덜 비쌌고, 결과는 덜 야심적이었다.

LYA — 창조적 변형

LYA는 수재나의 기업가정신과는 매우 다른 아동 중심의 학습 비전에서 시작되었다. 디지털 미디어 예술과 다른 유형의 창의적 활동(음악, 드라마, 춤)을 혼합함으로써 다양한 표현력과 '소프트 스킬'을 키우는 것이 목표였다.[48] 특수교육 요구 분야 교육자 거스는 이렇게 말하기도 했다. "결국 재미와 예술을 위한 겁니다. 예술을 의사소통의 수단으로 이용하죠." 거스는 LYA의 사회적 정의 임무를 설명하면서 이렇게 덧붙였다. "혼합된 능력을 가르치는 LYA는 모든 사람이 안정되게 교육받을 수 있는 환경을 갖추고 있고 이런 교육 환경이 학교에는 없어요. 다른 어디에서도 찾아보기 힘들죠." LYA는 더 개별화되고 경쟁적인 디지캠프의 기풍은 피했지만 개별화되고 경쟁적인 디지털 미래에 대한 강력한 대중 담론의 영향을 받지 않는 것은 아니었다.[49] 예를 들어 열정적이고 진지한 LYA의 애니메이션 교사 다이애나는 이렇게 말했다.

제 수업을 듣는 학생들과 컴퓨터게임이 어떻게 현재 최고의 수익을 올리는 산업이 되었는지 논의했어요. 그리고 (중략) 영국은 사실 게임 산업에서 사람들을 고용하는 선두 주자 중 하나가 되었지만 극심한 인력 부족을 겪고 있어요.[50]

일련의 수업에 걸쳐 다이애나는 학생들에게 '나의 미래 삶'을 주제로 만화를 그리게 했다. 워드Word의 스토리보드로 시작해 구글 검색으로 찾은 사진을 포토샵에서 편집한 다음 플래시를 이용해 전부 애니메이션으로 만들었다.

LYA에서 우리는 열두 살 리 스타일스Lee Styles[51]가 자신이 고른 이미지에 있는 저작권 보호 표시 로고를 포토샵으로 몇 시간에 걸쳐 세심하게 지우는 과정을 지켜봤다. 그동안 다이애나는 미래에 비욘세 같은 유명인의 이미지를 편집해서 연 4만 파운드에서 5만 파운드(약 6000만 원에서 8000만 원)를 벌 수 있다고 말하며 학생들을 격려했다. 리의 형 에번Evan(17세)은 수업에 참여해 다이애나의 조수처럼 일했다. 에번은 우리에게 이렇게 말했다.

> 저는 본질적으로 게임을 만들고 있어요. 제가 하고 있는 거랑 똑같은
> 걸 만든 사람을 아는데, 취직하려고 포트폴리오 같은 용도로 만들었
> 고 그 후에 정말 취직했어요.

리도 이것에 대해 "내가 할 수 있고 배우면 더 잘할 수 있는 것"이라
고 생각했다. 리와 에번의 아빠 피터 Peter 는 청소년들이 변화하는 세
상에 적응하려면 특정 기량과 학습 정체성을 발달시키는 것이 요구
된다고 생각하며 전적으로 지지했다. 예기치 않게 정리 해고당했던
자신의 경험을 되돌아보며 이렇게 주장했다.

> 솔직히 말해서 평생직장은 사라진 지 오래예요. (중략) 어떤 문제가
> 생겼을 때, 유연한 사람이라면 다른 걸 시도해볼 거예요. 하지만 유연
> 하지 못한 사람은 "아, 안 되겠어"라고 하겠죠. (중략) [그래서] 자신
> 의 부가가치를 사람들에게 보여줄 수 있다면 잘 해낼 수 있을 거예요.

우리는 LYA의 부모들에게서 자녀의 열정이나 재능을 발견하고 그
것을 키우는 것의 중요성에 대해 많은 이야기를 들었다. 사실 많은
부모는 예술가, 교사, 디자이너로서 스스로에게 그렇게 하고 있었다
(그리고 부모가 어렸을 때 LYA에 다녔던 경우도 몇몇 있었다). LYA는 디지
털 학습에 대한 이론을 많이 갖추고 있었다. 아마도 학교가 아닌 기
관으로서 계획적으로 기관의 '정체성'에 대한 반대 담론을 생각해냈
기 때문이었을 것이다.[52] 주된 이론은 자신감에 초점을 맞추고 있었

다. 특히 학교에서 자신감이 부족한 아이들에게 디지털 기술은, 포용적이고 자율권을 주며 서로를 존중하는 공동체 내에서 관심을 끌고 창의적 표현으로 가는 길에 참여하는 것을 가능케 하는 것으로 보였다. 이런 이유로 LYA는 자기 속도에 맞추는 관심 주도 학습을 강조했다. 교육자들은 개개인에 대해 필요한 만큼의 관심과 즉각적인 피드백을 줬고 선배 학생들은 후배에게 멘토가 되어주었다. 우리는 교육자가 학생에게 "네가 책임자야"라고 말하는 것을 여러 번 들었다. 그렇더라도 교육자는 아이들이 재미있게 놀게 놔둘지, 아니면 성취하고 수행하게 할지 고민했다(그들의 교육학은 전자를 향하도록 독려했지만 자금 제공자와 부모의 기대, 그리고 어쩌면 심지어 교육자 자신의 자부심이 후자 쪽으로 떠밀었다).

우리는 기술이 관심을 끌고 때로는 권한을 부여하지만 그 고유의 문제를 야기하는 것을 몇 번이고 반복해서 목격했다. 교육자들이 가르치는 것보다 문제를 해결하는 데 더 많은 시간을 쓰는 것처럼 보일 때도 있었다. 예를 들어 학생들은 사소한 기술적 질문들을 끝도 없이 해서 애니메이션 교사 다이애나를 방해했다. 어디에 저장돼요? 비밀번호가 뭐예요? 왜 시작을 안 할까요? 한편으로 학생들은 소프트웨어가 끊임없이 제기하는 헷갈리는 질문들을 조용히 무시했다. 비밀번호를 저장하시겠습니까? 소프트웨어를 업데이트하시겠습니까? 수업 중의 어려움 이상으로, 학습을 위해 소프트웨어를 사용하면서 사이트들 전반에 특정한 문제가 있었다. 수업에서 사용되는 소프트웨어가 가정에서 사용할 수 있는 것과 다를 때가 많아서 아이들이 집에서 작업을 계속할 수 없었다. 그래서 부모들은 아이들의 작품을 볼 수 없었고 아이들이 더 발전하도록 지원할 수 없었다(디지캠프의 더 특권층인 학생들이 자신의 노트북에 설치된 소프트웨어를 수업 시간이 아닐 때도 사용할 수 있는 것과 대조적이다). 우리는 5장의 카일처럼 흥미진진한 새로운 소프트웨어를 계속 결제할 돈은 없는 상태에서 무료 제공 기간 동안에만 사용하는 아이들을 종종 목격했다.

오언 Owen [53](14세)과 이 수업에서 유일한 여학생인 조반나[54](13세)는 시작점이 매우 달랐는데도 불구하고 LYA에서 나란히 앉게 되었다. 오언의 엄마 레베카 콕스 Rebecca Cox는 "교육은 학교에서 끝나는 것이 아니라고" 생각하며 아이를 위해 런던의 무료 또는 저렴한 문화 활동을 찾아냈다. 그녀는 학교에 대해 대체로 긍정적으로 생각했지만("학교에서 아이의 강점이 무엇인지 이해하는 것 같아요. 아이를 신뢰하고 아이의 재능을 알아볼 수 있기 때문에 독려하고 싶어 해요. (중략) 그런 점에 대해 학교에 정말 감사해요.") 많은 부모가 우리에게 학교의 보완책으로서 LYA에 대해 말하는 지점을 정확히 포착했다.

LYA는 아이를 자유롭게 해주는 것 같아요. 아이가 가서 자기를 표현할 수 있고, 학교와는 다른 사람들과 함께하며, 되고 싶은 사람이 되고, 하고 싶은 일을 할 수 있죠. 관심 있는 분야의 기술만 발달시킬 수 있고요. 그래서 아이가 자신감과 자부심을 가지는 데 좋은 것 같아요.

다이애나의 수업에서 오언은 만화를 구상하기 위해 '나의 미래 삶'이라는 주제에 맞춰 온라인에서 자신이 선택한 미의식에 적합한 매우 구체적인 유형의 이미지를 찾느라 많은 시간을 보냈다.[55] 오언은 그 작업에 자신이 있었는데 아마 오언이 우리에게 말해준 것처럼 아빠가 포토샵을 정말 잘하고 둘이서 가끔 "서로를 놀리기 위해" 패러디

이미지를 만들었기 때문이었을 것이다. 오언은 그러한 강점이 있음에도 불구하고 다이애나의 밀착 관리를 필요로 했다. 헤드폰으로 음악을 들으며 작업하다가 주기적으로 노래를 따라 부르고 수업 토론 중에 (성별, 환경보호주의에 대해) 아슬아슬한 정치적 발언을 덧붙여 수업을 방해했다.

조반나도 수업 시간에 항상 헤드폰을 끼고 있었지만 조용히 작업했고 부여된 과업이나 교실의 다른 사람들에게 별로 관심이 없는 것처럼 보였다. 우리는 이야기를 들려달라고 하는 대신 조반나가 포토샵에서 하나의 이미지로 작업하는 것을 관찰했다. 조반나는 프로 축구선수의 사진을 잘라낸 다음 축구공을 차면 공이 여러 조각으로 나뉘게 만들려고 했다(조반나는 자신에게 영감을 준 유튜브 애니메이션을 소니아에게 보여줬다). 다이애나는 조반나의 디지털 애니메이션이 조반나가 "일종의 틈새를 찾았음"을 의미한다고 생각했다. 그러나 조반나는 다음 수업에서 영상 제작의 조연출 역할을 맡으면서 더 큰 자신감을 얻었다(오언은 인기 배우 역할이었다).

흔히 있는 경우이지만 수업 시간이 아닐 때 그 부모들과 함께 만나면서 이 10대들을(이 경우 겉으로 보기에 조용한 조반나와 말을 안 듣는 오언을) 더 깊이 이해할 수 있었다.[56] 조반나의 엄마 루이사와의 만남에서 그녀가 우리에게 해준 이야기는 놀라웠다. 루이사는 두 딸에게 더나은 삶을 주기 위해 이탈리아에 있는 부유한 집과 남편을 떠나 런던의 비좁은 아파트로 옮겨 왔다. 그녀는 딸들이 "움직임의 일부이자 본질의 일부"가 되도록 하기 위해 많은 것을 희생하면서 "딸들을 위해 산다"라고 말했다. "아이들이 할 수만 있다면 시대를 앞서갈" 것이라고 말하면서도 아이들이 어느 방향을 선택하든 흔쾌히 받아들였다. "제가 아이들에게 모든 것을 맛보게 했으니 아이들은 무엇을 하고 싶은지 결정할 거예요." 우리는 그녀가 기술을 목적을 위한 수단으로만 표현하면서('더 잘 살기 위한' 수단이라고 해도) 기술에 대한 지식이나 관심을 별로 드러내는 않는 것에도 주목했다. 그것은 특히 그녀가 딸들이 "빈둥거리는 일요일 아침"을 즐기고, (종이책) 소설을 읽고(딸들이 하는 것이다), 유년 시절을 즐기는 것도 원했기 때문이었다. 루이사는 딸들이 매우 학구적인 분위기의 공립학교 입학시험에 합격하기까지 엄청난 노력을 기울였음에도 불구하고 딸들의 학교나 학교와 LYA의 관련성에 대한 이야기에 별로 관심이 없었다. 그저 학교와 LYA가 서로를 보완할 것이라고 태평하게 추측할 뿐이었다. 루이사는 어느 쪽에 학습 기회가 생기든 그것을 딸들에게 중개하는 데 집중하고 있었다.

조반나는 집에서 휴대전화로 사진 찍는 것을 좋아하고 아이폰 앱을 이용해 사진을 편집했다고 말했다. 하지만 학교에서 포토샵을 가르치는 수준은 LYA에 비하면 훨씬 낮기 때문에 LYA에 왔다고 짜증난다는 표정을 지으며 설명했다. 조반나는 디지털 애니메이션 시간에는 조용했지만 수업 밖에서 자신과 생각이 비슷한 친구들을 발견했다. "저처럼 사진 찍는 걸 좋아하고 편집도 해요." 조반나는 이제 겨우 열세 살이었지만 친구들, 부모의 지원, LYA에서 지낸 5년간의 경험이 결합되어 자신의 미래를 그릴 수 있는 자신감을 얻게 된 것 같았다.

영화와 관련된 일을 하고 싶어요. 연출도 좋고 연기도 좋아요. 하지만 진입하기가 상당히 힘든 산업이고 포토샵은 취미에 더 가까운 것 같아요. 그래도 영화제작 산업에 몸담고 싶어요.

루이사가 딸들이 선택한 방향과 관계없이 딸들을 채찍질하기 위해 자신의 삶을 크게 재편성하는 특징을 보였다면 레베카는 아들 오언을 따라가기 위해 노력해야 하는 상황에 맞닥뜨렸다. 오언은 약간의 허세를 더해 스스로를 "컴퓨터 천재"라고 소개했다. 컴퓨터게임 분야에서 성공적인 커리어를 가지는 것을 계획하고 다음과 같이 말함으로써 그것을 달성하려면 무엇이 필요한지 잘 알고 있다는 사실을 증명했다.

정부에서 코딩 학습을 장려한다는 이야기를 처음 들었을 때 저는 이미 그것에 빠져 있었어요. 저는 정말 코딩과 그런 종류의 모든 것들이 미래라고 생각해요. 그래서 지금 그것을 하는 게 지금은 존재하지도 않는 기회와 연결될 거라고 생각해요.

두 엄마는 모두 열심히 자녀를 지원하려 했고 자신의 육아 철학을 이론화하려는 경향이 있었다(루이사는 경쟁의 당위성에 대해 더 많이 이야기했고, 레베카는 이와 대조적으로 자신을 "완전히 보헤미안"이라고 묘사했다). 두 사람은 또 자신이 쉽지 않은 일에 직면해 있다고 느꼈다. 혼자 아이를 키우는 부모로서 자신의 얼마 안 되는 소득을 가지고 아이가 앞서갈 수 있도록 지원해야 했다. 따라서 레베카는 "흥미로운 일"을 하고 성취감을 느끼는 아이의 미래를 희망하며 "배우기를 멈추지 않아야 하고, 불가능한 일은 없다"라는 철학도 가지고 있었지만 정작 자기 자신은 "그냥 훌쩍 떠나 꿈을 좇을 수 없다"라고 느끼기도 했다. 그래서 그녀는 오언에게 "네가 흥미가 있고, 행복하게 할 수 있는 일에 네 모든 에너지를 다 쏟아"라고 말했다. 기술에 대해 레베카의 비전은 루이사에 비해 반유토피아적이었다. 그녀는 미래가 로봇들의 세상이라고 생각했다. 세상이 점점 더 기술적으로 바뀔수록 "이런 많은 것에서 인간미를 잃는다"라고 우려했다. 이 상반된 감정(디지털 미래에 대한 유토피아적/반유토피아적 관점과 경쟁적/인본주의적 학습 철학)은 교육자들과의 면담에서도 거듭 언급되었다. 교육자들도 부모로서 이와 같은 걱정의 많은 부분을 공유했다. 하지만 디지털 미래에 대해서는 교육자가 부모보다 더 긍정적인 반면 부모들 스스로는 덜 긍정적인 경향이 있었다.

커넥티드 러닝 — 부모의 자리는 어디인가?

아이들의 학습 현장들을 연결하려는 기관과 개인의 노력에서는 필연적으로 아이들이 중심이다. 아이들이 일상적으로 다양한 현장들 사이를 옮겨 다니는 동안 부모에게 그러한 이동은 의도적이든 아니든 대체로 지연되기 때문이다. 그래서 부모는 자녀의 학습 경험이 얼마나 서로 호응하는지에 대해, 그리고 자신의 책무에 대해 추측하게 된다. 자녀가 무엇을, 어디에서, 어떻게 배우고 무엇이 자녀에게 이익이 될지에 대해 입증되지 않은 이론들에 빠져 있는 부모가 많은 것은 전혀 놀랄 일이 아니다. 지금까지 봤듯이 부모들이 학교 또는 디지털을 배우는 수업에서 실제 일어나는 일에 대해 알고 있는 것은 많지 않다. 교육자들뿐만 아니라 종종 아이들도 기꺼이 말하지 않기 때문이다. 역설적이게도 부모의 이론이 교육자에 대한 기대와 관련된 갈등을 일으킴으로써 부모를 더욱 단절시킬 수 있다. 교육자들은 (적어도 부모에게 듣는 바로는) 통찰력 있는 부모보다 문제 있는 부모를 경험하기가 더 쉽다.

어쩌면 놀랍게도 가정과 학교의 단절은 자원이 부족한 학교인 블루벨에서도, 특권층의 학습 현장인 디지캠프에서도 (비록 이유는 다르더라도) 분명히 나타났다. 우리는 지원을 아끼지 않는 에즈미와 올리버의 가정환경은 물론, 재스퍼와 일부 다른 아이들이 비슷한 지원을 받기 위해 직면하는 난관들에 대해 알게 된 것에도 불구하고 일부 교육자들이 부모들을 "요구가 많고" 수업이 자신의 "귀중한 아이만을" 위해 결과를 내놓기를 기대하는 사람들이라고 말하는 것을 들었다.

디지캠프는 부모를 고품격 서비스를 기대하는 고객으로 대했고[57] 과정과 품질에 대한 통제권을 유지하기 위해 명확한 경계선을 설정하는 한편, 부모의 요구를 충족시키(거나 누그러뜨리)기 위해 노력했다. 각 수업은 독립적이었고, 아이들이 이미 많이 알고 있다고 추정하지도, 프로젝트가 어떻게 집에서 계속되거나 학교에서 도움이 될 수 있는지 언급하지도 않았다. 설립자 수재나는 일부 부모에게 첨단 기술에 대한 전문 지식이 있다는 사실을 알았지만 수업 시간에 부모가 자녀의 학습을 돕는 방법에 대해 말하는 일은 거의 없었다. 이와 유사하게 수재나는 일부 부모가 라즈베리 파이 같은 장비를 샀다는 사실도 알았지만 그것들이 결국 집에서 먼지만 뒤집어쓰고 있을 것이라고 지레짐작했다. 매주 캠프가 끝날 때 부모들을 위해 세심하게 준비된 발표 수업이 있었다. 금요일 오후 수업 시간에 학생들은 발표하고 부모들은 손뼉을 쳤다. 부모들은 수재나나 다른 교육자들 중 누군가에게서 몇 분간의 귀중한 관심이라도 얻으려 했기 때문에 이러한 부모들의 아우성 속에 발표 수업이 만드는 긴장감이 뚜렷했다.

이 좌절이 블루벨에서는 거꾸로 나타났고 교육자들이 자동차 내려주는 곳에서 부모들을 붙잡거나 학교 후원의 공개 행사에 오게 하

려고 고군분투했다. 블루벨의 교사들은 부모들에게 지식이나 관심
이 거의 없다고 가정했다. 가정에서 부모가 자녀의 관심사에 적극적
으로 관여하는 브레이든 다통과 같은 아이의 가족들과 연락할 기회
가 없었다. 이것은 대체로 자원 문제였다. 너무 바쁜 교사들은 문제
가 있을 때만 연락하는 경향이 있었다. 너무 바쁜 부모들은 꼭 가야
하는 행사에만 참석했다. 그리고 코딩 클럽을 운영하는 자원봉사자
베스 헤일은 교사나 부모를 소집할 시간이 없었다. 부모, 교육자, 그
리고 진정 아이들 자신이 관계를 맺기 위해 모일 수 있는 시간을 마
련하려면 어떻게 해야 할까?

LYA에서는 부모들이 학기 말(방학 수업은 주말)에 공개 행사에 초
대되었다. 그리고 특수교육 요구와 장애가 있는 학생에 대해서는 지
원 담당자(미아)가 있어서 부모에게 정기적으로 연락했다. 새롭게 형
성된 부모 그룹은 LYA를 위한 모금 활동을 시작했다. 그러나 이 중
어느 것도 지속시키거나 포괄적으로 만들기는 쉽지 않았다. 부모와
의 관계에 기술이 도움이 되길 정말 바랐던 미아는 이렇게 말했다.

제가 그들에게 요구하는 모든 정보를 가지고 있긴 하지만, 진행 중인
대화는 없어요. 그들이 집에서 어떤지, 학교에서 어떻게 지내고 있는
지는 잘 몰라요. 그래야 진짜 우리가 하는 일을 알릴 수 있는데도요.
(중략) 학생들에게 각자 자신의 모든 작품을 보관할 수 있는 USB를
소지하게 해서 그걸 집으로 가져갈 수 있으면 좋겠다고 생각하기도
했어요. (중략) 부모라면 아이들이 만들고 있는 과정의 일부를 보고
싶을 거예요. 바라건대 그것이 아이들의 가정생활과 학교생활에 영
향을 미칠 거예요.

미아는 적극적으로 이 연결을 지원하는 방법을 찾으려 애쓰고 있었지만 "바라건대"라는 단어 선택을 통해 알 수 있듯이 LYA에 참여하는 것이 가정에서나 학교에서 아이들에게 도움이 되고 있는지 전혀 확신하지 못했다.

우리는 교육자들을 면담할 때 그 현장이 어떻게 일하고, 누가 그곳을 이용하고, 학습에 대한 접근법은 무엇인지에 대해 열린 질문으로 시작하곤 했다. 그런 다음 부모들에 대해 즉흥적으로 하는 말에 귀를 기울이곤 했다. 교육자들은 아이들이 수업을 들으러 어딘가에서 오고 수업이 끝나면 어딘가로 간다는 사실을 전혀 모르는 것처럼, 또는 그곳에 관심이 전혀 없는 것처럼 부모들에 대해 아무 말도 하지 않을 때가 많았다. 그래서 우리는 교육자들에게 아이들이 집에서 새로 알게 된 지식을 말했을 때 또는 다음 수업에 대한 기대를 드러냈을 때 부모의 반응을 상상하게 했다. 특수교육 요구 분야 교육자 거스는 LYA 아이들이 집에서 어떻게 지내는지 더 알고 싶어 했지만, 수업 시간에 배우고 향상된 것을 집에 있는 시간 동안 부모가 따라가지 못하는 데 실망을 표현했다. 블루벨에서는 '스크린 타임'에 관한 것을 포함한 아이들의 훈육에서(그러나 특히 디지털 학습에 관한 것은 아니었다) 부모들을 일반적으로 협력자라고 인식했다.

그런데 부모를 경멸적으로 보는 관점보다 더 흔한 것은 아예 관점이 없는 것이었다. 이는 교육자들이 흔히 자신의 가르침에 대해 열정적이고 반성적이었으며 개별 학생을 대하는 데 미묘한 차이가 있었다는 점에서 이해하기 힘든 측면이다. 그래서 우리는 학습 내에서 부모가 활동하게 하는 것에 구조적 문제가 있는지 궁금해졌다. 학습 현장들은 부모가 참여할 기회를 거의 제공하지 않는다. 데려다주고 데리러 오기에 바쁠 때가 많고 좀 어수선하다. 수행적인 발표 수업 시간은 아이들이 무엇을 배웠는지 부모에게 일방향으로 증명하는 것을 장려한다. 가정통신문, 이메일, 내부 전산망, 다른 디지털 소통도 마찬가지로 일방향이었고[58] 대화는 아이의 문제를 해결하려는 목적으로만 이뤄졌다.

디지털 시대에는 학교, 가정, 그 밖의 장소에서의 학습을 연계하기 위해 진행 중인 실험들이 있다. 그러한 연계는 현장들에 걸친, 그리고 현장들 내에서의 학습을 뒷받침할 수 있었다.[59] 그러나 그것들은 불평등이 야기될 위험을 무릅쓴다. 시간이 더 제한되어 있거나 디지털적으로 덜 능숙한 부모들은 그 서비스들을 이용하는 데 자신이 없고 가정에서 얻은 지식의 비표준적 형태는 학교에서 환영받지 못하거나 그럴 것으로 여겨진다. 그리고 교육자들은 그들의 세심하게 관리되고 대외적으로 책임을 지는 학습 현장으로 중산층 부모들의 요구를 포함해 부모의 문제들이 유입되도록 실제로 '수문을 여는' 것을 꺼린다.[60]

결론

아이들은 가정과 외부 학습 현장들 사이를 이동하지만 주위 어른들은 그렇게 하지 못하고 그래서 때로는 좌절감에 사로잡힌다. 교육자들은 부모들과 "연락이 어렵다고" 안타까워하거나 일부 경우 부모들이 "억지가 심하다고" 한탄한다. 부모들은 자녀가 배우고(또는 배우지 않고) 있는 것에 대해 불만이 있지만 너무 바빠서(또는 일부의 경우, 권리를 빼앗겨서) 그것을 극복하지 못할 때가 많다. 우리가 조사한 결과에 따르면 부모와 교육자의 학습이론은 디지털 기술과 아이들이 집중, 의사소통, 인내, 그리고 역시 창의력과 같은 기량을 습득하는 감정적이고 정체성 주도의 방식들을 둘 다 포용했다. 부모와 교육자 모두 자신이 이러한 자질을 발달시키는 데 책임이 있다고 생각했지만 각자가 고립된 채 책임을 다하고 있는 것으로 보였다. 조사 결과에 따르면 부모의 절반 정도가 자녀의 교사가 아이들이 집에서 배우는 것을 가치 있게 여긴다고 생각했고, 더 적은 수의 부모는 자녀의 교사가 아이들이 과외활동에서 배우는 것을 가치 있게 여긴다고 생각했으며, 3분의 1의 부모만이 자녀가 유치원/학교/칼리지에서 배우는 것이 집에서의 가족 활동과 연관이 있다고 생각했다. 또 조사 결과를 통해, 디지털 딜레마 해결을 위한 지원이나 어떤 기회가 실제 혜택으로 이어질 수 있는지에 대한 권고가 부족한 편이었음에도 부모들은 위험 요소를 고심하면서 온라인 기회를 얻기 위해 열심히 노력하고 있다는 사실을 알 수 있었다.[61]

교육자들은 부모에 관해 다룰 때조차 부모와 자녀의 관심사와 전문 지식에서 기꺼이 배우려는 태도를 보이기보다는 "부모를 기본적으로 국가 의제에 대한 아동기의 순응을 보장하는 대리인으로 여긴다"라고 교육 전문가 베리 메이올 Berry Mayall 은 신랄하게 지적한다.[62] 확실히 교육기관들은 부모들의 말을 듣고 그들을 포함시키는 것이 분열을 일으킬까 봐 두려워 부모들을 멀리할 수도 있다. 그러나 우리가 알아낸 것처럼 학교가 자신의 역할에 대한 부모의 생각과 그것의 가능성에 반응하기를 어려워한다면 부모에게 문제가 된다. 따라서 "부모의 개입"에 대한 그들의 모든 이야기에 대해, 학교는 아이들의 가정에서 이미 일어나고 있는 많은 교육적, 문화적 관행을 놓치는 경향이 있다.[63]

이 단절(기관의 보수성, 성향, 시간과 상상력 부족, 또 때로는 이러한 문제들의 개선에 도움이 되려고 했던 바로 그 기술에 의한 악화에서 기인한다)은 놓쳐버린 기회와 부당한 결과에 의해 새로운 학습 경로의 가능성이 종종 훼손될 수 있음을 의미한다. 부모의 이론과 육아에 권능을 부여하기보다 결함을 주장하는 것이 더 편해질수록 또는 당연시될수록[64] 부모, 그리고 가정의 한계를 **메워야** 한다고 느끼는 교육자는 더 많이 좌절하게 된다.[65] 결과는 물론, 학습 현장들에 걸쳐 긍정적인 관계를 찾기가 점점 더 어려워지고 아이에게 학습과 학습 정체성을 '연결하는' 일을 하도록 더욱 무거운 짐을 지우는 부정적 악순환이다.

우리는 아이들의 디지털 스킬과 역량을 향상시키는 것을 진지하게 생각하는 정책 입안자들과 교육자들에게 답하기 위해 디지털 학습 현장들에 대한 조사 이후 다음과 같이 제안하고 있다. 부모를 참여시키기 위한 노력을 증대하고 아이들의 가정에서의 학습 생활과 연계하면 큰 이득을 얻을 수 있다. 아마 자원이 풍부한 학습 현장들이 길을 보여줄 수 있을 것이다. 그러한 현장이 부모를 포함시키거나 부모와 연결되는 것에 더 능숙한 경우가 많고, 또 문화적 자본이 더 풍부한 부모들은 가정, 학교, 다른 학습 현장들 간 긴밀한 관계를 더 잘 구축할 수 있기 때문이다. 물론 놀라운 일은 아니다. 다만 이것이 어떻게 작동되는지 조사함으로써, 정치적 의지가 있다면 덜 혜택받은 아이들에게 자원(돈, 장비, 훈련)을 제공할 수 있는 정책 입안자들에게 생각할 거리를 제공했기를 희망한다. 그러한 자원을 사용할 수 있게 되고, 부모가 학습 현장의 설계 단계에서부터 참여(많은 부모가 기꺼이 참여한다)할 수 있다면, 다시 말해 환대받고, 정보를 제공받고, 발언권이 있고, 부모 자신의 기술과 관심사를 존중받고, 아마도 가정에서의 자녀의 학습을 확장하는 방법을 찾는 과업을 부여받는다면 그것이 더 큰 영향력을 미칠 수 있을 것이다. 이것이 현실이 되기보다 제안으로 남고, 정책 입안자들과 교육자들의 노력이 결과적으로 부모에게 더욱 짐을 지우고 가정을 '교육과정화'할 수도 있다.[66] 그러나 우리의 현장 연구는, 창의적으로 관리된다면 그 이점이 모든 측면에 있을 수 있음을 시사한다. 부모, 아이, 교육자의 디지털 학습에 대한 현재의 열정은 그러한 실험을 위한 비옥한 토대를 제공할 수 있을 것이다.

7장

미래를
상상하다

앞을 내다보기 위해 뒤를 돌아보기

미아 일리^{Mia Ealy}[1]는 이제 겨우 여덟 살이지만, 벌써 블루벨 초등학교 코딩 클럽에서 '디지털 리더'를 맡고 있었고, 뭔가 '특별한' 것을 배운다는 데 신나 있었다. 엄마인 레이철^{Rachel}과 에린^{Erin}은 미아가 여자라고 해서 "행동을 일으키는 사람, 행동하는 사람, 만드는 사람이 아닌 구경하는 사람의 길로" 가게 하지는 않겠다고 마음먹었다. 레이철은 창의적이긴 하나 수익성은 거의 없는 조합인 예술가와 정원사로서 파트타임으로 일했기 때문에 학교에서 자원봉사를 하며 미아에게 도움이 될 만한 좋은 기회들이 있는지 주의 깊게 살필 수 있었다. 레이철은 우리가 이 책을 쓰기 위해 면담했던 다른 많은 부모들과 마찬가지로 디지털 기술이 딸에게 자아실현의 길을 열어줄 것으로 생각했다. 그래서 디지털 기술에 의해 가족, 계급, 성별에 대한 새로운 관행이 만들어지는 것을 적극 수용했다.[2] 여기에서 주목할 부분은 레이철이 소녀였을 때는 목공예에 관심을 가지는 것이 금지되었기 때문에 정작 자신은 경험해보지 못한 기회들이었다는 점이다.

아직 레이철은 이 디지털 기회들에 **관해** 구체적으로 아는 것이 거의 없었다(우리와 면담했던 다른 부모들도 마찬가지였다). 디지털 기술은 (좋은 쪽으로든 나쁜 쪽으로든) 미래 비전의 중심에 있었지만 부모들은 이것이 아이들에게 실제로 어떤 의미인지 잘 이해하지 못했다. 과거를 돌아보며 현재를 이해하고 미래를 상상하는 과정에서 레이철은 자신의 성별 때문에 제약받았던 구체적인 경험을 비교 지점으로 삼아 초점을 맞췄지만, 다른 사람들은 비교하는 경험이 달랐다. 모든 부모가 디지털 기술이 자녀들에게 혜택을 줄 수 있도록 자신이 조치를 취할 수 있다고 레이철처럼 낙관하지는 않았다. 하지만 어린 시절의 "황금기"를 그리워하며 떠올리는 것이 동기를 자극하든, "안 좋았던 옛 시절"을 떠올리며 개선되기를 간절히 바라든, 과거는 최소한 실재하는 것이다. 많은 부모가 규칙이 너무 많았던 어린 시절, "옛날 사람"이었거나 "전통을 중시"했던 부모, 너무 엄했거나 부재했던 아버지에 대해 말했다. 그들은 그런 생생한 기억 때문에 자신의 부모와는 다르게 더 민주적인 가정에 걸맞게 양육하겠다고 동기부여가 되었다. 그와 대조적으로 그리고 필연적으로 미래는 여전히 비현실적인 관념이다. 멀고, 예측하기 어려워서 부모에게는 불확실성의 근원이 된다. 웹디자이너 아빠 헨리 스토더드 Henry Stoddard [3]는 그래서 이렇게 말했다.

우리가 모든 측면에서 기술에 크게 영향받는 사회에서 살게 된다면 (중략) 아이들은 다르게 생각하고 다르게 행동하는 법을 배워야 합니다. 그것이 꼭 나쁜 건지 어떤 건지는 잘 모르겠지만요.

중산층 '엄마 블로거' 멜리사 벨 [4](4장 참고)은 초조하다.

정말 예측할 수가 없어요. 지난 10년 동안 세상이 너무 많이 달라졌어요. 10년 전에는 상상도 못 할 만큼 바뀌었죠. 그러니 15년 후에는 세상이 또 어떻게 변해 있을지 전혀 알 수가 없어요.

한편 아이 넷을 키우고 있는 저소득 싱글 맘 다야 타커[5](2장 참고)는 많은 사람의 막연하지만 희망찬 견해를 그대로 받아들였다. "모르겠어요. 아이들이 미래에 (중략) 그냥 행복하고 독립적이고 또 (중략) 성공하면 좋을 것 같아요." 다야는 모두 모여 살아서 유대가 긴밀했던 벵골 공동체에서 자랐다. 기억 속 자신의 어린 시절보다 더 힘든 환경에서 펼쳐질 아이들의 미래를 상상했다. 다야는 말했다. "오늘날의 사회는 두려움 그 자체예요. 제가 자랄 때는 모두가 서로를 알고 있었지만 이제는 서로에 대해 아무도 몰라요. (중략) 폐쇄적인 삶을 살고 있죠." 특수교육 요구가 있는 아이를 키우는 부모는 이러한 사회적 지원이 사라졌음을 절감하고 미래는 생각하기조차 어렵다. 사나[6](자폐스펙트럼이 있는 열여섯 살 아이, 5장 참고)의 아버지 알리 케이더는 말했다. "미래에 대해서는 많이 생각하지 않아요. 그것까지 생각할 여력이 없거든요. 그냥 할 수 있는 것부터 하나씩 해나가고 있어요." 또 싱글 맘 앨리스 셸던 Alice Sheldon[7]은 자신과 다운증후군인 딸 소피아 Sophia에 대해 사회적, 경제적 지원을 조금씩 받고 있었고 소피아의 미래에 대한 질문에 "제가 더 오래 살길 바라고 있어요"라고 짧게 대답했다.

1장에서 논의했던 것처럼 부모들이 어려운 현재와 불확실한 미래에 대처할 때 "혼자 알아서 해결해야 한다"라고 느끼는 것은 개인의 행동에 의한 결과가 아니다. 그보다는 개인주의와 신자유주의가 결합해 부모들을 서로에게서 분리하고 사회 변화의 영향에 대해 부모들이 '책임지게 하는' 장기적 추세의 산물이다. 이러한 추세는, 가족의 삶을 형성하는, 변화하고 있고 종종 어려운 사회적, 경제적 조건에서 분명히 나타난다. 우리가 이 책에서 보여줬듯이 사회는 부모에게 디지털 기술을 활용하고 관리함으로써 자녀의 발달을 지원하고 미래를 개발해야 한다고 말한다. 그러나 사회는 부모에게 권한을 주고 그들을 지원하기보다 부모의 디지털 활동을 비판하는 쪽을 선호하는 것으로 보인다.[8] 그래서 이렇듯 '표현과 지원의 전통적 형태가 줄어드는 것을 고려해볼 때 어떤 사회구조와 연대 형태가 요구되는가?'라는 중요한 의문을 제기하게 된다.

이 장에서 우리는 런던에 사는 다양한 가족들의 가정과 생활을 살펴보는 여정을 마무리하면서, 부모들이 한편으로는 디지털 미래가 가족들의 현재 삶을 형성한다고 생각하고 다른 한편으로는 디지털 기술에 관한 현재의 많은 활동이 미래의 결과를 가져올 확률이 높다고 생각함을 입증한다. 그다음 우리는 과거, 현재, 미래를 한데 묶는 이러한 일상의 협상이 종종 디지털 영역에서 일어난다는 사실이 얼마나 중요한지 그리고 어떻게 중요한지 검토한다. 우리가 더 나아가 주장하듯이, 디지털은 중립적인 것과 거리가 멀기 때문에 그 자체의 기회와 위험을 가져온다. 다른 문제들과 마찬가지로 이것들에 관해 부모들은 경청되기보다 너무 자주 대변되고 이야기된다. 그래서 우리는 새로운 형태의 참여와 포용을 발달시키고 촉진함으로써 가족들의 삶을 개선하기 위해, 부모들의 목소리로 끝맺을 것이다. 이는 힘 있는 사람들에게 전하는 권고라고 바꿔 말할 수 있을 것이다.

미래 이야기

미래를 상상하는 것은 부모에게 필요하면서도 동시에 불가능해 보인다. 그것은 부모와 자녀의 가장 일상적인 활동들이 지금부터 향후 수십 년간 자녀에 대한 부모의 희망과 두려움을 실현하게 될지 끊임없이 저울질되고 있기 때문에 필요하다. "아이가 특정한 사람이 되고 특정한 일을 하기를 원하는 것이 부모가 되는 경험의 일부"라면 실제로 그 특정한 '일'을 상상하고 실현할 수 있음은 매우 중대하다.[9] 미래를 상상하는 것이 불가능한 이유는 미래는 예측될 수 없음을 부모가 알기 때문이기도 하고, 공론장에서의 (정치인, 전문가, 미디어에 나오는 구루, 판매자, SF 작가에 의한) 떠들썩한 미래 예측은 다수의 이해관계가 얽히고설켜서 서로 모순되고 대립되기 때문이기도 하다.[10]

알퍼는 '미래 이야기 future talk'라는 용어를 사용하면서 '미래'와 기술에 대한 사회적, 정치적 논의가 가족 내에서 개인적, 사적인 이야기를 구성하게 되는 대화의 과정을 분석한다.[11] 예를 들어 리나 후벤(1장 참고)의 '미래 이야기'는 "우리가 일종의 가상 및 로봇 사이보그 미래로 나아가고 있다"라는 예상에 초점을 맞추고 있다. 그리고 그것이, 분명하게 저항하는 방식인 그녀의 현재 육아를 형성하고 있다.[12] 리나는 자녀에게 요리와 음식이 어디에서 왔는지를 가르치는 것에 대해 열띤 이야기를 시작했다. 그녀는 식사를 만드는 것보다 "그 이전에 실체 있는 세계가 있었음을 확실히 함으로써 자녀가 가상 세계에 대비할 수 있도록 물질적인 것들을 가능한 한 많이 다뤄보게" 격려하려는 것에 더 신경을 썼다. 하지만 리나의 저항은 거기까지였다. 그녀는 균형도 추구했기 때문에 딸 미리엄이 시를 블로그에 공유할 수 있게 했다.

그러한 균형은 **지금**(부모가 기억하는 어린 시절과 자녀의 성인기에 대한 예상 사이의 현재)의 의미에 대한 상당한 양면성과 연결되어 있다. 블로거 멀리사 벨은 많은 부모들이 그렇듯 뒤를 돌아보는 것("아이들이 정원에서 뛰어다니며《소문난 악동 5총사 Famous Five》처럼 자라면 좋겠어요")과 앞을 내다보는 것("기술은 성공으로 가는 길이고 직업을 구할 때도 유리할 거예요. 전 그게 그냥 표준이 될 것 같아요") 사이에서 갈피를 잡지 못했다.[13] 그러한 부모들은 과거에 대한 향수가 있었다. 신선한 공기, 창의적인 놀이, 진흙투성이 무릎으로 이뤄진 어린 시절은 SF의 디스토피아 미래와 대조를 이루며, 좋은 생각을 떠올리게 한다. 그러나 그들은 실용주의적이기도 했다. '기술이 미래라면 어서 받아들이자.'

우리가 조사한 결과에 따르면 기술에 대한 희망은 사회 전반에 걸쳐 널리 느껴진다. 거의 모든 부모(88퍼센트)가 "기술을 어떻게 이용하는지 이해하는 것이 자녀의 미래에 중요하다"라고 믿었다. 그것과 연관된 불안감도 대체로 사회경제적 상태와 상관없었다. 부모 중 절반은 사회가 기술적인 변화에 대해 걱정**해야 한다**고 말했고 소득에 따른 응답 차이는 거의 없었다. 이것은 쉬운 균형 잡기가 아니다. 리나, 멀리사, 레이철의 육아 이야기는 기술뿐 아니라 흔히 개인주의가 고취시키는 경쟁 문화에 대해, 포용과 저항이 혼합된 양가적인 태도를 보여주었다.

우리는 (아닌 경우도 있었지만) 중산층 엄마들에게서 이러한 생각을 가장 분명하게 들었다. 그들은 가족 내에서, 대립되는 가치관과 욕구를 저글링하는 것에 대해, 그리고 사회의 규범적 기대에 대해 개인적인 책임감을 느끼는 것 같았다.[14] 아마도 그들은 과거의 출세 지향적(어쩌면 장밋빛) 비전에 가까워지는 것을 느끼기가 또한 더 쉬웠을 것이다(멀리사 벨은 고층 임대아파트에 살던 다야 타커와 달리 자신의 교외 연립주택 바로 바깥에 잎이 무성한 정원을 가지고 있었다). 하지만 중산층 엄마들의 불안감을 비난하기란 너무 쉽다('헬리콥터 육아', '타이거 맘'이나 '편집증적', '자유방임', '종교적' 육아를 다루는 최근의 책들을 떠올려보라).[15] 부모들은 일반적으로 증가하는 불안감에 대해 반사적으로 반응했다(그리고 그것에 저항하려 애썼지만 항상 성공적이지는 않았다). 열두 살 올리버와 여덟 살 쌍둥이 딸의 엄마이자 고소득자인 카일리[16]는 이렇게 설명했다.

저는 아이들이 태어난 순간부터 두려워만 하면서 살았습니다. 네, 그게 너무 중요하고 아이들은 너무 연약하고 일은 잘못될 수 있으니까요. (중략) [하지만] 과보호하면 안 됩니다. 그럼 아이에게 악영향을 줄수 있어요. (중략) 아이가 해야 할 일들을 하게 하려고 온종일 잔소리하고 못살게 굴면 안 돼요. 그건 모두의 삶을 불행하게 만들 뿐이에요.

부모들이 '두려움'을 극복하려 노력하고 어떻게든 그걸 넘기기 위해 애쓰는 것은 기술 문제에만 국한되지 않았다. 매기 Maggie (5세)의 엄마 앰버 분 Amber Boon 이 우리에게 말한 것처럼 "우리는 극도로 경쟁적인 세상에 살고 있고 [그렇기 때문에] 선택할 게 너무 많은 현실이 상당한 불안감을 조성한다."[17] 우리가 아래 내용에서 주장하는 것처럼 디지털의 불확실성은 사회의 경쟁 압박과 함께 이러한 불안감을 심화시키고, 많은 부모에게서 분명히 권한을 빼앗는다.

침착하고 유쾌한 가족을 방문하면 가끔 우리가 놀라워하고 있음을 스스로 느꼈는데 이러한 우리 모습에서 이 불안한 부모 이미지가 얼마나 영향력이 큰지 볼 수 있다. 이 책에서 밝히고 있듯이 우리는 다양한 계급 배경에 걸쳐 자녀의 디지털 활동에 대해 마음이 편안하고 현재의 즐거움과 미래의 포부 사이에 균형을 잘 맞출 수 있을 것 같은 부모들도 일부 만났다. 때때로 이는 부모가 자신의 특정 '육아 철학'에 대해 가지는 자신감을 암시적 또는 명시적으로 반영했다.[18] 부모들은 가끔 사회 변화에 직면했을 때 자신의 육아 능력에 자신이 있었고 다이애나 바움린드 Diana Baumrind의 영향력 있는 용어를 사용하자면, 그들이 '권위 있는' 양육 방식을 채택했기 때문이었다. 이 양육 방식은 개방적이고 따뜻한 의사소통을 특징으로 하지만 동시에 분명한 경계선을 유지했다.[19] 첨단기술에 좀 더 능숙한 부모들(예를 들어 4장의 다니[20])은 이 자신감이 고도의 디지털 리터러시를 보유한 데서 나왔다(자녀의 '긱스러운' 관심사에 대한 호기심을 동반했다). 그래서 기술을 통해 자녀와 의미 있는 관계를 맺음으로써 자원을 제공하고 도전하게 하고 관심사를 격려해서 현재와 미래 사이의 간극을 메울 수 있었다.

디지털 스킬이 많이 부족한 부모들도 디지털 기술에 대해 열린 마음을 가지고 어린 시절의 경험을 떠올려 공감함으로써 질문을 하고 새로운 자원을 찾아 자녀를 지원할 수 있었다. 다야 타커는 특별한 디지털 스킬이 없었지만 딸이 유튜브에서 머리 손질하는 방법을 배우고 실력을 키워가는 것을 즐길 수 있었다. 레이철 일리도 특별히 디지털 스킬을 갖추지는 않았지만 코딩, 게임 플레이, 로봇공학 등 미아의 '디지털 리더'로서의 활동에서 창의성과 학습의 요소를 알아볼 수 있었다(그리고 그것에 대해 아이에게 물어볼 줄 알았다). 다른 부모들은 멀리 사는 가족, 친구들과 연락을 유지하거나 종교적, 문화적 관습과 가치관을 연결시키는 디지털 기회를 소중하게 생각했다. 3장에서 논의했듯이 우리는 소득은 적지만 고등교육을 받은 부모들에게서 사회의 (과도한) 비판을 피한다는, 육아에 대한 가장 반성적인 설명을 들었다. 그들은 표준으로 받아들여지는 것 같은 '집중 양육' 또는 '집중적인 육아intensive parenting'를 대체하거나 그것에 저항하는 육아 철학을 만들었다. 다시 말해 그들이 디지털 육아와 관련해 이뤄낸 균형은 더 일반적으로는 그들의 대안적인 육아 가치관에 근거한 것이었다.

그러나 많은 부모는 상황이 좋든 나쁘든, 기대가 야심적이든 겸손하든, 자신 있어 보였고 심지어 낙관하는 것 같았다. 우리의 조사 결과에서도 영국 부모의 4분의 3이 아이의 미래에 대해 '꽤 자신 있다'나 '매우 자신 있다'라고 응답해 사실임이 확인되었다.[21] 이민자인 영화제작자 웸베 카자디는 딸 마니가 패션에 수줍은 관심을 보이는 것과 아들 빈투가 기계학에 점점 관심을 가지는 것에 대해 다소 낭만적으로 말했다. "아이들이 꿈을 이루는 것을 보고 싶어요." 그러한 낙관론은 기술에 대한 대중매체의 공황 반응과 대조적일 뿐만 아니라 비판적인 사회과학 문헌과도 대조를 이룬다. 그런 문헌에는 신자유주의의 부상에 대한 비관적인 예측이 가득하다. 신자유주의에서는 융통성이 불안정한 상태를 야기하고, 기술이 불평등의 원인이 되고, 연대가 사라질 운명이다.[22]

우리는 불길한 예측에 익숙하지만 미래에 대한 희망적인 비전을 유지하기 위해 긍정적인 비전을 만들어내는 부모들의 이야기를 들었다. 6장에서 아들들이 디지털 미디어 기량을 갖추도록 격려했던 피터 스타일스[23]는 우리에게 "평생직장은 오래전에 사라졌음"을 설명하기 위해 금융 언론에 흔히 나오는 노동시장 위기라는 디스토피아적 예측을 끌어들였다. 그는 그렇더라도 오로지 "규칙, 규칙, 규칙"에 의해 지배당했던 자신의 "형편없는 어린 시절"과 "조금도 시간을 함께 보내주지 않았던" 자신의 부모에 비해 아이들의 미래를 희망적으로 느꼈다. 중간 소득층인 IT 노동자 피터는 예기치 못하게 정리해고를 당했을 때 불안정한 상태를 몸소 경험했다. 이제는 아들들에게 미래가 요구할 수도 있는 모든 것에 유연하고 열려 있기 위해 노력하라고 충고했다.

부모들이 (때로는 극심한 불안감을 느끼며) 수용하고, 균형을 맞추고, 저항하는 것을 지켜보고 들으면서 우리는 미래 이야기가 어떻게 현재를 형성하는지 이해하게 되었다. 다음으로 우리는 미래 자체가 어떻게, 불명료하거나 간접적이더라도 현재의 활동을 통해 만들어지는지 탐구한다. 우리가 초점을 맞추는 지점은 불평등이다. 가난한 가족 그리고 특수교육 요구와 장애가 있는 아동의 부모는 더 극심한 개인적 부담을 견디는 반면, 경제 및 문화적 자본은 중산층 부모가 직면한 문제를 해결하는 데 어떻게 도움이 되는지에 대한 우리의 조사 결과를 고려한 것이다. 3장에서 딸들을 위해 과외 수업과 기술에 소득의 상당 부분을 썼던 레일라 모하메드[24]를 떠올려보라. 또는 5장에서 이야기했듯이 디지캠프에서 장학금을 받아 행복해했던 루커스 스터브스[25]의 부모를 기억하라.[26] 이러한 부모들의 기술에 대한 투자는 매우 희망적일 수 있다. 하지만 이것이 제대로 인식되지 않는 탓에 부모가 상상하는 것을 자녀들이 성취하도록 돕는 지원이 없는 상태인 경우가 많다.

미래의 결과

부모가 집과 학교에서, 또는 과외활동을 통해 디지털 미디어 학습을 격려함으로써 아이가 뒤처지지 않거나 심지어 선두에 설 가능성을 높일 수 있다고 믿는 것은 옳은 일인가? 이 질문과 부모의 투자에 대한 비슷한 질문은 더욱더 시급하다. 청소년들이 그들의 부모보다 덜 번영할 것으로 예측되는 것이 수십 년 만에 처음이기 때문이다.[27]

전후 시대에 영국, 미국, 그 외 부유한 국가들에는 일자리가 충분했고 교육은 좋은 생활수준을 담보하는 경로를 제시했다. 중산층은 확대되고 있었고 불평등은 줄어들고 있었다. 사회학자 존 골드소프는 오늘날의 조부모 세대가 실제로 어땠는지 이렇게 기록한다.

봉급생활자의 증가('상류층에 합류할 수 있는 가능성'을 어느 때보다 증가시켰다)와 그에 상응하는 노동자계급의 감소는 (중략) 지난 세기 중엽에 사회이동의 '황금기'라고 적절하게 불렸던 것을 만들어냈다. 사회적인 신분 상승이 사회적인 가문보다 분명히 우세했던 시기였다.[28]

그러나 최근 수십 년 동안, 불평등은 증가했고[29] 노동조합 결성은 감소했다. 부는 엘리트 계층에 더욱 집중되었고 교육(그 자체가 점점 더 계층화되었다)은 더 이상 확실한 배당금을 만들어내지 않았으며 사회이동은 감소했다. 골드소프는 (3장에서 논의했던) 라루 등의 중산층 부모가 향후 자녀를 유리하게 하고 위쪽으로 이동하는 것을 보장할 수는 없더라도 아래쪽으로의 이동을 미연에 방지하기 위해 훨씬 더 많은 노력을 할 것으로 예측한다. 한 가지 대응책은 디지털 기술이 아이들의 장래성을 확보하는 데 필요한 마법의 재료를 제공할 수 있기를 바라는 것이다. 하지만 또 다른 사람들에게는 디지털 미디어와 기술에 '시간을 낭비하는 것'이 아이가 뒤처질 수 있는 가능성을 상징한다.

지금까지 보여준 것처럼 이러한 희망과 두려움은 중산층뿐만 아니라 사회경제적으로 다양한 계층의 부모들에게 여러 가지 이유로 강력하다. 사회이동 위원회Social Mobility Commission에 따르면 런던에 사는 가족들은 영국의 다른 곳에 사는 사람들보다 낙관할 수 있는 이유가 더 많다. 위원회는 "수도가 다른 곳에 비해 그 거주자들(가난한 사람들도 포함한다)에게 발전할 수 있는 더 많은 기회를 제공한다"라고 말한다.[30] 이러한 기회들 중 일부는 특히 디지털 및 창조 분야에 있다. 새비지는 IT 분야의 엘리트 직업은 "더 넓은 풀에서 끌어오는 인재에게 더 열려 있을 수 있다"라고 덧붙이며 디지털 혁명이 더 많은 사회이동을 가능하게 할 수도 있다는 부모의 희망을 지지한다.[31]

이러한 고용 전망을 뒷받침하는 것은 수도가 제공할 수 있는 교육적, 문화적 자원의 임계량이며, 우리가 면담했던 많은 부모도 이를 아주 잘 알고 있었다. 물론 아이가 그러한 기회들을 차지하는 것을 부모가 적극적으로 가능케 하는지 여부가 중요하다. 사회과학 연구의 오랜 역사는 아이들이 인생의 기회를 형성하는 데 부모의 조기 투자가 중요함을 보여준다.[32] 그러나 이것이 차이를 만드는가? 사회이동은 전반적으로 안정적이지만 오늘날의 부모 세대 중 3분의 1 정도는 그들의 부모와 같은 사회계급에 머물렀고, 3분의 1은 위로 이동했으며, 3분의 1은 아래로 이동했다. 이 패턴이 계속된다면 자녀가 부모보다 더 잘하거나 더 못할 가능성이 같을 것이다(이것이 큰 기대와 불안하게 만드는 두려움을 설명한다). 우리의 현장 연구와 설문조사의 결과에서 알 수 있듯이 부모들은 일반적으로 비관적이기보다 낙관적이다. 절반가량은 자녀의 미래가 안정될 가능성에 대해 그럴 자격이 있든 없든 부모 자신보다 더 나을 것으로 생각한다.[33]

사회이동(또는 그것의 부재)을 뒷받침하는 요소는 많이 연구되어왔다. 그러나 그것으로 개별 아동에 대해 완벽히 예측할 수는 없다. 아이들의 인생의 기회에 미치는 많은 영향을 풀어내기가 어렵기 때문이다.[34] 10대의 민족지학에 대해 수년 또는 심지어 수십 년 동안 추적하는 연구들은 사회적 재생산의 강력한 힘이란 일반론적으로 아이들의 삶의 기회가 항상은 아니더라도 자주 부모의 삶의 기회와 비슷하다고 밝혀지는 것을 의미한다고 결론짓기 쉽다.[35] 우리는 현재 연구에서 이것이 어떻게 작용하는지 탐구할 기회가 있었다. 우리가 열여덟 살 때 방문했던 가족들 중 일부는 몇 년 전인 열네 살 때 이전 책 《더 클래스》를 쓰기 위해 방문했던 가족들이었다.[36] 이 몇 년이라는 상당히 짧은 시간이 흐른 후 가족들의 계급적 위치로 아이들의 성과를 예측할 수는 없었다. 예를 들면 저소득가정 출신인 애비 애덤스 Abby Adams [37]는 온라인에서 비방하고 괴롭히는 사람들에게 대처하는 법을 배우는 등 중요한 개인적 문제들을 극복했고 경영학을 공부하기 위해 좋은 대학에 입학했다. 애비는 아빠의 노점상 일을 도왔던 어린 시절 영향으로 경영학에 관심을 가지게 됐다고 생각했다. 나이 많은 아빠로서 조너선 Jonathan 은 디지털 세계에 "익숙하지 않았기 때문에 그것을 외국 영토처럼" 생각했지만 기독교도이자 전 청소년 지도자로서 개인적, 직업적 경험에서 나오는 자신감이 있었다. 그것이 그가 애비의 학습을 지원하고 자존감을 회복시킬 수 있도록 도왔다. 조너선은 "애비가 마침내 꿈꾸던 미래를 눈앞에 두고 있다"라고 기뻐하며 말했다.

부유한 가정들도 4년 후의 결과가 엇갈렸다. 앨리스 캔트렐Alice Cantrell[38]은 좋은 대학에 가서 심리학을 공부하겠다는 계획이 있었는데 이는 엄마의 뒤를 잇는 것처럼 보였다. 전문직에 종사하는 그녀의 부모 마리아Maria와 테오Theo는 학교가 앨리스의 난독증[39]을 다루는데 실패하는 것을 두고 학교와 오랫동안 싸웠지만 늘 그녀가 성공할거라고 확신했다. 하지만 중상류층 전문직 종사자 가정의 서배스천 쿠퍼Sebastian Cooper[40]는 전통적인 대학 입학 과정을 피해 엄마와 오랫동안 공유했던 드라마에 대한 사랑을 영화계 직업에 대한 포부로 바꿨다. 그는 후속 면담을 하기 1년 전에 심리적 위기를 겪었다. 그의 어머니는 공부에 대한 압박감과 미래에 대한 불안감 때문이었다고 말했다. 그는 가족의 큰 지지를 받으며 영화학교에 지원하는 동안 학교의 미디어 학부에서 기술자로 일하고 있었다. 그의 미래는 그래서 '디지털'로 보였다. 그리고 매우 불확실하기도 했다.

우리가 아는 한 가장 큰 차이를 만드는 것은 부모 자신의 관심과 전문 지식, 가족과 학교의 문화와 자원, 계획되지 않은 전기적 사건들의 조합이었다. 4장에서 논의한 긱 가족처럼 예외는 있을 수 있지만 현장 연구 내내 부모들은 희망과 두려움 두 가지 모두의 근원으로서 디지털에 대해 이야기했다. 특히 디지털 기회에 대한 부모의 투자가 다른 기회 이상의 혜택을 가져올지는 알기 어렵다. 교육학자 리처드 애럼Richard Arum과 카일리 라슨Kylie Larson[41]은 우리가 이 책에서 논의한 것(6장 참조)과 같은 디지털 미디어 학습 현장에 대한 아이들의 참여와 학교와 학교 밖에서의 학습에 대한 참여도 및 지속성 사이의 긍정적인 연관성을 보고한다. 따라서 사회적 우위의 재생산을 가능하게 하는 사회적, 문화적 자본의 형태와 마찬가지로 기술적 자원과 전문 지식은 불평등하게 분배되어 있지만[42] 디지털 시대의 '긱'과 관련된 기회를 이용하려고 노력하는 부모와 자녀(4장 참조)가 정체성과 자원의 투입을 통해 성공의 흐름을 볼 수 있는 가능성을 배제할 수 없다.

디지털이 왜 그렇게 부각되는가?

이 책의 내용을 연구하는 동안, 커넥티드 기기, 알고리즘, 가상 및 증강 현실, 로봇공학, 인공지능, 그리고 집에서 도시까지 스마트한 모든 것에서의 혁신이 뉴스에 많이 등장했다. SF와 공공정책 예측 및 상업적인 비즈니스 모델과의 경계가 모호해지고 있고, 그래서 모든 것이 먼 미래의 일이기만 한 것이 아니라 단지 몇 년 후의 일인 것도 있다. 전문가와 일반 대중 모두 변화를 이해하고 관리하기 위해 노력하고 있다. 이 변화는 아주 복잡하고, 속도가 빠르며, 일, 여가, 학습, 공적 생활과 사적 생활에 잠재적으로 광범위한 영향을 미치며, 모든 것을 아우른다.

사회과학자들이 반복적으로 지적하듯이 사회 변화는 획기적이기보다 점진적이다. 하지만 '디지털'에 대한 대중적인 이야기('디지털 육아', '디지털 원주민', 특히 '디지털 미래'에서와 같이)는 인터넷 발명, 스마트폰, 사물인터넷 출현이라는 일련의 기술혁신으로부터 전개되는 극적인 변화라는 흥미진진한 이야기를 선호한다.[43] 그러면서 한편으로 미래는 이상적이고 선진적인 SF 이미지와 디스토피아적이고 파멸을 예고하는 정책 예측의 혼합으로 여겨진다('평생직장'의 종말, 인구통계학적 '시한폭탄', 복지국가의 파산, 보건 위기, 주기적인 팬데믹 등).[44]

디지털 기술의 언급이 현재와 미래에 자녀에 대한 희망과 두려움을 촉진시키는 것은 당연하다. 현재 부모들 세대(그들 자신의 어린 시절은 자녀의 어린 시절보다 기술적으로 더 단순했다)에게는 변화 이야기가 체계를 세우는 원칙으로서 특별한 호소력을 가지는 것으로 보인다. 역시 블루벨에서 '디지털 리더'인 아홉 살 엘렌 파크스[45]는 기술과 관련된 일을 하는 직업을 희망했다. 엘렌은 엄마 아리얌의 많은 지원을 받았고 아리얌의 설명은 우리가 발견한 몇 가지를 분명히 보여준다.

저는 요즘 그 어느 때보다도 기술이 얼마나 중요한지를 느끼고 있어요. 저는 인류의 진보와 우리가 얼마나 멀리 왔는지를 믿어요. 저는 더 나은 삶을 살기 위해 [에리트레아에서] 여기로 왔고 전적으로 [그] 혜택을 얻기 위해서 온 거예요. 인생이 정말 좋은 쪽으로 바뀌었다고 생각해요. 기술에 대해 부정적인 것들도 많지만 긍정적인 면이 부정적인 면을 능가한다고 생각해요.

아리얌은 다른 많은 부모처럼 기술이 '인류 진보'에 기여하는 중요한 방식으로 사회를 변화시킬 것이라고 여겼다. 또한 우리의 설문조사 결과에서 확인되었던[46] 많은 부모의 생각처럼 부정적인 것들에 대해 긍정적인 것들과 균형을 유지할 수 있다고도 믿었다. 더 나아가 아리얌 파크스는 우리가 면담한 다른 이주 가족들처럼 "더 나은 삶을 살기 위해" 영국으로 왔고 그 나은 삶이 디지털 기술의 (그녀 자신과 딸에 대한) 혜택을 포함할 것으로 예상했다. 그러한 이주의 어려움은 상당했을 것이다(그리고 틀림없이 앞으로도 어려움이 클 것이다).

따라서 대부분의 부모에게 디지털은 자신의 어린 시절과 자녀의 경험 사이의 거리를 나타내지만 이주 가족에게 그것은 떠나온 삶과 이제 가족에게 줄 수 있는 삶 사이의 차이를 상징하기도 한다. 하지만 또 다른 부모들에게는 자녀의 디지털 활동에 미래에 대한 희망을 거는 다른 이유가 있었다. 특수교육 요구와 장애가 있는 아동과 기술 사이의 '선택적 친화성' 때문이거나(5장 참조) 디지털 기회가 가난이나 불리한 조건을 극복하게 할 가능성이 있기 때문이다(3장 참조). 또는 '긱' 정체성이 개인적인 어려움을 벗어나는 대안적 경로를 제공하기 때문이다(4장 참조). 여기에서 핵심은 가족들이 직면한 뿌리 깊은 문제가 무엇이든 디지털이 성공할 수 있는 미래의 길을 제시하는 것으로 보이기 때문에(일부 부모들에게는 그들이 예견할 수 있는 길만 제시한다) 디지털이 부각되는 것이다.

우리는 부모들이 디지털에 초점을 맞추는 다양한 이유를 조합해 모든 것이 디지털인 더 넓은 사회에 의해 증명된 강한 흥미를 그들이 피할 수 없다고 주장하기도 했다.[47] 세계적인 기술 회사들이 제조 또는 천연자원 분야의 회사들을 대체해 세계에서 가장 크고 가장 수익성 있는 회사들이 되는 데는 몇 년밖에 걸리지 않았다(그리고 이제 그들의 사업이 우리의 시간과 상상력을 채우고 있다).[48] 부모들은 끊임없이 디지털 위험을 경고하는 헤드라인은 물론, 기술이 일, 교육, 사회이동, 건강 등에 미치는 영향에 대한 많은 예측을 접하면서 디지털 미래에 대해 추측이 난무하는 문화 풍토에서 자녀를 양육하게 된다. 부모들은 우리와 기술혁신에 대한 개인적 딜레마뿐 아니라 사회적 영향에 대해 논의하고 싶어 했다(기술혁신의 윤리, 창조적 잠재력, 교육에 미치는 영향, 많은 온라인 유해 위험, 범죄의 미래, 데이터화, 사생활의 종말 등). 단순히 "우리 아이의 미래는 어떻게 될까?"라는 의문에서 그치는 것이 아니라 "아이들이 어떤 세상에서 살게 될까?"를 생각했다.

이 더 폭넓은 추측 문화는 부모들에게 자녀가 배울 수 있는 기회를 이용하게 하라고 하지만, 동시에 스크린 타임을 제한하라고 노골적으로 신호를 보낸다. 아이의 교사에게 전자기기를 통해 연락하되, 화면을 응시하고 있거나 아이의 사진을 공유하는 일을 멈추라고 소리친다. 또 최신 발전 상황을 따라가되, 아이와 자신의 디지털 활동을 조절하기를 요구한다. 부모들은 이러한 기대를 충족하기 위해 디지털 책임에 대한 인식을 고조시키면서 어쩔 수 없이 최근의 기회나 문제에 대한 소식이나 쓸모 있는 조언을 얻기 위해 미디어 분야 모니터링에 더 몰두한다. 육아 문화의 부상(1장에서 논의했다)이 디지털 시대와 맞물렸기 때문에 나타난 결과 중 하나가 '디지털 육아'에 대한 공식적, 비공식적 조언의 폭발이다(전문가 세미나, 자기계발서, 앱, 기술 도구 분야에서 빠르게 성장하는 시장도 마찬가지로 그 결과다). 아마도 이러한 조언 가운데 일부는 도움이 될 것이다. 하지만 이 조언에는 부모의 이해를 우선할 수도, 결정적으로는 그러지 않을 수도 있는 다양한(대부분 암묵적인) 공적, 상업적, 이념적 이익이 유발한 상당한 부담이 딸려 온다. 확실히 그 조언들을 무시하기는 어렵다.

이렇게 종종 부담스러운 기대에도 불구하고 많은 부모에게 디지털은 (아이뿐만 아니라 부모 자신의) 주체성과 연관된다. 부모는 아이를 자기만의 방식으로 키우고 싶어 한다. 부모의 뒤를 따르거나 공식적인 조언의 강권에 반드시 순종하지는 않겠다는 의미의 개별화 정신을 지지한다. 그들의 1차 전략은 집, 학교, 아니면 다른 어떤 장소에서든 학습 기회를 가능하게 하는 것이다. 부모들은 자녀의 미래에 대해 부모가 할 수 있는 가장 좋은 투자가 교육임을 보여주는 사회과학 연구 결과를 모르지 않는다. 그리고 디지털이 바로 이 기회를 제공한다고 장려되고 있다.

물론 디지털은 리나 후벤이 집으로 밀려 들어오는 디지털 물건들의 "쓰나미"라고 불렀던 것(1장 참고), 즉 부모들이 문자 그대로 그리고 비유적으로 발이 걸려 넘어지는 스크린들을 감수하는 일상적 현실성 때문에 두드러지기도 한다. 이것들은 지출, 시간과 공간의 사용, 요구되는 전문 지식, 그리고 더 미묘하게는 관계, 가치관, 정체성에 대한 일상적이지만 어쨌든 끝이 없는 일련의 운명적인 결정을 요구한다. 이 결정의 일부에 대해서는 쉽게 위험을 무릅쓸 수 있을지라도, 일부에 대해서는 부모 자신의 어린 시절과는 생소한 해를 입을까 봐 우려하며 바로 이 생소함이 부모의 불안감을 키운다.[49] 위험에 대한 의문과 관련해 디지털 환경의 다른 어려움에 대해 말하자면 부모들은 자신이 길러진 육아 방식에 의지할 수 없다. 또 우리의 조사 결과에서 볼 수 있듯이 자신의 부모에게 다른 문제에 대해 조언을 얻는 것처럼 디지털 조언을 기대할 수도 없다.[50] 디지털 결정은 또한, 가끔 부모보다 지식이 더 많은 자녀와 비교되는 것을 포함해 부모의 전문 지식이나 자원을 시험한다.

이 모든 이유와 그 밖의 또 다른 이유에 의해 디지털은 흥미진진하거나 걱정스러울 수 있고 그 결과 가정에서 상당한 협상이 이뤄지며 때로는 갈등이 생긴다. 그러나 디지털 기술은 익숙한 것 같지만 여러모로 낯설고 어렵다. 우리가 다음으로 검토해볼 내용처럼 디지털은 가족이 그 안에서 자신들의 자리를 찾는 만큼 (혹은 그보다 더) 가족의 삶을 바꾼다.

디지털이 어떤 차이를 만드는가?

이 책에서 우리는 먼저 이 질문에 부모의 상상력 측면에서 대답하며 현대의 육아 문화가 디지털에 사로잡힌 것이 문제가 되는지 검토했다. 집에서 기술을 어떻게 관리하는지에 대해 부모들이 얼마나 이야기하고 싶어 했는지를 떠올리며 우리는 디지털이, 불안감을 드러내고 육아 결정에 대한 지원을 찾는 '안전한' 방법을 제공한다고 주장해왔다. 그들이 직면하는 다른 도전 과제(예를 들어 불평등, 관계 충돌, 가치관, 이주, 가난, 성 정체성, 인종차별 등)에 대한 어려운 대화와 비교하면 분명히 그렇다. 면담에 종종 동반되는 감정을 목격하면서 우리는 부모들이 디지털과 관련된 경험을 논의하고 있지만 **실제로는** 그들의 분투(생계를 유지하거나, 학습장애가 있는 자녀의 미래를 예상하거나, 출신국과 연락을 유지하거나, 심지어 자녀와 관계에 대해 '무엇이든 할 수 있다고' 느끼기 위한 것이다)에 대해 이야기하고 있던 건 아닐까 생각하게 되었다. 아마 디지털이 특별한 상황에 관계없이 **모든 사람**이 관심을 가지는 영역이기 때문에 디지털에 **관해** 이야기하기가 더 쉬울 것이다. 그것은 편중되게 분산된 우려가 여전히 암묵적인 상태로 다뤄질 수 있게 한다.

그러나 동시에, 디지털에 대해 이야기하는 것이 다른 우려들을 대체할 수 있고, 더 문제 있게는 다른 우려들을 흐려 보기 어렵게 할 수 있다. 부모가 직면한 구조적 문제 중 다수는 부모 자신이 만든 상황 때문에 발생하는 것이 아니며 부모가 해결하기 어렵거나 불가능하다. 그러나 부모는 디지털 미디어가 자녀들의 삶으로 유입되는 것에 개인적으로 책임이 있다고 **느낀다**. 그래서 이중으로 부담을 느낀다. 즉 그렇게 위험한 기술을 가정으로 도입하는 것에 책임이 있지만 그럼에도 소중한 학습자원, 창의적인 기회, 귀중한 직장 스킬의 가능성을 실현할 수 있다는 희망을 품는다. 이런 이유로 많은 부모가 이야기한 불만은 휴대전화에 푹 빠져 있거나 화면만 쳐다보거나 위층에서 게임에 몰두하며 부르는 소리를 흘려듣는 아이를 보는 것에 있었다. 손안에 잡히지 않는 것으로 보이는 이러한 일상적 경험은 부모에게 자녀의 디지털 활동뿐 아니라 더 깊게는 부모의 현재와 미래를 관리하는 힘이 제한돼 있음을 드러내 보여준다.

디지털 육아 지침은 효과적이든 아니든 적어도 현실적 조치를 제시한다(컴퓨터를 산다, 코딩 클럽에 등록한다, 교육용 앱을 다운로드한다, 차단 프로그램을 설치한다, 스크린 타임을 제한한다). 이로 인해 부모는 가족의 디지털 생활을 통제할 수 있고, 통제해야 한다고 느낀다. 이것은 현실적 조치가 부족한 경우가 많은 가정생활의 다른 측면과 강하게 대조된다. 예를 들어 부모가 장애아 자녀의 미래를 보장하거나 이민자 가족으로서 주변부적인 지위를 해결하거나 가난이나 가정 파탄에 대처하기는 쉽지 않다. 사실 민주적인 가정(1장 참조)에서 힘을 둘러싼 더 광범위한 분투에는 유용한 안내서가 없다. 공동 권한의 문화를 일구는 것이 기술 제품 하나를 사는 것만큼 간단하지는 않기 때문이다.

그러나 디지털은 가정생활에 대한 결과에서 중립적이기 어렵다. 그래서 우리는 또 디지털 자체의 성질을 조사함으로써 디지털이 어떤 차이를 만드는지 묻는다. 여러 디지털 행동 유도성은 특히 중요하다.[51] 기술은 복잡하고 빠르게 변한다(그래서 사람들이 그것을 이점으로 만들기란 쉽지 않다). 그것은 거의 독점적이다(세계적 기업의 이해관계 속에서 운용된다). 또 경험을 공유하는 새로운 관객을 불러들인다. 누가 듣고 있는지 또는 사생활을 어떻게 통제하는지에 대한 근본적인 불확실성도 동반한다. 확장 가능한 플랫폼들은 이용할 수 있는 광대한 정보에 빠르게 접근할 수 있게 하지만 무엇이 자녀에게 **좋은지** 선택하는 쉬운 방법은 제공하지 않는다. 그것들을 이용할 수 있는 디지털 리터러시와 사회적 지위가 있다면 이것들 중 어떤 것도 유익할 **수 있다**. 더 나아가 기술은 새로운 관행을 가능하게 한다. 예를 들어 부모가 집에서 일하고, 새로운 종류의 사회적 지원을 찾고(2장 참조), 가정생활의 일정표와 공간을 재설계하여 자녀의 학습을 창의적인 방식으로 지원하고 연결할 수 있게 한다(6장 참조).[52] 많은 부모를 열광하게 만드는 것은 디지털이 '두잉 패밀리 doing family(가족 간의 유대를 형성하고 유지하기 위한 활동—옮긴이)'의 새로운 방식을 제공하는 방법이다. 젊은 블로거 엄마로서 전문직 가정 출신인 베스 Beth[53]는 간결하게 묘사했다.

가끔 주말 같은 때 아이들이 우리 침대로 오면 우리는 침대에서 다 같이 토스트를 먹을 거예요. 우리는 텔레비전을 켜고 아이들은 아이패드를 하고 싶어 할 거고요. 그게 사실은 우리가 침대에 30분 더 있을 수 있는 방법이에요.

이 가족은 침대에서 함께 몸을 웅크리고 있었다. 가끔은 TV 프로그램을 함께 보고 가끔은 각자 좋아하는 것이나 관심 있는 것을 했다(잠을 자거나 아이패드 앱들을 사용했다). 이것은 우선 디지털이 후기 근대 민주적 가정의 정신에 맞는 평등주의적이고 재미있는 활동을 제공하는 방법을 보여준다(2장 참조). 디지털이 공동의 선호와 개인의 선호 간의 갈등을 상징화하면서도 두 가지 모두를 가능하게 하는 방법은 어떻게든 대부분의 가족에게서 눈에 띄었다. 하지만 새로운 기회는 새로운 불평등을 증가시킨다. 우리는 특히 가난 속에서 살거나 (3장 참조) 특수교육 요구와 장애가 있는 자녀 때문에 문제에 직면한 (5장 참조) 가정에서 기회를 놓치거나 갈등이 생기거나 장벽이 세워지는 많은 방법을 발견했다. 따라서 디지털이 성별, 인종, 민족성, 가족이나 사회의 지원의 존재 또는 부재, 부모 관계의 전후 사정이라는 다른 상황들과 상호 작용한 결과는 교차 접근법을 필요하게 한다.

사회의 디지털 배치는 전통적인 경로보다 더 나쁜 위험과 더 큰 기회를 약속함으로써 미래의 불확실성을 심화시킨다(그리고 여기에서도 우리는 부모의 영향력과 사회적 자본에 기반한 불평등을 목격한다). 이 약속의 본질이 일반적으로 인정되는 지식에 이의를 제기한다. 예를 들어 더 큰 기회를 약속하는 것은, 창조 산업에서의 직업으로 연결되는 좋은 성적보다는 컴퓨터게임을 하는 것일 수 있다고 암시한다. 그러나 연구를 통해 미래의 결과를 예측하는 것은 어렵기 때문에 이 약속들이 실현될지 여부는 필연적으로 불확실하다. 교육 또는 지역, '좋은 양육'에 대한 선택이 어떤 혜택으로 연결되는지 조사하는 수십 년간의 종단연구와 비교하면 틀림없이 그렇다. 따라서 부모가 이러한 디지털 약속을 판단하거나 자신의 과도함을 통제할 근거가 거의 없다. 요컨대 그들은 자신과 자녀가 피할 수 없는 디지털 육아의 실험 중간에 끼여 있다. 그 결과인 불안감은 기존의 갈등을 악화시킬 뿐만 아니라 부모로 하여금 그들의 의문에 답하거나 이익이 될 수도 있고 그렇지 않을 수도 있는 전문가의 지침을 찾게 한다. 하지만 일부 가정은(우리 연구에서는 특히 디지털 생활 방식을 수용하는 긱 가정뿐만 아니라 더 가난하거나 더 소외된 일부 가정을 포함한다) 전통적 형태의 사회경제적인 배제를 피하거나 그것의 대안을 찾기 위해 디지털의 대안적 잠재력을 이용하는 데 성공할 수도 있다.

부모들은 현 시점에서 통제력에 대한 좌절감에도 불구하고 어떤 점에서는 미래의 불확실성을 안고 살 준비가 되어 있다. 자녀의 삶을 완전히 통제하려는 것은 현대의 육아 정신에 맞지 않기 때문이다. 레이철 일리는 다음과 같이 말했다.

> 저는 원래 아이가 35세, 40세, 50세에 무엇을 할지 어느 정도 결정해두었어요. 저는 세상이 선택으로 가득하다고 생각하기 때문에 이제 그게 말도 안 되는 것처럼 보여요.

루이사 트레비시[54](조반나의 엄마, 4장 참조)가 말한 것처럼 정말 많은 부모가 우리에게 그들의 지도 원칙은 자녀가 "모든 것을 맛보게 해서, 아이들이 무엇을 하고 싶은지 결정하게" 하는 것이라고 말했다. 다시 말해, 현대의 부모들은 자녀에게 **스스로 선택하는** 기회를 주기를 선택한다. 그들의 노력은 보통 특정 경로를 촉진하기보다는 아이가 선택권을 갖도록 보장하는 쪽으로 더 설계된다. 이것이 부모들의 미래에 대한 막연함을 설명할 수도 있다. 그들은 자녀의 특정 미래를 상상하지 않아도 되고 심지어 그런 생각조차 하지 않을 수도 있기 때문이다. 음식 블로거 안드레아[55]는 이렇게 말했다.

> 전 단지 아이들이 좋은 결정을 내릴 수 있길 바랍니다. 자기 자신에 대해 편안하고 자신 있으면 좋겠어요. 아이가 양이 되어 그저 군중을

따라가는 것은 원하지 않아요.

비판적 학자들은 부모가 신자유주의 같은 이 철학을 지지하면서 자신의 최대 이익을 잘못 생각한다고 평가할 수도 있다. 그러나 많은 사람들이 그것을 표현했다는 것에는 의심의 여지가 없다. 그리고 그것은 디지털 시대의 급격한 변화와 미래 불확실성이라는 감각에 딱 들어맞고 부모에게 따라서 살아갈 이야기를 제공한다.

부모에게 귀 기울이기 — 우리는 무엇을 알게 되었나?

우리는 디지털 시대의 가정생활을 되돌아보기 위해 부모들을 초대했다. 그들은 디지털 기술이 삶을 얼마나 더 어렵게 하는지 이야기했다. 기술은 관심을 사로잡기 때문에 세심한 관리가 필요하다. 즉각적 효과로서 종종 불화와 논란을 일으키고 장기적 결과는 불확실하다. 부모들은 기술이 삶을 더 쉽게 만들기도 한다고 덧붙였다. 기술은 기분을 달래주고, 만족을 주고, 즐거움, 학습, 미래의 가능성을 공유할 수 있게 하기 때문이다. 그런데 부모들은 무엇이 현실적인지와 그들이 바라는 것이 '가장 좋은지' 사이에서 길을 찾을 때 어떻게 기술에 대해 수용하고, 균형을 유지하고, 저항했는지 말하는 것 이상으로 자신의 더 깊은 가치관과 신념을 드러냈다. 그것이 우리가 이 책을 쓰면서 들으려고 했던 것들이다.

무엇이 부모의 목소리와 경험을 특히 중시하는 가치였는가? 첫째, 우리는 시대에 뒤떨어졌지만 정책과 부모의 공공영역에 여전히 유포되고 있는 생각에 이의를 제기했다. 이때 부모는 기술에 대해 거의 모르거나 자녀를 감시하는 데만 집착하는 '디지털 이주민'이다. 우리는 또 노동자계급인 부모는 자녀에게 소홀하거나 투자하지 않고, 중산층 부모는 자녀를 지나치게 걱정하고 압박한다는 잘못된 추정에 이의를 제기했다. 그와는 반대로 우리는 많은 부모가 자신감이 있고 일생의 과정으로서 디지털 시대의 행동 유도성을 이용해 계속 배움으로써 훌륭히 임무를 완수하기 위해 노력한다는 사실을 보여줬다.[56]

우리는 또 가족 간의 갈등이 주로 디지털 기기에 집중되어 있다는 이야기에 이의를 제기했다. 부모가 (헤드라인에서 잘 다루지 않는) 재정적 불확실성이나 이주, 장애, 가족의 재구성에 관련된 엄청난 어려움을 직면하고 있다는 사실을 알게 되었기 때문이다. 그래서 우리는 다양한 상황에 놓여 있는 가정생활을 밝힘으로써 부모들을 동질화하려는 대중적 유혹이나 부모의 행동을 상황과 관계없이 판단하는 것에 이의를 제기할 수 있었다. 그럼에도 불구하고 우리는 디지털이 주된 문제가 아닐 때도 많지만 부모의 마음속에 기술이 크게 다가오고 가정의 문제가 디지털에 의해 조정된다는 이야기를 들었다. 그 조정은 중립적인 것과는 거리가 먼 방식으로 이뤄지며, 이전의 문제를 새로운 방식으로 재구성하거나 복잡하게 만들거나 심화시키는 경우가 많다.

부모들의 이야기는 많은 유사점을 공유했고, 사실상 '개인의 이야기'를 일종의 '집단적 경험'으로 묶는 것으로 보였다. 하지만 이것이 부모들을 조금도 결속시키지 않는 것 같았다.[57] 부모들은 집단적인 주체성을 느꼈다고 말하는 일이 거의 없었을 뿐만 아니라 자신의 부모, 동료, 아이의 학교는 물론 부모에게 조언하거나 가정을 위한 정책과 관행을 개발해야 할 전문가들에게 지원받지 못했다고 느낀 적이 얼마나 많았는지 반복해서 이야기했다. 부모들은 또 상대적으로 디지털 환경의 지원을 받지 못했다. 디지털 환경은 부모를 대체로 자녀의 온라인 경험과 무관한 사람으로 취급했고 가끔 감시하거나 응원할 기회만 제공했다.

부모가 부분적으로 디지털에 초점을 맞춰 가족의 과거, 현재, 미래를 협상하는 것처럼 가정 건강, 어린 시절, 교육 초기에 관심 있는 정책 입안자도 디지털 시대의 육아에 초점을 맞추었으며 좋은 육아나 나쁜 육아의 지표를 말하면서 스크린 타임에 집착할 때가 많았다. 공식적인 스크린 타임 조언에 대한 반응으로 부모들이 자녀의 스크린 타임 때문에 자신이 "게으르다"거나 "형편없다"라고 자책하는 것을 들었다. 또 부모들은 우리에게 비디지털 가족 활동에 대해 이야기함으로써 육아를 잘하고 있음을 증명하려 했다. 우리는 이 조언 때문에 가족들이 기술과 관계를 맺으려는 다양하면서도 종종 합리적인 동기가 무시되고, 세대 갈등이 야기된다는 사실을 발견했다. 그래서 이제 2×2 스크린 타임 지침(2장 14번 주석 참조)에 대해 재고하는 조짐이 보이는 것을 환영한다.[58]

그러나 그 풍경은 그냥 스크린 타임보다 더 넓다. 디지털 행동 유도성은 그것의 기원과 결과에 대해 물리적, 사회적, 제도적으로 이해되어야 한다. 기술에 대한 사회적 연구에서 모든 단순한 형태의 기술 결정론에 맞서 오랫동안 주장해온 것처럼 설계자, 판매자, 정책 입안자, 사용자의 행동과 가치관은 디지털에 의미와 결과를 부여하기 위해 모두 결합된다.[59] 따라서 같은 이유로 그러한 행동과 가치관은 디지털이 현재와 미래에 가정에 제공하는 것을 바꾸는 방식으로 재고되거나 재설계될 수 있다.

우리는 부모들의 희망과 두려움을 듣고 상당히 다양한 그들의 상황을 연구했으며 공동의 목소리가 부족한 것을 반성했다. 그래서 여섯 가지 권고 사항을 강조하면서 이 책을 마무리하려고 한다. 이 권고 사항들은 부모가 디지털 시대 자녀의 미래에 대한 비전을 현실화하는 방향으로 조치를 취하게 함으로써 부모를 지원할 수 있다.

1. 부모가 디지털 환경을 아우를 수 있도록 지원하라.

가정을 지도하고 지원할 책무가 있는 많은 전문가들(방문간호사, 사회복지사, 교육자, 지방정부, 사서, 일반 전문의, 소비자 보호 기관, 심지어 법 집행관 등)이 최신 발달 상황을 따라가고 디지털 환경에 관해 연구하고 조언하는 데 어려움을 겪고 있다. 그들이 부모와 관련된 업무에서 빠르게 성장하는 부모 대상의 상품 시장 외에 독립된 정보원을 제공할 수 있도록 국가나 공공, 또는 제3섹터의 기관이 독려하는 메커니즘이 필요하다. 또한 특수교육 요구와 장애가 있는 아동의 부모뿐 아니라 조부모를 비롯한 다른 보호자들을 지원하는 등 도시 중산층 부모들 너머까지 도달하는 창의적 접근도 필요하다. 이것은 디지털에 대한 대중의 관심을 이용할 수도 있지만 디지털 문제를 다른 종류의 어려움과 별개로 겪는 경우는 드물기 때문에 거기서 더 나아가야 한다. 가족에 대한 지원 활동은 아이들의 온라인상 안전만 강조할 게 아니라 부모와 다른 보호자가 양질의 경험과 유익한 학습 환경을 인식할 수 있도록 도와야 한다. 기회 없이 안전을 우선시하면 디지털 불평등만 악화될 것이다.

2. 대중과 언론의 담론에서 부모에게 현실적인 비전을 제시하라.

과장하고 싶다는 유혹을 느끼는 기자와 정책 입안자에게 말한다.

부모들의 가장 큰 희망과 최악의 두려움에 편승하지 말라. 부모든 아이든 기술이든 그에 관한 문제를 분극화하거나 극단화하여 형성하는 것을 삼가라. 그 대신 부모가 살고 있는 현실을 인식하고 나타내며, 긍정적인 방향, 정보에 근거한 지침, 균형 잡힌 해결책을 제시하라. 어린 시절이나 교육, 가정생활을 논의할 때 아이와 부모를 전투나 제로섬게임의 상대방으로서 맞서게 하려는 유혹을 피하고 아동 중심의 접근법이 부모를 존중하는 접근법과 통합되어야 한다. 디지털 혁신이 그것의 잠재적 영향에 대해 정당한 추측을 유발하지만 그 범위가 증거에 기초하게 하고 가족이 직면하는 다른 문제들에 요구되는 대단히 중요한 관심을 가리지 않게 하라. 산업의 공급자는 부모를 무지하게 여기고, 아이들을 (특히 아이들 모르게) 감시하도록 부추기고, 뿌리 깊은 문제의 기술적 '해결책'을 과대 선전하는 상품과 두려움을 유발하는 메시지를 홍보하지 말아야 한다.

3. 교육 환경에 대한 부모의 기여를 인정하라.

교육기관, 특히 학교는 아이들이 교육 자원에 접근하게 하는 데 부모의 역할이 중요하고 부모가 정보, 이해, 표현, 있음 직한 불만을 토로할 수 있는 경로를 제공받아야 한다는 사실을 인정해야 한다. 부모가 가정을 포함해 여러 장소에 걸쳐 자녀의 학습을 촉진하려 노력할 것을 예상하고, 부모가 학습 장소들에 참여할 때와 그 전후에 자녀와 관계를 맺고 지원할 수 있도록 편리하고 지속적인 기회를 설계하라 (부모 자신이 교육 환경에서 또는 자녀에게 직접 배울 기회를 설계하는 것을 포함한다). 미디어 및 디지털 리터러시를 갖춘 인구가 증가하면서 디지털 환경의 복잡성도 증가하고 있다. 미디어 리터러시를 지원하기 위한 공공 및 산업계의 계획이 아이들을 위해, 그리고 사회 각계각층의 부모에게 닿기 위해 확장되어야 한다. 기술을 이해하고, 평가하고, 효과적으로 이용해야 하는 부모(와 교사)의 부담을 더 나은 기술설계와 널리 공유되고 이용될 수 있는 진정한 교육적 가치가 있는 자원을 통해 덜어줘야 한다.

4. 디지털 환경의 설계 및 관리에 더 관심을 쏟으라.

교육을 통해 대중에게 권한을 부여하는 것과 디지털 환경을 규제하는 것 사이의 바람직한 균형에 대해 많은 국가에서 활발히 논의되고 있다. 이것은 시간이 지나면 아동보호, 발언권(아이들의 발언권 포함), 윤리적 설계, 개인정보 및 데이터 보호 규정, 기업에 대한 규제감독, 아이와 가족의 이익을 위한 기술혁신 등을 요구하는 운동가들과 함께 어떻게든 해결될 것이다. 종종 떠들썩한 이 논쟁에서, 몹시불평등하고 불확실한 이 시대에 자녀에게 권한을 주고 자녀의 미래를 지키려는 부모의 노력을 존중하는 방식으로 부모의 목소리가 포함되어야 한다. 사실상 이것은 정책 입안자와 산업계에 해당되는 이야기다. 각각 사용하기 쉬운 자원(예를 들어 부모에게 정보를 제공하고 그들의 우려에 효과적으로 대응하기 위한 접근 가능한 '원스톱 지원체계')을 만들고 전파해야 한다. 특히 산업계는 다양한 그룹의 요구에 맞춘 부모 친화적인 자원과 지침을 제공하여 부모에게 다가갈 수 있는 능력을 활용해야 한다. 그리고 이 자원들이 원하는 효과를 가져올 것인지에 대한 활발한 공개적 논의(부모, 산업계, 정책 입안자, 연구를 포함한다)가 있어야 한다. 이것은 어떤 설계 특성이 기회를 증진시킬 수 있고 기회를 지연시키거나 빼앗아 가서 부모를 약화시키며 잠재적으로 아이들을 해칠 수 있는지에 대한 숙고를 담고 있어야 한다. 또 아이들이 이용하는 서비스를 어린이에게 적합하고 가족 친화적이도록 설계하고 규정을 준수해야 한다.

5. 정책을 입안할 때 부모의 목소리에 귀를 기울이라.

가족, 아이, 디지털 환경에 영향을 미치는 입법, 규제, 정책을 발달시키는 데 책임이 있는 사람들은 "접촉하기 어렵다고" 부모를 배제하거나 부모가 스스로 말할 수 있을 때 대변하지 말라. 부모가 디지털 세상의 형세를 모른다거나 그저 자녀의 미디어 사용을 감시하고 염탐하는 데만 관심이 있다고 추정하지 말고 부모를 동등한 도전 과제에 직면한 동질의 집단이라고 생각하지 말라. '가정'이나 '가족'에 대한 공식적인 회담에서 상징적으로 부모를 국민과 시민이라는 말로 지우지 말라. 그리고 아이들이 자원에 접근하는 데 부모의 중재 역할을 적극적으로 고려하라. 부모를 전체로서 대변하는 집단들을 찾아 지원하고 부모에게 영향을 미치는 정책 개발, 서비스, 실행에서 부모의 다양성과 상황을 대변하기 위해 노력하라. 부모들의 실제 걱정과 기존의 관행은 물론 그것들을 형성하는 조건을 조사하라. 부모의 요구를 예상하고 충족시키며 부모가 교육기관과 다른 유관 기관에 참여할 수 있도록 그들의 집단적, 개인적 주체성과 이해관계를 인식하라.

6. 정책, 그리고 기술의 설계는 증거에 기초하게 하라.

디지털 기술에 대한 부모의 중재를 포함하는 육아와 가족의 역학 관계에 대해서 탄탄하게 뒷받침하는 문헌들이 있지만 정책을 논의할 때나 디지털 서비스 설계와 관련해서 거의 참고되지 않는다. 정책 입안자, 교육자, 산업계는 부모를 위한 조언, 도구, 자원을 개발해야 하고 그것은 미디어가 확산시키는 공포가 아닌 증거에 근거해야 하며 장단기 우려 사항을 모두 다루어야 한다. 부모가 교육적 가치가 있는 앱과 디지털 자원을 선택하려면 그것들이 주장된 학습 이익에 대한 증거가 있음을 보장하도록 설계되고 평가되었음을 아는 것이 필수다. 여기에는 독립적인 평가나 전문가들의 협력, 또는 부모, 아이, 교육자, 연구의 피드백을 반영할 수 있도록 반복된 설계 및 테스트를 위한 메커니즘이 포함될 수 있다. 부모, 그리고 사회는 디지털 상업화의 현재 형태와 새롭게 나타나고 있는 형태가 정말 아이들의 선택과 인생의 기회를 제한하거나 그것에 악영향을 끼치는지 알고 싶어 한다. 강력한 증거가 만들어져 기술 이용과 아이들의 건강과 행복 측면의 결과에 대한 뜨거운 논쟁을 끝낼 때가 되었다. 이것들과 그 이상의 많은 문제를 다루기 위해 필요한 그 증거는 성별, 계급, 인종, 능력(장애) 등과 같은 교차하는 문제들을 염두에 두어야 한다. 그리고 디지털 육아의 개인적 딜레마뿐 아니라 사회적 딜레마를 알리기 위해 증거가 필요하다(예를 들어 부모 망신 주기 문화의 확대나 아이들의 사생활을 침해하면서 부모의 감시 규범을 바꾸는 것, 또는 어른들이 아이나 가족에게 가혹한 영향을 끼치는 방식으로 온라인에서 예의를 지키지 않는 것과 관련된다).

마지막으로 남기는 말

사회는 너무 자주 부모의 정체성 헌신과 자원 투자를 제대로 고려하지 않고 부모를 못 본 척하거나 무시한다. 서양에서는 아이를 '마법의 마지막 희망'으로 생각해왔다는 베크와 베크-게른스하임의 이야기를 상기하면서 이 책에서는 육아를 특히 치열한 '자아 기획project of the self'(기든스의 용어다)으로 이해했다. 자아 기획에 대한 기든스의 생각은 특히 후기 근대 문화에 공명하는 것으로 입증되었다. 우리는 민주적인 가정이라는 기든스의 개념을 유용하게 활용했다. 그러나 기든스(그리고 베크)가 가정생활, 특히 부모와 부양되는 자녀 사이의 삶에 대해 거의 말하지 않는다는 것이 놀랍다. 따라서 개별화 방향으로 가는 역사적 추세(그리고 심지어 개인주의라는 이념)에 맞춰 자아 기획을 조정하는 것은 우리보다 그에게 더 쉬운 일이다. 우리는 그 대신 대가족(그리고 일부의 경우 공동체)과 세대를 가로질러 과거와 미래로 확대되는 가족 모두를 아우르며 가정생활의 본질과 책임을 강조하고 공유했다. 이런 이유로 '가족 기획project of the family'이라는 개념은 아이를 기르는 실용적인 요구 이상으로 자신과 가족에 대한 상상력 풍부한 투자를 포착한다. 디지털 시대에는 기술에 대한 부모의 희망과 두려움에 의해 부모의 상상력이 총동원된다. 사회는 이러한 희망과 두려움을 부채질하면서도, 가족의 디지털 생활이라는 현실이나 그들에게 열려 있는 기회에 대해 거의 책임지지 않는다. 그 책임을 부모에게 떠넘긴 다음, 부모의 '실패'를 판단하거나 부모에 대해 생각에 조리가 없다거나 '접촉하기 어렵다'면서 무시하기 일쑤다.

우리는 후기 근대의 부모들이 협공 작전에 사로잡혀 있으며 동시에 이런저런 책임감에 짓눌려 있으면서도 신자유주의 아래에서 통제력을 발휘하기 어렵다고 주장했다. 왜냐하면 민주적 가정의 정신이 부모가 자녀의 주체성을 존중해야 함을 의미하는 한편, 위험사회가 전개되면서 전통적 구조에 의한 지원은 줄어들었기 때문이다. 이것은 많은 부분을 (사회와 가정 내에서의) 협상의 영역으로 남겨 둔다.

우리는 더 나아가 권한, 가치관, 관계에 대한 협상이 이제 상당한 정도로 디지털 기술과 관련해 이뤄진다고 주장했다. 특히 디지털 기술이 지금 매우 중심에 있고 흥미롭지만 자주 불안하게 만들기 때문이다. 모든 디지털과 관련된 것에 대해 높아진 대중의 관심이 특히 기술을 수용하**거나** 그것에 저항하는 부모들의(그들의 특수한 상황 때문인 경우가 많다) 불확실성을 심화시킨다. 대다수 부모는 대개 이 상반된 접근법 사이에서 균형을 추구하지만 그들의 일상적인 어려움은 가족이 디지털 세상에 몰두하는 것에 의해 디지털 고유의 신기하고 복잡한 행동 유도성과 함께 더 심각해질 수도 있다.

수용과 저항의 혜택이 모두 불확실하다는 것을 고려해볼 때, 우리는 부모의 균형 유지 노력을 현명하다고 판단하는 쪽으로 기운다. 그러나 우리는 또한 각 가정에서 성향, 자원, 상상력에 따라 서로 다른 방식으로 얼마나 다르게 균형을 유지하는지 보여주려고 했다. 균형을 잡는 것은 바로 현실적인 선택권들을 저울질하고 이것들을 가정 내에서 그리고 가정의 범위를 넘어서서 협상하기 위한 지속적이고 필요한 **노력**이다. 의미 있는 사실은 우리의 현장 연구가 육아에 대한 관행, 가치관, 신념, 상상에서 상당한 다양성을 밝혀냈다는 것이다. 그래서 대안적인 생활 방식이 평범한 것이 되고, 전형적이라고 여겨지는 것은 상대적으로 이해하기 어려운 것이 되었다. '정상' 그 자체가 어쩌면 상상 속에서만 존재하는 육아일 수 있다. 또 한편으로 부모는 사회의 요구와 판단에 대응하고, 이용 가능한 자원을 활용하며, 직면하고 있는 도전 과제에 대처하고(또는 대처하지 않고), 의미 있는 가정과 여러 세대에 걸친 문화적 서사를 위해 애쓰며, 우리는 그러한 부모의 경험과 노력에서 많은 공통점을 발견했다.

디지털은 그 어느 때보다 큰 가능성의 캔버스에 그리는 육아를 의미한다. 그러나 부모 자신이 만드는 것이 아닌 상황일 때가 많다. 부모는 일상적인 과업에 노력과 가치관을 부여하는 육아 철학을 구축하고, 수용, 관리, 저항의 관행을 채택함으로써 무엇이 가치 있는 일이고, 그것을 위해 무엇을 희생해야 하는지 일상적으로 계산하는 것을 목표로 한다. 따라서 부모는 과거, 현재, 미래 사이의 불확실한 길을 찾아나가면서 창의적인 모습을 보여준다. 하지만 이 길에는 곤경, 오해, 놓쳐버린 기회가 흩뿌려져 있다. 사회(정책 입안자, 교육자, 기자, 설계자, 산업계 등)는 이제 부모의 목소리를 듣고 그들의 노력을 가치 있게 생각하며 그들을 갈라놓는 불평등을 해결해야 한다. 부모들이 디지털 미래를 이해하고 그것에 대비하기 위해 노력할 때 전적으로 지원해야 할 것이다.

• 부록: 연구 방법 •

우리의 접근법

이 책은 사회과학 내 여러 학문의 전통에 입각해 기술되었다. 전 공에 따라 소니아는 사회심리학자이고 얼리샤는 사회문화 인류학 자다. 이 연구는 미디어 및 커뮤니케이션 학과에서 수행되었고 주로 (커넥티드 러닝 연구 네트워크에서 자금을 지원받은) 맥아더 재단에서 자 금을 지원받았다. 커넥티드 러닝 연구 네트워크는 사회학, 인류학, 심리학, 교육학, 학습과학, 장애학, 정보과학, 인간-컴퓨터 상호작용, 과학 및 기술 연구 등의 연구자들로 구성되었다. 이러한 여러 학문의 혼합이 우리의 연구를 심층적이고 질적인 연구로 이끌었고 영국의 부모들을 대상으로 한 전국적인 양적 조사로 보충되었다.

커넥티드 러닝 연구 네트워크는 청소년의 디지털 및 창조적 활동 에 대한 집중적 연구에서 생겨났다. 미디어 및 기술과 관계를 맺기 위해 새로 생겨난 '참여 유형'을 탐구했다.[1] 네트워크는 2013년의 창립 성명에서 커넥티드 러닝을 다음과 같이 규정했다.

커넥티드 러닝은 사회적으로 내재되어 있고, 관심 주도적이며, 교육 적, 경제적, 정치적 기회를 지향한다. 청소년이 친구나 돌봐주는 어른 들의 지원을 받아 개인적 관심이나 열정을 추구할 수 있을 때 실현되 고, 결과적으로 이 학습과 관심을 학업적 성취, 직업적 성공, 시민 참

305

여로 연결할 수 있다.[2]

최근 커넥티드 러닝 연구 네트워크는 아이들이 (창조적이든 아니든) 직업 세계로 나아가는 것을 포함해 성인으로 성장할 수 있도록 지원하는 학습 경로를 구축하기 위해 진행 중인 다양한 노력을 검토했다. 이를 통해 디지털 기술이 언제 그리고 왜 공정하고 포용적인 방식으로 이러한 경로를 가능하게 할 수 있는지 밝히려 했다. 네트워크는 일련의 흥미로운 프로젝트 중 줄리언 세프턴-그린과 함께했던 소니아의 이전 연구에 자금을 지원했고 그 결과가 《더 클래스》[3]라는 책이다. 13세, 14세로 구성된 런던의 단일 학급 학생들의 삶 중 1년에 대한 연구였고, 그들 가운데 일부를 이번 연구를 위해 다시 방문했다. 이 연구에서 우리는 청소년 삶의 다양한 '현장'(집, 학교, 과외 또는 관심 주도의 학습 공간, 또래와 함께)에서 어떤 일이 일어나고 이러한 현장들이 어떻게 연결되어 있거나 분리되어 있는지 탐구하기 위해 '커넥티드 러닝'이라는 개념에 의지했다.[4]

본 연구에서 우리는 이론적 고려 사항과 방법론적 고려 사항을 통합한 세 가지 핵심 원칙에 따랐다.

첫째, 우리는 부모들에게 '자기 이야기'를 공유해줄 것을 요청했다. 그 이야기에는 "분명히 무계획적인 일상생활의 접촉이 어떻게 여전히 개인이 일관된 삶의 행로를 유지하는 일종의 구조를 구성할 수 있는지" 이해하려는 그들의 노력이 포함되어 있었다.[5] 우리는 내러티브 연구narrative research의 전통에 영감을 받아 부모들의 이야기를 "전략적으로 구성되고 말로 표현되는 내러티브"로 간주한다. 그 이야기들은 개인적이기도 하고 더 넓은 사회적, 문화적 과정에 의해 성립되는 것이기도 하다.[6] 우리는 현재와 미래의 디지털 기술, 육아, 디지털 기술을 '양육하는' 과업에 대해 의심할 여지 없이 활발하게 이뤄지는 대중적 논의에 대해 부모가 반응하는 방식에 관심을 기울였다. 이러한 내러티브가 '사실'인지 '허구'인지 확인하려고 하지는 않았다.

둘째, 우리는 이 내러티브 안에서 '미래 이야기'를 찾았다. 우리의 관심 영역에 있는 현재 활동에 대한 이야기뿐만 아니라 이 활동들이 미래에 대한 환상, 우려, 상상을 어떻게 형성하고 또 반대로 그것들에 의해 어떻게 형성되는지에 대한 이야기를 찾았다. 우리는 미래라는 개념에 관심이 있었지만 부모들은 종종 미래를 현재나 과거와 결부시켜서 논의하는 것이 더 쉽다는 것을 알아냈다. 따라서 우리는 면담을 하면서 명시적이든 암시적이든 미래에 대해 지향하는 것을 말할 때 귀를 기울였다. 루스 레비타스 Ruth Levitas가 '고고학적 방식'이라고 부르는 것에 따라 행동하며 '조각과 파편'을 발굴하고 바라던 미래에 대한 응집력 있는 묘사로 복원하려고 했다.[7]

셋째, 우리는 부모가 자녀에게 바라는 것뿐 아니라 그 너머 부모의 권리를 연구하고 그들의 경험, 희망, 두려움도 살펴보기로 했다. 미디어와 커뮤니케이션이라는 우리의 주력 분야에서는 부모들이 주로 아이들의 생활을 이해하기 위한 전달자로서 연구되었다. 청소년 문화 연구에서 우리는 청소년의 디지털 기술과의 관계에 대한 많은 연구를 발견했지만 그 부모들은 그림자 같은 인물로 그려지거나 아예 언급되지도 않았다. 부모의 목소리와 경험을 우선시하고 그들의 공통점뿐 아니라 다양성을 인식함으로써 부모들은 없고 그들의 대변자만 있는 사례에 맞서길 기대한다. 또 가정이나 아이들, 디지털 기술에 대한 학문적, 정책적 논쟁에서 그들의 경험을 인정하려 한다.

가족 선정

우리는 가족 선정을 계획하면서 두 가지 상호 보완적인 접근법을 취했다. 한편으로는 다양한 연령, 사회집단, 생활환경의 부모들을 모집하면서 다양성을 추구했다. 이 책에서 논의한, 기술과 함께 생활하는 일흔세 가정은 각계각층의 다양한 민족으로 구성되었고, 부유한 가정과 가난한 가정 그리고 그 중간에 해당하는 가정을 포함했다. 우리는 동성애자 및 이성애자 부모, 한부모와 부부, 전 배우자 또는 조부모와 육아를 같이하거나 아이 돌보는 사람을 고용하는 부모, 모든 종교를 가진 부모와 무교인 부모, 행복한 부모, 슬픈 부모, 걱정하는 부모를 면담했다.

다른 한편으로는 의도적으로 부모 자신, 그리고 자녀의 삶에서 디지털 미디어와 기술의 역할에 대해 말할 때 특별하거나 심지어 예외적인 뭔가를 가지고 있을 수 있는 사람들을 찾아냈다.[8] 우리는 기존의 문헌에서 많이 다루지 않았다고 느낀, 생겨나고 있거나 변화하고 있는 기술, 환경, 사회적 논쟁과/이나 문제, 집단에 관련된 관행에 대해 통찰력을 줄 수 있는 가정을 찾기로 했다.[9] 우리는 아래에서 설명하는 부모들을 우선해서 선정하기로 했다.

• 코딩 클럽이나 앱 개발, 디지털 설계, 뉴미디어 제작 수업 등에서의 디지털 학습 경험에 참여하고 있던 아동과 청소년의 부모. 우리는 청소년의 디지털 관심이 어디에서 비롯되는지 또는 그 관심을 유지하거나 약화시키는 부모의 역할에 대한 정보가 이상하게 연구 문헌과 전문가의 문헌에 없다는 사실을 발견했다. 그래서 우리는 청소년이 부추겼든 부모가 부추겼든 디지털 기회에 등록함으로써 어느 정도 '직접적인 행동으로 의사 표시를 한' 가정에 관심을 가졌다.

- 가정생활에 대한 블로그를 운영하고 육아의 일환으로서 소셜 미디어에 활발하게 참여한 부모.[10] 이런 경우 우리는 '디지털 이주민'[11]으로서의 부모에 대한 통속적인 고정관념(이 책이 반박하는 고정관념)을 탐구하기 위해 디지털적으로 매우 숙련된 부모의 관행을 이해하고 싶었다. 또 온라인에서 자녀와 부모의 정체성 사이의 교차점을 이해하고 싶었다. 그래서 우리는 부모 자신의 삶에서 디지털 기술과 관련된 부모의 경험 및 스킬과 자녀와 관련될 때 디지털 세상을 생각하는 방식 사이의 상호작용을 탐구했다.

- 특수교육 요구와 장애가 있는 아동의 부모. 특수교육 요구가 있는 아동의 부모가 디지털 미디어와 관련되고, 그것을 통해 뭔가를 하고, 그것과 함께 생활하는 방식은 신체가 건강한 가족들에게만 초점을 맞춘 연구에서 간과될 때가 많다.[12] 하지만 우리가 발견한 것처럼 특수교육 요구가 있는 아동과 그 부모는 종종 상당한 감정적, 재정적 자원을 디지털 기술과 그것에 관련된 학습 기회에 투자한다. 그 결과 특정한 장벽과 위험을 맞닥뜨리고 새로운 차선책과 길을 발견한다.

- 자녀의 삶에서 그 '미래'가 어떻게 전개되었는지 또는 전개되고 있는지 되돌아볼 수 있는 부모. 우리는 이것을 하기 위해 이전에 《더 클래스》의 일환으로 면담했던 아동과 부모를 대상으로 종적인 후속 면담을 진행할 기회를 가졌다. 이 가족들에게 4년 후 다시 연락한 것은 디지털 기술에 대한 가족의 관심이 시간이 지남에 따라 어떻게 변하는지에 대해 특별한 통찰력을 가질 수 있게 했다.

일부 가정은 하나 이상의 범주에 해당되었고 모든 가정이 하나의 범주에만 속하는 것은 아니었다. 우리는 다양성을 주의 깊게 봤고 디지털 학습 현장에 참여한 것에 근거해 모집된 일부 가정에 대해 자원의 존재(또는 부재) 때문에, 또는 그들이 장애아동의 부모였고 자신의 경험을 블로그에 기록했기 때문에 흥미로움을 느꼈다.

연구를 런던에서 수행한 것이 강점이자 한계였다. 참여자들은 세계적이고 굉장히 다양한 도시에 사는 사람들의 특징을 가지고 있었다. 소득불평등 수준이 높았고 문화와 민족성이 상당히 다양했다. 런던은 이주와 창조 산업의 중심지다(우리는 이주자이고/이거나 디지털 또는 창조적인 분야에서 자리를 잡았거나 그 주변부에서 일하고 있는 부모의 수가 평균 이상이라는 사실을 발견했다).[13] 우리는 디지털 학습 현장에서 저소득가정을 찾기 위해 적극적으로 노력했지만 '백인 노동자계급'이라고 말할 수 있는 가족을 찾는 데 난항을 겪었다. 이것은 아마 런던의 저소득가정이 이주자 또는 소수민족 집단과 균형이 안 맞기 때문일 것이다. 우리가 창조적이고 디지털과 관련된 가족들을 모집하려고 노력했기 때문에 면담에 참여한 저소득 백인 가정 중 다수는 많은 문화적 자본과 상대적으로 적은 경제적 자본 사이에 상당한 격차를 보였다.

면담이 한 해에 걸쳐 수행되었다는 점을 고려하면 우리가 마지막 면담을 했을 때쯤에는 이미 분석이 한창 진행 중이었다. 그 시점에 우리는 우리가 파악하고 기록할 수 있는 것에 대한 한계를 발견했음을 깨달았다. '데이터 포화data saturation' 때문이었는데 이는 새로운 면담이 완전히 새로운 주제보다는 이미 발견한 주제와 규칙에 맞는 증거를 추가적으로 생산하는 경향이 있었음을 의미한다.[14]

모집

우리는 다양한 방법을 활용해 가족들을 모집했다. 처음에는 몇몇 학습 현장에 접촉해 한 명씩 또는 여러 명씩 초기 게이트키퍼 면담을 실시했다. 우리는 면담에서 연구에 대한 정보를 적어 교장, 프로그램 관리자, 또는 다른 책임자에게 보여주며 연구에 대해 상세하게 설명했다. 이상적으로는 집에서 면담할 수 있는 가족들에게 접근하고 싶지만 그들과 부모들이 동의하고 원한다면 교육기관 내에서 면담할 수도 있다고 설명했고 다음의 현장들이 포함되었다(모두 가명이다).

- **블루벨 초등학교.** 남런던에 있는 다민족(대다수가 아프리카계 카리브인, 아프리카인, 흑인인 영국인이다) 초등학교로 결핍이 큰 지역 주민들에게 교육 서비스를 제공하고 있으며 영어를 추가 언어로 배우는 학생들의 수가 평균 이상이고 학생 중 3분의 2는 '학생 지원 정책pupil premium'의 대상이다(높은 수준의 빈곤감을 느끼는 기준으로 이들 중 일부는 공식적으로 지방정부 당국의 지원 또는 '보호'를 받고 있다).[15] 우리는 방과 후 코딩 클럽을 각각 두 시간에서 세 시간씩 여섯 번 방문했고 클럽을 운영하는 학부모 자원봉사자도 면담했다. 학부모회의 회원들이나 교사들의 도움을 받아 학부모 상담 기간을 이용하고, 학교에서 만나는 부모들이나 코딩 클럽에 아이들을 데리러 오는 부모들에게 다가가는 방법으로 부모들을 모집했다. 우리는 블루벨 교직원들을 대상으로 하는 인터넷 안전 교육을 관찰하고 새로운 '디지털 숙제' 플랫폼에 대해 설명하는 행사에서 부모들을 만났다. 또 연계 기관인 '아동 센터Children's Centre'를 방문했다. 주로 무슬림 여성이 자주 찾는 아침 모임을 포함해 부모를 위한 다양한 수업을 운영하고 있었다.[16] 답례로 블루벨 학부모에게 인터넷 안전에 대한 강연을 해달라고 요청받았고, 그렇게 했다.
- **런던 유스 아츠LYA.** 청소년과 지역사회에 중점을 둔 현장으로 주로 공적 보조금과 일부 제3섹터의 기부금으로 운영된다. LYA는 5세부터 26세까지의 어린이와 청소년을 대상으로 다양한 공연과 미디어 기반의 예술 행위에 관한 수업을 무료 또는 매우 저렴한 비용으로 제공한다. LYA에서 만날 수 있는 가족들은 매

우 다양하다. 이 현장은 부유한 지역에 있지만 북런던을 건너오는 가족들도 많다. 문화적 자본이 높은 부모들이 더 많고, 그들 중 일부는 부모 자신이 아이들처럼 LYA에 다녔다. 또는 경제적 자본이 상당히 부족해 저렴한 활동을 이용하고 싶어 했다. 우리는 토요일 아침의 음악 제작 및 디지털 애니메이션 수업과 특수교육 요구가 있는 청소년 대상의 디지털 미디어 제작 수업을 방문했다. 여러 달에 걸쳐 주 1회씩 진행되는 수업이었다. 우리는 부모를 위한 저녁 공개 행사들에 초대받았다. 토요일과 저녁 시간에 부모가 아이를 기다릴 때나 아이를 데려다주고 데리러 올 때 직원들의 소개로 부모들에게 접근했다. 우리는 몇 달 동안 각자 그리고 함께 LYA를 16회 가까이 방문했고, 교육자 몇 명을 공식, 비공식적으로 면담했다. 연구가 거의 끝났을 때 우리는 특수교육 그룹의 직원들을 위한 비공식적인 보고서를 요청받고 직접 피드백을 전달하기 위해 그들을 방문했다(연구를 위해 그들의 동의를 얻어 이 시간을 녹음하기도 했다).

- **디지캠프.** '첨단기술'의 디지털 기회를 강조하는 유료 여름 캠프로 9세부터 17세까지의 청소년을 대상으로 한다. 메이커스페이스와 런던 중심부의 명문 대학에서 개최된다. 이 캠프는 주로 (런던의 일반적인 캠프 수업료에 비해) 상당히 비싼 수업료를 낼 수 있는 가족들을 끌어모았고, 수강생의 극히 일부였지만, 수업료를 내기 어려운 학생들에게 장학금을 제공하기도 했다. 우리는 여름 학기에 몇 주에 걸쳐 캠프를 방문했다. 각자 7회씩 방문했고 래피드 프로토타이핑과 파이썬(고급 코딩 언어) 코딩 수업을 관찰했다. 캠프 설립자를 면담했고 일부 교육자들과 이야기를 나눴다. 우리는 부모들이 아이를 데려다주거나 데리러 와서 자녀를 기다릴 때 그들에게 직접 다가갔다. 캠프 설립자가 우리의 요청에 따라 우리 연구에 대한 설명을 캠프 소식지에 포함하고, 몇몇 가족들(캠프 운영에 참여하고 있던 부모와 장학금을 받은 적이 있는 아이의 부모를 포함한다)에게는 이메일로 직접 소개해줬기 때문에 다가가는 것이 수월할 수 있었다.

우리는 일부 디지털에 덜 집중하는 가족들을 포함하기 위해 편의표집과 눈덩이표집을 이용해 모집 노력을 보충했다. 우선 이전에 어린 자녀가 있는 가정의 디지털 리터러시 활동에 대한 유럽의 선행 연구를 통해 모집했던 네 가족을 포함했다.[17] 또 앞에서 언급한 것처럼 《더 클래스》에 나왔던 몇 가족을 재방문했다. 몇 가지 경우에는 면담했던 부모들이 이야기를 나눌 친구들을 추천해줬고 우리는 그들의 참여를 추진했다. 한 가족은 하나의 '눈덩이'만 소개하도록 했는데 이것이 디지털 기술에 특별히 관심이 없는 가족을 포함시키는 데 도움이 되었다.[18] 마지막으로 우리는 부모 블로거들과 접촉하기 위해 멈스넷 블로깅 네트워크Mumsnet Blogging Network의 편집자에게 연락했다. 이것은 육아 및 관련된 문제에 대한 멈스넷 등록 블로그 8000개(당시)의 네트워크로 부모들에게 가장 인기 있는 온라인 공개 토론장 중 하나다.[19] 우리는 편집자에게 우리의 계획을 설명하고 계획의 세부 사항을 런던 기반의 블로거들에게 전달해줄 수 있는지 물었고 그런 다음 우리가 그 블로거들에게 직접 연락했다. 우리는 블로거 부모들을 추가하기 위해 눈덩이표집, 온라인에서 '런던 엄마/아빠 블로그' 검색하기, 전국 부모 블로깅 회의에 참석한 '아빠 블로거들' 면담하기를 결합했다.

물론, 이러한 방법을 통해 찾은 모든 부모가 참여에 관심을 보인 것은 아니었다. 일단 부모들에게 첫 연락을 한 뒤, 이메일이나 문자 메시지를 보내거나 전화 통화를 추가로 했다(한 번 이상 할 때도 있었지만, 두세 번 이상 시도하지는 않았다). 우리가 짧게 이야기를 나눴던 사람들 중 약 3분의 1에서 절반가량은 우리가 더 알아볼 수 있도록 세부 사항을 알려줬고, 절반에서 약 3분의 2가량은 실제 면담으로 이어졌다. '붙잡힌' 청중(즉 LYA에서 자녀의 수업이 끝나길 기다리며 서성거리는 부모들)에 대한 접근은 이보다 약간 더 높은 확률을 보였다.

모집을 위한 우리의 접근법에는 장단점이 있었다. 장점은 매우 다양한 가정에 접근하기 위해 애를 많이 썼지만 참여자들이 육아 및/또는 자녀와 기술에 대해 할 말이 있다고 느끼는 사람들 쪽으로 기울었다. 또 연구에 대해 많이 알거나 우리의 주제에 관심이 있는 사람들, 우리를 소개해준 사람에게 어떤 은혜를 입었다고 느끼는 사람들, 또는 우리가 주는 상품권을 받으려는 사람들이 많이 포함되었다. 우리는 이 상품권이 민족지학적 연구에서 반드시 일반적인 관행은 아니지만 (면담이 증명하는 것처럼) 상품권이 아니면 연구 면담을 '자신들을 위한' 것으로 생각하지 않을 부모들에게 접근하는 데 도움이 될 수 있다고 생각했고 상품권을 포함하기 위해 예산을 늘렸다.

현장 연구

우리는 프로젝트를 시작하기 전에 LSE의 연구 윤리 위원회Research Ethics Committee에서 승인을 받고 각자 공식적인 범죄 기록 조회를 거쳤다. 면담은 2015년 4월부터 2016년 10월까지 진행했다. '전통적인' 장기 민족지학 연구를 수행하는 것은 아니었지만 학습 현장에서 참여관찰법을 실시했다. 기본적인 연구 말뭉치는 참여자들에게 익숙한 현장에서의 '민족지학적 면담'[20]으로 구성되었다. 유연하고 비공식적인 면담 방식을 채택해 우리의 연구 질문에 들어맞지 않더라도(정말 **특히** 안 들어맞을 때도 종종) 부모의 걱정을 들어줌으로써 라포르를 구축했다. 우리는 시작할 때부터 문헌 검토와 이전의 연구를 통해 알게 된 조사할 영역 일부를 감지하고 있었지만, 어쨌든 '가설을

검증'하는 식은 아니었다.[21]

면담 계획안은 반구조적 semistructured이었고, 부모가 논의 중 제기한 주제에 반응해줄 수 있었다.[22] 부모가 논의 중에 특히 흥미로운 말을 하면 우리는 종종 지침을 벗어났다. 나중의 면담에서는 우리의 통찰력을 부모와 대조 검토하고 때때로 분석 과정에서 나온 몇 가지 주제에 대해 물어보거나 곰곰이 생각해볼 기회를 가질 수 있었다. 참여 관찰은 (앞에서 이야기했듯이) 학습 현장에서 몇 주 동안 집중적으로 또는 몇 달 동안 산발적으로 이뤄졌다.[23] 우리는 이러한 현장들에서 수업에 들어가 집중적으로 현장 노트를 작성했다(때로는 구석에 서서 지켜봤고 때로는 활동과 논의에 참여했다).

일부 부모는 학습 현장에서 아이를 기다리는 동안 조용한 모퉁이나 근처 카페로 가서 면담했다. 또 다른 부모들은 편의상 또는 아마도 우리에게 집을 노출하고 싶지 않아서 다른 장소에서 만날 것을 분명하게 요구했다. 하지만 대부분(3분의 2)의 면담은 가정집에서 했다. 때로는 아이들이 학교에 있거나 전업 부모가 영유아를 돌보는 낮에 방문했고 때로는 아이들이 옆방에서 자거나 TV를 보거나 게임을 하는 저녁에 방문했다. 또 가족이 모두 집에 있는 주말에 방문할 때도 있었다. 면담 일정은 가족들의 편의를 생각해서 정했다. 가족의 시간이 소중하고, 면담했던 대부분의 가족이 (사회적 계급에 상관없이) 매우 바쁘게 살고 있음을 분명히 알고 있었기 때문이다(가족과 친구들을 방문하거나 종교 활동에 참여하거나 한 수업이 끝나면 다른 수업 장소로 실어 날라야 하고, 그 밖에 수영, 자전거 타기, 심야 영화 보기 등을 위한 시간을 내야 한다).

집으로 가족을 방문하면 가정생활에 디지털 기기가 얼마나 유입되었는지 확인할 수 있었다(한쪽에 잘 정리되어서 사용 허가를 기다리고 있는 경우도 있었고 바닥 아무 데나 널브러져 있거나 아무 때나 쓸 수 있게 방치되어 있는 경우도 있었다). 일부 부모는 우리의 방문을 위해 정돈해뒀고 우리가 도착했을 때 다른 손님들을 위해 치우는 것처럼 '너무 많은' 소비재 및 미디어 용품의 증거를 한쪽으로 치웠다며 사과했다. 이 부모들의 머릿속에는 항상 스스로를 평가하는 내면의 목소리가 존재하는 것 같았다. 일부 부모는 정돈하거나 사과할 필요를 느끼지 못했고(아마 자신의 접근법에 자신이 있거나 우리에게 잘 보일 생각이 없었을 것이다) 또 다른 부모들은 영원히 정돈된 삶을 살 것 같았다. 사과한 부모들은 우리에게 말하지 않는 것들이 있고 그래서 우리가 알아낸 내용이 제한적이었으리라고 추측하기 쉽다. 하지만 실제로는 그들의 사과가 공적인 얼굴 뒤에 숨어 있는 어질러진 복잡성을 드러낼 가벼운 질문과 연결되곤 했다.

우리는 면담 일정을 잡을 때 각 가정의 상황에 유연하게 대응했다. 때로는 부모가 원하면 전체 가족을 함께 면담했다. 때로는 어린아이를 바닥에 앉혀 둔 부모를 면담하느라 녹취록에 퍼즐 조각에 대한 감탄사나 TV 프로그램에 대한 언급이 포함되었다. 어쩌면 역설적이게도 어린아이를 데리고 있던 부모들은 이야기를 나누는 동안 방해를 최소화하기 위해 종종 아이의 관심을 TV나 태블릿의 프로그램이나 게임에 묶어두었다. 또 이 부모들이 이따금 우리의 방문에 의해 필요해진 이 행위가 얼마나 '흔치 않은지' 설명하는 모습이 인상적이었다. 열한 가정에서는 부모 두 사람의 관점을 모두 포함할 수 있었지만 대부분의 가정에서는 부모 중 한 사람만 면담했다. 열일곱 가정은 한부모 가정이었고, 이 중 세 가정이 한부모 아빠 가정이었다.

우리 연구의 중심은 부모들이었지만 우리는 가능하면 아이들의 관점도 탐구했다. 좀 더 나이 먹은 아이들은 직접 면담했다(아이들이 원하는 대로 부모가 동석하거나 동석하지 않았고 개방된 공간이나 문이 열린 침실에서 면담했다). 더 어린 아이들은 미디어 기기 사진들을 펼쳐놓고 하는 참여형 카드 게임[24]과 좋아하는 취미를 간파할 수 있게 도와주는 활동들을 포함해 아이들이 이야기하게 만들 수 있었다. 일부의 경우에는 아이들이 참석할 것을 미리 알았을 때 두 명의 연구팀으로 방문했다[한 사람은 부모를 면담하고 다른 사람은 아이(들)를 따로 면담하곤 했다]. 우리(소니아와 얼리샤)는 모든 부모 면담을 직접 실시했다. 일곱 가정의 경우에는 우리 중 한 사람이 연구 조교와 동행했고(스베냐 오토포르뎀겐첸펠데 Svenja Ottovordemgentshenfelde) 그가 참여형 카드 게임을 이용해 참석한 아이들을 면담했다. 아이들에게 좋아하는 (기술적, 비기술적) 활동을 고르고 그것에 대해 말하게 했다. 우리는 보통 면담 도중이나 면담이 끝난 후에 부모나 아이들에게 집을 구경시켜주고 기기를 보여줄 수 있는지 물었다. 그리고 어디에서 어떻게 가족이 함께 또는 따로 시간을 보내는지 말해줄 것을 요청했다.

　일부 가정은 우리가 아이들을 디지털 미디어 현장과 학습 현장에서 몇 주 또는 몇 달에 걸쳐 관찰함으로써 꽤 잘 알게 되었다. 이것은 또한 우리가 때때로 그 아이들의 부모들을 마주쳤음을 의미했다. 몇몇 경우에는 현장 방문에서 그들을 한 번 이상 면담한 다음 비공식적으로 더 자주 이야기를 나눴고 이러한 시간 동안 관찰한 것을 현장 노트에 기록했다. 절반 이상의(일흔셋 중 마흔다섯) 가정에서 부모와 함께 아이들에 대한 면담이나 관찰을 실시할 수 있었으며, 그 과정에서 현장 연구에 들어오게 된 다른 아이들, 부모들, 교육자들과의 대화와 관찰도 포함되었다.

면담을 시작할 때 우리는 보통 차 한 잔을 놓고 우리의 연구와 연구 윤리 절차를 설명했다. 각 면담을 시작할 때 모든 면담 대상자에게서 고지에 입각한 동의를 얻었고 언제든지 중단할 수 있고 모든 정보는 다른 참여자들에게 공개되지 않을 것이며 익명 처리된 안전한 형태로만 저장될 것임을 알렸다. 또 개인을 식별할 수 있는 정보는 연구팀 이외의 사람들에게 공유되지 않을 것임을 상기시켰다. 아이들을 포함해 면담 대상자들은 음성 녹음과 사진 촬영(주로 분석 과정에서 기억나게 하는 용도와 프로젝트 발표 용도로 쓰였다)에 대한 동의 여부를 선택할 수 있었다. 우리는 이 면담에 대한 대가로 40파운드(약 6만 원) 상당의 상품권을 줬다. 일부 부모는 이것을 직접 받았고 또 다른 부모들은 아이(들)를 통해 전달받았다. 우리는 또 부모들에게 유의미한 장소로서 우리가 만난 학습 현장에 상품권을 기부할 수 있는 선택권을 줬다(소수의 부모가 선택했다). 한 사례에서는 부모가 면담은 원했지만 음성 녹음은 원하지 않아서 면담하는 동안 우리가 필기를 엄청나게 많이 했다.

우리는 또 세 현장의 교육자들과 면담하며 아이들과의 협업, 부모들과의 관계에 대해 물었다(6장 참조). 교육자들과의 면담에서도 부모들과 했던 것처럼 윤리 절차에 따랐다(프로젝트를 설명하고 그것에 대한 정보를 제공했고 동의서에 서명을 요청했다). 교육자들에게는 상품권을 제공하지 않았지만 그보다는 일종의 연구-실무 동반자 관계로서 현장 연구 도중 공통 관심사에 대해 논의하고 우리가 마지막에 발견한 통찰을 공유했다.[25]

가장 짧았던 면담(LYA 현장에서 있었다)은 30분 정도 걸렸고 가장 길었던 방문은 우리에게 점심을 먹고 가거나 아이들과 놀거나 배우자와 이야기를 나눌 것을 요청했던 일부 가정에서 몇 시간 동안 계속되었다. 대다수의 면담 및 가정 방문은 한 시간 반에서 두 시간 정도 걸렸다. 우리는 각 면담 후에 면담 녹취록을 보완하기 위해 즉석에서 한 페이지 이상의 현장 메모를 남겼다. 그것에 집과 가족에 대한 시각적인 인상과 면담에서 흥미로웠던 것 또는 잘 진행된 것(그리고 잘 진행되지 않은 것)에 대한 첫 반응을 포함했다.

초반에 우리는 많은 면담에서 감정의 깊이에 놀랐다. 우리의 질문은 부모의 희망과 두려움이 얼마나 잘 드러날 수 있는지 보여주었다. 게다가 일부 부모는 자신의 육아 경험에 대해 말할 기회가 거의 없었고 면담이 끝났을 때 또는 나중에 이메일로 우리의 방문이 "치료 같았다"라고 말했다. 모든 질적 연구가 감정을 끌어낼 가능성을 가지지만 많은 부모가 육아에 대해 말하는 것을 민감하게 여겼기 때문에 우리는 연구자로서 면담하는 부모에게 공감했고 사실상 반드시 공감해야 했으며 특정 형태의 '감정 작업'이 필요했다. 우리 두 사람이 모두 엄마라는 사실이 면담 중 라포르를 형성하는 방식에 영향을 미쳤다. 예를 들어 특정 딜레마에 대해 위로할 때나 때때로 우리 자신의 삶과 아이들에 대해 조금이나마 공유할 때 영향을 미쳤다(얼리샤의 쌍둥이는 당시 유아였고 소니아의 아이들은 20대 중반이었다).[26]

우리는 이 연구를 특별히 '민감'하거나 '어려운' 주제를 다루는 것으로 생각하지는 않았지만 윤리적 책임을 잊지 않았다. 많은 면담에서 부모들이 울었고 가끔 우리도 울었다. 상호주관성 intersubjectivity과 취약성은 민족지학적 만남의 일부임을 상기시켜주었다. 때로 이것은 면담 대상자가 마음을 가라앉힐 수 있도록 논의와 녹음을 멈추거나 거의 관련이 없으면서 어려운 주제가 나왔다면(예를 들어 가족의 병) 대화의 방향을 바꾸는 것을 의미했다. 그게 아니라 적절한 주제인 것 같으면 면담 후반부에 다시 이야기하거나 다른 각도에서 이야기했다.²⁷ 우리는 같은 질문이 부모의 가치관과 경험에 따라 매우 어렵게 여겨질 수 있다는 사실을 되새길 때가 많았다. 예를 들어 우리가 기술 이용 규칙에 대해 같은 질문을 했을 때 일부 부모는 우리가 자신을 너무 태만하다고 비판하는 것으로 생각했고 또 다른 부모는 너무 가혹하다고 비판하는 것으로 생각했다.

부모들은 어쩔 수 없이 정체성의 두드러진 측면의 영향을 받았다. 우리 두 사람은 모두 직업, 옷, 말하는 방식에 의해 중산층으로 쉽게 식별되는 백인 여성이며 소니아는 잉글랜드 남부 출신이고 얼리샤는 캘리포니아 출신이다. 우리의 억양, 나이, 자녀의 나이가 부모와 우리의 소통에 어느 정도 영향을 미쳤다. 일부 부모는 10대를 키우는 격동의 과업에 깊이 몰입되어 있었고 그것은 소니아가 이미 거친 시기여서 소니아에게 의견과 조언을 구했다. 얼리샤는 종종 스크린 타임과 어린 자녀에게 무엇을 허용하고 허용하지 않았는지에 대한 질문을 받았다. 우리 두 사람 모두 가족들이 해야 하는 것과 하지 말아야 할 것에 대한 전문 지식을 요청받을 때가 많았다. 많은 부모가 면담이 끝날 무렵 우리를 압박했지만 우리는 사람들에게 특정 생각을 주입시키고 싶지 않아 대답을 미루려고 애썼다.

얼리샤: 이제 거의 끝났는데, 괜찮으시면 실무적인 것 하나만 더 부탁하고 싶어요[인구통계학적 설문지에 대해 세부 사항을 묻는다].
하비바: 네, 저도 조언을 부탁드리고 싶은데요, 지금 조언해주실 수 있

나요? 열 살 미만, 열 살, 이 나이 아이들한테는 아이패드와 아이폰을 어떻게 처리하시나요? 제가 어떻게 대처하면 좋을까요?

면담에서 부모들이 보여준 감정의 깊이와 조언 요청을 통해, 어려운 딜레마를 처리하기 위한 지원이나 긍정적인 기회를 찾을 수 있는 곳에 대한 추천이 필요할 때 부모들이 가진 방법이 얼마나 부족한지 분명히 알 수 있었다. 그래서 우리는 부모들이 디지털 또는 비디지털 육아 딜레마에 직면했을 때 어디에서 지원을 구하는지 탐구했다.[28]

이 책에서 우리는 우리가 더 잘 알게 된 가족, 우리가 그들에게서 배운 것에 대해 더 확신이 드는 가족, 당면한 논의의 전형적인 예가 되는 가족에게 상세히 초점을 맞춘다. 하지만 몇 가지 어려운 결정이 있었는데, 지면 관계상 기존 주장을 분명히 보여주는 일부 가족을 배제해야 했다. 더 간단하게 면담했던 가족들은 우리 주장의 방향을 지지하거나 그것에 단서를 달거나 그것을 반박하는 한 효과적인 사례로 더 많이 이용된다. 각 면담을 끝내면서 우리는 부모들에게 간단한 인구통계학적 설문지를 작성해달라고 요청했다. 가족의 민족성, 소득, 부모의 직업, 자녀의 특수교육 요구 여부, 그리고 기기를 대략 몇 대 가지고 있고 온라인에서 여러 가지 활동을 하는 데 몇 시간을 쓰는지 묻는 설문지였다. 우리는 가족에 대한 설명에서 사생활 보호를 위해 신원을 특정할 수 있는 일부 세부 사항을 제외했다. 부모의 말을 인용할 때는 원래의 녹취록에 가깝게 하되 가독성을 위해 약간 편집하는 것으로 정했다(예를 들어 '알다시피'같이 말과 말 사이를 채우기 위한 어구를 제거했고 때로는 괄호를 사용하기보다 표현을 압축했다).

설문조사

우리는 2017년 말, 영국 부모의 표본조사를 전국적으로 수행했다. 부모가 육아에 대한 압박과 기대 속에서 자신과 자녀의 삶에서 디지털 기술을 경험하는 것에 대한 더 폭넓은 설명에 맞서 우리의 질적 연구의 결론을 확인하기 위해서였다. 그 설계는 부모와 아이들의 디지털 기기 사용에 관한 다른 최근 조사에서 정보를 제공받았고[29] 우리의 질적 연구에서 파생된 새로운 주제와 질문을 추가했다. 특히 부모 중재 조사가 일반적으로 그렇듯이 **자녀**의 디지털 기술 이용에 대한 부모의 설명에만 초점을 맞추는 대신 부모 자신의 디지털에 관한 스킬, 습관, 가치관에 대해 우선적으로 질문했다.

우리는 아기부터 열일곱 살까지의 자녀가 있는 부모를 대상으로 설문지를 작성하고 전문적인 시장조사 회사에 조사 시행을 의뢰했다. 그 결과 영국 전역의 지역과 민족적 배경, 사회경제적 지위SES, 성별, 부모 중 인터넷을 거의 또는 전혀 사용하지 않는 사람 포함 여부에 의해 대표되는 부모 2032명의 표본을 얻었다. 데이터는 2017년 10월 3일부터 23일 사이에 수집되었다. 능률성과 비용 효율성을 위해 온라인의 성인 패널을 이용했다('주요 표본'). 온라인 패널을 이용하는 것의 분명한 한계는 그 본질상 그것이 인터넷을 사용하지 않는 부모들에게는 닿지 않는다는 것이었다. 그래서 우리는 추가적으로 인터넷을 거의 또는 전혀 사용하지 않는 응답자의 표본을 포함하기로 결정하고, 모집 후 대면 면담을 시행했다.[30]

주요 표본 참여자에게는 연구에 대한 정보를 제공하고 응답은 익명임을 알렸다. 그리고 참여하기 전에 고지에 입각한 동의를 요청했다. 모든 패널 모집, 연구 윤리, 동의 절차는 유럽조사협회 ESOMAR 지침[31]에 따라 수행되었다. 온라인 패널 제공 기관은 사람들의 연구 참여에 대해 조사가 끝나면 인센티브를 준다. 우리의 12분짜리 조사의 경우에는 인센티브가 현금부터 보상 프로그램에 가입하면 받는 로열티 포인트까지 다양했다. 우리는 전반적인 박탈지수를 생성하기 위해 응답자의 우편번호 정보를 수집했다. 추가적인 표본의 응답자들은 일반적인 중심가 상점에서 사용할 수 있는 10파운드(약 1만 6000원) 상당의 상품권을 인센티브로 받았다. 온라인 패널은 편향되는 것을 막기 위해 이메일 초대를 무작위로 발송하고, 인구통계와 행동 및 태도 정보 수집을 이용해 할당량을 채웠다. 표본 할당량을 생성해, 할당량 기준을 초과하는 응답은 무시했다.[32]

분석

질적 현장 연구가 끝나자마자 모든 면담 녹음은 기록되었고 그 녹취록과 현장 노트는 익명 처리되었다. 그리고 나서 그것을 연구 조교가 질적 분석 소프트웨어 데이터베이스(엔비보 NVivo)로 올렸다. 귀납적 주제와 이론 주도적 주제를 결합하는 주제 코딩 프레임워크가 반복하여 개발되었다. 현장 연구 과정 초기에 우리는 세 명의 동료에게 두 개의 녹취록 전체를 읽어보게 했다. 만나서 이것들을 **귀납적으로** 논의하기 전에 분석을 이끌 주제와 질문을 개발하기 위한 기반으로서 읽어보는 것이 필요했다. 우리는 코드북 초안을 만들면서 더 적더라도 더 폭넓게 아우르고 잠재적으로 중복되는 범주를 포함함으로써 포괄적 코딩을 허용하도록 설계했다. 그다음에 또 다른 녹취록을 이중, 삼중으로 코딩하고 지금은 참고를 위해 코드북 초안을 이용하고 있다.[33] 코드북은 결과로 생긴 코드를 정리하기 위해 개선되었고 우리는 부모 면담에 대한 여섯 개의 메타 코드를 식별했다.

- **가족** — 자원에 대한 가족의 접근성, 일상 습관, 관계
- **부모** — 부모의 정체성, 가치관, 압박감, 또는 육아 철학
- **아동** — 아동의 발달, 관심사, 학습, 정체성
- **디지털 기술** — 디지털에 대한 관심, 스킬과 실행, 부모의 중재와 희망 및 두려움
- **미래** — 사회의 미래, 육아의 미래(부모 자신의 어린 시절과의 비교 포함), 디지털 미래
- **기타** — 방법에 대한 고찰, 새로운 주제와 가족 특성, '명언'

우리는 연구 조교와 함께 면담과 녹취록을 코드화했다. 이중 코딩은 처음에 수행되었고 새로운 연구 조교가 고용되었을 때 공유된 코드 해석을 확실히 하기 위해 다시 수행되었다. 하지만 시간상의 이유로, 그리고 나중에 전체론적으로 면담으로 돌아갈 것을 알았기 때문에 모든 자료를 이중 코딩하지는 않았다. 한 가정에 대한 모든 면담 녹취록과 현장 노트가 코드화되면 코딩을 한 사람이 그 가족에 대한 한 페이지짜리 '개요'를 작성했다(가족을 간단하게 묘사하고 나중에 다시 볼 수 있도록 가장 두드러진 문제를 언급했다). 연구 조교는 모두 LSE의 미디어 및 커뮤니케이션 학과 내에 고용된 대학원생(석사 또는 박사 과정 학생)이었다. 그래서 그들의 연구의 일부로서 훈련하면서 민족지학적 연구, 담화 분석, 내용 분석을 포함해 연구 방법과 연구 윤리를 책임졌다.

자료를 분석할 때가 되었을 때 우리는 엔비보의 코드와 원래 녹취

록으로 돌아갔다. 예를 들어 3장을 쓰기 시작했을 때 사회경제적 자본에 대해서는 '가족/자본', '가족/자원', '부모/압박' 등을 포함하는 노드로 검색했다. 이것이 몇 가지 두드러지는 문제와 초점을 맞추는 것이 중요한 가족을 찾는 데 도움이 되었지만 중요한 맥락을 놓치지 않았는지 확인하기 위해 전체 녹취록과 현장 노트를 다시 읽음으로써 이 노드 검색을 보완했다. 따라서 우리의 해석 과정은 연구자와 데이터 사이의 '격렬한 대화' 속에서 원래 녹취록을 면밀히 읽는 것으로 돌아오기를 끊임없이 요구했다.[34]

이 책에서 특정 부모의 경험에 대해 이야기할 때마다 우리는 그것을 어떻게 표현할지 스스로에게 물었다. 그들의 경험이 널리 공유되거나 흥미로울 수 있게 독특한가? 그것이 경험의 더 큰 분류에 들어맞는가, 아니면 인구통계와 연관시키는 그럴듯한 매핑에 모순되는가? 우리의 질문은 부모의 상황, 가치관, 경험, 특정 아이의 특정 필요에 따라 다른 대답을 얻었다. 이 모든 것은 '평범한' 가정생활을 특징짓는 간단한 방법이 없음을 분명히 보여준다. 더 나아가 우리 분야에서 비슷하게 인구통계 자료와 함께 가족에 초점을 맞췄던 몇 가지 중요한 연구,[35] 또는 연구자들이 더 적은 가족과 더 많은 시간을 보낸 연구와 달리 우리는 깊이와 폭의 균형을 유지하려고 최선을 다했다.

의심할 여지 없이 우리의 데이터에는 한계가 있다. 그래서 우리는 연구 결과를 해석하면서 이 분야에서 일하는 다른 사람들의 연구 결과가 뒷받침하거나 그것과 대조를 이루는 정도를 고려하기 위한 노력으로 다양한 자료를 참고했다. 우리는 또 이 책을 쓰는 동안 설문조사 결과를 분석했다.[36] 그것을 통해 질적 연구 결과를 해석했을 때 여러 가정에 걸쳐 무엇이 흔하거나 흔치 않은지, 무엇이 비슷하고 달랐는지에 대한 우리의 암묵적인 추정이나 명시적인 주장을 인구통계학적 분류에 의해 점검할 수 있었다. 분석과 이 책을 쓰는 것은 반복적으로 행해졌다. 우리는 함께 장들의 개요를 쓴 다음, 장들을 서로 공유하기 전에 각 저자가 초안을 썼다(대부분의 경우 교열 편집자의 피드백을 포함해, 여덟 차례 이상의 수정을 거쳤다). 이 책은 그래서 우리의 공동 분석이 정확하게 반영되어 있다.

인구통계학적 분류

가계소득

우리는 부모들에게 그들 가계의 대략적인 연간 총소득을 1만 5000파운드 이하, 1만 5000~2만 5000파운드, 2만 5000~4만 파운드, 4만~6만 파운드, 6만 파운드 이상 중 선택해 표시하도록 요청했다. 우리는 이 마지막 범주가 일부 굉장히 부유한 가족을 포함한다는 것을 깨닫고는 그들 고용 분야의 평균 연봉에 근거해 연간 10만 파운드 이상 버는 사람들을 소급하여 식별했다. 이들 범주 안에서, 그리고 범주에 걸쳐 미세한 차이들이 많이 있었음에도 불구하고 우리는 가족들을 다음과 같이 느슨하게 분류했다.

- '저소득'가정은 연간 2만 5000파운드(약 4000만 원) 미만의 가계소득을 얻었다.
- '중소득'가정은 연간 2만 5000~10만 파운드(약 1억 6000만 원)의 가계소득을 얻었다.
- '고소득'가정은 연간 10만 파운드 초과의 가계소득을 얻었다.

2016년(현장 연구 기간)의 국가적 통계치에 따르면 영국의 중간 가계 가처분소득은 2만 6300파운드였다. 2016년의 빈곤선은 중간 가계 총소득의 60퍼센트 미만을 버는 가계로 정의된다.[37]

민족성

우리는 런던이 여러 세대의 이주자 비율과 다양성 측면에서 독특하다는 점을 인식하여[38] 부모에게 가장 최근(2011)의 영국 인구조사[39]의 범주를 이용해 자녀를 분류해달라고 요청했다. 그 인구조사에 따르면 런던 인구 817만 3941명 중 59.8퍼센트는 백인, 18.5퍼센트는 아시아인/아시아계 영국인, 13.3퍼센트는 흑인/아프리카인/카리브인/흑인인 영국인이었다. 또 5퍼센트는 혼합/복합 민족 집단 출신이었고 3.4퍼센트는 기타 민족 집단 출신이었다.

우리는 영국 인구조사의 범주에 따라 간단하게 '백인', '흑인', '아시아인', '혼합/복합 민족'이라는 용어를 사용하고 필요에 따라 추가

가족 (번호로 구별, 다음 의 가족 설명 참조)	저소득	중소득	고소득
백인	1, 2, 15, 19, 28, 30, 36, 40, 44, 49	3, 4, 6, 7, 20, 27, 31, 32, 33, 37, 38, 48, 51, 56, 60, 61, 63, 64, 65, 67, 70	21, 39, 42, 45, 52, 53, 55, 57, 59, 68, 71, 73
흑인	12, 14, 25, 29, 34, 35, 69	13, 22, 24, 26	
아시아인/혼합/복합 민족/기타 민족 집단	5, 10, 16, 46, 62, 66	8, 9, 11, 17, 18, 23, 41, 43, 47, 50, 58, 72	54

적인 맥락을 덧붙인다. 별달리 명시하지 않으면 부모와 자녀가 영국에서 태어난 경우에 속한다. 다음 표에서 볼 수 있는 것처럼, 일흔세 가정에서 가계소득과 민족성은 밀접하게 연관되어 있다. 이것은 우리 모집의 초점과 한계를 반영하기도 하지만 런던 인구에서 이 요소들 사이의 관계를 일부 반영하고 있다.

특수교육 요구

'특수교육 요구' 범주에는 중증복합장애나 가벼운 학습장애, 신체장애가 있거나 의사소통 지원이 필요한 청소년이 광범위하게 포함될 수 있다. 2017년 영국 정부의 통계에 따르면 아이들 일곱 명 중 한 명(학교 학생의 14.4퍼센트)은 특수교육 요구가 있었고 2.8퍼센트는 공식적인 평가에 따라 받아야 하는 추가 지원이나 지급을 명시한 '특수교육 요구 인정 보고서'나 EHC 플랜Education, Health, and Care plan(교육, 건강, 보호 계획)이 있었다. 이 2.8퍼센트 중 자폐스펙트럼장애는 특수교육 요구 인정 보고서나 EHC 플랜이 필요한 가장 흔한 유형이었다.[40]

고용 상태

우리는 디지털 관심과 관련된 창조적 기회를 추구하는 부모에 대한 우리의 특별한 관심을 고려하고, 면담했던 많은 부모가 주된(흔히 집에 있는) 양육자였음을 생각해 부모들을 다음과 같이 분류했다.

- **자녀 육아**: 예를 들어 집에 있는 부모들(꼭 그런 것은 아니지만, 보통은 엄마들)처럼 무보수 돌봄노동

- **의료계**: 의사, 간호사, 치과의사, 가정 건강관리 보조원, 구급대원을 포함하는 건강과 관련된 직업
- **창작**: 화가, 디자이너, 공예가/공인, 영화제작자를 포함하는 미디어 및 창조산업 분야의 (고정적 또는 임시적) 직업
- **소규모 사업**: 영세사업자나 자영업자
- **전문가**: 고도의 행정, 법, 재정, 정치를 포함해 고급 학위를 요구하는 직업
- **행정사무**: 비서, 낮은 수준의 IT나 영업직을 포함해 고급 학위를 요구하지 않는 관리직
- **교육**: 교사, 교육 행정가, 교수, 유치원 근로자, 보모를 포함하는 공식적 · 비공식적 교육 분야의 직업(정규직 또는 시간제)
- **불안정**: 소매점에서 일하거나 콜택시/택시 운전, 경비원으로 일하는 것과 같이 시급을 받는 일시적이거나 불안정한 일자리(일정이 정해져 있지 않고 소득을 예상할 수 없음)

가족 설명

여기에서는 이 책을 위해 면담한 일흔세 가정 각각에 대해 기본적인 인구통계학적 정보를 제공한다. 또 각 가족에 대해 기억할 만한 것을 포착하는 약간의 세부 사항과 가족이 논의된 장들을 간단하게 기록했다. 책에서 모든 가족이 이름으로 논의된 것이 아니므로 모두 장 목록이 있는 것은 아니지만 모두 고려되고 분석에 영향을 미쳤다.

가족 1: 저소득, 자녀 육아, 백인

앨리스 셸던, 스코틀랜드 출신, 딸 소피아(15세)와 함께 산다. 아들 데니스 Dennis(27세)는 집에 함께 살지 않는다. 앨리스는 현재 전업

주부이고, 예전에는 카페/제과점을 운영했다. 소피아의 아빠와는 연락하지 않는다. 소피아는 LYA에 다니고, 춤추는 것을 좋아하며, 중등증의 SEN(다운증후군)이 있다.

가족 2: 저소득, 자녀 육아, 백인

젠 피어슨은 딸 테건(14세), 샬럿(11세)과 함께 살고 있다. 젠은 딸들의 아빠와 별거 중이지만 주기적으로 만나고 있다. 미술 학위가 있고, 전업 양육자로서 딸들을 홈스쿨링으로 가르치고 있다. 샬럿은 LYA에 다니고 경증에서 중등증의 SEN(복합학습장애)이 있다. 4, 5장.

가족 3: 중소득, 소규모 사업/자녀 육아, 백인

로버트와 일레인 Elaine 코스타스에게는 아들 제이크(15세)와 도미닉(12세)이 있다. 로버트는 영세사업자이고 일레인은 전업 양육자다. 제이크와 도미닉은 함께 비디오게임을 한다. 제이크는 LYA에 다니고 경증에서 중등증의 SEN(자폐증)이 있다. 2, 5장.

가족 4: 중소득, 창작/의료계, 백인

라이언과 에이미 캠벨에게는 아들 카일(13세)이 있다. 딸 피아(20세)는 대학에 있지만 자주 집에 온다. 라이언은 미국 출신의 영화제작자이고 에이미는 페루 출신으로 대체의학 일을 하고 있다. 카일은 그래픽디자인을 좋아하고, LYA에 다니며, 중증의 SEN(자폐증)이 있다. 5장.

가족 5: 저소득, 자녀 육아, 혼합/복합 민족 집단

마일스 테일러는 아들 제이미(13세)가 있는 싱글 대디다. 마일스는 전업 양육자다. LYA에 다니는 제이미는 활기차고 친구를 쉽게 사귀며 특별한 학교에 다닌다. 중등증에서 중증의 SEN(자폐증, 신체 장애/건강상 문제)이 있다. 2, 7장.

가족 6: 중소득, 교육/창작, 백인

리나 후벤과 에이버리 달은 딸 미리엄(12세)과 아들 마르코(8세)가 있다. 리나는 네덜란드 출신으로 예전에는 교수였고 현재는 개인 지도교사이자 작가이자 블로거다. 에이버리는 호주 출신이고 미디어 분야에서 일한다. 리나와 에이버리는 미리엄과 마르코가 얼마나 많은 기술에 접근해야 하는지에 대해 의견이 다르다. 1, 7장.

가족 7: 중소득, 소규모 사업/전문가, 백인

베스와 톰 왓슨Tom Watson은 자녀 와이엇Wyatt(4세)과 헤이즐Hazel(2세)이 있다. 베스는 소규모 사업체를 운영하는 블로거이고, 톰은 금융업계에서 일한다. 이 가족은 주방에서 유튜브 댄스 파티를 즐긴다. 7장.

가족 8: 중소득, 전문가, 혼합/복합 민족 집단

스웨타와 빌Bill 플레처는 아들 니킬(4세)과 산제이Sanjay(1세)를 키우고 있다. 스웨타는 최근 고등교육 분야로 복직했고 블로그를 운영하고 있다. 빌도 전문가다. 스웨타는 자신이 휴대전화를 보는 데 얼마나 많은 시간을 쓰고 있는지에 대해 우려하고 있다. 2장.

가족 9: 중소득, 창작/자녀 육아, 기타/아랍인

원래 이라크 출신인 알리와 카디자Khadija 케이더에게는 딸 사나
(16세)와 아들 아메드Ahmed(12세)가 있다. 알리는 건축가로 일한
다. 카디자는 양육자이고 공예가로 일할 때도 있다. 사나는 〈트
와일라잇〉을 아주 좋아하고 LYA에 다니며 중등증에서 중증의
SEN(자폐증과 다른 학습장애)이 있다. 5, 7장.

가족 10: 저소득, 자녀 육아, 아시아인

다야 타커는 카발(14세), 제피라Zefira(12세), 키야(10세), 카시Kashi(7세)
를 키우고 있는 싱글 맘이다. 다야는 현재 교육 분야에서 일하기 위
해 재교육을 받으려고 노력 중이다. 부모는 아이들을 위해 스크린
타임 규칙에 대해 의견을 일치시키려고 노력하고 있지만 아이들
은 아빠와 연락은 하되 같이 살지 않는다. 키야는 유튜브에서 헤어
연출법을 즐겨 본다. 2, 3장.

가족 11: 중소득, 자녀 육아/전문가, 혼합/복합 민족 집단

아리얌과 패트릭Patrick 파크스는 딸 엘렌(9세), 해나(8세), 세라Sar-
ah(2세)가 있다. 아리얌은 에리트레아 출신이고 전업주부이자 학교
운영 위원이며, 인사 분야에서 일하기 위해 재교육을 받고 있다.
패트릭은 미디어 분야에서 일한다. 엘렌은 블루벨 초등학교에 다
니고 학교에서 '디지털 리더'다. 2, 6장.

가족 12: 저소득, 창작, 흑인

웸베 카자디는 블루벨 초등학교에 다니는 아들 빈투(10세)와 딸

마니(5세)를 키우고 있다. 웸베는 콩고민주공화국 출신의 망명 신청자이고 영화제작자로서 공부하며 일하고 있다. 아이들의 엄마는 아직 고국에 있고 가족과 화상채팅 및 문자로 연락한다. 2, 6장.

가족 13: 중소득, 소규모 사업/행정사무, 흑인

서맨사 윈스턴과 올루 다퉁은 아들 브레이든(9세)과 딸 제이드 Jade (2세)가 있다. 올루는 나이지리아 출신으로 정보기술 지원 인력으로 일하고 서맨사는 청소부로 일하며 작은 청소 사업을 시작하려고 준비 중이다. 이 가족은 영화 보러 가는 것과 게임기를 가지고 노는 것을 좋아한다. 브레이든은 블루벨 초등학교의 코딩 클럽에 속해 있다. 2, 6장.

가족 14: 저소득, 자녀 육아, 흑인

베서니 카슨은 두 아들 딕슨(9세)과 대니얼 Daniel(5세)의 싱글 맘이다. 아이들은 아빠와 연락하고 있지만 함께 살지 않고 〈벤 Ben 10〉을 굉장히 좋아한다. 딕슨은 블루벨 초등학교의 코딩 클럽에 다닌다. 6장.

가족 15: 저소득, 자녀 육아, 백인

루이사 트레비시는 딸 로레나 Lorena(15세)와 조반나(13세)를 키우고 있다. 루이사는 딸들에게 런던에 있는 기회를 제공하기 위해 이탈리아에서 왔다(아이들의 아빠는 아직 거기에 있다). 조반나는 LYA에 다니고 애니메이션 수업에서 유일한 여학생이다. 4, 6장.

가족 16: 저소득, 불안정/의료계, 혼합/복합 민족 집단

클라우지아와 펠리페 Felipe 페헤이라는 포르투갈과 브라질 출신으로 마리아나(9세)와 샤비에르 Xavier(9개월)를 키우고 있다. 마리아나는 블루벨 초등학교에 다닌다. 펠리페는 병원 청소부이고 클라우지아는 의사를 보조하고 있다. 엄마와 딸은 유튜브로 뜨개질을 배우고 있고 포르투갈어 라디오를 듣는다. 3장.

가족 17: 중소득, 의료계, 혼합/복합 민족 집단

재닛 데일리와 이몬 오셰인 Eamon O'Shane은 블루벨 초등학교에 다니는 아들 라이언(8세)을 키우고 있다. 딸 케이티 Katie(15세)는 자신의 엄마와 다른 곳에서 살고 있다. 재닛과 이몬은 둘 다 간호사이고 이몬은 아일랜드 출신이다. 이 가족은 주말에 함께 자전거 타는 것을 좋아한다. 2장.

가족 18: 중소득, 교육/창작, 혼합/복합 민족 집단

스티븐과 메리 애런슨은 세 아이, 릴리언 Lillian(11세), 제임스 James(7세), 비비 Vivi(4세)를 키우고 있다. 세 아이 모두 스티븐이 어릴 때 다녔던 LYA에 다닌다. 스티븐은 초등학교 교사이고 메리(케냐에서 태어났다)는 공예가이자 주 양육자다. 두 사람 모두 이웃과 긴밀한 유대 관계를 맺고 있다. 3장.

가족 19: 저소득, 창작, 백인

앰버와 프랜시스 Francis 분은 딸 매기(5세)가 있다. 프랜시스는 음악가이고 앰버는 작가다. 매기는 LYA의 드라마 수업에 다닌다. 이 부모는 특히 상업주의, 선입견 형성, 사생활 침해, 소통 단절을 우려해 스크린 타임을 피하려고 애쓴다. 7장.

가족 20: 중소득, 창작/교육, 백인

레이첼 일리와 에린 레이놀즈는 블루벨 초등학교에 다니는 딸 미아(8세)를 키우고 있다. 에린은 교사이고 레이첼은 파트타임으로 일하는 정원사, 예술가이자 주 양육자다. 미아는 학교에서 '디지털 리더'이고, 레이철은 미아의 미래 디지털 직업에 대해 높은 기대를 가지고 있다. 7장.

가족 21: 고소득, 자녀 육아/전문가, 백인

제스와 로런스Lawrence 리드에게는 아들 알렉스(15세)와 리처드Richard(13세)가 있다. 딸 올리비아Olivia(20세)는 집에 살지 않지만 종종 방문한다. 제스는 숙련된 변호사인데 알렉스의 학교생활을 돕기 위해 휴직 중이고, 로런스도 변호사다. 알렉스는 LYA와 축구 클럽에 다니고 체육관에 가는 것을 아주 좋아한다. 중등증의 SEN(다운 증후군)이 있다. 2장.

가족 22: 중소득, 행정사무, 흑인

애나 마이클스는 아들 데릭(13세), 딸 디온(10세)과 함께 사는 싱글맘이다. 디온은 블루벨 초등학교에 다닌다. 아이들의 아빠는 정기적으로 연락하지만 양육권이 없다. 가족은 공영 아파트에 살고 애나는 최근 영업부에서 일하기 시작했다. 데릭은 기계나 부품을 가지고 작업하기를 좋아하고 군대 클럽에 다닌다. 1, 2장.

가족 23: 중소득, 교육/소규모 사업, 혼합/복합 민족 집단

홀리와 칼덴Kalden 장포는 딸 돌마(8세)와 아들 메톡(5세)이 있고 두 사람 다 블루벨 초등학교에 다닌다. 칼덴은 티베트 출신이고 소규모 사업체에서 일한다. 홀리는 아이 보는 일을 한다. 돌마와 메톡은 태블릿을 쓰게 해달라고 졸랐지만 홀리는 계속 태블릿 사용을 엄격하게 통제한다. 아이들은 〈마인크래프트〉와 레고 사이를 자유자재로 오가며 논다. 2장.

가족 24: 중소득, 불안정, 흑인

가나에서 온 아푸아 오세이와 콰메 투푸어는 아들 나이절Nigel (11세), 에이드리엔Adrien(6세)과 딸 사마타Samata(8세)가 있다. 아푸아는 블루벨 아동 센터에서 파트타임 보조원으로 일하고 콰메는 콜택시를 운행한다. 여호와의 증인 앱 사용을 포함해, 종교가 가정생활에서 강력한 역할을 한다. 3장.

가족 25: 저소득, 교육/불안정, 흑인

하비바 베켈레와 스티븐 오거스틴Augustine은 아들 펠리Feli(10세)와 데전(4세), 딸 다윗(9세)과 딜라(6세)를 키우고 있다. 하비바는 에티오피아 출신이고 스티븐은 세인트루시아 출신이다. 부부는 율법을 따르는 이슬람교도이고, 디지털 미디어를 통해 종교적 가르침을 얻고 가족과 연락한다. 하비바는 아이 돌보는 일을 하고 스티븐은 보안 요원이다. 펠리는 요리, 다윗은 그림 그리기를 좋아한다. 하비바는 블루벨 아동 센터의 모임에 다닌다. 2, 3장.

가족 26: 중소득, 전문가, 흑인

제이 Jay와 칼라 폴슨 Karla Paulson은 딸 이브 Eve(12세)와 아들 펠릭스 Felix(8세), 에릭 Eric(6세)이 있다. 제이는 변호사이고 칼라는 기술 분야에서 일한다. 에릭은 아빠가 그랬던 것처럼 LYA에서 수업을 듣는다. 중등증에서 중증의 SEN(다운증후군)을 가지고 있는 펠릭스는 집과 학교에서 도움을 받을 수 있는 보조 기술을 사용한다. 7장.

가족 27: 중소득, 전문가, 백인

조이 앤드루스 Zoe Andrews는 쌍둥이 엘사 Elsa와 루번 Reuben(11세)을 키우고 있다. 조이는 전문가이고 LYA가 딸들에게 제공하는 "창조적인 표현 수단"을 높이 평가한다. 두 딸 모두 춤과 음악 기술 수업에 참여하고 있다. 엘사는 색소폰, 루번은 기타 연주를 배우고 있다. 조이는 이 활동들을 집에서 특별히 권장하지 않는다.

가족 28: 저소득, 창작, 백인

루시 사이언 Lucy Cyan은 싱글 맘으로 크리스 Chris(12세)를 키우고 있다. 루시는 예술가이자 양육자이고 크리스는 LYA에서 수업을 듣는 열정적인 배우다. 예술가로서 두 사람의 창조성과 공유되는 정체성은 엄마와 아들에게 중요하지만 루시는 크리스가 기술에 과몰입한다고 생각하기 때문에 기술은 갈등 요인이다.

가족 29: 저소득, 창작, 흑인

마이클 해리스 Michael Harris는 아들 쿠르트 Kurt(9세)와 함께 살고 있는 DJ다. 쿠르트는 마이클이 어릴 때 그랬던 것처럼 LYA에 다니고 유튜브에서 〈마인크래프트〉 영상을 보며 드라마 수업을 듣는다. 마이클은 일할 때 필요한 기술을 독학하면서 그것을 "귀찮게" 생각하지만, 쿠르트는 기술에 자연스럽게 익숙해진다.

가족 30: 저소득, 의료계/자녀 육아, 백인

제이컵과 데이지 바르뎀은 아들 매슈(8세), 데클런(6세), 니코(3세)를 키우고 있다. 제이컵은 사진작가였고 지금은 구급대원이다. 데이지는 웨일스 출신이고 보석 디자이너 훈련을 받았고 지금은 전업주부다. 데클런은 형에게 기본적인 인터넷 기술을 약간 배웠고 부모는 형제의 게임 플레이에 훈수 두는 것을 좋아한다. 유럽연합 집행위원회가 자금을 지원한(EC) 연구(쇼드롱 Chaudron 외, 2015)를 통해 모집되었다. 2, 3, 4장.

가족 31: 중소득, 교육/자녀 육아, 백인

벤 Ben과 리지 코리엄은 딸 에밀리(6세)와 아들 토비(5세)가 있다. 벤은 독일 출신의 학자이고, 리지는 남아프리카공화국 출신으로 최근 복직해 영어를 가르치고 있다. 부부는 디지털 기술에 있어서 아이들이 뒤처지지는 않을지 걱정했지만 가르치는 일은 아이들의 학교에 맡겨졌다. EC 연구를 통해 모집되었다. 1장.

가족 32: 중소득, 창작/교육, 백인

엘레나 Elena와 헨리 스토더드는 루이스 Lewis(16세), 휴고 Hugo(13세), 브라이어니 Bryony(6세), 세 자녀가 있다. 부모 모두 예전에 창조 산업 분야에서 일했다. 헨리는 노동자계급 출신으로 음악제작자가 되었고, 지금은 작은 웹디자인 사업을 하고 있다. 엘레나는 TV 분야에서 일했고 지금은 아이 돌보는 일을 하고 있다. EC 연구를 통해 모집되었다. 7장.

가족 33: 중소득, 행정사무/창작, 백인

파벨과 라라 머주어에게는 아들 토마스(6세)가 있다. 라라는 브라질 출신으로 비서로 일하고 파벨은 폴란드 출신으로 요리사로 일한다. 두 사람은 토마스의 미디어 사용을 어떻게 다룰지에 대해 일부 의견 차이가 있다. EC 연구를 통해 모집되었다. 1, 2장.

가족 34: 저소득, 불안정, 흑인

서실리아 아파우는 가나 출신의 싱글 맘으로 에시(12세), 유진(8세), 에릭(4세)을 키우고 있다. 가족의 종교는 기독교다. 서실리아는 식료품점 출납원으로 일하고 아이들의 아빠에게서 도움을 받지 못하고 있다. 유진은 블루벨 초등학교 코딩 클럽에 참여하고 있다. 2, 3, 6장.

가족 35: 저소득, 의료계, 흑인

레일라 모하메드는 나린(10세)과 사피아(8세), 두 딸이 있다. 레일라는 에티오피아 출신의 이슬람교도이고, 파트타임으로 의료 보조원으로 일하고 있다. 나린은 컴퓨터를 잘하고, 가족 공용 컴퓨터에 문제가 생기면 고칠 수 있다. 레일라는 하비바 베켈레(가족 25)와 친해서 모집되었다. 2, 3, 7장.

가족 36: 저소득, 불안정/행정사무, 백인

엘리자베스 잭슨Elizabeth Jackson과 앤드루 트래버스Andrew Travers는 딸 사라Sara(7세)와 아미나Amina(6세), 아들 네오Neo(1세)가 있고 엘리자베스는 또한 임신 중이다. 사라와 아미나는 블루벨 초등학교에 다닌다. 부모 두 사람 모두 남런던의 노동자계급이 사는 지역에서 자랐고 최근 이슬람교로 개종했다. 엘리자베스는 이웃을 위해 케이크를 굽고, 앤드루는 직업 센터에서 일한다. 가족 모두 디지털 기술에 푹 빠져 있다.

가족 37: 중소득, 창작, 백인

니콜과 제프 손더스는 딸 엘로이즈(3세)와 코라(6개월)를 키우고 있다. 니콜은 성공적인 육아 블로그를 운영하며 소셜 미디어 관리자로 일하고 있고, 제프는 홍보 관련 일을 한다. 엘로이즈는 아빠와 함께 〈스타워즈〉 보는 것과 《숲속 괴물 그루팔로The Gruffalo》를 좋아한다. 2장.

가족 38: 중소득, 창작/전문가, 백인

멀리사와 마이크 벨Mike Bell은 아들 밀로(4세)와 딸 엘라(3세)가 있다. 멀리사는 블로그를 운영하며 소셜 미디어를 홍보하려는 브랜드들을 돕는다. 또 마이크는 통신 회사에서 일한다. 멀리사는 밀로와 엘라를 야외 모험에 데려가거나 정원에서 트램펄린 태우는 것을 좋아한다. 4, 7장.

가족 39: 고소득, 전문가/자녀 육아, 백인

릴리 하스-스트리클런드 Lily Haas-Strickland와 로저 스트리클런드 Roger Strickland는 딸 재스민 Jasmine(13세), 테리 Terri(11세), 에마 Emma(8세), 아들 에런 Aaron(4세)이 있다. 로저는 오스트리아 출신으로 기업의 회장이다. 릴리는 예술과 인문학 박사학위가 있고 현재는 전업주부다. 가족 모두 교회에 다니고 아이들에게 악기를 배우도록 장려한다. 가족 15와의 친분으로 모집되었다.

가족 40: 저소득, 소규모 사업, 백인

레아 크로는 아들 리스(12세), 찰리 Charlie(9세), 윌 Will(7세)을 키우고 있는 싱글 맘이다. 레아는 독일 출신으로 부모 코치로서 자기 사업을 시작하면서 돈에 대한 걱정이 많다. 레아와 리스는 비디오 게임 문제로 갈등이 있고, 서로에게 실망한 상태다. 동생들은 LYA의 미술 수업을 듣고 있다. 2장.

가족 41: 중소득, 소규모 사업, 아시아인

아니샤 쿠마르는 아들 로한 Rohan(3세)을 키우는 싱글 맘이다. 부모님과 함께 살면서 육아에 대한 도움을 받고 있다. 아니샤는 아시아인이지만 라이베리아에서 태어났다. 가족이 하는 수입 사업을 돕고 있으며 페이스북에서 성공적인 육아 그룹을 시작했다. 2장.

가족 42: 고소득, 창작/전문가, 백인

플로렌스 Florence와 헨리 루이스 Henry Lewis는 아들 토니 Tony(9세)와 딸 케이틀린 Caitlin(6세)이 있다. 플로렌스는 블로그를 운영하며 홍보 일을 하고, 헨리는 은행업에 종사한다. 토니는 〈마인크래프트〉를 좋아하고 경증에서 중등증의 SEN(자폐증)이 있다.

가족 43: 중소득, 전문가/자녀 육아, 혼합/복합 민족 집단
수프나Supna와 맷 빌Matt Beale은 딸 윌로Willow(7세)와 아들 아서Arthur(3세)가 있다. 수프나는 미국 출신으로 블로그를 운영하는 전업주부이고 맷은 변호사로 일한다.

가족 44: 저소득, 교육/불안정, 백인
아니Arnie와 페이지 트렐로어Paige Treloar는 아들 리엄Liam(12세)이 있다. 페이지는 미술과 일러스트레이션을 공부한 후 보조교사로 일하고 있고 아니는 장기 병가 중이다. 리엄은 LYA의 애니메이션 수업을 듣고 있으며 경증의 SEN(난독증)이 있다.

가족 45: 고소득, 전문가/의료계, 백인
피터와 에이미 스타일스Amy Styles는 아들 리(12세)와 에번(17세)이 있다. 피터는 IT 관리자, 에이미는 영양사로 일한다. 에번과 리 둘 다 LYA에 다니고 음악과 춤으로 시작했지만 지금은 그래픽디자인과 애니메이션을 공부하고 있으며, 에번은 교실 보조로 일한다. 두 사람의 형은 경증의 SEN(주의력결핍과잉행동장애)을 가지고 있으며 동생들처럼 LYA에 다녔고 지금은 영화제작을 공부하고 있다. 6, 7장.

가족 46: 저소득, 자녀 육아, 혼합/복합 민족 집단
로라 앤드루스는 싱글 맘으로 재커리(17세)를 키우고 있다. 재커리는 LYA의 프로그램 수업을 듣고 있으며 중증의 SEN(다운증후군과 지체장애)이 있다. 모자는 상당히 고립되어 있었지만 함께 TV를 보고 강아지들을 돌보는 것을 좋아한다. 5장.

가족 47: 중소득, 행정사무, 혼합/복합 민족 집단

레베카 콕스는 아들 오언(14세)과 딸 미아 Mia (5세)를 키우고 있다. 레베카는 아이들의 아빠와 육아를 함께하고 있긴 하지만 최근 별거를 시작했다. 오언은 LYA에 다니고 자기 자신을 신예 기업가로 생각한다. 레베카는 음악 산업에서 행정가로 일하고 있다. 6장.

가족 48: 중소득, 전문가, 백인

캐머런 Cameron 과 앨리슨 카트라이트 Alison Cartwright 는 딜런 Dylan (2세)과 매디슨 Madison (1세), 두 자녀가 있다. 캐머런은 디지털광이자 철도 기술자이자 아빠 블로거다. 7장.

가족 49: 저소득, 교육, 백인

하비 사이먼은 두 아들, 아치(6세)와 오스카 Oscar (4세)를 키우고 있다. 하비는 전직 교사지만, 지금은 아들들을 홈스쿨링으로 가르치고 있고 블로그를 운영한다. 배우자와는 별거하고 있지만, 양육권은 공동으로 가지고 있다. 하비는 기독교도이고 중등증의 신체장애를 가지고 있다.

가족 50: 중소득, 전문가/자녀 육아, 혼합/복합 민족 집단

잭과 피오나 리 Fiona Lee 는 아들 조던 Jordan (7세)과 이선 Ethan (5세),

딸 레아Leah(3세), 세 자녀가 있다. 잭은 마케팅 분야에서 일하고, 블로그를 운영하며, 스스로를 "긱"이라고 말한다. 4장.

가족 51: 중소득, 교육/자녀 육아, 백인

데니스Dennis와 캐서린 패리시Catherine Parrish는 아들 해리슨Harrison(10개월)을 키우고 있다. 데니스의 큰 아이들인 맥스Max(10세)와 피비Phoebe(3세)는 전처와 함께 살고 있다. 데니스는 교사이고, 성공적인 블로그를 운영하고 있으며, 최근 한 게시물이 입소문이 났다.

가족 52: 고소득, 전문가/자녀 육아, 백인

카일리와 키트 스미스슨Kit Smithson은 아들 올리버(12세)와 쌍둥이 딸 아나스타샤Anastasia, 재스민Jasmine(8세)이 있다. 카일리와 키트는 출판업계에서 일할 때 만났는데, 키트는 그 업계에서 계속 일하고 카일리는 집에 있다. 올리버는 게임하는 것을 좋아하지만 컴퓨터로 끌려가야 하고, 엄마가 더 많이 움직이고 더 오래 자도록 격려하기 위해 구매한 핏빗을 착용한다. 2, 6, 7장.

가족 53: 고소득, 전문가, 백인

앤 레이놀즈와 데이브 스켈턴은 딸 에즈미(12세)가 있다. 앤은 시장조사 회사, 데이브는 통신 회사의 고위 경영진이다. 에즈미는 디지캠프에 다니고 테니스를 친다. 부모 모두 에즈미와 함께하는 미디어 사용을 즐긴다. 데이브는 페미니스트 영화를 추천하고 앤은 인스타그램에 가입했다. 에즈미는 경증의 SEN(난독증)이 있다. 2,

4, 5, 6장.

가족 54: 고소득, 자녀 육아/전문가, 혼합/복합 민족 집단

비키 Vicki와 잭 마셜 Jack Marshall은 앨리스 Alice(12세)와 제이슨 Jason(10세), 두 자녀가 있다. 비키는 폴란드 출신으로 전업주부이고 잭은 기술 기업가다. 제이슨은 디지캠프에 다니고 잭은 디지털에 대한 자신의 관심을 공유한다. 그러나 이 부모는 아이들이 스포츠 같은 신체 활동을 추구하는 것도 중시한다.

가족 55: 고소득, 자녀 육아/전문가, 백인

줄리언 스트리트-우즈 Julian Street-Woods와 조애너 해링턴 Joanna Harrington은 어밀리아 Amelia(14세), 벤저민 Benjamin(12세), 클로이 Chloe(9세), 세 자녀가 있다. 줄리언은 법정 변호사였고 지금은 집에 있으며, 조애너도 변호사다. 줄리언은 특히 기술에 대해 긍정적이지만 자녀들이 대중문화를 좋아하는 것에 항상 즐거워하지는 않는다.

가족 56: 중소득, 전문가, 백인

다니 사이크스는 아들 조시(12세)(디지캠프에 다닌다)와 마이클 Michael(9세)을 양육하고 있다. 비록 아이들이 다니와 헤어진 다른 엄마와 주로 살고 있지만 말이다. 다니는 인터넷 보안 분야에서 일하고 조시와 '긱'과 관련된 모든 것에 대한 애정을 공유한다. 4, 7장.

가족 57: 고소득, 전문가/자녀 육아, 백인

미셸과 조지핀 티보는 아들 피에르(18세)와 마크(13세)가 있다. 미셸은 통신 회사의 경영진이고 조지핀은 양육자다. 두 아들 모두 디지캠프와, MIT와 스탠퍼드대학에서 있었던 것을 포함해 비슷한 캠프들에 다녔다. 3, 5, 6장.

가족 58: 중소득, 전문가/의료계, 아시아인

시라시와 데비카Devika 라잔은 딸 프라니타(12세)가 있다. 데비카는 제약 회사에서 일하고 시라시는 치과의사다. 프라니타는 디지캠프에 다니고 여배우로서 성장할 수 있게 하는 경력을 가지고 있다. 경증의 SEN(지체장애)이 있다. 4장.

가족 59: 고소득, 전문가, 백인

수전 스콧과 스벤 올손은 니얼(16세), 조지(14세), 숀(10세), 세 아들을 키우고 있다. 수전은 미국, 스벤은 스웨덴 출신이다. 스벤은 기업 임원이고 수전은 파트타임으로 문학 단체를 운영하고 있다. 조지와 숀은 디지캠프에 다닌다. 세 소년 모두 코딩하는 법을 알고 경증의 SEN(주의력결핍장애)이 있다. 2, 3, 4장.

가족 60: 중소득, 창작, 백인

피터Peter와 트레이시 랜들Tracy Randall에게는 딸 리안Liane(13세)과 밀리Milly(9세)가 있다. 피터는 프리랜서 작가이자 블로거이고 트레이시는 피트니스 분야에서 일하고 예술 작품을 만든다. 피터는 블로그를 딸들과 공유하기 위한 자기 자신에 대한 기록으로 생각한다.

가족 61: 중소득, 창작, 백인

너태샤 메이슨은 최근 남편과의 사별 이후, 아들 재스퍼(12세)를 홀로 키우고 있다. 너태샤는 원래 보스니아 출신으로 건축가로 일하고 있다. 재스퍼는 디지캠프에 다니고 자신의 디지털 기술이 엄마와 갈등을 유발하기도 하지만 그것을 자랑스러워한다. 4, 6장.

가족 62: 저소득, 창작/의료계, 혼합/복합 민족 집단

샌드라와 조노 스터브스는 아들 루커스(9세)가 있고 샌드라의 조부모와 함께 산다. 샌드라와 조노는 헤어졌지만, 경제적 이유로 계속 함께 살고 있다. 샌드라는 아이들의 엔터테이너로 일하고 조노는 정신 전문 간호사이지만 병가 중이다. 루커스는 장학금을 받으며 디지캠프에 다니고 중등증의 SEN(자폐증)이 있다. 4, 5, 6장.

가족 63: 중소득, 전문가/자녀 육아, 백인

민나 나일런드 Minna Nylund와 에릭 노리스 Eric Norris는 딸 에자 Eja(2세)를 키우고 있다. 민나는 핀란드 출신으로 공무원이자 블로거이고, 에릭은 전업주부다. 민나는 디지털 기술의 창조적이고 표현적인 잠재력을 즐긴다.

가족 64: 중소득, 창작/전문가, 백인

안드레아와 데이비드 포스터 David Foster는 엘시(6세), 라일라 Layla(3세), 올리 Ollie(18개월), 세 자녀가 있다. 안드레아는 음식과 가족에 대한 블로거이자 작가이고 데이비드는 마케팅 분야에서 일한다. 엘시는 최근 중등증의 SEN(자폐증) 진단을 받았고 안드레아는 엘시를 홈스쿨링으로 가르치는 것을 고려하고 있다. 5, 7장.

가족 65: 중소득, 자녀 육아/전문가, 백인

니나와 크리스 로빈스는 딸 아이리스(7세)가 있다. 니나는 과거에 회사에서 일했지만 지금은 집에서 홈스쿨링을 하며 아이리스를 돌보는 데 전념하고 있고 크리스는 회사에 다니고 있다. 니나는 최근에 유명해진 블로그를 운영하고 있고 아이리스도 블로그를 시작할 수 있게 도왔다. 모녀는 홈스쿨링의 일환으로 〈마인크래프트〉를 한다. 아이리스는 중등증의 SEN(자폐증 및 감각통합장애)이 있다. 2, 5장.

가족 66: 저소득, 창작/소규모 사업, 혼합/복합 민족 집단

프레셔스Precious와 조너선 애덤스는 딸 애비(18세)와 애비의 언니 에시 Esi(19세)를 키우고 있고, 그 위에 두 딸은 이제 집에서 같이 살지 않는다. 조너선은 시장의 상인으로 일하고 프레셔스는 원래 나이지리아 출신으로 소설을 쓰고 있다. 그들은 스스로에 대해 독실한 기독교인이라고 분명하게 밝혔다. 이전 책《더 클래스》를 통해 모집되었다. 7장.

가족 67: 중소득, 교육, 백인

에바 곤잘레즈 Eva Gonzalez와 에이탄 사라고사 Eitan Zaragoza는 둘 다 스페인 출신으로, 맏딸 샬럿 Charlotte(20세)은 대학으로 떠나 있고, 둘째 딸 아드리아나 Adriana(18세)와 그 남동생을 키우고 있다. 두 부모는 학자이고, 이것이 샬럿의 성공과 결합되어 조산사 공부를 하고 싶은 아드리아나에게 약간 부담이 되었다. 아드리아나는 경증의 SEN(난독증/통합 운동장애)이 있다.《더 클래스》를 통해 모집되었다.

가족 68: 고소득, 전문가, 백인

마리아와 테오 캔트렐은 두 딸 중 엘리 Ellie(21세)는 대학에 보내고, 앨리스(18세)와 함께 살고 있다. 앨리스는 대학에서 심리학을 공부하고 싶고 엄마를 좋아하며 수준 높은 정치적 비평을 할 수 있다. 또 경증의 SEN(난독증)이 있다.《더 클래스》를 통해 모집되었다. 7장.

가족 69: 저소득, 행정사무, 흑인

제시카 오툰데 Jessica Otunde는 딸이 넷이고, 우리가 면담했던 딜루바 Dilruba(18세)는 셋째 딸이다. 제시카는 원래 모리셔스 출신으로 현재 경찰 업무 보조원으로 일하고 있다. 그녀는 딸들의 아빠에게 거의 의지하지 않은 채 딸들을 키우고 있고, 학교교육에 많이 개입하지 않는다. 하지만 디지털 미디어가 가정에 초래한 사교성의 상실에 대해 걱정하고 있다.《더 클래스》를 통해 모집되었다.

가족 70: 중소득, 창작, 백인

퍼트리샤 엘리스 Patricia Ellis와 루퍼트 딕슨 Rupert Dixon은 헤어졌지만 딸 지젤 Giselle(18세)과 아들 테오 Theo(14세)를 키우기 위해 계속 옆집에 살았다. 퍼트리샤는 작은 공예 회사를 운영하고 루퍼트는 웹 디자인 사업을 하고 있다. 지젤은 다양한 창작 활동에 참여하고 있고 미술을 공부하고 싶어 한다.《더 클래스》를 통해 모집되었다.

가족 71: 고소득, 전문가, 백인

이사벨 블루스톤Isabel Bluestone과 팀 솔라노는 딸 로자(23세)와 메건(18세)이 있다. 로자는 최근 대학을 졸업하고 집으로 돌아왔다. 부모 두 사람 모두 마케팅 분야에서 일하고 딸들이 디지털 기술을 잘 다룰 수 있게 키웠다. 로자는 소셜 미디어 분야에서 일하고, 메건은 블로그가 있었다. 두 사람은 휴대전화의 지리적 위치를 이용해 연락을 유지하고 있다.《더 클래스》를 통해 모집되었다. 2장.

가족 72: 중소득, 전문가/교육, 혼합/복합 민족 집단

미라 조하르Mira Johar와 브라이언 파넘Brian Farnham은 딸 사라Sara(18세)와 타바사Tabatha(16세)가 있다. 미라 가족은 원래 인도 출신이다. 미라는 회계사이고, 브라이언은 초등학교 교사다. 사라는 성취도가 높고 내년에 옥스브리지Oxbridge로 떠난다. 모녀는 영국의 정치적 분위기에 대해 걱정하고 있다.《더 클래스》를 통해 모집되었다.

가족 73: 고소득, 소규모 사업/전문가, 백인

데비Debbie와 케빈 쿠퍼Kevin Cooper는 셉Seb이라고 부르는 아들 서배스천Sebastian(18세)이 있다. 데비는 전문적인 행사를 조직하는 사업체를 소유하고 있고 케빈은 변호사다. 셉은 벌써 미디어 스튜디오에서 조수로 일하고 있고 영화학교에 가고 싶어 한다.《더 클래스》를 통해 모집되었다. 7장.

• 감사의 말 •

우선 그 누구보다도 이 책을 위해 우리와 대화했던 모든 부모님들께 감사를 전한다. 우리가 디지털 시대 육아의 어려움과 기쁨을 묘사할 수 있었던 것은 오로지, 우리에게 시간을 내주시고 삶을 공유해주신 부모님들의 관대함 덕분이었다. 우리는 그들의 견해와 우려를 충실하게 대변하려고 노력했다. 또 현장 연구에서 많은 아이들을 만났고, 그 호기심에 무한히 감사하다. 아이들은 디지털 창작 과정을 우리와 함께하고, 이어지는 질문 세례에도 인내심을 보여주었다.

우리의 연구는 디지털 학습 현장 세 곳의 교육자들에게 지원을 받았다. 우리는 신원 보호를 위해 익명을 쓰기로 약속했지만 그들이 우리를 환영하고 우리에게 경험을 공유하고 우리가 발견한 것에 대해 함께 논의해준 것이 대단히 중요했음을 기록으로 남기고 싶다.

이 책을 위한 연구는 존 D.와 캐서린 T. 맥아더 재단 John D. and Catherine T. MacArthur Foundation이 디지털 미디어 및 학습 Digital Media and Learning에 대한 보조금 조성 계획과 관련되어 커넥티드 러닝 연구 네트워크에 지급한 보조금 덕분에 가능했다. 맥아더 재단이 우리 연구에 관해 계속 연락하고 회의를 주최하고 소개했고, 우리가 분석을 구체화하는 데 도움이 되는 방식으로 열정적으로 지원해준 것에 깊이 감사하고 있다.

'디지털 미래를 위한 육아'는 커넥티드 러닝 연구 네트워크에서 수행된 여러 연구 프로젝트 중 하나였다. 우리 연구는 네트워크 참여자들 사이에 있었던 활발한 대화와 비판적 논의에서 정말 많은 것을 얻었다. 돌턴 콘리, 크리스 구티에레즈, 베라 마이클칙, 빌 페뉴엘, 진 로즈, 줄리엣 쇼어, S. 크레이그 왓킨스, 그리고 네트워크 고문과 동료, 특히 훌륭한 네트워크 이사 미즈코 이토와 처음부터 끝까지 우리의 협력자이자 동반자였던 줄리언 세프턴-그린에게 감사를 전한다.

'디지털 미래를 위한 육아' 설문조사는 차일드와이즈CHILDWISE에 의해 순조롭게 수행되었다. 차일드와이즈의 연구 책임자 사이먼 레깃에게 감사하다. 우리 연구에 참여한 가족 중 네 가족은 원래 유럽연합 집행위원회European Commission의 공동 연구 센터 Joint Research Centre에서 자금을 지원하는 프로젝트의 일환으로 면담했던 가족이고, 이 '영유아(0~8세)와 디지털 기술Young Children (0-8) and Digital Technology' 프로젝트의 책임자 스테파네 쇼드롱에게 감사하다. 여덟 가족은, 역시 맥아더 재단에서 자금을 지원했던, 줄리언 세프턴-그린과 함께 쓴 《더 클래스》 연구에 참여했기 때문에 두 번째 면담이었다.

이 책과 관련된 블로그 www.parenting.digital 작업을 함께한 연구 조교 알렉산드라 체르냐브스카야, 케이트 길크리스트, 세자르 히메네스-마르티네스, 페이지 머스테인, 스베냐 오토포르뎀겐첸펠데, 젠 패블릭, 라팔 자보로프스키, 둥먀오 장에게 감사하다. 이들의 통찰력에서 많은 도움을 받을 수 있었다.

글을 쓰는 것은 혼자만의 일일 수 있지만, 다행히 우리 두 사람 모두 글쓰기 모임 회원이었고, 이 모임에서 이 책의 여러 장의 초안을 인내심 있고 통찰력 있게 비평해주었다. 그 무엇도 이들의 친절하지만 냉정한 지적 공헌을 대신할 수 없다. 바트 카마르츠, 릴리 홀리아

라키, 엘런 헬스퍼, 피터 런트, 샤니 오르가드(런던), 모건 에임스, 맷 라팔로, 안테로 가르시아, 앰버 레빈슨(캘리포니아)에게 감사의 마음을 전하고 싶다. 우리의 글을 공들여 편집해준 우르슐라 도킨스와 우리의 주장과 표현에서 잘못된 부분을 바로잡아준 조 리빙스턴에게도 감사를 전한다.

이 책이 제법 형태를 갖췄을 때 이들과 대화를 나누는 과정에서 우리의 생각이 더 분명해질 수 있었다. 메릴 알퍼, 샤쿠 바나지, 세라 베넷-와이저, 베로니카 버라시, 브리지드 배런, 멀리사 브러, 앤 콜리어, 마이클 데우잔니, 커스틴 드로트너, 네이션 피스크, 리처드 그레이엄, 릴리아 그린, 데버라 하이트너, 알렉시스 히니커, 헨리 젠킨스, 에이미 조던, 애니아 카메네츠, 비키 카츠, 비번 키드론, 데이비드 클리먼, 마이클 러빈, 클레어 릴리, 선선림, 조지 마이어, 재키 마시, 제마 마르티네스, 조반나 마스케로니, 로드리고 무뇨스-곤살레스, 제시카 피오트로브스키, 제니 래데스키, 비키 라이드아웃, 마이크 롭, 비키 숏볼트, 마리야 스토일로바, 로리 다케우치, 어맨다 서드, 알다 율스, 레베카 윌릿, 바르비에 젤리저, 그 외 많은 분들. 누군가를 빠뜨렸다면 정말 미안하고, 모두에게 감사하다고 말하고 싶다!

이 책은 런던정치경제대학LSE 미디어 및 커뮤니케이션 학과의 후원 아래 쓰였고 LSE 연구과 직원들의 훌륭한 지원을 받았다. 원고가 완성된 이후에 우리는 서로에게 정보는 제공했지만 각자 독립적으로 작업했다.

실제 우리 자신의 가족들은 이 책 전반에 다양한 방식으로 엮여 있다. (나이대가 많이 다른 아이들의) 엄마로서 의심할 여지 없이 우리 자신의 경험이 면담과 분석에 영향을 미쳤기 때문이다. 소니아는 남편

피터, (이제 성인이 된) 자녀들, 조와 애나(의 늘 창의적인 통찰력, 확고한 비평, 따뜻한 지지), 그리고 부모님과 이 책이 종종 되돌아보게 한 그들의 놀라운 육아에 대해 감사한 마음을 영원히 간직할 것이다. 얼리샤는 셰즈의 엄청난 팀워크와 지원, 그리고 이 책을 쓰는 것이 때때로 전면적인 추가 '스크린 타임'을 의미했을 때조차 에이브와 페니가 잘 놀고 잘 참아주었던 것에 깊은 감사를 전한다. 또 아이들을 보살펴주고 사려 깊은 조언으로 힘이 되어준 부모님과 형제들에게도 고맙다. 그들이 '육아'는 정체성을 선점하고 그 근원이 되기 때문에 아이가 어른이 될 때 끝나는 것이 아니라는 사실을 상기시켜주었다.

·주·

1장

1 가족 33.

2 피파 FIFA는 국제 축구 연맹 Fédération Internationale de Football Association을 의미
한다. 토마스는 축구에 기반한 비디오게임(EA 스포츠 EA Sports, 2018)을 하고 있
었다.

3 린 스코필드 클라크 Lynn Schofield Clark(2013)가 말하는 '육아 철학'은 부모가 자
녀에게 자신의 살아온 이야기, 교훈적으로 만들어낸 이야기, 검증된 경험을 공유하
며 가치관을 전달하는 방식을 의미한다.

4 모든 아동과 청소년이 친부모와 한집에서 사는 것은 아니라는 점에서 '육아'는 다양
한 형태의 돌봄을 지칭한다. 예를 들어 손위 형제, 조부모, 양부모에 의한 돌봄을 포
함한다. 길리스 Gillies(2008); 웨브 Webb(2011).

5 존 포스틸 John Postill(2010)이 설명한 것처럼 실행이라는 개념은 다양하게 정의
되고 논의되어왔다. 가장 좁은 의미의 정의로는 "인간의 신체로 연결되는 '활동의 모
음'"이다. 이것에 의해 강력한 조직의 전략과, 일상적인 시간, 공간, 사회적 관계의 맥
락 속에 있는 평범한 사람의 전술 사이에 벌어지는 불공평한 협상에 주목하게 된다.

6 리, 맥바리시 Lee, Macvarish & 브리스토 Bristow(2010, p. 294).

7 울리히 베크 Ulrich Beck와 엘리자베트 베크-게른스하임 Elisabeth Beck-Gern-
sheim(2002)은 다음과 같이 말한다. "개별화는 한편으로 기존 사회 형태의 붕괴를
의미한다(예를 들어 계급, 사회적 지위, 성 역할, 가족, 이웃 등과 같은 부문에서 취약
성이 증가하는 것이다). [(중략) 다른 한편으로는] 개인에게 부과하는 새로운 요구,
통제, 제약을 뜻한다"(p. 2). 제솝 Jessop(2002)도 참조.

8 잭슨 Jackson & 스콧 Scott(1999, p. 89). 후기 근대성이 전통에서 분리되어 (상대
적으로 취약하거나 심지어 위험한) 정체성이나 공동체에 대한 새로운 형태의 투입
으로 다시 편입되어야(베크, 기든스 Beck, Giddens & 래시 Lash, 1994; 기든스 Gid-
dens, 1999) 아이들의 사회화 및 삶의 가능성에 기회와 위험이 모두 생긴다는 주장
도 있다(제임스 James, 2013; 리빙스턴 Livingstone, 2009).

9 연구 기간 중에 영국 대학 장관 샘 기마 Sam Gyimah는 말했다. "디지털 스킬이라는
세계적인 파이프라인은 영국의 미래 형성 능력에 필수적이다"(교육부, 2018). 아이
가 어릴 때부터 지속적으로 일련의 컴퓨터 프로그래밍('코딩')을 가르치는 계획에
자금을 지원하기도 했다(예: 드레지 Dredge, 2014). 물론 학교에서는 1970년대부
터 컴퓨터 프로그래밍을 가르쳐왔지만 코딩에 재개된 오늘날의 투자는 폭넓은 대중
의 관심을 받고 있다.

10   OECD(2018, p. 2). 델 테크놀로지 미래 연구소 Institute for the Future for Dell Technologies(2017)도 이에 동의하고 있다. "최근 생겨난 기술은 (중략) 일상생활의 환경을 뒤바꾸고 2030년에 많은 사람이 일하고 사는 방식을 재구성할 강력한 인구학적, 경제적, 문화적 힘과 만날 것이다"(p. 1). 추가로 영국 디지털 기술 태스크포스 UK Digital Skills Taskforce (2014) 및 네스타 Nesta (2019) 참조. 비판적인 관점은 P. 브라운, 로더 P. Brown, Lauder & 애슈턴 Ashton (2012, p. 75); 프린스 트러스트 Prince's Trust (2018) 참조.

11   네스타 Nesta (2019, p. 1).

12   그런 의문들이 부모의 머릿속에 있다는 것은 의심할 여지가 없다. 중산층인 두 자녀의 아빠 캐머런(가족 48)은 "지금 있는 직업 중 상당수가 20년 후에는 사라질 거라고 생각합니다"라고 말했다. 또한 "아이들이 기술을 받아들이고, 항상 발전하고 변화하는 곳에서 일하는 모습을 보고 싶어요. 항상 요구되는 사람, 필요한 사람이 되는 거죠"라고 구체적으로 설명했다. 아마 아이들은 부모보다 훨씬 더 디지털 커리어에 열광할 것이다. 2018년 1월 23일 자 〈인디펜던트 The Independent〉 헤드라인은 다음과 같았다. "기술 분야 직업을 목표로 하는 영국의 '디지털 세대' 아이들을 대상으로 연구한 결과 부모의 선호와는 달리 차세대 유튜브 스타나 소프트웨어 개발자가 되려는 야망이 드러났다." 〈HR리뷰 HR Review〉(2019년 1월 3일)에 발표된 조사 결과에서도 영국 아이들 다섯 명 중 한 명은 소셜 미디어 인플루언서가 되고 싶어 했다.

13   타보리 Tavory & 엘리아소프 Eliasoph (2009, p. 910).

14   애덤스, 머피 Adams, Murphy & 클라크 Clarke (2009, p. 246; 강조 표시는 원문을 따른 것이다.

15   알퍼 Alper (2019).

16   가족 6.

17   오르가드 Orgad (2019).

18   세대 변화에 대한 미디어의 역할에 대해서는 콜롬보 Colombo & 포투나티 Fortunati (2011); 포투나티, 타이팔레 Fortunati, Taipale & 드 루카 de Luca (2017); 비타디니, 시바크, 레이포바 Vittadini, Siibak, Reifovà & 빌란지치 Bilandzic (2013) 참조.

19   아파두라이 Appadurai (2013, p. 289).

20   애덤스 Adams 외 (2009); 맨셀 Mansell (2012, p. 34); C. 테일러 C. Taylor (2003).

21   크리처 Critcher (2003).

22   린 스피겔 Lynn Spigel(1992)은 TV 보급을 "가족 화합"의 장으로 묘사하지만 대중매체는 "창조자에게 반기를 들어 가정생활의 전통 양식을 위협하고 파괴한다는 점에서 일종의 현대 프랑켄슈타인"이라고 표현했다(p. 9). 또한 마빈 Marvin (1988) 참조.

23   리빙스턴 Livingstone (2012); 러킨 Luckin (2018); E. 윌리엄슨 E. Williamson, 구디너프, 켄트 Goodenough, Kent & 애슈크로프트 Ashcrof (2005).

24 터클 Turkle (2011); 트웽이 Twenge (2017).

25 델 테크놀로지 미래 연구소 Institute for the Future for Dell Technologies (2017); 네스타 Nesta (2017); 퀄트로 Qualtrough (2018); 트카척 Tkachuk (2018); 유네스코 UNESCO (2015). 유럽연합 집행위원회의 디지털 기구 European Commission's Digital Agency는 대표적인 성명에서 이렇게 경고했다. "유럽에서 디지털 역량을 강화하고 교육에서 기술 습득을 개선해야 할 긴급한 필요성이 있다"(유럽 위원회 European Commission, 2018).

26 가족 31.

27 톨스토이 Tolstoy (1886).

28 R. 퍼트넘 R. Putnam (2000); 터클 Turkle (2011).

29 J. E. 카츠 J. E. Katz, 라이스 Rice & 애슽든 Aspden (2001); 로빈슨 Robinson, 커튼 Cotten, 슐츠 Schulz, 헤일 Hale, & 윌리엄스 Williams (2015); 셀윈 Selwyn (2014); 셀윈 Selwyn & 페이서 Facer (2007).

30 세넷 Sennett & 코브 Cobb (1993).

31 알퍼, 카츠 Alper, Katz & 클라크 Clark (2016, p. 110), 또한 크렌쇼 Crenshaw (1991) 참조.

32 우리는 참여의 문화적(어느 정도는 이념적인) 유형에 대한 연구를 기반으로 한다. 이 연구는 미디어와 함께, 그리고 미디어를 통해 내재된 실행을 생성하고, 해석하고, 그것에 관여하기 위한 "특정한, 그러나 쉽게 알아볼 수 있는 사회적이고 기호학적인 관습을 명시한다"(리빙스턴 Livingstone & 런트 Lunt, 2013, p. 80; 또한 이토 Ito 외, 2010도 참조).

33 셰어, 윌리엄스 Share, Williams & 커린스 Kerrins (2017).

34 수전 더글러스 Susan Douglas와 메러디스 마이클스 Meredith Michaels (2005)는 모성 motherhood이 겉보기에는 찬양받는 것 같지만 일련의 기준에 따른 심한 비난을 견뎌야 한다고 주장한다. "새로운 모친중심주의 momism는 대단히 낭만적으로 묘사되지만 성공의 기준을 충족하기가 불가능할 정도로 모성에 대해 요구가 많은 관점이다"(p. 4).

35 우리는 '육아'에 대한 학문적이고 대중적인 담론이 부모가 끌어올 수 있는 자원에서 드러나는 매우 현실적인 차이를 흐리면서 모든 부모를 똑같이 취급하는 경향이 있다는 점에서 문제가 많다고 생각한다(쿠퍼 Cooper, 2014; 러바인 LeVine & 러바인 LeVine, 2016).

36 사센 Sassen (1991, p. 40). 또한 아파두라이 Appadurai (2013); 베크-게른스하임 Beck-Gernsheim (1998); 럴스 Leurs & 조지우 Georgiou (2016) 참조.

37 영국 통계청 The UK Office for National Statistics(2016)에 따르면 영국 인구에 비해 런던 인구에서 현저하게 높은 비율을 차지하는 사람들이 이주자들이다. 또한 "수도

는 다른 곳보다 (빈곤층을 포함한) 그 거주민들에게 발전할 수 있는 더 많은 기회를 제공한다"(서튼 트러스트 Sutton Trust, 2017, p. iv). 그러나 가장 궁금한 사람들은 여전히 힘들다(보스턴 컨설팅 그룹 Boston Consulting Group, 2017).

38   커닝엄 Cunningham (2006); 리빙스턴 Livingstone (2009, 2018); 파커 Parker & 리빙스턴 Livingston (2018). 힐 Hill & 티스달 Tisdall (1997)은 "가족이라는 개념은 어느 정도 유동적인 것이고 본질적으로 여러 개념(직접적인 생물학적 관련성, 부모의 보살피는 역할, 장기적인 동거, 영구적인 귀속)이 혼합된 것이다"라고 말한다(p. 66).

39   골드소프 Goldthorpe (2016, p. 96). 미국 부모들이 자신의 사회경제적 지위를 자녀가 재현하지 못하는 것에 대해 느끼는 불안감은 쿡 Cooke (2018) 참조.

40   그레이엄, 요르트 Graham, Hjorth & 레돈비르타 Lehdonvirta (2017); 러크맨 Luck-man & 토머스 Thomas (2018).

41   해밀턴 Hamilton (2016); 존스 Jones, 오설리번 O'Sullivan & 라우스 Rouse (2007); 트웽이 Twenge (2017).

42   기든스 Giddens (1992, p. 184).

43   기든스 Giddens (1991, p. 91); 리스 Reese & 립싯 Lipsitt (1978). 기든스 Giddens (1991)는 외부 세계에 대해 완충 역할을 하거나 외부 세계에서 고립되어 있다는, 가정에 대한 낭만적인 환상과는 대조적으로 "순수한 관계"에 "대규모의 추상적인 시스템의 중재적인 영향력이 완전히 침투했다"라고 주장한다(p. 7). 이 시스템(정책, 복지, 경제, 미디어)은 가정에 이득이 되지 않을 수도 있고(사실 자주 그렇다) 그 효과가 동일하지 않을 수도 있다. 그 이유 중 하나는 반사적인 가정의 자원 자체가 사회적 계급에 의해 계층화되기 때문이다(스레드골드 Threadgold & 닐란 Nilan, 2009).

44   베크-게른스하임 Beck-Gernsheim (1998, p. 59).

45   베크-게른스하임 Beck-Gernsheim (1998, p. 67).

46   기든스 Giddens (1993, p. 185).

47   넬슨 Nelson (2010). 샤론 헤이스 Sharon Hays (1998)는 이러한 지배적이고 용인된, 부모의 강력한 투입 논리가 타고난 것이 아니라 이식된 것이라고 말한다.

48   예를 들어 에인슬리 그린 Aynsley-Green (2019); R. D. 퍼트넘 R. D. Putnam (2015).

49   추아 Chua (2011); 쿠퍼 Cooper (2014); 오노레 Honore (2008); 비얄로보스 Vil-lalobos (2014). 헬리콥터처럼 맴도는 것에 관해서는《육아 문화 연구 Parenting Cul-ture Studies》(E. 리 E. Lee 외, 2014)에 실린 브리스토의 에세이, 로라 해밀턴 Laura Hamilton의 〈학위를 위한 육아 Parenting to a Degree〉(해밀턴 Hamilton, 2016), 호퍼 Hofer 외(2016)도 참조.

50   트레이시 젠슨 Tracey Jensen (2016)은 회복력이 신자유주의 전략으로 흡수되었다고 주장한다. 그래서 개별 가정에는 '다시 회복될 것을' 기대하면서, 문제가 있는

사회구조에는 비판적인 관심이 쏠리지 않게 한다(호프먼Hoffman, 2010; 콘Kohn, 2016; 넬슨Nelson, 2010; 리미니, 하워드Rimini, Howard & 게르셴고린Ghersengorin, 2016; 슈타이너Steiner & 브론스틴Bronstein, 2017). 서양 사회에서 신자유주의의 부상에 대해서는 W. 데이비스W. Davies (2014) 참조.

51 페어클로스Faircloth, 호프먼Hoffman & 레인Layne (2013, p. 8).

52 베크Beck (1992, p. 21); 리빙스턴Livingstone & 세프턴-그린Sefton-Green (2016).

53 베크Beck & 베크-게른스하임Beck-Gernsheim (2002).

54 푸레디Furedi (1997, p. 4; 2008).

55 웨브Webb (2011, p. 97).

56 더모트Dermott & 포마티Pomati (2015); 페어클로스Faircloth 외 (2013); 푸레디Furedi (2008); 넬슨Nelson (2010).

57 클라크Clark (2013); 라루, 아디아 에번스Lareau, Adia Evans & 이Yee (2016). 우리가 이 주장을 하는 데 후기 근대성과 위험사회에 대한 이론, 육아 문화 연구, 아동기에 대한 새로운 사회학의 도움을 받지 않았다는 점을 밝히고 넘어가야겠다. 모두 다 우리의 사고를 형성하는 데 기여했지만 사회적 불평등, 특히 사회의 계급 문제를 충분히 다루지 않고 있다(베크Beck, 1992; 푸레디Furedi, 1997; 호프먼Hoffman, 2010; E. 리E. Lee 외, 2014; 리빙스턴Livingstone & 해든Haddon, 2017). 우리는 이 주장을 3장에서 전개하는데, (변화하고 있을 경우) 확립된 사회구조와 지속적인 사회적 불평등에 더 중점을 두어야 한다는 사실을 발견한다.

58 가족 22.

59 커넥티드 러닝 연구 네트워크는 학습이 관심에 의한 것이고, 또래의 지지를 받고, 협력적이고, 생산 지향적일 때 가능하다고 가정한다. 청소년 중심적이고 사회문화적으로 접근하는 커넥티드 러닝 연구와 실행은 전통적인 학교교육이 학교라는 폐쇄된 세계 안에서 학생들을 개별적으로 다루면서 교사와 학생 사이에 위계적 관계를 확립하고, 관심보다 교육과정에 따라 교육하고, 실행보다 시험에 초점을 두는 것에 대해 비판한다. 이토Ito 외 (2013, 2020) 참조.

60 애나가 분명하게 저항한 인식으로서, LGBT(레즈비언, 게이, 양성애자, 트랜스젠더) 부모가 최근까지도 얼마나 '부족한' 부모로 받아들여졌는지에 대해서는 골드버그Goldberg (2010); 헤릭Herek (2010) 참조.

61 돈즐로Donzelot & 헐리Hurley (1997).

62 W. 앳킨슨W. Atkinson (2007); 스케그스Skeggs (2015); 우드먼Woodman (2009).

63 리빙스턴Livingstone (2018).

64 쿠퍼Cooper (2014); 라루Lareau (2011); 비얄로보스Villalobos (2010, 2014).

65 조이 서그 Zoe Sugg(조엘라로도 알려져 있다)는 뷰티, 패션, 라이프스타일에 관해 브이로그 콘텐츠를 만드는 영국의 유명 유튜버다.

66 우리는 부모 블로거들을 프로젝트에 포함했고, 같은 처지에 있는 사람들의 지지를 받기 위해 온라인 커뮤니티를 만드는 이러한 노력에 흥미를 가지고 있었다(로버츠 Roberts, 2018).

67 푸레디 Furedi (2008); 헐버트 Hulbert (2003, p. 361). 크리스티나 하디먼트 Christina Hardyment (2007)는 육아 조언의 역사를 개괄하면서 그것이 어떻게 항상 모순되는지, 어떻게 고유 의제를 가지는지 설명한다.

68 젤리저 Zelizer (1985).

69 데일리, 럭스턴 Daly, Ruxton & 슐먼 Schuurman (2016); 더모트 Dermott & 포마티 Pomati (2015); 넬슨 Nelson (2010); 비얄로보스 Villalobos (2010); 버라시 Barassi (2017); 맥바리시 Macvarish (2016) 참조. 이 비평가들은 그러한 추세가 육아를 "사랑과 돌봄으로 특징지어지는 관계 결속"으로 바라보던 관점에서 "공식적으로 자격이 있는 전문가에게 배워야 하는, 특정 기술과 전문 지식이 요구되는 일"로 바라보는 관점으로 옮겨 가게 한다고 주장한다. (길리스 Gillies, 2008, p. 1080) 또 '과학적 모성'에 대한 담론을 보려면 아네트 라루 Annette Lareau (2011), 육아 전문가의 증가에 대해서는 푸레디 Furedi (2008), 페어클로스 Faircloth & 머리 Murray (2014) 참조.

70 도덕적 공황에 대한 이론(크리처 Critcher, 2003)은 기술의 해악에 대한 불안감이 노동자계급 가정에 불균형하게 집중됨을 강조하기 때문에, 그들의 표현은 단순히 미디어 효과에 대한 주장이 아니며, 더 중요하게는 '다른 사람'이 얼마나 기준에 못 미치는지 그리고 얼마나 훈련을 받아야 하는지에 대한 (잘못된) 판단이라는 점에 주의하라.

71 엘리 리와 동료들은 '육아 문화 연구'에 관한 자신들의 책을 소개하면서 최근 수십 년 동안 '육아'('부모'와 대조적으로 좀 더 꾸준한 관심을 받았다)에 대한 책들이 급격히 증가했음을 알린다. 학술서와 대중서 모두 뚜렷하게 증가했다(E. 리 E. Lee 외, 2014).

72 틸리 Tilly & 카레 Carré (2017).

73 리브루우 Lievrouw & 리빙스턴 Livingstone (2009), 룬드비 Lundby (2009). 이러한 의존은 아동 옹호자이자 코먼 센스 미디어 Common Sense Media의 설립자 짐 스타이어 Jim Steyer가 미디어 자체가 아이들의 "또 다른 부모"가 되었다고 주장하는 지점에 이르렀다(스타이어 Steyer, 2002).

74 기든스 Giddens (1999)는 이것을 미래의 "식민지화 colonising"라고 칭한다.

75 후버 Hoover & 클라크 Clark (2008)는 부모가 어떻게 육아, 특히 미디어와 함께하는 육아를 특히 '책임질' 대상으로 보는지 논의한다. 부모들의 말은 항상 "미디어와 관

련해 부모로서 적절하고 바람직한 행동에 대한 그들의 가정에 따라 변한다"(p. 5).

2장

1 가족 37.

2 가족 25.

3 가정 어린이집을 운영했다.

4 가족 59.

5 가족 8.

6 가족 23.

7 파이어 태블릿은 아마존이 안드로이드 운영 체제의 커스텀 버전을 사용해 생산한다.
   애플의 아이패드와 비슷한 기능을 가지고 있지만 일반적으로 더 작다. 일부 파이어
   태블릿은 '키즈 에디션 Kids Edition'이라는 명칭으로 어린이에게 초점을 맞춘 특별
   한 구성으로 미리 설치되어 나온다.

8 베크 Beck (1997, pp. 152, 165).

9 개들린 Gadlin (1978, p. 253).

10 페어클로스, 호프먼 Faircloth, Hoffman & 레인 Layne (2013).

11 랜스다운 Lansdown (2014); 리빙스턴 Livingstone & 서드 Third (2017).

12 제이미슨 Jamieson (2007).

13 '디지털 미래를 위한 육아' 설문조사는 현재의 스마트 홈 기기(예를 들어 아마존 에
   코 Amazon Echo, 구글 홈 Google Home), 웨어러블, 가상 현실 기기를 포함한 새로운
   기술에 영국 부모들이 투자하는 규모를 보여줬다. 하지만 부모들은 일단 의사소통
   과 학습을 위한 새로운 디지털 가능성을 집으로 들여오고 나면 그것에 대한 부모 자
   신과 자녀의 관심에 비판적으로 바뀌는 것으로도 드러났다(리빙스턴 Livingstone, 블
   럼-로스 Blum-Ross & 장 Zhang, 2018).

14 많은 부모가 우리에게 미국소아과학회 American Academy of Pediatrics, AAP의 이전
   버전 지침인, '2×2' 지침(2세 미만의 아이에게는 스크린 타임을 허용하지 않고, 2세
   이상의 아이에게는 하루에 두 시간 이상 허용하지 않는다)을 이야기했지만 그 효과
   를 확신하지는 못했다. AAP는 2011년과 2016년에 이 규칙을 개정하면서 더 전후
   사정을 고려해 판단하고 시계를 덜 봐야 한다고 강조했다(미국소아과학회, 2011;
   블럼-로스 Blum-Ross & 리빙스턴 Livingstone, 2018; 에번스 Evans, 조던 Jordan &
   호너 Horner, 2011; 래데스키 Radesky & 크리스타키스 Christakis, 2016a, 2016b).
   하지만 더 섬세하게 설명하는 이 조언은 아직 널리 받아들여지지 않았다.

15 가족 40.

16 가족 33.

17 글러버 Glover 외 (2005).

18 리빙스턴 Livingstone (2009). 그러한 매개를 항상 가족들이 반기는 것은 아니다. 특히 학교가 집에 있는 가족들에게 압력을 가할 때 그렇다(이메일이나 학교 내부 망, 교사의 블로그를 통해 그렇게 한다; 리빙스턴 Livingstone & 세프턴-그린 Sefton-Green, 2016). 데이비드 버킹엄 David Buckingham (2000)이 여가의 '커리큘럼 화'라고 부르는 이 추세는 종종 학교 밖에서의 자율성과 주체성을 유지하려고 하는 아이들의 저항을 받는다.

19 부모가 학교생활을 더 잘 알 수 있게 하기 위한 '가족 참여 플랫폼'이 급증하고 있다. 이것은 부모(와 다른 교사)가 징계 처분을 알 수 있게 하고 정보를 수집(및 수익화) 하기 때문에 사생활 침해에 대한 우려를 불러일으킨다(B. 윌리엄슨 B. Williamson, 2010). 하지만 그러한 플랫폼이 부모와 교사에게 때로는 부담스러운데도 가정과 학교 간에 통찰을 공유하는 더 쉬운 경로를 만드는 것에 대해 환영을 받을 수도 있다.

20 블루벨 초등학교는 우리가 연구를 수행한 초등학교의 가명이다(자세한 내용은 부록 참조). '아동 한 명당 노트북 한 대 One Laptop per Child'와 같은 이니셔티브에 대해서도 비슷한 변화가 기록되어 있다(에임스 Ames, 2019).

21 가족 30.

22 리빙스턴 Livingstone & 세프턴-그린 Sefton-Green (2016)은 '커넥티드 러닝'(이토 Ito 외, 2013)에 대한 압력과 기대가, 많은 청소년이 삶의 다른 영역에 대해 가지는 완전히 분리된 채로 있고 싶은 욕구보다 우선할 수도 있음을 보여줬다.

23 캐롤란 Carolan & 와서먼 Wasserman (2014); 홀링워스 Hollingworth 외 (2011); 리빙스턴 Livingstone & 세프턴-그린 Sefton-Green (2016).

24 가족 13.

25 가족 10.

26 가족 71.

27 가족 22.

28 S. 베넷, 매튼 S. Bennett, Maton & 커빈 Kervin (2008); 헬스퍼 Helsper & 아이넌 Eynon (2010); 리빙스턴 Livingstone (2009); 프렌스키 Prensky (2001).

29 가족 12.

30 리빙스턴, 마스케로니 Livingstone, Mascheroni & 스탁스루드 Staksrud (2018); 월리스 Wallis & 버킹엄 Buckingham (2016).

31 가족 34.

32 가족 35.

33 L. K. 로페즈 L. K. Lopez (2009).

34 터클 Turkle (2015).

35 다케우치 Takeuchi & 스티븐스 Stevens (2011); 버큰버그 Valkenburg 외 (2013).

36 리빙스턴 Livingstone, 블럼-로스 Blum-Ross, 패블릭 Pavlick & 올라프손 Ólafsson (2018). 또한 체임버스 Chambers (2019) 참조.

37 DS는 '듀얼 스크린(이중 화면)'의 약자로 닌텐도 제조의 휴대용 게임기다. PS Vita 는 DS와 비슷하게 플레이스테이션에서 만든 휴대용 게임기다.

38 혹실드 Hochschild (1997, p. 50)는 '소중한 시간'이라는 독립된 분류를 만듦으로써 "효율성에 대한 예찬이 사무실에서 집으로" 이전되어 바쁜 직장의 시간 부족 논리가 가정에도 적용된다고 지적하며 '소중한 시간' 개념을 비판한다.

39 가족 53.

40 가족 3.

41 제이크와 같이 자폐증이 있는 청소년들은 일반적인 발달 과정을 거치는 또래들에 비해 여가 시간 대부분을 디지털 미디어와 함께 보낼 확률이 높다(셰인 Shane & 앨버트 Albert, 2008). 한 연구에 따르면 자폐증이 있는 소년들은 일주일 동안 비디오게임을 하는 시간이 일반적인 소년들보다 두 배 더 길 수도 있었다(마주렉 Mazurek & 엥겔하르트 Engelhardt, 2013).

42 다야는 가족 21의 제스 리드처럼, 의도적으로 카발에게 충격적인 뉴스 보도를 함께 보자고 했던 일에 대해 들려줬다. 그 뉴스 보도는 14세 소년이 온라인 멀티플레이어 게임을 하면서 자신을 그루밍한, 더 나이 많은 10대 청소년을 만난 후 목숨을 잃은 사건에 대한 것으로 당시 10대 자녀가 있는 많은 부모의 주목을 끌었다(스미스 Smith, 2015 참조).

43 지, 다케우치 Gee, Takeuchi & 워르텔라 Wartella (2017).

44 가족 59.

45 그 학교는 부모들에게 설명회에 참석할 것을 요청했고, 노트북은 학교 숙제 용도로만 사용하고 부모가 노트북 사용을 감시할 수 있도록 침실로 가져가지 않는다는 계약서에 부모와 자녀가 서명하게 했다.

46 피스크 Fisk (2016).

47 휴 커닝엄 Hugh Cunningham(2006)은 가사 노동의 성별 분업을 논의하며 평등한 성 역할에 대한 부모의 태도와 지지가 남성의 가사 분담률을 높인다고 주장한다.

48 베크 Beck & 베크-게른스하임 Beck-Gernsheim (2002); 스카비니, 마르타 Scabini, Marta & 랜츠 Lanz (2006).

49 블럼-로스 Blum-Ross & 리빙스턴 Livingstone (2017).

50 연구 결과에 따르면 제한하는 부모의 중재는 온라인 위험에 대한 노출을 줄일 수 있지만 부모와 자녀 간에 갈등과 반항을 유발하고 기술 이용에 대해 핑계를 대거나 규칙을 어기는 행동으로 이어진다(에번스 Evans 외, 2011; S. J. 리 S. J. Lee, 2012; 프지빌스키 Przybylski & 와인스틴 Weinstein, 2017; 와인스틴 Weinstein & 프지빌스키 Przybylski, 2019; 장 Zhang & 리빙스턴 Livingstone, 2019).

51 설문조사 결과에 따르면 부모들은 엄마와 아빠, 아들과 딸 간에 상대적으로 작은 차이는 있었지만, 가능하게 하고(적극적인 대화), 제한하는(규칙 정하기, 특정 앱들을 금지하기) 다양한 전략을 실행하고 있었다. 전자는 더 나이 많은 아이들에게 많이 사용했고, 후자는 더 어린 아이들에게 많이 사용했다(리빙스턴 Livingstone, 블럼-로스 Blum-Ross, 패블릭 Pavlick & 올라프손 Ólafsson, 2018; 리빙스턴 Livingstone 외, 2017).

52 블럼-로스 Blum-Ross & 리빙스턴 Livingstone (2016a, p. 6). 또한 블럼-로스 Blum-Ross & 리빙스턴 Livingstone (2017); 리빙스턴 Livingstone, 해든 Haddon & 괴르치히 Görzig (2012); 리빙스턴 Livingstone, 올라프손 Ólafsson 외 (2017) 참조. 사회에서 부모에게 스크린 미디어를 감시하라고 훈계하는 것은 학교에 휴대전화를 '금지하라'고 훈계하는 것과 유사하다. 두 가지 모두 상의하달식이고 심지어 처벌적인 전략으로, 모든 디지털 활동을 똑같이 취급하는 것이자 똑같이 문젯거리라고 취급하는 것이다. 또한 두 가지 모두 부모와 아이들의 목소리가 더 섬세하게 표현되는 것에 역행한다.

53 네이선슨 Nathanson (1999, 2002); 네이선슨 Nathanson & 양 Yang (2003); 버른버그 Valkenburg 외 (2013). 짐작할 수 있는 것처럼 우리는 '미디어 효과' 연구들이 전통적으로 미디어 사용은 똑같이 해롭다고 추정하는 것에 동의하지 않는다(래데스키 Radesky & 크리스타키스 Christakis, 2016a, 2016b; 비판은 밀우드 하그레이브 Millwood Hargrave & 리빙스턴 Livingstone, 2009 참조). 이것은 부정적 결과에 대한 과학적 증거에 논란의 여지가 있기 때문이기도 하고, '중독'이나 집중력 감소, 수면 부족, 기타 등등에 대해 대중매체에 의해 프레임 씌워진 '대중의 대본'을 부모가 따라 하는 경향이 있는 한, 디지털 기술, 그리고 무엇보다 부모에 대한 좁고 부정적인 비전을 영구화하면서 효과 연구의 수명이 연장되기 때문이기도 하다. 우리는 또한 정책 입안자, 교육자, 연구자 사이에, 중재된 경험을 이분법적 결과('좋다' 또는 '나쁘다')나 '시간' 또는 '노출'이라는 단순화된 척도, 종종 아이들의 신체 건강(비만, 시력, 수면)이나 인지 발달, 세계관, 사회 정서적 행복 등의 다양한 측면에 관한 혼란스러운 결과나 융합된 결과로 축소하는 경향이 있는 것에 대해 염려하고 있다.

54 배런 Barron 외 (2009); 리빙스턴 Livingstone (2013), 리빙스턴 Livingstone 외 (2017); 니큰 Nikken & 얀스 Jansz (2006).

55 제공되는 도구는 자녀 보호 기능에 대해 알리며 부모에게 모든 책임을 지게 하는지, 부모와 자녀 간의 논의를 장려하며 아이에게도 역할을 주는지에 따라 다르다. 최악의 경우 부모가 아이의 사생활이나 주체성에 대한 존중 없이 아이를 '염탐'하도록 조장한다.

56 대중매체는 기술의 "도파민 쾌감"을 코카인에 비유하거나(네리 Neri, 2018; 넛 Nutt 외, 2015) 기술 산업을 담배 산업과 비교한다(볼스 Bowles, 2018; 코먼 센스 미

디어 Common Sense Media, 2018; 카메네츠 Kamenetz, 2018; 발라크리슈난 Bal-akrishnan & 그리피스 Griffiths, 2018).

57 가족 65.

58 데이터 사회 연구소 The Data & Society Research Institute (2017)는 오늘날 휴대전화가 선택적인 여분의 물건이 아니라 생활필수품이라고 주장하는 법정 조언자 의견서를 제출했다.

59 하인 Hine (2015).

60 그러한 활동은 엄마, 그리고 더 어리고 중산층인 부모에 의해 더 자주 행해지는 경향이 있지만, 대부분의 가정에 어느 정도 나타난다(리빙스턴 Livingstone, 블럼-로스 Blum-Ross, 패블릭 Pavlick & 올라프손 Ólafsson, 2018).

61 블럼-로스 Blum-Ross & 리빙스턴 Livingstone (2016a).

62 가족 5.

63 가족 21.

64 다이앤 호프먼 Diane Hoffman (2010)은 현재 유행하고 있는 회복력이라는 개념에 대해 "역경에 부딪혀도 성공적으로 적응하게 하는 개인의 힘"(p. 386)에 맞춰진 초점이 계급주의라고 주장한다. "회복력은 고위험 가정 출신의 아이들이 경험할 수 있는 심각한 트라우마나 구조적 한계보다 일상생활과 관련된 '사소한 상처'를 주로 다루는 것이기 때문이다"(p. 391).

65 가족 11.

66 리사 건지 Lisa Guernsey (2012)는 스크린 타임과 함께 고려할 세 개의 C로 context(전후 사정), content(내용), individual child(개별 아동)를 제시한다.

67 페어클로스 Faircloth (2013); 옥스 Ochs & 쇼헷 Shohet (2006).

68 옥스 Ochs & 크레이머-새들릭 Kremer-Sadlik (2013).

69 핑크 Pink & 리더 매클리 Leder Mackley (2013).

70 D. 밀러 D. Miller (2009).

71 체임버스 Chambers (2013); 클라크 Clark (2013).

72 길들이기 Domestication 이론은 기술이 종종 제조사가 예상하지 못한 방법으로 어떻게 가정에 편입되는지 설명한다. 기술은 채택, 문화 변용, 전용의 적극적인 과정을 통해 개인과 집단의 상징적 가치를 획득한다. 결과적으로 어떤 특정 기기의 사용에서 상당한 다양성을 낳는다(해든 Haddon, 2006; 실버스톤 Silverstone, 2006; 실버스톤 Silverstone & 헐쉬 Hirsch, 1992; 버커 Berker 외, 2006; D. 밀러 D. Miller 외, 2016).

73 가족 52.

74 리빙스턴 Livingstone, 블럼-로스 Blum-Ross, & 장 Zhang (2018).

75 블럼-로스 Blum-Ross 외 (2018).

76 부모들은 살아가면서 도움을 받을 수 있는 다양한 곳들이 있지만(배우자, 친구, 친척, 의료 전문가, 아이의 학교 등), 조사 결과에 따르면 이들에게는 디지털보다 비디지털 문제에 대해 의지할 때가 더 많다(리빙스턴 Livingstone, 블럼-로스 Blum-Ross, 패블릭 Pavlick & 올라프손 Ólafsson, 2018).

77 가족 17.

78 가족 41.

79 젠슨 Jensen (2013); 필립스 Phillips & 브로데릭 Broderick (2014).

80 넷플릭스 CEO 리드 헤이스팅스 Reed Hastings는 넷플릭스의 가장 큰 경쟁 상대가 잠이라고 단언했다(래피얼 Raphael, 2017). 미국소아과학회는 여섯 살 이상 아이들의 스크린 타임을 일관되게 제한할 것을 권장하며, 미디어 사용이 충분한 수면을 방해하지 않게 할 필요성을 강조한다(미국소아과학회 American Academy of Pediatrics, 2016a). 연구 결과에 따르면 미디어 노출은 수면 패턴에 지장을 주고, 수면의 지속 시간을 감소시키며 질을 떨어뜨린다(래데스키 Radesky & 크리스타키스 Christakis, 2016b).

81 하크니스 Harkness & 슈퍼 Super (1996).

82 혹실드 Hochschild (1997); 페리에 Perrier (2012); 리스 Reece (2013).

83 옥스퍼드 영어 사전 Oxford English Dictionary (2018).

84 리빙스턴 Livingstone, 블럼-로스 Blum-Ross, 패블릭 Pavlick & 올라프손 Ólafsson (2018).

85 블럼-로스 Blum-Ross & 리빙스턴 Livingstone (2018); 마레스 Mares 외 (2018).

86 길들이기 이론가들이 오랫동안 주장해왔듯이 기술에 대한 믿음과 그 이용은 매우 다양하고 해당 개인, 가정, 문화의 이용 상황에 달려 있다(D. 밀러 D. Miller, 2011; 실버스톤 Silverstone, 2006).

87 블럼-로스 Blum-Ross & 리빙스턴 Livingstone (2018); 건지 Guernsey & 러빈 Levine (2015).

88 블럼-로스 Blum-Ross & 리빙스턴 Livingstone (2016a). 2019년 영국 왕립 보건소아과학회 Royal College of Paediatrics and Child Health는 스크린 타임 규칙을 비판하는 사람들과 뜻을 같이했다. 스크린이 해를 끼친다는 증거가 거의 없다고 결론 내리며 부모에게 아이를 위해 무엇이 좋은지 스스로 결정하라고 조언하는 새로운 검토 논문을 인용했다(스티글릭 Stiglic & 바이너 Viner, 2019; 테리엔 Therrien & 웨이크필드 Wakefield, 2019). 그러나 이것은 우리 현장 연구의 뒤를 잇는 것이었고 부모들에게서 거의 불가능한 스크린 타임 제한의 부담을 덜어주지만, 여전히 이뤄지고 있는 가치 판단 때문에 거의 도움이 되지 않는다.

89 배런 Barron 외 (2009).

90 림 Lim (2018).

91 브러프, 초 Brough, Cho & 무스타인 Mustain (발간 예정).
92 연구 결과에 따르면 스크린 타임 규칙은 부모와 자녀 사이의 갈등으로 이어지고 그
    결과 더 권위주의적 또는 '상의하달식' 육아가 이뤄지게 된다(블럼-로스 Blum-Ross
    & 리빙스턴 Livingstone, 2016a)
93 베크 Beck (1992); 기든스 Giddens (1991); 랜즈버리 Lansbury (2014); 리스 Reece
    (2013).

3장
---

1   가족 34.
2   영국의 공영주택은 미국의 저소득층 주택단지와 유사하게, 저소득층 주민이 임대를
    신청해서 살 수 있는 공공주택이다.
3   가족 59.
4   '디지털 미래를 위한 육아' 설문조사 결과에서 알 수 있는 것처럼 사회경제적 지위 또
    는 교육 수준이 더 높은 가정의 부모와 자녀는 더 좋은 기기에 더 많이 접근할 수 있
    다(리빙스턴 Livingstone, 블럼-로스 Blum-Ross & 장 Zhang, 2018) 고학력 부모는
    더 많은 디지털 스킬을 보유하고 있다고 응답하지만 흥미롭게도 부모의 교육 수준
    과 사회경제적 지위가 자녀의 디지털 스킬과는 관련이 없다.
5   스크래치는 MIT 미디어 연구소 MIT Media Lab의 평생유치원 Lifelong Kindergarten
    그룹에서 개발했다. 2013년 영국 공립학교의 컴퓨터 교육과정에 편입되었고(드레
    지 Dredge, 2014; MIT 스크래치팀 MIT Scratch Team, 2018) 코딩과 프로그래밍의
    구문 및 개념을 가르치기 위한 무료 도구다. 게임샐러드 (2010)는 그래픽적인 드래
    그 앤드 드롭 프로그래밍으로 유명하다. 사용자는 게임을 애플 기기에서 시험하고
    앱 스토어에서 출시할 수 있다. 게임샐러드는 무료인 스크래치와 달리 구독이 필요
    하고, 그것이 소년들의 사회경제적 지위를 드러내는 역할을 한다.
6   사회이동 위원회 Social Mobility Commission (2017) 참조.
7   라루 Lareau (2011). 라루는 "가정의 관행이 사회계급과 연관되기" 때문에 "범주형
    분석"을 선호한다고 설명한다(p. 236). 구티에레스 Gutiérrez, 이스키에드로 Izqui-
    erdo & 크레이머-새들릭 Kremer-Sadlik (2010); 크레이머-새들릭 Kremer-Sadlik,
    이스키에드로 Izquierdo & 패티간트 Fatigante (2010); 옥스 Ochs & 크레이머-새
    들릭 Kremer-Sadlik (2013); 와이즈먼 Wajcman, 비트맨 Bittman & 브라운 Brown
    (2008)도 참조.
8   클라크 Clark (2013); 실버스톤 Silverstone & 헐쉬 Hirsch (1992).
9   퓨 Pugh (2009).
10 양적 연구는 부모를 사회경제적 지위에 따라 분류하기 위해 두 가지로 나누는 방식

을 더 자주 사용한다. 하지만 아동과 미디어 분야에서 대부분의 양적 연구는 사회계급 분석을 꺼린다(아마도 사회학적 접근법보다 심리학적 접근법이 지배적이기 때문일 것이다).

11   두 번째 판에서 라루 (2011)는 "자연적 성장"이라는 표현이 노동자계급 부모가 자녀를 지원하는 방식을 경시한다는 독자들의 "우려"에 응답한다. 하지만 여전히 이 부모들이 "자녀의 여가 시간에 대해 자신의 책임으로 생각하지 않거나 자녀의 학교 경험에 적극적으로 개입할 책임이 있다고 생각하지 않는 것 같았다"라고 주장한다 (p. 342). 나중에 알게 되겠지만 우리는 현장 연구에서 이런 모습을 발견하지 못했다. 구티에레스 Gutiérrez, 지트랄리 모랄레스 Zitlali Morales & 마르티네스 Martinez (2009)도 참조.

12   헤이스 Hays (2004); 혹실드 Hochschild (1997); 카츠 Katz, 모런 Moran & 곤잘레즈 Gonzalez (2018). 이 책들 중 일부는 노동자계급 출신이라고 밝힌 학자들이 썼고, 그들은 자신이 속한 공동체에 대해 쓰는 것을 중산층의 관념적 담론을 바로잡기 위한 것으로 생각했다(매켄지 Mckenzie, 2015; 레이 Reay, 2017).

13   헤이스 Hays (1998).

14   스케그스 Skeggs (2004, p. 48).

15   옥스 Ochs & 크레이머–새들릭 Kremer-Sadlik (2015); 에임스 Ames 외 (2011); 오가타 Ogata (2013) 참조.

16   영국의 시장조사 협회 Market Research Society는 A(전문직)부터 E(실업자)까지의 등급으로 가정을 분류하지만 E가 임시 노동자, 실업자, 양육자, 은퇴자를 모두 포함하고 있어 유효성이 의심된다. 영국 정부는 통계청의 등급을 이용해 가정을 분류한다. 이것은 더 많은 범주를 감안하지만 민족성, 불안정성, 그 밖의 다른 요인들의 복잡한 특징들을 고려할 때 여전히 가족들의 다양성 중 일부만을 담아낸다.

17   새비지 Savage (2015a)가 비판적으로 말하듯이 "영국 환경에서 중산층과 노동자계급 사이의 경계는 상징적인 결집과 논쟁의 핵심 무대가 되었고, 이 과정을 통해 구체화되었다"(p. 224). T. 베넷 T. Bennett 외 (2010); 새비지 Savage (2015b); 스케그스 Skeggs (2004, 2015)도 참조.

18   피쉬윅 Fishwick (2017); 테크 네이션 Tech Nation (2018).

19   베크 Beck & 베크–게른스하임 Beck-Gernsheim (2002).

20   새비지 Savage (2015b, p. 225).

21   가족 35.

22   우리는 40파운드(약 6만 원) 상당의 우체국 상품권을 증정했고 레일라는 그것을 할인 매장에서 쓰려고 했다.

23   카프 Kahf (2007).

24   바카르지에바 Bakardjieva (2005) 참조.

25 이때 레일라는 널리 알려진 미국소아과학회의 '2×2' 지침을 언급했다(미국소아과학회 American Academy of Pediatrics, 2011). 아이들이 하루에 TV를 볼 수 있는 시간은 최대 두 시간이고, 2세 미만의 아이들은 TV를 볼 수 없다고 규정하는 지침으로, 2016년에 덜 규범적인 내용으로 개정되었다(미국소아과학회, 2016b).

26 우리와 면담했던 저소득의 비창조적 부모들은 대부분 백인이 아닌 이주 가족이었다. 런던 중심부의 교외 지역에서 부모들을 모집한 것이 주 원인이었다. 매우 독창적인 책《학교와 계급재생산 Learning to Labour》(윌리스 Willis, 1977)의 독자들에게 익숙한 "전통적인" 백인 노동자계급의 가정은 먼 교외로 옮겨 갔을 가능성이 크기 때문이다(런던의 이주 가정 비율에 대해서는 리엔조 Rienzo & 바르가스-실바 Vargas-Silva, 2017 참조).

27 빈곤층은 가계소득이 가구 규모별 중간 소득의 60퍼센트 미만인 가정을 기준으로 한다. 아동 빈곤 행동 단체 Child Poverty Action Group (2018) 참조.

28 리빙스턴 Livingstone, 블럼-로스 Blum-Ross & 장 Zhang (2018).

29 세넷 Sennet & 코브 Cobb (1993) 참조.

30 브로프 Brough 외 (출간 예정); 트립 Tripp (2011)

31 사회학자 맷 라팔로 Matt Rafalow(발간 예정)는 청소년의 디지털 관심에 대해 중산층(주로 백인) 아이들이 부모와 교사의 격려를 받을 가능성이 더 크다고 주장한다. 그 부모와 교사는 아이가 "차기 스티브 잡스"가 될 수 있다고 믿는다. 반면에 저소득 아이들(흔히 유색인종 아동)의 디지털 추구는 종종 시간 낭비나 불온한 "해킹"으로 인식된다.

32 왓킨스 Watkins (2012, p. 4)는 "문화적 자본의 모든 형태가 동등하지는 않다"라고 주장한다. "예를 들어 중산층과 관련된 문화적 자본 형태(클래식 음악이나 현대 미국 문학 선호)는 더 큰 인정과 제도적 가치를 얻는다." 더 나아가 흑인 청소년은 대체로 STEM 관련 분야의 학업이나 직업을 추구할 확률이 더 낮다. 관련 전문 지식을 획득하지 않아서가 아니라 구조적 장벽이 있음을 인지하고 그러한 직업이 "자신을 위한 것"이 아니라고 여기기 때문이다. 아처 Archer, 디윗 Dewitt & 오즈번 Osborne (2015); 코시 Koshy 외 (2018)도 참조.

33 크반시 Kvansy, 조시 Joshi & 트로스 Trauth (2015); 세프턴-그린 Sefton-Green & 얼스테드 Erstad (2016).

34 조시 Joshi 외 (2017).

35 알퍼 Alper, 캐츠 Katz & 클라크 Clark (2016); 블럼-로스 Blum-Ross & 리빙스턴 Livingstone (2016a).

36 클라크 Clark, 드몬-하인리히 Demont-Heinrich & 웨버 Webber (2005); 리빙스턴 Livingstone & 헬스퍼 Helsper (2012); 라이드아웃 Rideout & 캐츠 Katz (2016).

37 아파우 가족과 같은 저소득가정에는 종종 미디어가 풍부하다(리빙스턴 Livingstone,

2002). 보통 이주민인 특정 인종 집단들은 디지털 미디어에 특히 많은 투자를 한다(M. H. 로페즈 M. H. Lopez, 곤잘레즈 버레라 Gonzalez-Barrera & 패튼 Patten, 2013). 더모트 Dermott & 포마티 Pomati (2015); 메이오 Mayo & 시라지 Siraj (2015, p. 54)도 참조.

38 가족 57.

39 배런 Barron 외 (2009); 하미드 Hamid 외 (2016).

40 여기에서 그녀도 선택에 대해 말한다. 그 자체가 계급화된 사회에서 그녀의 특권적인 지위를 드러낸다(비레시 Biressi & 넌 Nunn, 2013).

41 부르디외 Bourdieu (1986).

42 엘리너 옥스 Elinor Ochs와 타마르 크레이머-새들릭 Tamar Kremer-Sadlik (2015)이 설명하듯이 기업가정신은 후기 산업사회, 중산층의 육아 가치관의 연장이다.

43 톰프슨 Thompson (2017).

44 윌리스 Willis (1977).

45 아직 생기지 않은 직업에 대비해 "기량을 향상시킬" 필요성에 대한 주장은 기술 회사에서 정부 기관에 이르기까지 대중의 담론에 만연하다(로마스 Lomas, 2018; 슐라이커 Schleicher, 2011).

46 G. 모건 G. Morgan, 우드 Wood & 넬리건 Nelligan (2013); 새비지 Savage (2015b); 쇼어 Schor (2004).

47 에런 리브스 Aaron Reeves (2014)는 교육적 성취가 특히 (사회계급보다는) 예술적 활동과 고용에의 참여를 예측하며 그 결과는 종종 평균 이하의 소득임을 보여준다.

48 우리 면담은 종종 전통적인 계급 구분이 그러한 부모들이 겪는 특정 압력과 기회를 얼마나 설명하지 못하는지 드러냈다. 새비지 Savage (2015b)는 전통적인 사회계급 분류를 수정하면서 이들 "신흥 서비스 노동자"를 "폭넓은 문화적 자본과 상당한 사회 연결망을 가지고 있지만 경제적 자본은 그렇게 많이 가지지 못한" 사람이라고 일컬었다(p. 172). 하지만 우리가 면담했던, 경제적 자본은 부족하고 문화적 자본은 풍부한 가족들은 서비스직에 밀집해 있지 않았고 꽤 많은 사람이 소규모 사업가였다. 또 새비지의 제의는 이들의 삶이 지닌 창조적이거나 예술가 추종적인 성질을 포착하지 않는다(맥로비 McRobbie, 2015; T. 베넷 T. Bennett 외, 2010도 참조).

49 런던의 문화 창조 산업은 런던 경제의 큰 부분을 차지하고(토그니 Togni, 2015) 런던 경제의 문화 산업 집중은 영국 경제의 중요한 부분을 설명한다(경제 및 비즈니스 연구 센터 Centre for Economic and Business Research, 2017). 박물관 및 다른 정부 지원 예술 전시회에 무료로 입장할 수 있지만 그것을 누리는 것은 대부분 중상류층 인구라는 점이 영국 문화 정책에서 우려되는 부분이다(마틴 Martin, 2003).

50 가족 18.

51 가족 30. 남편 제이컵은 남유럽 혈통임을 넌지시 언급하긴 했지만 데이지와 제이컵

은 모두 백인이고 예술을 전공했다.

52 파일러 Feiler (2017); 후프 Hoop (2018).

53 오르가드 Orgad (2019) 참조.

54 퓨 Pugh (2009)가 관찰한 것처럼 아이들은 다른 아이들이 가진 자원에 접근하지 못
    한다 하더라도 상업화된 또래 문화에 참여하기 위해 "체면 유지를 위한 상호작용"을
    한다.

55 넬슨 Nelson (2010, p. 31).

56 클라크 Clark (2013).

57 많은 육아 논의가 그렇듯이 이 대화에는 성과 요소가 있다. 부모의 철학은 아이 자신
    (과 또래, 조부모, 형제)의 욕구, 그리고 시간, 스킬, 에너지의 현실적 제약에 의해 여
    러 가지 면에서 약화되기 때문이다.

58 라루 Lareau (2011, p. 264). 라루 Lareau 외 (2016); 리빙스턴 Livingstone & 세
    프턴-그린 Sefton-Green (2016); 매클라우드 MacLeod (2005); 톰슨 Thomson
    (2011)도 참조.

59 라루 Lareau (2011, p. 5).

60 칼슨 Carlson & 잉글랜드 England (2011); 라루 Lareau 외 (2016).

61 라루 Lareau (2011, p. 153).

62 클라크 Clark (2013). 그와 대조적으로 중산층의 가치관과 관행에 부합하지 않는 부
    모는 "골칫거리" 같은 존재로 해석된다(리벤스 매카시 Ribbens McCarthy, 길리스 Gil-
    lies & 후퍼 Hooper, 2013). 예를 들어, 힌턴 Hinton, 라버티 Laverty, 로빈슨 Robinson
    (2013)은 자녀를 간접흡연에 노출시켰던 잉글랜드 북부의 부모들이 사회복지사의
    눈에는 "도덕적으로 일탈적이고 문제가 있어" 보였음을 발견했다(p. 73). 이와 비슷
    하게 제세인-다르 Jaysane-Darr (2013)는 수단 난민 엄마들을 위한 미국의 '육아'
    수업을 연구하면서 중산층(주로 백인)의 가치관에 문화적으로 적응하는 불평등한
    과정을 탐구한다.

63 가족 10.

64 레이 Reay (2004)는 그렇게 스트레스가 많은 중산층 부모의 자녀가 겪는 정서적 비
    용에 주목한다.

65 칭 Ching 외 (2015); 하미드 Hamid 외 (2016).

66 드레지 Dredge (2014).

67 '뒷받침 Scaffolding'은 "아이 또는 초보자가 혼자만의 노력을 넘어서서 문제를 해결
    하거나 과업을 수행하거나 목표를 달성하게 한다. 본질적으로 이것은 어른이 처음
    에 학습자의 능력을 넘어선 과업의 요소들을 '통제하고' 아이가 자신의 능력 범위 내
    에 있는 요소에만 집중하고 성취할 수 있게 하는 것으로 구성된다"(우드 Wood, 브루
    너 Bruner & 로스 Ross, 1976, p. 90). 비고츠키 Vygotsky (1934/1986)도 참조.

68 분명 그녀의 문화적 자본이 이주자에게 상대적으로 부족한 사회적 자본과 연줄을 보완했으며, 서실리아와 레일라는 이 전략을 수행하기 더 어려웠을 것이다(V. S. 카츠 V. S. Katz, 곤잘레즈 Gonzalez & 클라크 Clark, 2017).

69 알퍼 Alper 외 (2016); 리벤스 매카시 Ribbens McCarthy 외 (2013); 트 릴레 Te Riele (2006).

70 라팔로 Rafalow (발간 예정).

71 레일라는 아이를 학교에 데려다주는 일을 아이 돌보미에게 맡기고 있었고 그래서 아무래도 교사들과 소통이 부족했다. 실제로 비키 S. 캐즈 Vikki S. Katz (2014)는 이주 가정을 연구하면서 (중산층) 부모가 자녀에게 기회를 중개한다는 생각을 거꾸로 뒤집으며 디지털 미디어가 육아 활동뿐만 아니라 가정생활의 관리에서도 중심적인 역할을 한다는 사실을 발견했다. (예를 들어 서실리아 아파우의 열두 살 딸이 그녀를 위해 한 일처럼) 아이들이 전화를 받고 이메일을 번역하는 등 부모와 외부 시스템 간 소통을 '중개'한다.

72 이것은 커넥티드 러닝 이론 및 가정과 학교의 관계를 발전시키기를 열망하는 다른 것들에 대해 중요하다. 이토 Ito 외 (2018, 2020) 참조.

73 더모트 Dermott & 포마티 Pomati (2015)는 교육 수준이 낮은 저소득 부모들이 비록 더 부유하고 교육 수준이 높은 부모들보다 덜 집중적이더라도(그리고 아마 덜 성공적일 것이다) '좋은 육아법'으로 여겨지는 많은 활동에 참여한다는 사실을 발견했다. 라루 Lareau (2011); 넬슨 Nelson (2010); 리스 Reece (2013); 레이 Reay (2004) 도 참조.

74 곤살레스 González, 몰 Moll & 아만티 Amanti (2005, p. 19).

75 예를 들어 셀윈 Selwyn (2014)과 스펙터 Spector (2016)에는 부모에 대한 몇 개의 짧은 언급만이 있다.

76 구티에레스 Gutiérrez & 로고프 Rogoff (2003).

77 푸레디 Furedi (2014). 여기에서 푸레디는 육아에 대해 더 일반적으로 말하지만, 우리는 오늘날 디지털이 육아라는 일 자체에 집중하게 하고 또 그것을 시험한다고 주장한다.

78 버킹엄 Buckingham (2000). 이것은 현대 가정생활이 무리하게 활동하고, 시간에 쫓기며, 종종 죄책감에 사로잡히는 성질을 지니는 데 일조한다(혹실드 Hochschild, 1997; 쇼어 Schor, 1991).

79 마시 Marsh 외 (2015).

80 고소득층 부모 중 30퍼센트만이 교육적인 목적으로 (컴퓨터, 태블릿, TV를 포함해) 디지털 미디어를 사용할 가능성이 "매우" 또는 "약간" 높다고 응답하지만, 저소득층 부모는 52퍼센트가 그렇게 응답한다(V. S. 캐즈 V. S. Katz & 러빈 Levine, 2015; 워르텔라 Wartella 외, 2013).

81 라루 Lareau (2011).

82 가족 25. 그녀는 이렇게 설명했다. "저는 아이들이 모두 자기만의 미래를 가지면 좋겠어요. 아이들이 결정하는 거예요. 딸은 의사가 되고 싶다고 했고 아들은 교사가 되고 싶다고 했어요. 또 우리 작은딸은 언니처럼 의사가 되고 싶대요. 그게 아이들의 희망이고 그게 우리가 아이들이 목표를 이루기를 바라는 방식이에요. 더 나은 아이들이 되고, 더 나은 학생이 되고, 더 나은 미래로 가기를 바라는 거예요."

83 이토와 그의 연구진이 관심 주도 학습에 필수적이고 장기적으로 학업에 도움이 되는 것으로서 "어슬렁거리고 빈둥대는 것"의 중요성을 강조하는 것은 "자연적 성장"을 약간 가치 있어 보이게 한다고 주장될 수 있다. 이토 등은 종종 사회적 정의 지향적인 연구에는 몰두하지 않았지만 우리는 "자연적 성장"이 중산층 부모들 사이에서 더 지지를 받는 경향이 있고 그래서 라루의 계급 분석을 뒤집는다는 사실을 발견했다(이토 Ito 외, 2010; 라루 Lareau, 2011).

84 이것은 충분히 합리적으로 서실리아에게 더 큰 걱정거리가 있었기 때문이라고 볼 수 있다. 메리앤 쿠퍼 Marianne Cooper (2014)가 자신과 면담한 부유한 부모들을 관찰한 결과, 그들은 자원이 부족한 부모가 문제가 있다고 인식되기 시작하는 육아(및 걱정) 강도를 참고해, 자신의 불안감을 증폭시키고 육아의 기준을 정했다고 말한다. 하지만 인터넷에 대해 걱정하는 현대의 분위기를 고려해볼 때, 서실리아를 포함한 상당수 부모에 대해 "온라인상의 어떤 것에 대한 노출에도 실제 걱정하지 않음"이라고 현장 노트에 기록된 것은 놀라운 일이다.

85 부르디외 Bourdieu (1986); 헬스퍼 Helsper (2017); 마스케로니 Mascheroni & 올라프손 Ólafsson (2015); 퓨 Pugh (2009); 쇼어 Schor (2004); 판데이크 Van Dijk (2005). 부르디외의 사회적 재생산 이론은 인적 자본의 가능성과 약간 비슷한 기술 자본의 가능성에 대한 논의를 활성화시켰다. 기술 자본은 학습과 시장성 있는 가치 모두를 가능하게 하는 스킬을 지칭한다(T. 베넷 T. Bennett 외, 2010).

86 서실리아가 컴퓨터로 인한 어려움이 있고 그 사용법을 알려줄 수 없음에도 컴퓨터를 사고 싶어 한 것은, 가난한 부모도 컴퓨터의 교육적 이점을 찾을 가능성이 더 크지는 않더라도 작지 않다는 연구 결과와 일치한다(버킹엄 Buckingham, 2000; V. S. 캐츠 V. S. Katz, 2014; 워트렐라 Wartella 외, 2013; 더모트 Dermott & 포마티 Pomati, 2015; 메이오 Mayo & 시라지 Siraj, 2015).

87 산드라 트리엔켄스 Sandra Trienekens (2002)는 부르디외의 자본 분석을 서구 사회에서의 소수민족의 경험과 연결해 소수민족 공동체 내에서는 작용하지만 그것을 넘어서지 않는, 공동체 기반의 문화적 자본 형태를 논의한다(또한 T. 베넷 T. Bennett 외, 2010 참조).

88 리빙스턴 Livingstone & 세프턴-그린 Sefton-Green (2016).

89 가족 25.

90 가족 24.

91 JW.org는 애니메이션과 가르침들을 볼 수 있는 여호와의 증인 웹사이트다.

92 C. 앤더슨 C. Anderson (2006).

93 가족 16.

94 부르디외 (1986).

95 교차성에 대한 논의는 크렌쇼 Crenshaw (1991), 굉장히 다양한 구성의 도시들에 대해서는 베센도르프 Wessendorf (2014) 참조. 우리가 리처드 플로리다 Richard Florida (2014)의 창조적 계급에 대한 논문 측면에서 창조적 계급을 언급하지 않는 것을 알아차렸을 수 있다. 이것은 부분적으로 그의 저작이 불러온 논란 때문이고 우리는 그러한 가족들의 경제적 기여에 대해 거창하게 주장하려는 게 아니다. 또 우리의 현장 연구에서 이러한 가족들이 상대적으로 적은 소득을 주장했기 때문이기도 하다. 그것은 부르디외의 표현을 빌리면 경제적 자본과 문화적 자본 사이의 괴리이고, 그들이 자녀의 미래에 지나치게, 그리고 특징적으로 투자하게 만드는 것이다.

96 트리엔켄스 Trienekens (2002) 및 T. 베넷 T. Bennett과 그의 동료들 (2010)은 소수민족 문화의 거의 바꿀 수 없는 지식을 "공동체 기반의 문화적 자본 형태"라고 지칭한다. 그리고 세라 손튼 Sarah Thorton (1996)은 "하위문화 자본"을 예를 들어 파티 문화 주변에서 발달한 틈새 취향의 문화라고 말한다. 창조적인/보헤미안 가정과 소수민족인 가정 모두에 특정한 문화적 관행이 그들의 지리적 구분을 넘어서는 방식으로 사람들을 네트워크화한다. 결과적으로, 주류사회에서는 거의 주목하거나 높이 평가하지 않음에도 가치관과 전문 지식의 형태를 공유하게 된다.

97 맥로비 McRobbie (2015)는 이것이 집단에 일체감을 느끼지 못하거나 정치적 표현이 거의 없는 결과로 이어지는 것을 우려하며 이렇게 말한다. "지금 매우 불어난 젊은 중산층은 노동조합이 있고 일부 복지와 보호를 제공하는 주류 직장을 피하고, 창조적인 사업가가 되는 도전 과제와 자극을 옹호한다"(p. 11). 그녀는 우리가 대중의 담론에서 창조적이거나 기술에 중점을 둔 성공적인 기업에 대해 듣지만 그것이 수반하는 불안정한 상태에 대해서는 듣지 못하는 것을 걱정한다.

98 우리는 디지털 전문 지식이 주류의 가치로 "전환될" 수 있다고 확신하기에는 너무 이르기 때문에 공적으로 가치가 "있을 수도" 있다고 말한다. 예를 들어 컴퓨터게임에 대한 불확실성을 생각해보라. 영국의 게임 산업은 매우 수익성이 높지만 많은 게이머는 그 안에서 일자리를 얻지 못할 것이고 그렇더라도 부모나 학교는 누가 일자리를 얻고 누가 못 얻을지 알 수 없다.

99 레이 Reay (2004, p. 59).

100 이토 Ito 외 (2020); 왓킨스 Watkins (2009).

4장
---

1 가족 56. 다니는 조시의 엄마와 이혼했고 아빠라고 불렸지만, 여성의 모습을 하고 있었다.

2 2015년 혼외정사를 조장하는 상업적 웹사이트 애슐리 매디슨은 악명 높은 사이버 보안 공격을 받아 고객의 신상 정보를 대량 유출시켰다 (바라니우크 Baraniuk, 2015; 빅터 Victor, 2015).

3 바갈리 Baggaly (2017); 볼드 크리에이티브 Bold Creative (2017); 하이트너 Heitner (2016).

4 배런 Barron (2006, p. 220).

5 벨 Bell (2013); 얀코비치 Jancovich (2002). 또한 던바-헤스터 Dunbar-Hester (2014); 풀러 Fuller (2017); 고리우노바 Goriunova (2014) 참조.

6 G. 콜먼 G. Coleman (2017, p. 95). 마코 힐 Mako Hill (2002)도 참조.

7 G. 콜먼 G. Coleman (2017)은 자신의 분석을 소작농의 시위에 대한 스콧 Scott (1985)의 인류학적 설명에 대비시키며 이렇게 설명한다. "약자의 무기는 경제적으로 소외된 인구가 이용하는, 표면적으로는 정치적으로 보이지 않는 전술(시간 끌기와 공공 기물 파손 같은 소규모의 불법 행위)을 포함한다. 하지만 긱의 무기는 다양한 정치 개입(그렇게 인식된다)을 포함하고 종종 경제생활의 중심에 있는 특권층과 눈에 보이는 행위자에 의해 행사된다"(p. S100).

8 브러프 Brough (2016).

9 엔스멩거 Ensmenger (2010, p. 3).

10 크리글러-빌렌칙 Kligler-Vilenchik (2013); 서그 Sugg (2016).

11 도이치 Deutsch (2017); 고리우노바 Goriunova (2014); 스메일 Smale (2015). 또 브로드낵스 Broadnax (2018); 디온 Dionne (2017); 파크스 Parks 외 (2018) 참조. 흑인 여성 과학자와 수학자에 대해, 영화 〈히든 피겨스 Hidden Figures〉에 나오는, 관련된 성공도 생각해보라.

12 젠킨스 Jenkins, 슈레스트호바 Shresthova 외 (2016).

13 해킹에 대한 아이들의 일상적인 이야기를 더 보려면, 리빙스턴 Livingstone & 해든 Haddon (2017) 참조.

14 G. 콜먼 G. Coleman (2014); 젠킨스 Jenkins (1992); 터너 Turner (2006).

15 가족 2.

16 레고 마인드스톰은 레고 그룹에서 나온 로봇 조립 및 프로그래밍 도구 세트다. 자신만의 로봇을 만들고, 프로그래밍하고, 명령에 따르게 할 수 있다.

17 가족 30.

18 가족 38.

19 고메즈 Gomez & 리 Lee (2015); 이토 Ito 외 (2010); 심스 Sims (2017); 엘런드 Yel-
    land (2018).

20 이토 Ito 외 (2013, p. 8).

21 베번 Bevan 외 (2015).

22 네모린 Nemorin & 셀윈 Selwyn (2016).

23 코두는 사용자가 기본적인 프로그래밍 언어를 이용해 컴퓨터게임이나 엑스박
    스 게임을 만드는 "게임 랩 커뮤니티 Game Lab Community"다(https://www.
    kodugamelab.com).

24 가족 61.

25 고리우노바 Goriunova (2014) 참조.

26 유튜브에서 인트로와 아웃트로는 영상의 시작과 끝 부분에 넣으려고 고유하게 만드
    는 것이다(채널을 브랜드화하는 방법이다).

27 이토 Ito 외 (2010, pp. 75 – 76).

28 이토 Ito 외 (2008, p. 28).

29 이토 Ito 외 (2008, p. 29).

30 이토 Ito 외 (2008, p. 29).

31 가족 58.

32 블럼-로스 Blum-Ross & 리빙스턴 Livingstone (2016b).

33 블럼-로스 Blum-Ross & 리빙스턴 Livingstone (2017).

34 리빙스턴 Livingstone 외 (2017).

35 베산트 Bessant (2018).

36 블럼-로스 Blum-Ross & 리빙스턴 Livingstone (2017).

37 래데스키 Radesky 외 (2016).

38 가족 37.

39 맥로비 McRobbie (2015).

40 블럼-로스 Blum-Ross & 리빙스턴 Livingstone (2017).

41 가족 50.

42 가족 49.

43 우리는 블럼-로스 Blum-Ross & 리빙스턴 Livingstone (2017)에서 '셰어런팅 shar-
    enting' 문제와 부모가 어디까지 공유할 수 있는지(또는 없는지)를 둘러싼 갈등 해결
    방법에 대해 논의한다.

44 에임스 Ames (2019), 리빙스턴 Livingstone & 세프턴-그린 Sefton-Green (2016).
    그 밖에 러브리스 Loveless & 윌리엄슨 Williamson (2013); 펠레티에 Pelletier,
    번 Burn & 버킹엄 Buckingham (2010)이 비판했다.

45 G. 콜먼 G. Coleman (2017); 베넷-와이저 Banet-Weiser (2018). 또한 랭 Lange

(2014); 워샤워 Warschauer & 마투치니악 Matuchniak (2010) 참조.

46 리빙스턴 Livingstone & 세프턴-그린 Sefton-Green (2016).

47 가족 59.

48 가족 62.

49 이토 Ito 외 (2010); 젠킨스 Jenkins, 이토 Ito & 보이드 boyd (2016).

50 가족 53.

51 가족 15.

52 웨스트먼 Westman (2007).

53 크반데 Kvande (1999).

54 올덴지엘 Oldenziel (1999); 커 Kerr (2011)도 참조.

55 워드 Ward (2014).

56 랭 Lange (2014).

57 와이즈먼 Wajcman (2004); 커 Kerr (2011); 밀트너 Miltner (2018); 베넷-와이 저 Banet-Weiser (2018).

58 러크맨 Luckman & 토머스 Tomas (2018); L. K. 로페즈 L. K. Lopez (2009).

59 교육부 Department for Education (2018); 드레지 Dredge (2014); 셀윈 Selwyn (2014); 영국학사원 Royal Society (2017); B. 윌리엄슨 B. Williamson 외 (2018).

60 메이커스페이스는 참가자들이 디지털 및 비디지털 자원을 결합해 다양한 가공품 을 만들기 위해 만나는 공간이다(블럼-로스 Blum-Ross 외, 2020; 마시 Marsh 외, 2017).

61 풀러 Fuller (2017).

62 마코 힐 Mako Hill (2002); 로빈스 Robbins (2011); 로더 Roeder (2014).

63 풀러 Fuller (2017); 기보트 Gibeault (2016); 이토 Ito 외 (2010).

64 이토 Ito 외 (2010); 이토 Ito 외 (2013).

65 풀러 Fuller (2017).

66 B. 윌리엄슨 B. Williamson (2013, p. 88).

67 포어 Foer (2017); 콘작 Konzack (2006); 터너 Turner (2006).

68 콘작 Konzack (2006, p. 4).

69 이것은 약간의 가족 간의 긴장 상태를 초래했다. 루이사는 조반나에 대해 이렇게 말 했다. "모든 영화에 관심이 많을 거예요. (중략) 조반나가 그린 그림 보셨어요? 정말 굉장하고 (후략)." 그러나 조반나는 우리에게 엄마의 창조적 열망에 관심이 없고, 과 학자가 되고 싶다고 말했다. 그렇기는 하지만 조반나도 자신의 미래가 무엇이든 애 니메이션 수업에서 디지털 기술 학습의 잠재적인 혜택을 깨달았다.

70 기든스 Giddens (1991).

5장
---

1 가족 62.

2 가족 57.

3 설립자 수재나 Susanna는 장학금을 제공하기 위해 저소득가정의 학생들에게 보조금을 줄 기업 후원자들을 찾는 데 최선을 다했다.

4 그 집은 샌드라의 할아버지 소유였고, 샌드라 부모가 힘든 시간을 보내고 있을 때 할아버지가 샌드라를 보살펴주었다.

5 '아스퍼거증후군'과 '고기능 자폐스펙트럼장애' 같은 용어는 여러 가지 이유로 논란이 있다. 그러나 가장 절박한 문제는 그 다른 호칭들이 그 진단을 받은 가족과 개인에게 제공되는 공공서비스에 막대한 영향을 미친다는 사실일 것이다. 예를 들어 자폐증 진단을 받은 아이들은 일반적으로 아스퍼거장애가 있는 아이들보다 훨씬 더 많은 학교의 지원을 받고, 아스퍼거장애 아동은 필요한 도움을 받지 못할 때가 많다(셰퍼 Sheffer, 2018).

6 〈실리콘밸리 Silicon Valley〉는 미국 시트콤으로 컴퓨터 프로그래머와 실리콘밸리의 스타트업 시장에 투자하려고 애쓰는 그의 '긱' 친구들에 대한 이야기다(〈실리콘밸리〉, 2018).

7 브라이언트 Briant, 왓슨 Watson & 파일로 Philo (2013); 카프 Kapp 외 (2012); 셰익스피어 Shakespeare (2010).

8 장애가 있는 아동 및 청소년의 관점에 대한 연구는 플라이슈만 Fleischmann & 플라이슈만 Fleischmann (2012); 히가시다 Higashida (2013); 레쉬 Resch 외 (2010) 참조. 우리는 부모가 아이의 감정보다 장애에 더 집중할 수도 있다는 사실이 정당화되고 있음을 인정한다.

9 린턴 Linton (2006, p. 162). 또한 엘세서 Ellcessor & 커크패트릭 Kirkpatrick (2017); 티라오로 Tirraoro (2015) 참조.

10 엘세서 Ellcessor & 커크패트릭 Kirkpatrick (2017, p. 5). 장애의 사회적 모델이 생겨난 장애인 인권 운동은 장애인의 관점과 경험에 정당하게 특혜를 준다. 장애인은 자신의 삶에 대한 결정에 있어 너무 자주 침묵을 강요받는다. 장애가 있는 아동 및 청소년의 경우에는 두 배로 더 그렇다(알퍼 Alper, 2017; 올리버 Oliver & 반스 Barnes, 2012).

11 오스틴 Osteen (2008, p. 3). '어린 장애인 disabled young people'이라는 용어는 장애의 사회적 모델에 관한 글에서 흔히 사용된다. 하지만 우리는 가족이 달리 요구하지 않는 한 "장애 있는 청소년"과 같이 '인간 중심' 언어를 사용했다. 우리가 면담한 사람들 중 일부는 자신을 장애로 설명했다(예를 들어 나중에 이야기할 아이리스는 자신을 "아스피 Aspie"라고 부른다). '인간 중심' 언어가 장애를 개인이 "그저 겪게 되는"

뭔가로 만듦으로써 장애에 대한 사회적 현실을 중심에서 벗어나게 한다고 주장하는 사람들도 있다(알퍼 Alper, 2017; J. D. 브라운 J. D. Brown & 보브코프스키 Bobkowski, 2011; 플라이슈만 Fleischmann & 플라이슈만 Fleischmann, 2012; 티치코스키 Titchkosky, 2001). 장애에 대한 사회적 모델은 장애인이 미디어에서 그려지는 제한된 방식에 저항하는 데 필수적이다(엘리스 Ellis & 고긴 Goggin, 2015).

12 알퍼 Alper 외 (2015). '신경 다양성 neurodiversity' 운동은 부모가 자녀를 경험의 스펙트럼의 일부로 이해할 수 있게 돕고 '정상화 normalization'라는 목표를 거부한다(시버스 Siebers, 2008, p. 14; 토머스 Thomas, 2013, p. 9). 신경질환은 육체적으로 그렇게 '고정 hardwiring'되어 있는 것이고, 그래서 개인에게 책임을 물을 수 있는 결과가 아니다(블럼 Blum, 2015). 그러한 뇌 이야기나 '뇌와 관련짓는 것 cerebralization'은 차이를 긍정적인 속성으로 바꾸려는 시도다(카프 Kapp 외, 2012; 오르테가 Ortega, 2009). 참고로 '신경육아 neuroparenting'의 부상에 대한 비판은 맥바리시 Macvarish (2016) 참조.

13 레스터 Lester & 파울루스 Paulus (2012).

14 블럼 Blum (2015).

15 영국에서 '특수교육 요구 SEN'라는 용어는 1960년대 후반의 '장애 handicapped'라는 말을 대체하게 되었다(걸리퍼드 Gulliford & 업턴 Upton, 1992). 아이들을 장애나 '결점 handicap'에 의해 분류하는 대신 장애가 야기할 수 있는 '특수교육 요구'에 의해 분류하려는 목적이었다.

16 굿리 Goodley, 로우덤 Lawthom & 런스윅-콜 Runswick-Cole (2014). 메리 크로스 Merry Cross (2013)는 "장애인들은 2018년까지 283억 파운드(약 45조 원)에 달하는 경제적 지원을 상실할 예정이다"(p. 719)라고 명시하고 있다. 감사원 National Audit Office, NAO (2018)은 2010년대, 10년 동안 지역 서비스에 대한 수요 증가와 지출 감소를 문서로 증명한다.

17 켄들 Kendall & 테일러 Taylor (2014).

18 블럼-로스 Blum-Ross & 리빙스턴 Livingstone (2017); 거건 Gergen (2009).

19 알퍼 Alper (2017); 핀체브스키 Pinchevski & 피터스 Peters (2016).

20 장애아동의 재활 및 치료를 위한 로봇공학뿐 아니라 상호 작용하는 기술의 설계 및 개발에 대한 문헌들이 증가 추세다(알퍼 Alper, 2017). 로봇은 자폐증이 있는 아이들의 의사소통과 개선된 사회적 행동을 돕기 위한 보조공학으로 이용된다(알퍼 Alper, 2018; 베시오 Besio & 엔카나성 Encarnação, 2018). 하지만 디지털 미디어는 본질적으로 장애가 있는 사람들을 위한 '이퀄라이저'가 아니다(보르셰 Borchet, 1998). 예를 들어 감각장애가 있는 아이들에 대한 연구 결과에 따르면 그들은 태블릿 같은 디지털 기술이 학습 및 또래와의 의사소통을 지원하는 것에 대해 긍정적으로 생각했지만 동시에 이 동일한 "기술이 청소년으로 하여금 남의 시선을 의식하고

낙인찍혔다고 느끼게 만들 때도 있었다"(크랜머 Cranmer, 2017, p. 6).

21 알퍼 Alper (2017). 어떻게 음성 출력 의사소통 기구와 그림 교환 의사소통 시스템 같은 '보조'공학들(포셋 Faucett 외, 2017; 플로레스 Flores 외, 2012)이나 심지어 인공지능과 로봇공학 같은 신기술(베시오 Besio & 엔카나성 Encarnação, 2018)이 자폐증을 포함해 장애가 있는 아동 및 청소년이 자신의 공동체와 가정에 참여하도록 도울 수 있는지 탐구하는 연구들이 무수히 많다. 하지만 이러한 기술에 대한 접근이 고르게 또는 상당히 확산된 것은 아니다.

22 가족 53.

23 가족 2.

24 놀랄 것도 없이, 그래서 그들은 또한 우리가 질문했던 활동 대부분에서 인터넷을 안전하게 사용하는 방법을 제안하는 것부터 공유하는 인터넷 활동을 함께하는 것까지 더 많은 부모 중재 행위를 했다고 말한다(장 Zhang & 리빙스턴 Livingstone, 2019).

25 가족 3.

26 연구들은 수면 문제를 자폐스펙트럼장애가 있는 아이들과 그 부모들의 일상생활에 영향을 미치는 두드러진 특징으로 기록했다(크라코비아크 Krakowiak 외, 2008; 리치데일 Richdale & 슈렉 Schreck, 2009).

27 제이크나 루커스가 디지털 게임 산업에 종사하게 될지 모른다는 생각은 런던에 살고 있다는 점을 고려하면 전혀 무리한 생각이 아니다. 영국의 비디오게임 부문은 유럽에서 가장 크고, 영국의 국내총생산에 10억 파운드(약 1조 6000억 원) 이상 기여하고 있다. 게임 산업은 창조경제에 속하고 이는 영국 경제의 나머지 부분을 능가한다. 또 향후 5년간 수출이 50퍼센트 늘어나고, 약 60만 개의 신규 일자리를 창출할 것으로 예상된다(디지털 문화 미디어 스포츠부 Department for Digital, Culture, Media & Sport, 2018).

28 가족 65. 그러한 자산의 특성은 입 밖으로 말하지 않는 경향이 있지만 부모들은 아이가 강박에 가까울 정도로 집중하고, 아주 정확하고 세부적으로 초점을 맞추며, 창의적이고 표준적이지 않은 방식으로 생각하는 능력을 가진 것에 대해 다양하게 생각하고 있는 것으로 보인다.

29 장애를 가진 예술가 서니 S. 테일러 Sunny S. Taylor (2004)는 이렇게 썼다. "실제로 많은 사람[장애를 가진 사람들]이 가족과 친구들에게 부담이 되는 단 하나의 이유는 선택권이 그렇게 제한되어 있기 때문이다. (중략) 우리 사회에서 의존의 유일한 이유는 장애가 아니라 사회복지 제도의 장애 때문이다"(para. 18).

30 부록에서 설명하는 것처럼 모집을 위한 우리의 접근법은 목적에 따르는 것이었다. 우리는 문헌 검토를 통해 주제와 관련된 특정 범주를 확인하고 특정 조사 방식의 탐구에 맞는 가족을 찾아냈다. 또한 사회경제적 지위, 민족성, 아동의 나이에 따라 다양한 가족을 모집했다.

31 엔스멩거 Ensmenger (2010, p. 2); 잭 Jack (2014); 실버맨 Silberman (2001).

32 이 관련성은 베스트셀러 소설《소년의 블록 Boy Made of Blocks》에서 논의되었다. 자
   폐증을 앓고 있는 아들과 〈마인크래프트〉를 함께 하는 것을 통해서만 교감할 수 있
   는 아빠에 대한 이야기다(스튜어트 Stuart, 2016). 이 컴퓨터 "긱"과 자폐증의 진부
   한 결합은 백인 소년과 남성이 자폐증 진단을 받을 확률이 높고 동시에 기술 분야에
   많이 참여한다는 사실과 관련이 있다(잭 Jack, 2014).

33 장 Zhang & 리빙스턴 Livingstone (2019).

34 바흐 Bach (2017).

35 아이리스가 학교를 힘들어했던 이유 중 하나는 종이와 연필이 마찰되며 나는 소리가
   집중을 방해하고 짜증 나게 한다고 생각했기 때문이었다. 아이리스는 키보드로 쓰는
   걸 더 좋아했는데, 그것이 "활기 넘치는 것 같고 뻣뻣하고 매끄러워서 느낌이 좋다"
   라고 묘사했다. 아이리스는 지역의 공립초등학교에 다니며 2학년 때 그것을 이겨낼
   수 있었지만 떠들썩한 교실에 있는 것 자체가 매우 힘들었다. 학교에서는 잘 대처했
   지만(학업적으로는 정말로 잘 해냈다) 집에서는 엉망이 되어 몇 시간씩 신경질을 부
   리곤 했다.

36 핀체브스키 Pinchevski & 피터스 Peters (2016, p. 2508).

37 따라서 자폐성 기술적 재능이 있는 아이에게 감탄하는 것에는 그들이 결코 부합될
   수 없는 "정상"이라는 개념을 유지하는 한 함정이 있다. 정말로 일부 자폐증 연구자
   들은 자폐증과 컴퓨터에 대한 대중적인 동일시가 (자폐증이 있는 사람들을 "초인"
   이나 "인조인간"으로 만드는) 역효과를 가져올 수도 있다고 우려를 표명했다. 나데
   산 Nadesan (2005, p. 131) 참조.

38 벤퍼드 Benford & 스탠든 Standen (2009). 자폐아를 염두에 두고 특별히 설계된 대
   면 의사소통의 디지털 대안의 한 예가 자폐증이 있는 아동 또는 그들의 친구나 가
   족이 플레이하는 〈마인크래프트〉 가상 세계, 〈어트크래프트 AutCraft〉다(이토 Ito,
   2017; 링랜드 Ringland 외, 2016).

39 가족 4.

40 이토 Ito 외 (2020) 참조.

41 스케치업은 무료 애플리케이션으로, 비디오게임 설계, 건축 도면 적용, 토목 및 기
   계 공학 설계를 쉽게 하기 위해 사용하는 기본적인 3D 모델링 프로그램이다(스케치
   업 SketchUp, 2018). 셰릴 라이트 Cheryl Wright와 동료들 (2011)은 특히 스케치업
   이 어떻게 자폐 아동과 그 부모/조부모 사이의 세대 간 학습을 용이하게 하는지 탐구
   한다.

42 이것은 어느 정도 몇 년 전의 기억에 남는 사건 때문이었다. '곰돌이 푸 Winnie the
   Pooh'를 검색하던 카일이 "푸 Pooh라고 입력했고 엄청나게 많은 사이트를 결괏값으
   로 얻었을" 때였다. 라이언이 이어서 말한 것처럼 "카일은 오랫동안 그 자리에 앉아

있었다. 카일은 하루에 네다섯 시간을 컴퓨터 앞에서 보낼 수 있는 아이였고, 그것은 정말 큰 돌파구였다."

43 맥스는 소프트웨어 회사 사이클링 '74 Cycling '74가 개발한 시각 프로그래밍 언어다 (사이클링 '74, 날짜 불명).

44 아두이노는 제작자, 설계자, 엔지니어, 학생이 다양한 제품을 만들기 위해 이용하는 오픈소스 하드웨어 및 소프트웨어 시스템이다(아두이노 Arduino, 2018).

45 퓨 Pugh (2009); 사이터 Seiter (2005). 자폐증이 있는 청소년 다수가 디지털 미디어와 함께 상당한 시간을 보내지만, SNS는 상대적으로 덜 이용한다(마주렉 Mazurek 외, 2012). 디지털 미디어는 자폐증이 있는 청소년이 "지지적 관계"를 조성하는 데 도움이 될 수도 있지만 누구를 믿고, 정보를 어떻게 평가하고, 무엇을 공개할지에 대한 문제를 제기하기도 한다. 이것이 자폐증이 있는 청소년에게는 다루기가 더욱 어려운 문제일 수 있다(버크 Burke & 해밋 Hammett, 2009).

46 알퍼 Alper (2018)는 "인간이 새로운 미디어를 접했을 때의 더 광범위한 다중 감각뿐만 아니라 감각적 입력을 처리하는 방식에서 더 큰 신경 다양성에 대한 설명"을 돕기 위해 "감각민족지학 sensory ethnography"을 이용할 것을 요구한다(p. 1).

47 2007년 출시된 구글 스트리트 뷰 Google Street View는 세계 곳곳의 많은 거리 전경을 보여주며 구글 지도 Google Maps와 구글 어스 Google Earth의 특징을 이룬다(구글 스트리트 뷰, 2018).

48 가족 64.

49 안드레아는 무슨 의미인지 완전히 확신하지 못하면서도 "폭력적"이라는 표현을 사용했다. 하지만 면담을 통해 안드레아가 딸의 강한 반응에 압도되는 느낌을 받았음이 확실해졌다. 이 반응은 육체적인 것이었고 안드레아는 공격받는 것처럼 느꼈다.

50 리빙스턴 Livingstone & 파머 Palmer (2012).

51 가족 9.

52 알리가 지금은 개정된 미국소아과학회의 스크린 타임 규칙을 참고해 규칙을 만든 것인지 확신할 수 없었지만 그것을 흉내 내는 것처럼 보였다(블룸-로스 Blum-Ross & 리빙스턴 Livingstone, 2018). 알퍼 Alper (2014)는 장애가 있는 아이를 둔 가족에게 보조공학이나 다른 기술의 활용은 일상생활의 필수적인 부분이고 그래서 시간 기반의 좁은 규제에 맞추기 어렵다는 점을 고려하면 스크린 타임 규칙이 이러한 가족에게 어떻게 매우 다르게 보일 수 있는지 논의한다. 그럼에도 코먼 센스 미디어 Common Sense Media, CSM와 페어런트 존 Parent Zone의 지침을 제외하고 특히 부모를 위한 '스크린 타임' 조언에는 SEN에 대한 고려가 거의 없다(카메네츠 Kamenetz, 2018, p. 46).

53 빌턴 Bilton (2014).

54 언스쿨링은 아이 자신의 관심을 이용해 학습을 추진하는 것을 지지하며 형식적인 단

계와 진행을 피하는 경험적 교육철학이다(홀트 Holt, 2017). 오픈 월드 게임은 목표를 향한 다양한 경로와 비선형적인 개방형 레벨로 구성된다(세프턴 Sefton, 2008).

55 그들은 이와 비슷하게 최근에는 화학을 탐구하는 또 다른 방법으로, 농축 주스를 만들기 위해 딱총나무 꽃을 수집했다. 일정 부분 '스팽글러 이펙트 The Spangler Effect'라는 유튜브 채널에 대한 애정에서 영감을 받았다. 아이들에게 일상생활에서 쓰는 가정용품으로 어떻게 과학 실험을 하는지 가르치는 채널이다(스팽글러 이펙트, 2018).

56 SEN이 있는 아동의 부모 21퍼센트가 "인터넷이 너무 시간을 잡아먹는다는 사실"이 인터넷 사용의 장벽이라고 말했고 SEN이 없는 아동의 부모는 11퍼센트만이 이렇게 응답했다. 하지만 SEN이 있는 아동의 부모는 더 다양한 기기를 사용한다고 말했고, 아이의 건강이나 아이의 공부를 돕는 것에 대한 정보를 검색하는 것처럼 아이에게 더 전반적인 온라인 지원을 제공했다(장 Zhang & 리빙스턴 Livingstone, 2019).

57 가족 46.

58 "학습공동체 community of practice"는 "공통의 관심 영역"을 가지고 집단 학습에 참여하는 사람들의 모임이다(호들리 Hoadley, 2012; 뱅거 Wenger, 2000).

59 조던 Jordan (2016).

60 다른 부분에서 논의했던 것처럼, 일부 부모에게 '셰어런팅'(온라인으로 아이들에 대한 사진과 정보를 공유하는 것)은 자신의 경험을 표현하고 공동체를 형성하고 매우 요구되는 조언과 지원의 정보원에 접근하는 중요한 부분이 되었다(블럼-로스 Blum-Ross & 리빙스턴 Livingstone, 2017).

61 지지의 초점을 자폐증 인식(의학적 모델)에 두어야 하는지 또는 수용(사회적 모델)에 두어야 하는지에 대해 약간의 논쟁이 있다(알퍼 Alper, 2014). 아이리스에 대한 니나의 사고방식은 이 두 가지 사이 어딘가에 있었다. 니나는 대체로 사회적 모델을 정치적 관점으로서 지지했지만 아이리스를 돌볼 책임이 있는 사람으로서 의학적인 커뮤니티와 연결되어 있다고 느끼기도 했다. 멜라니 이얼고 Melanie Yergeau (2018)는 어떤 형태의 "자폐증 인식은 긍정적이거나 이득이 되기보다 (중략) 위험하다고 더 많이 일컬어진다"라고 말한다(p. 5).

62 타우피크 암마리 Tawfiq Ammari, 메러디스 링겔 모리스 Meredith Ringel Morris & 사리타 야디 쇠네백 Sarita Yardi Schoenebeck (2014)은 SEN이 있는 아동의 부모가 소셜 네트워크를 어떻게 이용하는지 논의한다. SEN이 있는 아동의 부모는 특정 진단과 특정 지리에 대한 정보를 얻기 위해 그것을 이용한다. 또 아이들에 대해 불평하는 것과 아이가 잘하고 있다면 너무 의기양양해 보이는 것 사이의 올바른 균형을 이루려고 애쓰기도 한다. 대체로 SEN이 있는 아동의 부모는 오프라인 공간보다 덜 비판적인 온라인 공간을 찾았다.

63 L. K. 로페즈 L. K. Lopez (2009); 피더슨 Pedersen & 럽튼 Lupton (2018).

64 버킷 Burkitt (2008); K. J. 거건 K. J. Gergen (2009).

65 블럼-로스 Blum-Ross & 리빙스턴 Livingstone (2017), 리빙스턴 Livingstone, 블럼-로스 Blum-Ross & 장 Zhang (2018).

66 르웨키-윌슨 Lewiecki-Wilson (2003, p. 8).

67 알퍼 Alper (2017, p. 2).

68 잭 Jack (2014); 수자 Sousa (2011). 얼마 전, 일부 "자폐증 엄마"의 최근 회고록에 대해 자폐증 자기 옹호 공동체로부터 몇 번의 중대한 반발이 있었다. 예를 들어 10대 자폐증 아들을 둔 일반인 어머니가 쓴 《시리에게 사랑을 담아 To Siri with Love》(뉴먼 Newman, 2017)라는 책은 애플의 시리 Siri가 아들이 세상을 살아나가는 데 어떻게 도움이 되었는지 공유하면서 자폐증 공동체의 상당한 반발을 샀다. 저자가 자폐증이 있는 사람들은 부모에 적합하지 않다고 추정했기 때문이었다(스패로 Sparrow, 2017). 제니 매카시 Jenny McCarthy의 《예방접종이 자폐를 부른다 Mother Warriors》(2008) 같은 인기 있는 자폐증 책에 대해 반응하는 다른 비평가들에는 켈러 Kehler (2015)와 로비슨 Robison (2017) 등이 있다.

69 디지털학, 수사학, 장애학 학자이자 자칭 자폐증 활동가인 멜라니 이얼고 Melanie Yergeau (2018)는 부모와 아이, 자폐증이 있는 사람과 없는 사람 모두에게 귀를 기울일 공간이 있는지 묻는다. 니나가 자신을 위한 생명줄을 찾는 과정에서 겪은, 아이리스에 대해 온라인에 얼마나 공유할 수 있고 공유해야 하는지에 대한 딜레마는 분명히 소셜 미디어에서 활동하는 많은 부모가 공유하는 것이었다. 특히 집에서 나올 수 없거나 음악 수업처럼 매일 얼굴을 맞대는 육아 의례에 참여할 수 없거나 학교 정문에서 안부 인사를 나눌 수 없어서 소셜 미디어를 통해 관계를 유지하는 부모들이 공유했다.

70 카일의 관심사에 대해 학교에 알리려는 라이언과 에이미의 계획은 학교가 그것을 들어줄 것이라고 신뢰를 보이는 것으로 해석될 수 있다. 우리도 부모의 학교 밖 노력을 인식하는 학교에 대해 긍정적인 이야기를 들었다는 사실에 주목할 필요가 있다. 예를 들어 다운증후군이 있는 열다섯 살 소피아의 엄마 앨리스(가족 1)는 소피아 학교의 미디어 연구 책임자가 소피아가 LYA에서 했던 것 덕분에 "정말 영감을 주는 아이예요"라고 말하며 소피아의 등록을 요청했다고 이야기했다.

71 가족 5.

72 '디지털 미래를 위한 육아' 설문조사에 따르면 SEN이 있는 아동의 부모는 자신이 부모로서 잘하고 있다고 말할 확률이 낮고 친구나 가족에게 도움을 많이 받지 못한다고 말하며 자신의 삶에 덜 만족한다(장 Zhang & 리빙스턴 Livingstone, 2019).

73 알퍼 Alper 외 (2016).

74 그랜트 Grant & 베이시 Basye (2014).

75 엘세서 Ellcessor (2016); 고긴 Goggin & 뉴얼 Newell (2003).

76 클라크슨 Clarkson 외 (2003); 잉에르 Inger (2011); 뉴얼 Newell (2003).

6장

1　윙 Wing (2008).

2　레스닉 Resnick 외 (2009, p. 60). 이러한 다른 더 광범위한 결과와 함께 코딩은 그 자체로 학습 목표로서 장려되었다. 이것은 2013년 영국에서 컴퓨터 사용이 커리큘럼에 포함되었다는 사실에서 분명히 드러난다(교육부 Department for Education, 2013).

3　가족 13.

4　메이키메이키 Makey Makey는 사용자에게 일상의 가공품을 컴퓨터 프로그램에 어떻게 연결하는지 보여주는 전자 발명 키트다(메이키메이키, 2018). 베스는 메이키메이키 키트를 사 줄 것을 학교에 요청했었고, 그것을 이용해 스크래치 인터페이스 안에서 코드화된 명령을 실행시키기 위해 포크나 바나나 같은 물체를 연결했다.

5　할가르텐 Hallgarten (2000).

6　1장과 4장에서 설명했듯이 커넥티드 러닝 이론은 관심 주도적이고, 또래 지원이 있고, 협력적이고, 생산 지향적일 때 학습이 가장 활성화된다고 주장한다. 이 조건들이 충족되려면 청소년의 학습이 아마도 디지털로 매개되는 방식으로 다른 현장들에 걸친 활동을 아우르고 연결해야 한다(이토 Ito 외, 2013, 2020).

7　이 활동들은 스포츠클럽이나 팀이 41퍼센트, 창작 또는 공연 예술(예를 들어 음악, 춤, 연극, 미술, 공예)이 24퍼센트, 스카우트/소녀단/청소년 사관학교가 14퍼센트, 과학 또는 수학 클럽이 12퍼센트, 학습 과외가 9퍼센트, 종교 교육이 7퍼센트, 컴퓨터 사용 또는 코딩 클럽(예를 들어 코드닷오알지 Code.org, 코더도조 CoderDojo, 스크래치)이 7퍼센트, 일부 다른 기술 관련 클럽(예를 들어 비디오게임, 레고 마인드스톰, 비디오 편집, 음악 기술)이 6퍼센트를 차지했다.

8　리빙스턴 Livingstone & 세프턴-그린 Sefton-Green (2016); 세프턴-그린 Sefton-Green (2013a); 세프턴-그린 Sefton-Green & 얼스테드 Erstad (2016, 2019).

9　고브 Gove (2012).

10　쿠르타렐리 Curtarelli 외 (2017); 영국 디지털 스킬 태스크 포스 UK Digital Skills Taskforce (2014). 휴 데이비스 Huw Davies & 레베카 이넌 Rebecca Eynon (2018, pp. 3976, 3974)은 오늘날 코딩에 쏟는 열정에 대한 기술 유토피아적 담론을 비판한다. 그들은 웨일스에서 코딩 프로그램에 참여한 청소년들이 "자신의 코딩 능력이 고용 시장의 구조적 환경을 초월할 것이라고 믿도록" 요구받고 있다고 말한다. 주류와 틈새 관심이 모두 '번영으로 가는 파이프라인'으로 옮겨 가기는 어렵다는 것을 고려할 때, 이는 경쟁적 개인주의를 야기하고 환상을 깨뜨린다는 점에서 타당하지 않

음이 입증되었다.

11   2013년에 도입된 컴퓨터 커리큘럼이 학교에서 정착되고 있다. 이것은 우리가 이 장
      의 다른 부분에서 서술한 일부 더 창조적인 디지털 학습 기회와 대조를 이룬다. 더 나
      아가 도입이 다소 과장되게 발표되었지만 "허술한 부분이 있었고" 더 야심적이거나
      창조적이거나 비판적인 형태의 디지털 참여에 비해 완전히 준비되지 않은 교사들에
      게 의존할 때가 많다(영국학사원 Royal Society, 2017). 교육기준청은 영국의 공식적
      인 교육 수준 사찰단이다.

12   셰프턴-그린 Sefton-Green & 얼스테드 Erstad (2019).

13   드러먼드 Drummond & 스타이펙 Stipek (2004); 셰프턴-그린 Sefton-Green
      (2013b); 스워츠 Swartz & 크롤리 Crowley (2004).

14   제임스 James (2013); 리벤스 매카시 Ribbens McCarthy & 에드워즈 Edwards
      (2011).

15   벤-엘리야후 Ben-Eliyahu, 로즈 Rhodes & 스케일스 Scales (2014); 칙센트미하
      이 Csikszentmihalyi, 래선드 Rathunde & 웰런 Whalen (1993); 히디 Hidi & 레
      닝거 Renninger (2006); 페플러 Peppler (2013); 레닝거 Renninger & 히디 Hidi
      (2011).

16   배런 Barron 외 (2009, p. 71).

17   이렇게 하여 부모는 확실하게 자녀가 "학교에 개설된 선택과목을 이용하고, 클럽에
      가입하고, 캠프에 참여하고, 온라인에서 지침과 예시를 찾고, 동호인 단체에 참여하
      고, 책과 잡지를 읽고, 부모가 아닌 멘토와 학습에 대한 협력 관계를 맺게 할 수 있
      다"(배런 Barron 외, 2009, p. 60). 구티에레스 Gutiérrez, 이스키에드로 Izquierdo &
      크레이머-새들릭 Kremer-Sadlik (2010); 후버-뎀프시 Hoover-Dempsey & 산들레
      르 Sandler (1997)도 참조.

18   '커넥티드 러닝'은 '비판적 교육학 critical pedagogy'의 전통에서 영감을 받았다. '비
      판적 교육학'에서는 어른이 정보를 전파하는 전통적 모델의 '교사'처럼 행동하기보
      다 어린 참가자가 자신의 지식 생성 형태를 결정하도록 지원하는 '조력자'처럼 행동
      한다(프레이리 Friere, 1973).

19   V. S. 캐츠 V. S. Katz (2014).

20   라이드아웃 Rideout & 캐츠 Katz (2016).

21   예를 들어, 가족 16, 24, 25, 35.

22   예를 들어, 구티에레스 Gutiérrez, 지트랄리 모랄레스 Zitlali Morales & 마르티네
      스 Martinez (2009); 네이선슨 Nathanson (2015); 라이저 Reiser, 윌리엄슨 William-
      son & 스즈키 Suzuki (1988).

23   다케우치 Takeuchi & 스티븐스 Stevens (2011, p. 71).

24   블럼-로스 Blum-Ross & 리빙스턴 Livingstone (2018).

25 브러프, 초 Brough, Cho & 무스타인 Mustain (발간 예정).

26 워섬 Wortham (2006)은 학습 정체성이라는 말로 개인적, 사회적, 학문적, 문화적 영향의 결합을 나타낸다. 그것들은 어떤 특정한 순간에도 학습자로서 자기 정체성을 만들기 위해 결합한다. 얼스테드 Erstad 외 (2016); 리빙스턴 Livingstone & 세프턴-그린 Sefton-Green (2016); 세프턴-그린 Sefton-Green & 얼스테드 Erstad (2016)도 참조.

27 라팔로 Rafalow (발간 예정) 참조. 고소득층인 셸던 Sheldon의 부모는 자녀를 위해 고급 사립학교를 찾고, 학교의 디지털 교육과정이 가정의 디지털 가치관에 맞도록 학교'에' 영향력을 행사했다.

28 과외활동은 이전 정부의 (교육기준청) 보고서에서 "개선이 필요하다"라고 지적받은 이후 지도부가 적극적으로 노력하고 있던 부분이었다. 그래서 그들은 베스가 선택사항으로 클럽을 제시했을 때 크게 반겼다.

29 디지털 리더들은 손이 기술에 대한 관심에 근거해 모집한 고학년 학생들의 특별 그룹이었다. 다른 교실로 부름을 받을 수 있었고 선생님들이 컴퓨터나 대화식 전자 칠판 같은 기술적 문제를 해결하는 것을 도왔다. 디지털 리더 중 많은 수가 코딩 클럽에서 베스의 첫 번째 집단에 있었다.

30 교육기준청 Ofsted (2018).

31 학교와 협의한 내용의 일부로서 얼리샤는 부모들에게 '인터넷 안전'에 대한 강의를 해줄 것을 요청받았다. 소수의 부모는 재미있어했고 일부 부모는 적절한 게임이나 웹사이트에 대한 긴 질문 목록을 지참했다. 또 다수의 부모는 기술 '중독'이나 온라인의 포식자 또는 괴롭힘에 대해 걱정하고 있었다. 얼리샤는 분위기를 띄우기 위한 활동으로 부모들에게 '기술'에 대해 떠오르는 것을 자유롭게 말해달라고 요청했다. 한두 명은 친척과 스카이프로 통화하는 것을 언급했고 대부분은 결국 '시간 낭비'를 의미하는 것들을 언급했다.

32 가족 34.

33 가족 14.

34 에듀케이션 시티 Education City (2015).

35 이 시스템은 불편했지만 일부 부모는 그것을 다룰 수 있었다. 딸 엘렌이 디지털 리더였던 아리얌 파크스(가족 11, 2장 참조)는 엘렌에 대해 이렇게 설명했다. "엘렌이 컴퓨터에서 작업하는 걸 얼마나 좋아하는지 몰라요. (중략) [디지털 숙제는] 아이가 학습에 관련된 뭔가를 할 수 있는 기회예요. (중략) 수학 실력이 100퍼센트 향상되었어요." 이전에 코딩 클럽에 있었던 엘렌은 "저는 스크래치를 이용하는 게 정말 좋아요. 집에 계정이 있어서 그동안 프로젝트를 많이 만들었어요"라고 설명하면서 코딩 클럽 이후 어떻게 관심을 발전시켰는지 들려줬다.

36 J. 앤더슨 J. Anderson (2015); 바르세기양 Barseghian (2013); 마시 Marsh 외

(2015).

37 가족 57.

38 가족 52.

39 가족 61.

40 확실히 카일리는 상당한 특권을 가지고 있음에도 불구하고 집, 학교, 비공식적 학습 사이에 상당한 단절을 느꼈다. 그녀는 올리버의 디지캠프 학습에 관해 이야기하면서 이렇게 불평했다. "학교에는 그걸 말하지 않았어요. (중략) 별개의 세상이에요. (중략) 이제 알 것 같아요. 학교, 특히 사립학교는 그저 하던 대로 계속하면서 부모들의 생각에 관심 있는 척하죠. (중략) 우리가 해야 하는 일은 기본적으로, 학교가 안 하고 있는 것들 중에 우리가 할 수 있는 것들을 찾아서 학교에 그걸 안 하고 있다고 알려주는 거예요."

41 '시각형 학습자'와 같이, 학습 스타일이라는 개념은 그러한 스타일들을 이용하는 것이 효과적이지 않다고 밝히는 연구 결과들이 쌓여가고 있음에도 불구하고, 오랫동안 교사와 부모 모두에게 인기가 있었다(후스만Husmann & 올로클린O'Loughlin, 2018).

42 가족 53.

43 우리가 미래의 포부에 대해 묻자 에즈미가 말했다. "코더가 되거나 코딩과 관련된 일을 하는 사람이 되고 싶어요. 기술이나, 설계나, 전화기 같은 걸 코딩하는 일이요."

44 이토Ito 외 (2013, 2020).

45 라즈베리 파이Raspberry Pi는 사용자가 프로그래밍을 배우기 위해 이용할 수 있는 적당한 가격의 소형컴퓨터다(라즈베리 파이, 2018). 리틀비츠는 사용하기 쉬운 전자 집짓기 블록을 제공하는 스타트업이다. 어린이들은 서로 탁 붙는 이 블록들을 이용해 다양한 장난감과 공예품을 만들고 발명할 수 있다(리틀비츠littleBits, 2018). 자녀의 디지털에 대한 관심을 수용하는 부모이자 상당한 문화적 자본과 직업상 특권을 가진 부모의 힘을 분명히 보여주는 데이브는 더 어리고 더 순진했던 에즈미가 어리석게도 친구에게 게임 〈모시 몬스터Moshi Monsters〉의 비밀번호를 알려줬던 일에 대해 이야기했다. 친구가 그 비밀번호를 사용하다가 에즈미가 아끼던 펫을 죽였을 때 데이브는 링크트인LinkedIn 사이트의 직업 인맥을 이용해 펫을 다시 살릴 수 있었다.

46 블럼-로스Blum-Ross & 리빙스턴Livingstone (2016b).

47 가족 62.

48 젠킨스Jenkins (2006).

49 블럼-로스Blum-Ross & 리빙스턴Livingstone (2016b); 셀윈Selwyn (2014); B. 윌리엄슨B. Williamson 외 (2018).

50 다이애나는 종종 스킬을 가르치는 것과 심미적이고 기호적인 게임 세계, 그리고 더

폭넓게 게임 산업의 정치경제학에 대한 비판적 논의를 결합해 학생들의 현재 즐거움과 미래 고용 가능성을 연결했다.

51 가족 45.

52 세프턴-그린 Sefton-Green (2013a).

53 가족 47.

54 가족 15.

55 라이드아웃 Rideout & 캐츠 Katz (2016).

56 우리는 LYA의 수업들 사이에 조용한 방에서 조반나와 조반나의 엄마를 한 사람씩 따로 면담했다. 그리고 오언의 집을 방문해 오언과 오언의 엄마 레베카를 역시 한 사람씩 따로 면담했다. 구티에레스 Gutiérrez 외 (2009); 네이선슨 Nathanson (2015); 라이저 Reiser 외 (1988) 참조.

57 블럼-로스 Blum-Ross (2016).

58 바잘제트 Bazalgette (2010); 버킹엄 Buckingham (2007).

59 커넥티드 러닝 연구 네트워크 Connected Learning Research Network는 비공식적 학습 이니셔티브가 어떻게 디지털 기술을 실험하는지 탐구해왔다. 디지털 기술이 연결하고 배우고 참여하는 유연하고 창의적인 방식을 제공하기 때문이다. 그리고 이러한 통찰력에 의지해 디지털 기술의 독특한 특성이 청소년들의 관심을 학업적 성취, 직업적 성공, 시민 참여로 '발전시키는' 데 이용될 수 있도록 교육기관을 재설계하는 방법들을 강구해왔다. 이토 Ito 외 (2013); 세프턴-그린 Sefton-Green & 얼스테드 Erstad (2016); 이토 Ito 외 (2018); 이토 Ito 외 (2020) 참조.

60 버킹엄 Buckingham (2007). 디지캠프는 학습자가 주도하고 멘토가 지원하는 활동으로 도구적 교육을 보완하는 방법을 발견했다고 말할 수 있다. 반면에 사회적 정의에 관한 담론을 명시적으로 공언한 LYA에서는 자금 압박이 어느 정도의 도구성으로 이어졌다(블럼-로스 Blum-Ross & 리빙스턴 Livingstone, 2016b).

61 리빙스턴 Livingstone, 블럼-로스 Blum-Ross, 패블릭 Pavlick & 올라프손 Ólafsson (2018). 예를 들어 영국 부모 열 명 중 네 명 이상이 자녀의 학습 또는 숙제를 도와주거나(48퍼센트) 부모 자신과 자녀가 새로운 뭔가를 배우는 데 도움을 주는 영상(예를 들어, 유튜브)을 보기 위해(44퍼센트) 인터넷을 이용했다.

62 메이올 Mayall (2015, p. 319).

63 리빙스턴 Livingstone & 세프턴-그린 Sefton-Green (2016); 실란더 Silander 외 (2018). 예를 들어 브루커 Brooker (2015)에 따르면, 이슬람교도 아이들은 많은 노력을 통해 쿠란 구절을 암기하지만 이것이 학교에서 친구들이 배운 영어 동요보다 덜 인정받는 것을 목격할 뿐이었다. 리사 건지 Lisa Guernsey & 마이클 러빈 Michael Levine (2017)은 이 지원을 구조화하기 위해 포용에 대한 관심, 공동체의 요구에 대한 즉각적인 대응, 효과의 증거, 부모의 멘토를 위한 훈련, 온라인 연결의 잠재력 이

용을 촉구하면서 사회 기관에 필요한 것을 공식화한다.

64 이토 Ito 외 (2013); 래매커스 Ramaekers & 수이사 Suissa (2012).

65 과외 교육자는 가정뿐만 아니라 학교의 결핍을 보완해야 한다고 느꼈다. 우리는 그
    들에게서 지쳤거나 과중한 업무에 시달리는 교사들이 있는 학교에 대한 때로는 이유
    있는 비판을 들었다. 그들은 학교가 국가의 커리큘럼에 얽매여 있거나 자극이나 혁
    신에 대한 수용력이 부족하다고 지적했다.

66 버킹엄 Buckingham (2000).

7장
---

1   가족 20.

2   애버렛 Averett (2016).

3   가족 32.

4   가족 38.

5   가족 10.

6   가족 9.

7   가족 1.

8   엘리자베스 지 Elizabeth Gee와 동료들이 말했듯이 부모들이 받는 그 메시지는 부모
    들을 "두렵게 하고, 희망을 가지게 하며, 그냥 혼란스럽게 할 때도 많다"(지, 다케우
    치 Gee, Takeuchi & 워르텔라 Wartella, 2017, p. 2).

9   래매커스 Ramaekers & 수이사 Suissa (2012, p. 74).

10 교육 연구자 빌 페뉴엘 Bill Penuel과 케빈 오코너 Kevin O'Connor (2018)는 "미래상
    이 어디에서 비롯되는지에 대한 좀 더 분명한 관심이 필요하다고 주의를 환기하여
    우리가 적절하게 비판할 수 있도록 한다"(p. 68).

11 알퍼 Alper (2019).

12 가족 6.

13 《소문난 악동 5총사 Famous Five》는 에니드 블라이턴 Enid Blyton이 쓴 추리소설로
    전 세계적으로 인기를 끈 어린이 모험 모음집이다.

14 오스터 Oster (2019); 워너 Warner (2006).

15 페어클로스 Faircloth & 머리 Murray (2014); 푸레디 Furedi (2008); 하르타스 Har-
    tas 외 (2014); 콘 Kohn (2016); 리틀러 Littler (2013). 또한 "철저한 엄마 노릇은
    극한의 여성 올림픽과 같다"(p. 6)라고 말하는 더글러스 Douglas & 마이클스 Mi-
    chaels (2005)도 참조.

16 가족 52.

17 가족 19.

18 클라크 Clark (2013).

19 바움린드 Baumrind (1971)의 획기적 연구들은 '양육 방식'이 부모가 자녀에게 권한을 행사하는 정도와 따뜻함과 애정을 보여주는 정도에서 차이가 난다는 사실을 발견했다. 바움린드는 자녀를 많이 통제하고 따뜻하게 대하지 않는 '권위주의적' 부모, 많이 통제하지만 따뜻하게 대하는 '권위 있는' 부모, 거의 통제하지 않고 따뜻하게 대하는 '허용적' 부모를 구분했다. 발달심리학은 가장 훌륭한 '권위 있는' 양육 방식과 비교해 '권위주의적' 양육 방식의 단점을 보여줬다. 비슷한 연구 결과들을 부모 중재에 관한 문헌에서 찾아볼 수 있다(클라크 Clark, 2013; 리빙스턴 Livingstone 외, 2017; 니큰 Nikken & 스콜스 Schols, 2015).

20 가족 56.

21 '디지털 미래를 위한 육아' 설문조사에서 부모의 70퍼센트가 자신의 어린 시절에 비해 자녀에게 더 많은 기회가 있다고 말했다. 참고로 그중 3분의 2는 자녀가 직면하는 압력 또한 더 크다고 생각했다. 이와 관련해서 영국 자선단체인 어린이 협회 Children's Society (2019)의 《좋은 어린 시절에 대한 보고서 2019 The Good Childhood Report 2019》에 따르면 최근 몇 년간 그런 경향이 다소 감소하긴 했지만 영국의 아이들은 대체로 행복하다.

22 우리는 리빙스턴 Livingstone & 블럼-로스 Blum-Ross (2019)에서 이러한 생각을 전개시킨다. 이토 Ito 외 (2013, 2020); 젠킨스 Jenkins, 슈레스트호바 Shresthova 외 (2016).

23 가족 45.

24 가족 35.

25 가족 62.

26 메리앤 쿠퍼 Marianne Cooper (2014)는 객관적으로 더 잘사는 가족들에게서 위험과 보장에 대한 과도해 보이는 우려의 말을 들었다고 말한다.

27 존 골드소프 John Goldthorpe (2016, p.96)가 말한 것처럼 "지금 젊은 세대의 남성과 여성은 그들의 부모(또는 조부모)보다 덜 유리한 사회이동 가능성을 직면하고 있다. 즉, 위로 이동할 가능성보다 아래로 이동할 가능성이 더 높다."

28 골드소프 Goldthorpe (2016, p. 93). 20세기에 걸친 사회이동에 대한 주장들은 사회학자들과 경제학자들 사이에서 여전히 뜨거운 쟁점이고(새비지 Savage, 2015b) 젊은 영국인들은 자신들의 사회이동 가능성에 대해 비관적이다(사회이동 위원회 Social Mobility Commission, 2018). 엑슬리 Exley (2019)도 참조. 대중매체가 "밀레니얼 세대의 3분의 2 이상은 자기 세대가 부모 세대보다 '더 가난할' 것이라고 믿는다"(《텔레그래프 The Telegraph》, 2019년 7월 8일)와 같은 헤드라인으로 이 비관주의를 강화한다. 흥미롭게도 기술적으로 능숙한 부모들은 특히 자신이 자녀를 디지털 미래에 대비시킬 수 있다고 낙관적으로 생각한다(영국과학기술협회 TechUK,

2019).

29   이러한 장기적인 추세가 시사하는 것은 현재의 부모 세대가 태어난 시기에 가까운 1970년대 말부터 소득불평등이 심화되었다는 것이다. 그러나 2008년 경제위기 이후, 수당과 과세 제도를 통해 불평등을 줄이기 위한 영국 정부의 노력은 효과적인 것으로 입증되었다(콜렛 Corlett, 2017; 크립 Cribb 외, 2013; 골드소프 Goldthorpe, 2016; 통계청 Office for National Statistics, 2017a).

30   사회이동 위원회 Social Mobility Commission (2017, p. iv). 구체적으로 말해 런던은 "사회적으로 혜택을 받지 못한 아동에 대해 단연코 최고의 발달 성과"가 있을 뿐아니라 "사회적으로 혜택을 받지 못한 아동과 또래 다른 아동 간의 성취 격차가 가장 작다"(p. 25). 덧붙이자면 "런던에서 좋은 성과의 원인이 될 수 있는 것은 (중략) 인구통계학적 요소, 육아 방식, 사회적 자본, 런던에서 제공되는 기회의 폭(예를 들어 부모 및 아기 교실, 박물관, 도서관, 미술관 등)의 조합이다"(p. 25). 지난 10년 동안은 학교 성적 향상도 성과에 기여하고 있다(발레스트라 Balestra & 톤킨 Tonkin, 2018; 셀비-부스로이드 Selby-Boothroyd, 2018). 그러나 런던에 사는 것은 다른 문제를 야기한다. 사회이동 위원회 (2018, p. 5)에 따르면 런던 사람들은 영국의 다른 곳에 사는 사람들보다 기회를 얻을 가능성에 대해 더 낙관적이었지만, "전반적인 생활수준, 직업 안정성, 주거 측면에서 그들의 부모보다 더 가난하다고 느낄" 확률도 더 높았다. 여기에 주거비가 큰 역할을 했다.

31   새비지 Savage (2015b, p. 197). 모든 부모가 미래에 자녀가 디지털 분야에서 일하기를 희망한다고 주장하는 것은 아니다. 그들은 대부분의 직업이 어떤 형태로든 기술을 사용할 것이라는 사실을 알고 있다. 그러나 부모는 디지털 활동이 아이들을 유인하고, 동기를 자극하고, 자신감을 심어주고, 다양한 선택을 가능하게 하고, 눈에 보이는 학습 경로를 만들고, 그럴듯한 결과를 약속한다는 사실을 안다. 요컨대 디지털 활동은 부모가 (자녀와 자기 자신에 대해 가지는) 삶의 가치관을 실현할 수 있도록 실용적이지만 종종 위험한 수단을 제공한다. 이것이 우리가 면담한 부모 블로그들이 가장 분명하게 말한 것이다(블럼-로스 Blum-Ross & 리빙스턴 Livingstone, 2017).

32   J. S. 콜먼 J. S. Coleman 외 (1966); 파인스타인 Feinstein & 사바테스 Sabates (2006); L. L. 퍼트넘 L. L. Putnam & 페어허스트 Fairhurst (2015). 성인기 또는 직장으로의 '성공적인 이행'은 부모의 역할에 달려 있고 특히 일상적인 지역 네트워크에서 소외되거나 소수민족인 청소년에게는 더욱 그렇다(S. 헨더슨 S. Henderson 외, 2012; 세프턴-그린 Sefton-Green, 왓킨스 Watkins & 커쉬너 Kirshner, 2020).

33   '디지털 미래를 위한 육아' 조사 결과에 따르면, 미래에 자녀의 경제적 또는 직업적 안정성에 대한 부모의 비전에 대해 물었을 때, 부모 중 44퍼센트는 자녀의 기회가 자신이 누렸던 것보다 더 크다고 생각했지만, 36퍼센트는 비슷하다고 생각했고, 20퍼센트는 더 부족하다고 생각했다.

34 《더 클래스 The Class》에서 리빙스턴 Livingstone & 세프턴-그린 Sefton-Green (2016)
은 아이들의 가능성을 결정짓는, 사소해 보이지만 잠재적으로 중대한 여러 많은 요인들
을 밝히고 있다. 이와 관련하여 세프턴-그린Sefton-Green & 얼스테드Erstad (2016, p.
4)는 "일상생활의 모든 구석구석에 걸쳐 교육과 제도적 교육학의 의미가 변하는 장소"
를 탐구한다. 이것은 그들이 증가하는 일상생활의 "교육학화"라고 부르는 것에 의해 우
려되고 있다 (번스틴 Bernstein, 1990; 얼스테드 Erstad 외, 2016)도 참조.

35 S. 헨더슨 S. Henderson 외 (2012); 라루 Lareau (2011); 맥크릴랜드 McClelland &
캐런 Karen (2009); 톰슨 Thomson (2011).

36 원래《더 클래스 The Class》에 참여했던 당시 13세 또는 14세 (다양한 민족 및 사회
경제적 배경을 가진) 아이들 스물여덟 명 중에서 4년 후 18세가 된 여덟 명이 재면
담에 동의했다. 우리는 그 가족들을 다시 방문하고 나서 그 결정적인 몇 년 동안 상황
이 어떻게 전개되었는지 알 수 있었다. 다시 연락이 가능했던 그 여덟 명 중에 두 명
은 저소득, 세 명은 중소득, 세 명은 고소득 가정의 아이들이었다.

37 가족 66.

38 가족 68.

39 앨리스 자신은 디지털 의사소통을 잘 해내는 법을 알게 된 것을 통해 점점 더 성숙해
지고 있음을 드러냈다(더는 온라인에서 모르는 사람과의 걱정스러운 대화에 말려들
지 않게 되었다). 우리는 메건(가족 71)과도 비슷한 대화를 했다. 메건은 "젊은 세대"
에 대한 부정적인 주장(젊은 세대는 사생활 감각이 없고, 기술에 중독되어 있고, 예
의 없고, 가치 기준이 없다)에 반박하기로 결심했고 오히려 그러한 이야기 자체가 청
소년에게 유해하다고 주장했다. 우리는 메건의 엄마가 그러한 부정적인 의견을 걱정
스러운 목소리로 되풀이해 말하는 것을 들으며 메건이 더 안쓰러웠다.

40 가족 73.

41 애럼 Arum & 라슨 Larson (발간 예정).

42 예를 들어 중산층 가족들은 훨씬 더 구체적인 용어로 진로를 논의한다. 즉 어떤 단계
를 밟아야 하는지 알고, 지원할 대학을 정확히 정하고, 그 직업에 대한 통계를 이야기
하고, 자녀에게 좋은 영향을 미칠 선구적인 사상가들의 글을 읽으며, 아이의 학교에
요구할 것이 있으면 기꺼이 나설 준비가 되어 있다. 3장에서 이야기했던, 우리가 면
담한 가족 중 아주 부유한 가족에 속하는 조지핀과 미셸 티보는 우리와 면담하는 동
안 슘페터 Schumpeter의 경제학, 파괴적 자본주의 이론, 신경망, 디지털 정체성의 미
래에 대해 언급했다.

43 헬스퍼 Helsper & 아이넌 Eynon (2010); 리빙스턴 Livingstone (2018); 맨
셀 Mansell (2012); 프렌스키 Prensky (2010); 트웽이 Twenge (2017).

44 예를 들어 "2030년까지 사람들의 필요와 자원은 자기 주도적 학습, 디지털 기술에
의해 편성될 것이다. (중략) 디지털 원주민들이 선두를 달릴 것이다. (중략) [그러나

혜택]은 디지털적으로 능숙한 사람들에게로 제한될 것이다." (델 테크놀로지 미래 연구소 Institute for the Future for Dell Technologies, 2017, p. 10).

45 가족 11.

46 우리가 조사한 결과에 따르면 부모들은 기술에 대해 학교 공부를 지원하고, 취미와 관심사를 추구하고, 창의적이고 표현적이며, 미래의 직업을 준비하는 데 가치가 있 다고 생각하며, 피해보다 혜택이 좀 더 클 것으로 예상했다. 부모들은 기술이 자녀의 가족이나 친구와의 관계에 유익할 것이라는 예상에 대해서는 더 확신이 없었지만 대 체로 부정적으로 생각하지 않았다(리빙스턴 Livingstone, 블럼-로스 Blum-Ross, 패 블릭 Pavlick & 올라프손 Ólafsson, 2018).

47 미디어는 분명 자기 이익을 위해 스스로의 중요성을 과대 광고한다. 최근의 기술혁 신 또는 완전한 실패작을 홍보하고 그것에 투자하기 위해 상당한 자원을 쓰고 있으 며 미래를 유토피아적으로, 또는 디스토피아적으로 예측한다(카셀 Cassell & 크라 메르 Cramer, 2008; 크리처 Critcher, 2003; 카메네츠 Kamenetz, 2018; 네이처 캐 나다 Nature Canada, 2018; 넬슨 Nelson, 2010).

48 리빙스턴 Livingstone & 블럼-로스 Blum-Ross (2019); 울드리지 Wooldridge (2016).

49 유럽연합 키즈 온라인 Kids Online 프로젝트는 위험은 사회 기술적 환경이 변함에 따 라 계속 변하는 반면 아동이 겪는 피해는 더 익숙해진다고 주장해왔다. 실제 피해에 서 위험(피해 가능성)을 구별하는 핵심은 육아, 유년기의 취약성 또는 회복성, 미디 어 리터러시, 사회적 맥락, 교육, 그 밖에 다른 많은 요인들이 위험과 피해의 매우 의 존적인 관계를 중재한다는 사실을 인식하는 것이다(리빙스턴 Livingstone, 2013).

50 리빙스턴 Livingstone, 블럼-로스 Blum-Ross, 패블릭 Pavlick & 올라프손 Ólafsson (2018)

51 디지털 기기, 서비스, 네트워크는 다나 보이드 danah boyd (2011)에 의해 지속성, 반 복 가능성, 확장성, 검색 가능성이라는 행동 유도성의 독특한 성질을 지니는 것으로 특징지어져왔다.

52 커넥티드 러닝 연구 네트워크 Connected Learning Research Network(이토 Ito 외, 2020)는 연구만 수행하는 것이 아니라 디지털 미디어 학습 이니셔티브의 설계를 다 음과 같은 방향으로 이끌기 위해 노력하고 있다. 즉 청소년 스스로의 관심을 발전시 키고, 좋아하는 것에 기반한 활동을 지도하고, 청소년 활동이 기회의 제도로 연결될 수 있게 하고, 공동 생산을 지원하고, 환경 전반에 걸쳐 참여, 조직화, 중개를 위한 경 로를 제공하고, 진보와 성취를 위한 메커니즘을 확보하게 한다.

53 가족 7.

54 가족 15.

55 가족 64.

56 우리가 조사한 결과에 따르면, 예를 들어 사회경제적 지위나 민족성, 아이의 나이에 따라 약간의 차이는 있지만, 많은 부모는 "나는 부모로서 잘하고 있다고 느낀다"에 동의했다(29퍼센트가 매우 동의, 그리고 55퍼센트가 동의).

57 베크 Beck & 베크-게른스하임 Beck-Gernsheim (2002, pp. xxiii – xxiv).

58 재고를 위해서는 스티글릭 Stiglic & 바이너 Viner (2019)를 참조하고, 더 보수적인 견해를 보려면 세계보건기구 보고서 World Health Organization report (2019)를 참조하라. 또한 미국소아과학회에서 새로운 조언을 개발하고 있다.

59 하르트만 Hartmann (2008); 맨셀 Mansell & 실버스톤 Silverstone (1996).

부록

---

1 이토 Ito (2003); 이토 Ito 외 (2010, p. 15); 리빙스턴 Livingstone & 런트 Lunt (2013).

2 이토 Ito 외 (2013); 이토 Ito 외 (2018, 2020); 젠킨스 Jenkins, 슈레스트호바 Shresthova 외 (2016); 왓킨스 Watkins (2019)도 참조.

3 리빙스턴 Livingstone & 세프턴-그린 Sefton-Green (2016).

4 이토 Ito 외 (2020); 맥아더 재단 MacArthur Foundation (2014); 라이히 Reich & 이토 Ito (2017).

5 버킷 Burkitt (2008); 고프먼 Goffman (1963, p. 92).

6 T. 밀러 T. Miller (2005, p. 8), 기든스 Giddens (1991); 고프먼 Goffman (1963); 구브리움 Gubrium & 홀스타인 Holstein (2009); L. A. 잭슨 L. A. Jackson 외 (2009); 리플리히 Lieblich, 투발-마시악 Tuval-Mashiach & 질버 Zilber (1998); 폴킹홈 Polkinghome (2007); 길리스 Gillies (2011); 더건 Duggan 외 (2015); 앤드루스 Andrews (2014).

7 레비타스 Levitas (2013). 알퍼 Alper (2019)도 참조.

8 페일러스 Palys (2008); 로이 Roy 외 (2015).

9 이것은 때때로 "체계적 비확률적" 표본이라고 불렸고 "연구하고 있는 사회적 현상에 관련된 특징이 있거나 그런 환경에 사는 사람들로 이뤄진 특정 집단을 알아보기" 위한 것이다(메이스 Mays & 포프 Pope, 1995, p. 110).

10 렌하트 Lenhart & 폭스 Fox (2006).

11 프렌스키 Prensky (2010).

12 알퍼 Alper (2014); 크랜머 Cranmer (2017); 드 울프 de Wolfe (2014); 럿킨 Rutkin (2016).

13 창조산업연합 The Creative Industries Federation은 영국 정부의 "개인의 창조성, 기술 스킬, 재능에 기반하고 지적 재산의 생성과 이용을 통해 부와 일자리를 창출할 잠

재력이 있는 산업"이라는 정의를 인용한다. 그 통계 자료에 따르면 창조 산업은 영국 경제의 5.5퍼센트를 창출하고 200만 명 이상을 고용하며 이는 2011년 이후 30퍼센트 증가한 수치다. https://www.creativeindustriesfederation.com/statistics 참조.

14 데이터 포화에 대해서는 보언 Bowen (2008); 푸슈 Fusch & 로런스 Lawrence (2015) 참조.

15 "보호아동 Looked-after children"은 법원이 보호 명령을 내린 아이들에 대해 영국 정부(아동법 Children Act 1989)가 지정하는 것이다. 위탁 양육되거나 당국이 운영하는 지역 보호 기관에 사는 아이들을 포함한다("보살핌 받는 아이들, 보호아동 Children in care, Looked after children", 2007; 영국 정부 UK Government, 2017).

16 아동 센터는 저소득가정에 추가 지원을 제공하는 정부 정책의 일환으로 초등학교에 소속될 수 있다.

17 이 연구는 유럽 7개국 연구 seven-country European study(쇼드롱 Chaudron, 2015)의 일부였다. 시민의 보호와 안전을 위한 디지털 시민 보안 단위 연구소 Digital Citizen Security Unit Institute for the Protection and Security of the Citizen와 유럽연합 집행위원회 European Commission가 자금을 제공하고 기획했다. 리빙스턴 Livingstone 외 (2014)도 참조. 이 연구의 표본 추출을 위해 '평범한' 학교로 선택된 학교들에 연락해 부모들에게 연구 프로젝트에 자원해달라고 요청했다. 그 부모들이 여기에 포함되어 디지털에 더 초점이 맞춰진 모집 형태가 균형을 이루는 데 도움이 되었다.

18 D. L. 모건 D. L. Morgan (2008).

19 N. 헨더슨 N. Henderson (2011); 멈스넷 Mumsnet (2016); 피더슨 Pedersen (2016).

20 스키너 Skinner (2012); 스프래들리 Spradley (1979).

21 아가 Agar (2008); 이토 Ito 외 (2013); 리빙스턴 Livingstone (2009); 리빙스턴 Livingstone, 하제브링크 Hasebrink & 괴르치히 Görzig (2012); 리빙스턴 Livingstone & 헬스퍼 Helsper (2008).

22 듀셋 Doucet & 마우트너 Mauthner (2008); 패튼 Patton (1990).

23 참여관찰은 관찰자가 진행 중인 활동에 참여해 관찰한 것을 기록하는 것이다(P. 앳킨슨 P. Atkinson & 해머슬리 Hammersley, 1994).

24 쇼드롱 Chaudron (2015); 맬런 Mallan, 싱 Singh & 지아르디나 Giardina (2010).

25 코번 Coburn & 페뉴엘 Penuel (2016). 이것은 우리 연구에서 특히 중점을 뒀던 LYA에서 가장 공식적으로 행해졌다. 우리는 LYA가 자금 제공자에게 제출할 수 있도록 보고서를 준비했다.

26 딕슨 스위프트 Dickson-Swift 외 (2009); 던콤 Duncombe & 제솝 Jessop (2012).

27 베하 Behar (1996); 데머래 Demarrais (2002).

28 리빙스턴 Livingstone, 블럼-로스 Blum-Ross, 패블릭 Pavlick & 올라프손 Ólafsson

(2018).

29 리빙스턴 Livingstone, 하제브링크 Hasebrink & 괴르치히 Görzig (2012); 오프컴 Of-com (2017); 워르텔라 Wartella 외 (2013)

30 이 과업은 관련 전문가와 상의한 후에도 영국 부모들의 인터넷 사용 빈도에 대한 신뢰할 수 있는 최신 정보를 찾지 못하면 쉽지 않은 일이었다. 우리는 부모 100명의 표본(전체 표본의 5퍼센트)이 인터넷을 전혀 또는 거의 사용하지 않는 부모들을 대표한다고 추정했다(통계청 Office for National Statistics, 2017b와 유럽연합 통계청 공보실 Eurostat Press Office, 2016의 데이터에 근거했다).

31 유럽조사협회 ESOMAR (2016).

32 조사 방법에 대해 더 자세히 알고 싶다면 리빙스턴 Livingstone & 블럼-로스 Blum-Ross (2018) 참조.

33 바워 Bauer & 개스켈 Gaskell (2000); 살다나 Saldaña (2009).

34 일리 Ely 외 (1991, p. 87).

35 대조적으로, 우리는 여기서 실리콘밸리의 중산층 가정, 노동자계급의 라틴계 또는 한부모 가정에 대한 이전의 연구를 생각하고 있다. 많은 연구가 중산층 가정에 초점을 맞췄다(배런 Barron 외, 2009); 하지만 도모프 Domoff 외 (2017); 헤이스 Hays (1998); 캐츠 Katz, 모런 Moran & 곤잘레즈 Gonzalez (2018); 라루 Lareau (2011); 라이드아웃 Rideout & 캐츠 Katz (2016) 등 여러 학자가 이를 바로잡기 위해 노력했다.

36 리빙스턴 Livingstone, 블럼-로스 Blum-Ross, 패블릭 Pavlick & 올라프슨 Ólafsson (2018); 리빙스턴 Livingstone & 올라프슨 Ólafsson (2018); 리빙스턴 Livingstone, 블럼-로스 Blum-Ross & 장 Zhang (2018); 장 Zhang & 리빙스턴 Livingstone (2019).

37 아동 빈곤 행동 단체 The Child Poverty Action Group (2018)는 주거비를 배제한다[그래서 부모 두 명과 자녀 두 명으로 구성된 가구의 빈곤선을 2만 852파운드(약 3300만 원)로 설정하거나 부모 한 명과 자녀 두 명으로 구성된 가구의 빈곤선을 1만 5444파운드(약 2400만 원)으로 설정한다]. 불평등을 측정하기 위한 영국 통계청의 접근법을 비판하는 사람들은 부가 불평등의 주요 근거인데 부가 아닌 소득에 초점을 맞추고 있다고 지적한 것에 주목한다(콜렛 Corlett, 2017).

38 통계청 데이터에 따르면 영국 전체 인구와 비교했을 때 런던 인구에서 두드러지게 높은 비율을 차지하는 것이 이주자다(전체 인구 중 이주자 비율이 런던은 23퍼센트 대 영국 전체는 9퍼센트이고, 신생아 중에서는 이주자 비율이 런던은 58퍼센트 대 영국 전체는 27퍼센트다) (통계청 Office for National Statistics, 2016).

39 통계청 Office for National Statistics (2011).

40 교육부 Department for Education (2017).

·참고 문헌·

Adams, V., Murphy, M., & Clarke, A. E. (2009). Anticipation: Technoscience, life, affect, temporality. *Subjectivity*, 28(1), 246 – 265. doi:10.1057/sub.2009.18

Agar, M. (2008). *The professional stranger: An informal introduction to ethnography* (2nd ed.). Bingley, UK: Emerald Publishing.

Alper, M. (2014). *Digital youth with disabilities*. Cambridge, MA: MIT Press.

Alper, M. (2017). *Giving voice: Mobile communication, disability, and inequality*. Cambridge, MA: MIT Press.

Alper, M. (2018). Inclusive sensory ethnography: Studying new media and neurodiversity in everyday life. *New Media & Society, 20*(10), 3560 – 3579.

Alper, M. (2019). Future talk: Accounting for the technological and other future discourses in daily life. *International Journal of Communication, 13*, 715 – 735.

Alper, M., Ellcessor, E., Ellis, K., & Goggin, G. (2015). Reimagining the good life with disability: Communication, new technology, and humane connections. In H. Wang (Ed.), *Communication and the "good life"* (pp. 197 – 212). New York: Peter Lang.

Alper, M., Katz, V. S., & Clark, L. S. (2016). Researching children, intersectionality, and diversity in the digital age. *Journal of Children and Media, 10*(1), 107 – 114. doi:10.1080/17482798.2015.1121886

American Academy of Pediatrics. (2011). Policy statement: Media use by children younger than 2 years. Retrieved from http://pediatrics.aappublications.org/content/pediatrics/early/2011/10/12/peds.2011-1753.full.pdf

American Academy of Pediatrics. (2016a). American Academy of Pediatrics announces new recommendations for children's media use. Retrieved from https://www.aap.org/en-us/about-the-aap/aap-press-room/Pages/American-Academy-of-PediatricsAnnounces-New-Recommendations-for-Childrens-Media-Use.aspx

American Academy of Pediatrics. (2016b). Media and young minds: Policy statement. Retrieved from https://pediatrics.aappublications.org/ content/138/5/e20162591

Ames, M. (2019). *The charisma machine: The life, death, and legacy of one laptop per child.* Cambridge, MA: MIT Press.

Ames, M. G., Go, J., Kaye, J. J., & Spasojevic, M. (2011). *Understanding technology choices and values through social class.* 이 논문은 Computer Supported Cooperative Work Conference, Hangzou, China에서 발표되었다.

Ammari, T., Morris, M., & Schoenebeck, S. Y. (2014). *Accessing social support and overcoming judgment on social media among parents of children with special educational needs.* 이 논문은 International Association for the Advancement of Articial Intelligence Conference on Weblogs and Social Media, Ann Arbor, Michigan에서 발표되었다.

Anderson, C. (2006). *The long tail: How endless choice is creating unlimited demand.* London, UK: Business Books; 크리스 앤더슨, 이노무브그룹 외 옮김,《롱테일 경제학》(RHK, 2006).

Anderson, J. (2015). How to tell if your child's educational app is actually educational. *Quartz.* Retrieved from https://qz.com/544963/how-to-tell-if-you-childseducational-app-is-actually-educational/

Andrews, M. (2014). *Narrative imagination and everyday life.* New York, NY: Oxford University Press.

Appadurai, A. (2013). *The future as cultural fact: Essays on the global condition.* London, UK: Verso.

Archer, L., Dewitt, J., & Osborne, J. (2015). Is science for us? Black students' and parents' views of science and science careers. *Science Education, 99*(2), 199–237. Arduino. (2018). Retrieved from https://www.arduino.cc/

Arum, R., & Larson, K. (출간 예정). *Connected learning: Opportunities and challenges.* New York, NY: New York University Press.

Atkinson, P., & Hammersley, M. (1994). Ethnography and participant observation. In N. K. Denzin & Y. S. Lincoln (Eds.), *Handbook of qualitative research* (pp. 248–261). Thousand Oaks, CA: Sage Publications.

Atkinson, W. (2007). Beck, individualization and the death of class: A critique. *British Journal of Sociology, 58*(3), 349–366. doi:10.1111/j.1468-

4446.2007.00155.x

Averett, K. (2016). The gender buffet: LGBTQ parents resisting heteronormativity. *Gender & Society, 30*(2), 189–212.

Aynsley-Green, A. (2019). *The British betrayal of childhood: Challenging uncomfortable truths and bringing about change.* Abingdon, UK: Routledge.

Bach, D. (2017). Microsoft broadens the spectrum through hiring program. *The Official Microsoft Blog,* Microsoft.

Baggaly, J. (2017, September). PSHE: For your child's digital future. *Vodafone Digital Parenting.*

Bakardjieva, M. (2005). Conceptualizing user agency. In Internet society: The internet in everyday life. (pp. 9–36). London, UK: Sage.

Balakrishnan, J., & Griffiths, M. (2018). Perceived addictiveness of smartphone games: A content analysis of game reviews by players. *International Journal of Mental Health and Addiction, 17*(4), 1–13.

Balestra, C., & Tonkin, R. (2018*). Inequalities in household wealth across OECD countries: Evidence from OECD Wealth Distribution Database.* Paris, France: OECD Publishing.

Banet-Weiser, S. (2018).*Empowered: Popular feminism and popular misogyny.* Durham, NC: Duke University Press.

Baraniuk, C. (2015, August 27). Ashley Madison: Two women explain how hack changed their lives.*BBC News.* Retrieved from https://www.bbc.com/news/technology-34072762

Barassi, V. (2017). BabyVeillance? Expecting parents, online surveillance and the cultural specificity of pregnancy apps.*Social Media + Society, 3*(2), 1–10.

Barron, B. (2006). Interest and self-sustained learning as catalyst of development: A learning ecology perspective.*Human Development, 49,* 193–224.

Barron, B., Martin, C. K., Takeuchi, L., & Fithian, R. (2009). Parents as learning partners in the development of technological fluency. *International Journal of Learning and Media, 1*(2), 55–77. doi:10.1162/ijlm.2009.0021

Barseghian, T. (2013). Money, time, and tactics: Can games be effective in schools? *KQED News*. Retrieved from https://www.kqed.org/mindshift/26776/ money-time-and-tactics-can-games-be-effective-in-schools

Bauer, M. W., & Gaskell, G. (Eds.). (2000). *Qualitative researching with text, image and sound: A practical handbook for social research*. London, UK: Sage.

Baumrind, D. (1971). Current patterns of parental authority. *Developmental Psychology, 4*(1), 1 – 103.

Bazalgette, C. (2010). *Teaching media in primary schools*. London, UK: Sage.

Beck, U. (1992). *Risk society: Towards a new modernity*. London, UK: Sage; 울리히 베크, 홍성태 옮김,《위험사회》(새물결, 2006).

Beck, U. (1997). Democratization of the family. *Childhood, 4*(2), 151 – 168.

Beck, U., & Beck-Gernsheim, E. (2002). *Individualization: Institutionalized individualism and its social and political consequences*. London, UK: Sage.

Beck, U., Giddens, A., & Lash, S. (1994). *Reflexive modernization: Politics, tradition and aesthetics in the modern social order*. Cambridge, UK: Polity in association with Blackwell; 앤서니 기든스 외, 임현진 외 옮김,《성찰적 근대화》(한울, 1998).

Beck-Gernsheim, E. (1998). On the way to a post-familial family from a community of need to elective affinities. *Theory, Culture & Society, 15*(3 – 4), 53 – 70.

Behar, R. (1996). *The vulnerable observer: Anthropology that breaks your heart*. Boston, MA: Beacon Press.

Bell, D. (2013). Geek myths: Technologies, masculinities globalizations. In J. Hearn, M. Blagojevic, & K. Harrison (Eds.), *Rethinking transnational men: Beyond, between and within nations*. London, UK: Routledge.

Ben-Eliyahu, A., Rhodes, J. E., & Scales, P. (2014). The interest-driven pursuits of 15 year olds: "Sparks" and their association with caring relationships and developmental outcomes. *Applied Developmental Science, 18*(2), 76 – 89. doi:10.1080/10888691.2014.894414

Benford, P., & Standen, P. (2009). The internet: A comfortable communication medium for people with Asperger syndrome (AS) and high functioning autism (HFA)? *Journal of Assistive Technologies, 3*(2), 44 – 53. http://

dx.doi.org/10.1108/17549450200900015

Bennett, S., Maton, K., & Kervin, L. (2008). The "digital natives" debate: A critical review of the evidence. *British Journal of Educational Technology, 39*(5), 775–786.

Bennett, T., Savage, M., Silva, E., Warde, A., Gayo-Cal, M., & Wright, D. (2010). *Culture, class, distinction*. Abingdon, UK: Routledge.

Berker, T., Hartmann, M., Punie, Y., & Ward, K. J. (Eds.). (2006). *The domestication of media and technology*. Maidenhead, UK: Open University Press.

Bernstein, B. (1990). *Class, codes and control: The structuring of pedagogic discourse* (Vol. 4). London, UK: Routledge.

Besio, S., & Encarnação, P. (2018, March 7). Play for all children: Robots helping children with disabilities play. Retrieved from https://blogs.lse.ac.uk/parenting4digitalfuture/2018/03/07/play-for-all-children/

Bessant, C. (2018). Sharenting: Balancing the conflicting rights of parents and children. *Communications Law, 23*(1), 7–24.

Bevan, B., Gutwill, J., Petrich, M., & Wilkinson, K. (2015). Learning through STEM-rich tinkering: Findings from a jointly negotiated research project taken up in practice. *Science Education, 99*(1), 98–120.

Bilton, N. (2014, September 10). Steve Jobs was a low-tech parent. *New York Times*. Retrieved from http://www.nytimes.com/2014/09/11/fashion/steve-jobs-apple-was-alow-tech-parent.html?_r=2

Biressi, A., & Nunn, H. (2013). *Class and contemporary British culture*. New York, NY: Palgrave Macmillan.

Blum, L. (2015). *Raising Generation Rx: Mothering kids with invisible disabilities in an age of inequality*. New York, NY: New York University Press.

Blum-Ross, A. (2016). Voice, empowerment and youth-produced films about "gangs." *Learning, Media and Technology* (Special Issue "Voice and Representation in Youth Media Production in Educational Settings: Transnational Dialogues"). doi:10.1080/17439884.2016.1111240

Blum-Ross, A., Donoso, V., Dinh, T., Mascheroni, G., O'Neill, B., Riesmeyer, C.,

& Stoilova, M. (2018). Looking forward: Technological and social change in the lives of European children and young people. *Report for the ICT Coalition for Children Online*. Retrieved from http://www.ictcoalition.eu/medias/uploads/source/ICT%20REPORT_2018_WEB.pdf

Blum-Ross, A., Kumpulainen, K., & Marsh, J. (Eds.). (2020). *Enhancing digital literacy and creativity: Makerspaces in the early years*. London: Routledge.

Blum-Ross, A., & Livingstone, S. (2016a). *Families and screen time: Current advice and emerging research*. Media Policy Project Policy Brief Series. London, UK: London School of Economics and Political Science.

Blum-Ross, A., & Livingstone, S. (2016b). From youth voice to young entrepreneurs: The individualization of digital media and learning. *Journal of Digital and Media Literacy, 4*(1–2), 1–22.

Blum-Ross, A., & Livingstone, S. (2017). "Sharenting," parent blogging, and the boundaries of the digital self. *Popular Communication, 15*(2), 110–125. doi:10.1080/15405702.2016.1223300

Blum-Ross, A., & Livingstone, S. (2018). The trouble with "screen time" rules. In G. Mascheroni, C. Ponte, & A. Jorge (Eds.), *Digital parenting: The challenges for families in the digital age* (pp. 179–187). Göteborg, Sweden: Nordicom.

Bold Creative. (2017). Digital lives: How do teenagers in the UK navigate their digital world? Retrieved from http://www.boldcreative.co.uk/portfolio-items/digital-lives/

Borchet, M. (1998). The challenge of cyberspace: Internet access and persons with disabilities. In B. Ebo (Ed.), *Cyberghetto or cybertopia?: Race, class, and gender on the internet* (pp. 49–62). Westport, CT: Praeger.

Boston Consulting Group. (2017). The state of social mobility in the UK. Retrieved from https://www.suttontrust.com/wp-content/uploads/2017/07/BCGSocial-Mobilityreport-full-version_WEB_FINAL.pdf

Bourdieu, P. (1986). *Distinction: A social critique of the judgement of taste*. London, UK: Routledge; 피에르 부르디외, 최종철 옮김, 《구별짓기》, (새물결, 2005).

Bowen, G. (2008). Naturalistic inquiry and the saturation concept: A research note *Qualitative Research, 8*(1), 137–152.

Bowles, N. (2018, February 4). Early Facebook and Google employees form coalition to fight what they built. *New York Times*. Retrieved from https://www.nytimes.com/2018/02/04/technology/early-facebook-google-employees-fight-tech.html

boyd, d. (2011). Social network sites as networked publics: Affordances, dynamics, and implications. In Z. Papacharissi (Ed.), *Networked self: Identity, community, and culture on social network sites* (pp. 39–58). New York, NY: Routledge.

Briant, E., Watson, N., & Philo, G. (2013). Reporting disability in the age of austerity: The changing face of media representation of disability and disabled people in the United Kingdom and the creation of new "folk devils." *Disability & Society, 28*(6), 874–889.

Broadnax, J. (2018). Black girl nerds: For girls like us. Retrieved from https://blackgirlnerds.com/about-bgn/

Brooker, L. (2015). Cultural capital in the preschool years: Can the state "compensate" for the family? In L. Alanen, E. Brooker, & B. Mayall (Eds.), *Childhood with Bourdieu: Studies in childhood and youth* (pp. 34–56). Basingstoke, UK: Palgrave MacMillan.

Brough, M. (2016). *Game on! Connected learning and parental support in the CyberPatriot program*. Connected Learning Working Papers. Irvine, CA.

Brough, M., Cho, A., & Mustain, P. (발간 예정). Making connections: Encouraging touchpoints, sharing digital authority, and sandboxing among low-income families. In M. Ito et al. (Eds.), Connected learning: *New directions for design, research, and practice*. Cambridge, MA: MIT Press.

Brown, J. D., & Bobkowski, P. S. (2011). Older and newer media: Patterns of use and effects on adolescents' health and well-being. *Journal of Research on Adolescence, 21*(1), 95–113.

Brown, P., Lauder, H., & Ashton, D. (2012*). The global auction: The broken promises of education, jobs, and incomes*. Oxford, UK: Oxford University Press; 필립 브라운, 휴 로더, 데이비드 애슈턴, 이혜진, 정유진 옮김, 《더 많

이 공부하면 더 많이 벌게 될까》(개마고원, 2013).

Buckingham, D. (2000). *After the death of childhood*. Cambridge, UK: Polity Press; 데이비드 버킹엄, 정현선 옮김, 《전자매체 시대의 아이들》(우리교육, 2004).

Buckingham, D. (2007). Digital media literacies: Rethinking media education in the age of the internet. *Research in Comparative and International Education, 2*(1), 43–55.

Burke, A., & Hammett, R. F. (Eds.). (2009). *Assessing new literacies: Perspectives from the classroom*. Oxford, UK: Peter Lang.

Burkitt, I. (2008). *Social selves: Theories of self and society* (2nd ed.). London, UK: Sage.

Carlson, M. J., & England, P. (Eds.). (2011). *Social class and changing families in an unequal America*. Stanford, CA: Stanford University Press.

Carolan, B. V., & Wasserman, S. J. (2014). Does parenting style matter? Concerted cultivation, educational expectations, and the transmission of educational advantage. *Sociological Perspectives, 58*(2), 168–186. doi:10.1177/0731121414562967

Cassell, J., & Cramer, M. (2008). High tech or high risk: Moral panics about girls online. In T. McPherson (Ed.), *Digital youth, innovation, and the unexpected* (pp. 53–76). Cambridge, MA: MIT Press.

Centre for Economic and Business Research. (2017). An updated assessment of the macroeconomic contributions of the arts and culture industry to the national and regional economies of the UK. Retrieved from https://www. artscouncil.org.uk/sites/default/files/download-file/Contribution_arts_ culture_industry_UK_economy.pdf

Chambers, D. (2013). Home, families and new media. In *Social media and personal relationships* (pp. 102–120). London, UK: Palgrave Macmillan.

Chambers, D. (2019). Emerging temporalities in the multiscreen home. *Media, Culture & Society*. https://doi.org/10.1177/0163443719867851

Chaudron, S. (2015). Young children (0–8) and digital technology: A qualitative exploratory study across seven countries. Retrieved from http:// publications.jrc.ec.europa.eu/repository/handle/JRC93239

Child Poverty Action Group. (2018). The UK poverty line. Retrieved from http://www.cpag.org.uk/content/uk-poverty-line

Children in care, Looked after children. (2007, May 23). Retrieved from https://www.communitycare.co.uk/2007/05/23/children-in-care/

Children of Britain's "digital generation" aiming for careers in technology, study shows. (2018, January 23). *The Independent*. Retrieved from https://www.independent.co.uk/news/education/education-news/british-children-career-ambitions-tech-sectoryoutuber-vlogging-software-animation-web-design-study-a8174056.html

The Children's Society. (2019*). The good childhood report 2019*. London, UK: Author.

Ching, D., Santo, R., Hoadley, C., & Peppler, K. (2015). On-ramps, lane changes, detours and destinations: Building connected learning pathways in Hive NYC through brokering future learning opportunities. Retrieved from https://hiveresearchlab.org/2015/04/13/on-ramps-lane-changes-detours-and-destinations-new-communitydeveloped-white-paper-on-supporting-pathways-through-brokering/

Chua, A. (2011). *Battle hymn of the tiger mother*. London, UK: Bloomsbury; 에이미 추아, 황소연 옮김, 《타이거 마더》(민음사, 2011).

Clark, L. S. (2013). *The parent app: Understanding families in the digital age*. Oxford, UK: Oxford University Press.

Clark, L. S., Demont-Heinrich, C., & Webber, S. (2005). Parents, ICTs, and children's prospects for success: Interviews along the digital "access rainbow." *Critical Studies in Media Communication, 22*(5), 409–426. doi:10.1080/07393180500342985

Clarkson, J., Coleman, R., Keates, S., & Lebbon, C. (2003). *Inclusive design—Design for the whole population*. London, UK: Springer.

Coburn, C., & Penuel, W. (2016). Research–practice partnerships in education: Outcomes, dynamics, and open questions. *Educational Researcher, 45*(1), 48–54.

Coleman, G. (2014). *Hacker, hoaxer, whistleblower, spy: The many faces of Anonymous*. London, UK, and New York, NY: Verso; 가브리엘라 콜먼, 이연주 옮김, 《어나니머스의 여러 가지 얼굴》(에이콘출판, 2016).

Coleman, G. (2017). From internet farming to weapons of the geek. *Current

406

Anthropology, 58, S91 –S102.

Coleman, J. S., Campbell, E., Hobson, C., McPartland, J., Mood, A., Weinfeld, F., & York, R. (1966). *Equality of educational opportunity*. Washington, DC: US Office of Education.

Colombo, F., & Fortunati, L. (Eds.). (2011). *Broadband society and generational changes* (Vol. 5). Frankfurt am Main, Germany: Peter Lang.

Common Sense Media. (2018). Truth about tech: How tech has kids hooked. Retrieved from https://www.commonsensemedia.org/kids-action/truth-about-tech

Cooke, E. (2018, July 9). In the middle class, and barely getting by. *New York Times*. Retrieved from https://www.nytimes.com/2018/07/09/books/review/alissaquart-squeezed.html?hp&action=click&pgtype=Homepage&clickSource=storyheading&module=second-column-region&region=top-news&WT.nav=top-news

Cooper, M. (2014). *Cut adrift: Families in insecure times*. Berkeley, CA: University of California Press.

Corlett, A. (2017). Unequal results: Improving and reconciling the UK's household income statistics. Retrieved from https://www.resolutionfoundation.org/app/uploads/2017/12/Unequal-results.pdf

Cranmer, S. (2017). Disabled children and young people's uses and experiences of digital technologies for learning. Retrieved from http://www.research.lancs.ac.uk/portal/en/publications/-(08306570-fadd-45b6-8a68-6fa0d6f68e60).html

Crenshaw, K. (1991). Mapping the margins: Intersectionality, identity politics, and violence against women of color. *Stanford Law Review, 43*(6), 1241 –1299.

Cribb, J., Hood, A., Joyce, R., & Phillips, D. (2013). Living standards, poverty and inequality in the UK: 2013. Retrieved from http://www.ifs.org.uk/comms/r81.pdf

Critcher, C. (2003). *Moral panics and the media*. Buckingham, UK: Open University Press.

Cross, M. (2013). Demonised, impoverished and now forced into isolation: The

fate of disabled people under austerity. *Disability & Society, 28*(5), 719 –
723.

Csikszentmithalyi, M., Rathunde, K., & Whalen, S. (1993). *Talented teenagers*.
Cambridge, UK: Cambridge University Press; 미하이 칙센트미하이, 케빈 래선드,
새뮤얼 웰런, 조미현 옮김,《십대의 재능은 어떻게 발달하고 어떻게 감소하는가》(에코리
브르, 2016).

Cunningham, H. (2006). *The invention of childhood*. London, UK: BBC
Books.

Curtarelli, M., Gualtieri, V., Shater Jannati, M., & Donlevy, V. (2017). ICT for
work: Digital skills in the workplace. Retrieved from https://ec.europa.eu/
digital-single-market/en/news/new-report-shows-digital-skills-are-
required-all-types-jobs

Cycling '74. (n.d.). Retrieved from https://cycling74.com/products/max/

Daly, A., Ruxton, S., & Schuurman, M. (2016). Challenges to children's rights
today: What do children think? A desktop study on children's views and priorities
to inform the next Council of Europe Strategy for the Rights of the Child.
Retrieved from https://rm.coe.int/CoERMPublicCommonSearchServices/Disp
layDCTMContent?documentId=0900001680643ded

Data & Society Research Institute. (2017). Brief of amici curiae (16 – 402).
Washington DC. Retrieved from https://datasociety.net/pubs/fatml/
DataAndSociety_CarpentervUS_Amicus_Brief.pdf

Davies, H., & Eynon, R. (2018). Is digital upskilling the next generation our
"pipeline to prosperity"? *New Media & Society, 20*(11), 3961 – 3979.

Davies, W. (2014). Neoliberalism: A bibliographical review. Theory, *Culture &
Society, 31*(7 – 8), 309 – 317. doi:10.1177/0263276414546383

de Wolfe, J. (2014). *Parents of children with autism: An ethnography*. New
York, NY: Palgrave Macmillan.

Demarrais, K. (2002). What happens when researchers inquire into difficult
emotions? Reflections on studying women's anger through qualitative
interviews. *Educational Psychologist, 37*(2), 115 – 123.

Department for Digital, Culture, Media & Sport (DCMS). (2018). Creative
industries: Sector deal. London: Crown copyright. Retrieved from https://

www.gov.uk/government/publications/creative-industries-sector-deal/
creative-industriessector-deal-html

Department for Education. (2013). Computing programmes of study: Key stages
3 and 4. Crown copyright. Retrieved from https://www.computingatschool.org.
uk/data/uploads/secondary_national_curriculum_-_computing.pdf

Department for Education. (2017). Special educational needs in England.
Retrieved from https://assets.publishing.service.gov.uk/government/
uploads/system/uploads/attachment_data/file/633031/SFR37_2017_Main_
Text.pdf

Department for Education. (2018, January 25). Prime minister announces
£20 million Institute of Coding. Press release. London, UK: Author.

Dermott, E., & Pomati, M. (2015). "Good" parenting practices: How important
are poverty, education and time pressure? *Sociology, 50*(1), 125–142.
doi:10.1177/0038038514560260

Deutsch, S. (2017). *The friendship code 1*. New York, NY: Penguin Workshop.

Dickson-Swift, V., James, E., Kippen, S., & Liamputtong, P. (2009). Researching
sensitive topics: Qualitative research as emotion work. *Qualitative
Research, 9*(1), 61–79.

Dionne, E. (2017). Black nerds reveal what the geek world is mission. *Revelist*.

Domoff, S. E., Miller, A. L., Khalatbari, N., Pesch, M. H., Harrison, K., Rosenblum,
K., & Lumeng, J. C. (2017). Maternal beliefs about television and parental
mediation in a low-income United States sample. *Journal of Children and
Media, 11*(3), 278–294. doi:10.1080/17482798.2017.1339102

Donzelot, J., & Hurley, R. (1997). *The policing of families*. Baltimore, MD, and
London, UK: Johns Hopkins University Press.

Doucet, A., & Mauthner, N. (2008). Qualitative interviewing and feminist
research. In P. Alasuutari, L. Bickman, & J. Brannen (Eds.), *The SAGE
handbook of social research methods* (pp. 328–343). London, UK: Sage.

Douglas, S., & Michaels, M. W. (2005). *The mommy myth: The idealization
of motherhood and how it has undermined all women*. New York,
NY: Free Press.

Dredge, S. (2014). Coding at school: A parent's guide to England's new computing curriculum. *The Guardian*. Retrieved from https://www.theguardian.com/technology/2014/sep/04/coding-school-computing-children-programming

Drummond, K., & Stipek, D. (2004). Low-income parents' beliefs about their role in children's academic learning. *Elementary School Journal, 104*(3), 197–213.

Duggan, M., Lenhart, A., Lampe, C., & Ellison, N. (2015). Parents and social media. Retrieved from http://www.pewinternet.org/files/2015/07/Parents-and-Social-MediaFIN-DRAFT-071515.pdf

Dunbar-Hester, C. (2014). Low power to the people: Pirates, protest and politics in FM radio activism. Retrieved from http://hdl.handle.net/2027/heb.01134.0001.001

Duncombe, J., & Jessop, J. (2012). "Doing rapport" and the ethics of "faking friendship." In T. Miller, M. Birch, M. Mauthner, & J. Jessop (Eds.), *Ethics in qualitative research* (2nd ed., pp. 107–122). London, UK: Sage.

EA Sports. (2018). FIFA 19. Retrieved from https://www.easports.com/fifa

Education City. (2015). Retrieved from https://www.educationcity.com/us/

Ellcessor, E. (2016). *Restricted access: Media, disability, and the politics of participation* New York, NY: New York University Press.

Ellcessor, E., & Kirkpatrick, B. (2017). *Disability media studies*. New York, NY: New York University Press.

Ellis, K., & Goggin, G. (2015). *Disability and the media*. London, UK: Palgrave Macmillan; 케이티 엘리스, 제러드 고긴, 우형진, 우충완 옮김, 《장애와 미디어》(우리나비, 2020).

Ely, M., Anzul, M., Friedman, T., Garner, D., & Steinmetz, A. (1991). Doing qualitative research: Circles within circles. London, UK: Falmer.

Ensmenger, N. (2010). *The computer boys take over: Computers, programmers and the politics of technical expertise*. London, UK: MIT Press.

Erstad, O., Gilje, ø., Sefton-Green, J., & Christian Arnseth, H. (2016). *Learning identities, education and community: Young lives in the cosmopolitan city*. Cambridge, UK: Cambridge University Press.

ESOMAR. (2016). ICC/ESOMAR international code on market, opinion and social research and data analytics. Retrieved from https://www.esomar.org/uploads/public/knowledge-and-standards/codes-and-guidelines/ICCESOMAR_Code_English_.pdf

European Commission. (2018). Digital competences and technology in education. Retrieved from http://ec.europa.eu/education/policy/strategic-framework/educationtechnology_en

Eurostat Press Office. (2016). *Almost 8 out of 10 internet users in the EU surfed via a mobile or smart phone in 2016*. Brussels, Belgium: Eurostat.

Evans, C. A., Jordan, A. B., & Horner, J. (2011). Only two hours?: A qualitative study of the challenges parents perceive in restricting child television time. *Journal of Family Issues, 32*(9), 1223 – 1244. doi:10.1177/0192513x11400558

Exley, D. (2019). *The end of aspiration? Social mobility and our children's fading prospects*. Bristol, UK: Policy Press.

Faircloth, C. (2013). *Militant lactivism? Attachment parenting and intensive motherhood in the UK and France*. New York, NY: Berghahn Books.

Faircloth, C., Hoffman, D. M., & Layne, L. L. (2013). *Parenting in global perspective: Negotiating ideologies of kinship, self and politics*. Abingdon, UK: Routledge.

Faircloth, C., & Murray, M. (2014). Parenting: Kinship, expertise, and anxiety. *Journal of Family Issues, 36*(9), 1115 – 1129. doi:10.1177/0192513x14533546

Faucett, H., Ringland, K., Cullen, A., & Hayes, G. (2017). (In)visibility in disability and assistive technology. *ACM Transactions on Accessible Computing (TACCESS), 10*(4), 1 – 17.

Feiler, B. (2017). App time for nap time: The parennials are here. *New York Times*. Retrieved from https://www.nytimes.com/2017/11/04/style/millennial-parentsparennials.html

Feinstein, L., & Sabates, R. (2006). Predicting adult life outcomes from earlier signals: Identifying those at risk. Retrieved from http://www.pm.gov.uk/files/pdf/PMSUreport.pdf

Fishwick, S. (2017, February 17). London's video game development industry is thriving—from AAA blockbusters to indie mobile games. *London Evening Standard*.

Fisk, N. W. (2016). *Framing internet safety: The governance of youth online*. Cambridge, MA: MIT Press.

Fleischmann, A., & Fleischmann, C. (2012). *Carly's voice: Breaking through autism*. New York, NY: Touchstone; 아서 플라이슈만, 칼리 플라이슈만, 김보영 옮김,《문을 여는 첫 번째 사람》(씨드북, 2019).

Flores, M., Musgrove, K., Renner, S., Hinton, V., Strozier, S., Franklin, S., & Hil, D. (2012). A comparison of communication using the Apple iPad and a picture-based system. *Augmentative and Alternative Communication, 28*(2), 74–84. doi:10.3109/07434618.2011.644579

Florida, R. (2014). *The rise of the creative class*—Revisited. New York, NY: Basic Books; 리처드 플로리다, 이길태 옮김,《신창조 계급》(북콘서트, 2011).

Foer, F. (2017). *World without mind: The existential threat of big tech*. New York, NY: Penguin Press; 프랭클린 포어, 박상현, 이승연 옮김,《생각을 빼앗긴 세계》(반비, 2019).

Fortunati, L., Taipale, S., & de Luca, F. (2017). Digital generations, but not as we know them. *Convergence: The International Journal of Research into New Media Technologies, 25*(1), 1–18. doi:10.1177/1354856517692309

Friere, P. (1973). *Education for critical consciousness*. London, UK: Continuum; 파울루 프레이리, 채광석 옮김,《교육과 의식화》(중원문화, 2007).

Fuller, M. (2017). *How to be a geek: Essays on the culture of software*. Cambridge, UK: Polity Press.

Furedi, F. (1997). *Culture of fear: Risk-taking and the morality of low expectation*. London, UK: Cassell; 프랭크 푸레디, 박형신, 박형진 옮김,《우리는 왜 공포에 빠지는가?》(이학사, 2011).

Furedi, F. (2008). *Paranoid parenting: Why ignoring the experts may be best for your child*. London, UK: Continuum.

Furedi, F. (2014). Forward. In *Parenting culture studies*. New York, NY: Palgrave Macmillan.

Fusch, P., & Lawrence, M. (2015). Are we there yet? Data saturation in qualitative research. *Qualitative Report, 20*(9), 1408–1416.

Gadlin, H. (1978). Child discipline and the pursuit of self: An historical interpretation. *Advances in Child Development and Behavior, 12*, 231–

265.

Gee, E., Takeuchi, L., & Wartella, E. (2017). *Children and families in the digital age: Learning together in a media saturated culture*. New York: Routledge.

Gergen, K. J. (2009). *Relational being: Beyond self and community*. Oxford, UK: Oxford University Press.

Gibeault, M. J. (2016). Embracing geek culture in undergraduate library instruction: The TIL Subreddit for resource evaluation and qualitative assessment. *Reference Librarian, 57*(3), 205 – 212.

Giddens, A. (1991). *Modernity and self-identity: Self and society in the late modern age*. Stanford, CA: Stanford University Press; 앤서니 기든스, 권기돈 옮김,《현대성과 자아정체성》(새물결, 2010).

Giddens, A. (1992). *The transformation of intimacy: Sexuality, love and eroticism in modern societies*. Stanford, CA: Stanford University Press; 앤서니 기든스, 황정미 외 옮김,《현대사회의 성 사랑 에로티시즘 : 친밀성의 구조변동》(새물결, 1996).

Giddens, A. (1993). *New rules of sociological method: A positive critique of interpretative sociologies* (2nd ed.). Cambridge, UK: Polity.

Giddens, A. (1999). *Runaway world: How globalisation is reshaping our lives*. London, UK: Profile Books; 앤서니 기든스, 박찬욱 옮김,《질주하는 세계》(생각의나무, 2000).

Gillies, V. (2008). Childrearing, class and the new politics of parenting. *Sociology Compass, 2*(3), 1079 – 1095.

Gillies, V. (2011). From function to competence: Engaging with the new politics of family. *Sociological Research Online, 16*(4), 1 – 11.

Glover, D., Miller, D., Averis, D., & Door, V. (2005). The interactive whiteboard: A literature survey. *Technology, Pedagogy and Education, 14*(2), 155 – 170. doi:10.1080/14759390500200199

Goffman, E. (1963). *Stigma: Notes on the management of spoiled identity*. Englewood Cliffs, NJ: Prentice-Hall; 어빙 고프먼, 윤선길 옮김,《스티그마: 장애의 세계와 사회적응》(한신대학교출판부, 2009).

Goggin, G., & Newell, C. (2003). *Digital disability: The social construction of disability in new media*. Lanham, MD: Rowman & Littlefield Publishers.

Goldberg, A. (2010). Lesbian and gay parents and their children: Research on the family life cycle. In *Contemporary perspectives on lesbian, gay, and bisexual psychology*. Washington, DC: American Psychological Association.

Goldthorpe, J. (2016). Social class mobility in modern Britain: Changing structure, constant process. *Journal of the British Academy, 4*, 89–111. doi:10.5871/jba/004.089

Gomez, K., & Lee, U.-S. (2015). Situated cognition and learning environments: Implications for teachers on- and offline in the new digital media age. *Interactive Learning Environments, 23*(5), 634–652. doi:10.1080/10494820.2015.106 4447

González, N., Moll, L. C., & Amanti, C. (Eds.). (2005). *Funds of knowledge: Theorizing practices in households, communities, and classrooms*. Mahwah, NJ: Lawrence Erlbaum Associates.

Goodley, D., Lawthom, R., & Runswick-Cole, K. (2014). Dis/ability and austerity: Beyond work and slow death. *Disability & Society, 29*(6), 980–984.

Google Street View. (2018). Retrieved from https://mapstreetview.com/

Goriunova, O. (2014). *Fun and software: Exploring pleasure, paradox and pain in computing*. London, UK: Bloomsbury Academic.

Gove, M. (2012). "Harmful" ICT curriculum set to be dropped to make way for rigorous computer science. Press Release. Department of Education. Retrieved from https://www.gov.uk/government/news/harmful-ict-curriculum-set-to-be-dropped-to-makeway-for-rigorous-computer-science

Graham, M., Hjorth, I., & Lehdonvirta, V. (2017). Digital labour and development: Impacts of global digital labour platforms and the gig economy on worker livelihoods. *Transfer, 23*(2), 135–162.

Grant, P., & Basye, D. (2014). *Personalized learning: A guide for engaging students with technology*. Washington, D.C.: International Society for Technology in Education.

Gubrium, J., & Holstein, J. (2009). *Analyzing narrative reality*. Thousand Oaks,

CA: Sage Publications.

Guernsey, L. (2012). Screen time: How electronic media—from baby videos to educational software—affects your young child. New York, NY: Basic Books.

Guernsey, L., & Levine, M. (2017). How to bring early learning and family engagement into the digital age. Retrieved from http://www.joanganzcooneycenter.org/wpcontent/uploads/2017/04/digital_age.pdf

Guernsey, L., & Levine, M. H. (2015). *Tap, click, read: Growing readers in a world of screens*. San Francisco, CA: Jossey-Bass.

Gulliford, R., & Upton, G. (Eds.). (1992). *Special educational needs*. New York, NY: Routledge.

Gutiérrez, K., Zitlali Morales, P., & Martinez, D. C. (2009). Re-mediating literacy: Culture, difference, and learning for students from nondominant communities. *Review of Research in Education, 33*(1), 212–245. doi:10.3102/0091732X08328267

Gutiérrez, K. D., Izquierdo, C., & Kremer-Sadlik, T. (2010). Middle class working families' beliefs and engagement in children's extra-curricular activities: The social organization of children's futures. *International Journal of Learning, 17*(3), 633–656.

Gutiérrez, K. D., & Rogoff, B. (2003). Cultural ways of learning: Individual traits or repertoires of practice. *Educational Researcher, 32*(5), 19–25. doi:10.3102/0013189X032005019

Haddon, L. (2006). The contribution of domestication research to in-home computing and media consumption. *Information Society, 22*(4), 195–203. doi:10.1080/01972240600791325

Hallgarten, J. (2000). *Parents exist, OK!? Issues and visions for parent-school relationships*. London, UK: IPPR.

Hamid, T., Nacu, D., Li, T., Gemmell, J., Stan Raicu, D., Martin, C. K., . . . Pinkard, N. (2016). *Recommender system to support brokering of youth learning opportunities*. 이 논문은 2016 IEEE/WIC/ACM International Conference on Web Intelligence Workshops (WIW), Omaha, NE에서 발표되었다.

Hamilton, L. T. (2016). *Parenting to a degree*. Chicago, IL: University of

Chicago Press.

Hardyment, C. (2007). *Dream babies: Childcare advice from John Locke and Gina Ford*. London, UK: Francis Lincoln.

Harkness, S., & Super, C. M. (1996). *Parents' cultural belief systems: Their origins, expressions and consequences*. New York, NY: Guilford Press.

Hartas, D., Lee, E., Connect, P., Bristow, J., Faircloth, C., & Macvarish, J. (2014). *Parenting culture studies*. London, UK: Palgrave Macmillan.

Hartmann, M. (2008). Domestication of technology. In W. Donsbach (Ed.), *The international encyclopedia of communication* (Vol. IV, pp. 1413–1415). Oxford, UK: Wiley-Blackwell.

Hays, S. (1998*). The cultural contradictions of motherhood*. New Haven, CT, and London, UK: Yale University Press.

Hays, S. (2004). *Flat broke with children: Women in the age of welfare reform*. Oxford, UK: Oxford University Press.

Heitner, D. (2016). *Screenwise: Helping kids thrive (and survive) in their digital world*. New York, NY: Routledge; 데버라 하이트너, 이민희 옮김,《디지털 원주민 키우기: 스마트폰 시대의 미디어 교육법》(창비, 2020).

Helsper, E. J. (2017). The social relativity of digital exclusion: Applying relative deprivation theory to digital inequalities. *Communication Theory, 27*(3), 223–242.

Helsper, E. J., & Eynon, R. (2010). Digital natives: Where is the evidence? *British Educational Research Journal, 36*(3), 502–520. doi:10.1080/01411920902989227

Henderson, N. (2011). When Mumsnet speaks, politicians listen. *BBC News*. Retrieved from http://www.bbc.co.uk/news/uk-12238447

Henderson, S., Holland, J., McGrellis, S., Sharpe, S., & Thompson, R. (2012). *Inventing adulthoods: A biographical approach to youth transitions*. London, UK: Sage.

Herek, G. (2010). Sexual orientation differences as deficits: Science and stigma in the history of American psychology. *Perspectives on Psychological Science, 5*(6), 693–699.

Hidi, S., & Renninger, K. A. (2006). The four-phase model of interest development. *Educational Psychologist, 41*(2), 111–127. doi:10.1207/

s15326985ep4102_4

Higashida, N. (2013). *The reason I jump*. New York, NY: Penguin Random House.

Hill, M., & Tisdall, E. K. M. (1997). *Children and society*. London, UK: Longman.

Hine, C. (2015). *Ethnography for the Internet: Embedded, embodied and everyday*. London, UK: Bloomsbury.

Hinton, D., Laverty, L., & Robinson, J. (2013). Negotiating (un)healthy lifestyles in an era of "intensive" parenting: Ethnographic case studies from north-west England, UK. In C. Faircloth, D. M. Hoffman, & L. L. Layne (Eds.), *Parenting in global perspective: Negotiating ideologies of kinship, self and politics*. Abingdon, UK, and New York, NY: Routledge.

Hoadley, C. (2012). What is community of practice and how can we support it? In S. Land & D. Jonassen (Eds.), *Theoretical foundations of learning environments* (2nd ed., pp. 287–300). New York, NY: Routledge; 데이비드 H. 요나센, 수전 M 랜드, 한승연, 한인숙 옮김, 《학습환경 설계의 이론적 기반》(학지사, 2014).

Hochschild, A. R. (1997). *The time bind: When work becomes home and home becomes work*. New York, NY: Metropolitan Books.

Hofer, B., Woody Thebodo, S., Meredith, K., Kaslow, Z., & Saunders, A. (2016). The long arm of the digital tether: Communication with home during study abroad. *Frontiers, XXVIII*, 24–41.

Hoffman, D. M. (2010). Risky investments: Parenting and the production of the "resilient child." *Health, Risk & Society, 12*(4), 385–394.

Hollingworth, S., Mansaray, A., Allen, K., & Rose, A. (2011). Parents' perspectives on technology and children's learning in the home: Social class and the role of the habitus. *Journal of Computer Assisted Learning, 27*(4), 347–360. doi:10.1111/j.1365-2729.2011.00431.x

Holt, J. (2017). *How children learn* (50th Anniversary ed.). Cambridge, MA: Da Capo Press; 존 홀트, 공양희, 해성 옮김, 《아이들은 어떻게 배우는가》(아침이슬, 2007).

Honore, C. (2008). *Under pressure: How the epidemic of hyper-parenting is endangering children*. Toronto: Random House of Canada.

Hoop. (2018). Retrieved from https://hoop.co.uk/

Hoover, S., & Clark, L. S. (2008). Children and media in the context of the home and family. In K. Drotner & S. Livingstone (Eds.), *International handbook of children, media and culture* (pp. 105 – 120). London, UK: Sage.

Hoover-Dempsey, K., & Sandler, H. (1997). Why do parents become involved in their children's education? *Review of Educational Research, 67*(1), 3 – 42.

Hulbert, A. (2003). *Raising America: Experts, parents, and a century of advice about children.* New York, NY: Alfred A. Knopf.

Husmann, P., & O'Loughlin, V. (2018). Another nail in the coffin for learning styles? Disparities among undergraduate anatomy students' study strategies, class performance, and reported VARK learning styles. *Anatomical Sciences Education, 12*(1), 6 – 19.

Inger, M. (2011). Developing the theoretical content in Universal Design. *Scandinavian Journal of Disability Research, 15*(3), 203 – 215.

Institute for the Future for Dell Technologies. (2017). Emerging technologies' impact on society and work in 2030. Retrieved from https://www. delltechnologies.com/ content/dam/delltechnologies/ assets/ perspectives/2030/pdf/SR1940_IFTFforDellTechnologies_Human-Machine_070517_readerhigh-res.pdf

Ito, M. (2009). *Engineering play: Children's software and the productions of everyday life.* Cambridge, MA: MIT Press.

Ito, M. (2017). What a Minecraft server for kids with autism teaches us about haters and allies. Retrieved from https://medium.com/connected-parenting/what-a-minecraftserver-for-kids-with-autism-teaches-us-about-haters-and-allies-5a151db8dde7

Ito, M., Baumer, S., Bittanti, M., boyd, d., Cody, R., Herr-Stephenson, B., . . . Tripp, L. (2010). *Hanging out, messing around, geeking out: Kids living and learning with new media.* Cambridge, MA: MIT Press.

Ito, M., Gutiérrez, K., Livingstone, S., Penuel, B., Rhodes, J., Salen, K., . . . Watkins, S. C. (2013). Connected learning: An agenda for research and design. Retrieved from http://dmlhub.net/publications/connected-learningagenda-for-research-and-design/

Ito, M., Horst, H., Bittanti, M., Boyd, D., Herr-Stephenson, B., Lange, P. G., ... Tripp, L. (2008). *Living and learning with new media: Summary of findings from the Digital Youth Project*. Cambridge, MA: MIT Press.

Ito, M., Martin, C., Cody Pfister, R., Rafalow, M., Salen, K., & Wortman, A. (2018). *Affinity online: How connection and shared interest fuel learning*. New York, NY: New York University Press.

Ito, M., Arum, R., Conley, D., Gutiérrez, K., Kirshner, B., Livingstone, S., Michalchik, V., Penuel, W., Peppler, K., Pinkard, N., Rhodes, J., Salen Tekinbaş, K., Schor, J., Sefton-Green, J., and Watkins, S. C., (2020). The Connected Learning Research Network: Reflections on a Decade of Engaged Scholarship. Irvine, CA: Connected Learning Alliance.

Jack, J. (2014). *Autism and gender: From refrigerator mothers to computer geeks*. Urbana, IL: University of Illinois Press.

Jackson, L. A., Zhao, Y., Witt, E. A., Fitzgerald, H. E., von Eye, A., & Harold, R. (2009). Selfconcept, self-esteem, gender, race and information technology use. *CyberPsychology & Behavior, 12*(4), 437–440.

Jackson, S., & Scott, S. (1999). Risk anxiety and the social construction of childhood. In D. Lupton (Ed.), *Risk and sociocultural theory: New directions and perspectives* (pp. 86–107). New York, NY: Cambridge University Press.

James, A. (Ed.). (2013). *Socialising children*. Basingstoke, UK: Palgrave Macmillan.

Jamieson, L. (2007). Intimacy. In G. Ritzer (Ed.), *The Blackwell encyclopedia of sociology*. Malden, MA: Blackwell Publishing.

Jancovich, M. (2002). Cult fictions: Cult movies, subcultural capital and the production of cultural distinctions. *Cultural Studies, 16*(2), 306–322.

Jaysane-Darr, A. (2013). Nurturing Sudanese, producing Americans: Refugee parents and personhood. In C. Faircloth, D. M. Hoffman, & L. L. Layne (Eds.), *Parenting in global perspective: Negotiating ideologies of kinship, self and politics*. Abingdon, UK: Routledge.

Jenkins, H. (1992). *Textual poachers*. London, UK: Routledge.

Jenkins, H. (2006). An occasional paper on digital media and learning.

Confronting the challenges of participatory culture: Media education for the 21st century. Retrieved from http://www.digitallearning.macfound.org/

Jenkins, H., Ito, M., & boyd, d. (2016). *Participatory culture in a networked era: A conversation on youth, learning, commerce, and politics.* Cambridge, UK: Polity Press.

Jenkins, H., Shresthova, S., Gamber-Thompson, L., Kligler-Vilenchik, N., & Zimmerman, A. (2016). *By any media necessary: The new youth activism.* New York, NY: New York University Press.

Jensen, T. (2013). "Mumsnetiquette": Online affect within parenting culture. In C. Maxwell & P. Aggleton (Eds.), *Privilege, agency and affect* (pp. 127–145). London, UK: Palgrave Macmillan.

Jensen, T. (2016). Against resilience. In R. Garrett, T. L. Jensen, & A. Voela (Eds.), We need to talk about family: Essays on neoliberalism, the family and popular culture (pp. 76–94). Newcastle upon Tyne, UK: Cambridge Scholars Publishing.

Jessop, B. (2002). *The future of the capitalist state.* Cambridge, MA: Polity Press; 밥 제솝, 김영화 옮김,《자본주의 국가의 미래》(양서원, 2010).

Jones, G., O'Sullivan, A., & Rouse, J. (2007). Young adults, partners and parents: Individual agency and the problems of support. *Journal of Youth Studies, 9*(4), 375–392.

Jordan, L. S. (2016, January 6). Writing for the mighty, for my son and with my son. *Washington Post.* Retrieved from https://www.washingtonpost.com/news/parenting/wp/2016/01/06/writing-for-the-mighty-for-my-son-and-with-my-son/

Joshi, K. D., Trauth, E., Kvansy, L., Morgan, A., & Payton, F. (2017). Making Black lives matter in the information technology profession: Issues, perspectives, and a call for action. *ACM SIGMIS Database: The DATABASE for Advances in Information Systems, 48*(2), 2–34.

Kahf, U. (2007). Arabic hip hop: Claims of authenticity and identity of a new genre. *Journal of Popular Music Studies, 19*(4), 359–385.

Kamenetz, A. (2018). *The art of screen time: How your family can balance digital media and real life.* New York, NY: Public Affairs.

Kapp, S., Gillespie-Lynch, K., Sherman, L., & Hutman, T. (2012). Deficit, difference, or both? Autism and neurodiversity. *Developmental Psychology, 49*(1), 59–71.

Katz, J. E., Rice, R. E., & Aspden, P. (2001). Access, civic involvement, and social interaction. *American Behavioral Scientist, 45*(3), 405–419.

Katz, V. S. (2014). *Kids in the middle: How children of immigrants negotiate community interactions for their families.* New Brunswick, NJ: Rutgers University Press.

Katz, V. S., Gonzalez, C., & Clark, K. (2017). Digital inequality and developmental trajectories of low-income, immigrant, and minority children. *Pediatrics, 140*(s2), s132–s136. doi:10.1542/peds.2016-1758R

Katz, V. S., & Levine, M. H. (2015). Connecting to learn: Promoting digital equity for America's Hispanic families. Retrieved from http://digitalequityforlearning.org/wpcontent/uploads/2015/12/2015-Katz-Levine_Connecting-to-Learn-brief.pdf

Katz, V. S., Moran, M. B., & Gonzalez, C. (2018). Connecting with technology in lower-income US families. *New Media & Society, 20*(7), 2509–2533.

Kehler, M. (2015). Please don't call me a warrior mom. *The Art of Autism.* Retrieved from https://the-art-of-autism.com/please-dont-call-me-a-warrior-mom/.

Kendall, L., & Taylor, E. (2014). "We can't make him fit into the system": Parental reflections on the reasons why home education is the only option for their child who has special educational needs. *International Journal of Primary, Elementary and Early Years Education, 44*(3), 297–310.

Kerr, A. (2011). The culture of gamework. In M. Deuze (Ed.), *Managing media work* (pp. 225–236). Thousand Oaks, CA: Sage.

Kligler-Vilenchik, N. (2013). "Decreasing world suck": Fan communities, mechanisms of translation, and participatory politics. Retrieved from http://ypp.dmlcentral.net/sites/default/files/publications/Decreasing_World_Suck_6.25.13_0.pdf

Kohn, A. (2016). *The myth of the spoiled child: Coddled kids, helicopter parents, and other phony crises.* Boston, MA: Beacon Press.

Konzack, L. (2006). *Geek culture: The 3rd counter-culture*. Presented at FNG2006, June 26–28, Preston, UK.

Koshy, S., McAlear, F., Martin, A., & Scott, A. (2018). Exploring predictors of computer science outcomes among underrepresented high school students of color. Presentation of the Kapor Center for Social Impact. Retrieved from https://www.kaporcenter.org/wp-content/uploads/2018/08/AERA-2018_-Exploring-Predictors-of-ComputerScience-Outcomes-among-Underrepresented-High-School-Students-of-ColorAlexis-Martin-1.pdf

Krakowiak, P., Goodlin-Jones, B., Hertz-Picciotto, I., Croen, L., & Hansen, R. (2008). Sleep problems in children with autism spectrum disorders, developmental delays, and typical development: A population-based study. *Journal of Sleep Research, 17*(2), 197–206.

Kremer-Sadlik, T., Izquierdo, C., & Fatigante, M. (2010). Making meaning of everyday practices: Parents' attitudes toward children's extra-curricular activities in the United States and in Italy. *Anthropology of Education Quarterly, 4*(1), 35–54.

Kvande, E. (1999). 'In the Belly of the Beast': Constructing femininities in engineering organizations. *European Journal of Women's Studies, 6*(3), 305–328. https://doi.org/10.1177/135050689900600304.

Kvansy, L., Joshi, K., & Trauth, E. (2015). *Understanding Black males' IT career choices. Paper presented at the iConference*, Newport Beach, CA.

Lange, P. G. (2014). *Kids on YouTube: Technical identities and digital literacies*. WalnutCreek, CA: Routledge.

Lansbury, J. (2014). *Elevating child care: A guide to respectful parenting*. Los Angeles, CA: JLML Press.

Lansdown, G. (2014). 25 years of UNCRC: Lessons learned in children's participation. *Canadian Journal of Children's Rights, 1*(1), 172–190.

Lareau, A. (2011). *Unequal childhoods: Class, race, and family life*. Los Angeles, CA: University of California Press; 아네트 라루, 박상은 옮김,《불평등한 어린 시절》(에코리브르, 2012).

Lareau, A., Adia Evans, S., & Yee, A. (2016). The rules of the game and the uncertain transmission of advantage. *Sociology of Education, 89*(4), 279 – 299. doi:10.1177/0038040716669568

Lee, E., Bristow, J., Faircloth, C., & Macvarish, J. (2014). *Parenting culture studies*. London, UK: Palgrave Macmillan.

Lee, E., Macvarish, J., & Bristow, J. (2010). Risk, health and parenting culture. *Health, Risk & Society, 12*(4), 293 – 300.

Lee, S. J. (2012). Parental restrictive mediation of children's internet use: Effective for what and for whom? *New Media & Society, 15*(4), 466 – 481. doi:10.1177/1461444812452412

Lenhart, A., & Fox, S. (2006). Bloggers: A portrait of the internet's new storytellers. Retrieved from http://www.pewinternet.org/files/old-media/ Files/Reports/2006/PIP%20Bloggers%20Report%20July%2019%202006. pdf.pdf

Lester, J., & Paulus, T. (2012). Performative acts of autism. *Discourse & Society, 23*(3), 259 – 273.

Leurs, K., & Georgiou, M. (2016). Digital makings of the cosmopolitan city? Young people's urban imaginaries of London. *International Journal of Communication, 10*, 3689 – 3709.

LeVine, R., & LeVine, S. S. L. (2016). *Do parents matter?: Why Japanese babies sleep soundly, Mexican siblings don't fight, and parents should just relax*. New York, NY: PublicAffairs; 로버트 러바인, 세라 러바인, 안준희 옮김, 《부모는 중요하지 않다》(눌민, 2022).

Levitas, R. (2013). *Utopia as method: The imaginary reconstruction of society*. Basingstoke, UK: Palgrave Macmillan.

Lewiecki-Wilson, C. (2003). Rethinking rhetoric through mental disabilities. *Rhetoric Review, 22*(2), 156 – 167.

Lieblich, A., Tuval-Mashiach, R., & Zilber, T. B. (1998). *Narrative research: Reading, analysis and interpretation* (Vol. 47). Thousand Oaks, CA: Sage.

Lievrouw, L., & Livingstone, S. (2009). Introduction. In L. Lievrouw & S. Livingstone (Eds.), *New media. Sage benchmarks in communication* (pp. xx – xl). London, UK: Sage.

Lim, S. S. (2018). Transcendent parenting in digitally connected families. When the technological meets the social. In Mascheroni, G., Ponte, C., & Jorge, A. (Ed.), *Digital parenting: The challenges for families in the digital age* (pp. 31 – 39). Göteborg, Sweden: Nordicom.

Linton, S. (2006). Reassigning meaning. In L. Davis (Ed.), *The disability studies reader* (2nd ed., pp. 161 – 172). New York, NY: Routledge.

littleBits. (2018). Retrieved from https://littlebits.com/

Littler, J. (2013). The rise of the "Yummy Mummy": Popular conservatism and the neoliberal maternal in contemporary British culture. *Communication, Culture & Critique, 6*(2), 227 – 243. doi:10.1111/cccr.12010

Livingstone, S. (2002). *Young people and new media: Childhood and changing media environment.* London, UK: Sage.

Livingstone, S. (2009). *Children and the Internet: Great expectations, challenging realiti*es. Cambridge, UK: Polity.

Livingstone, S. (2012). Critical reflections on the benefits of ICT in education. *Oxford Review of Education, 38*(1), 9 – 24.

Livingstone, S. (2013). Online risk, harm and vulnerability: Reflections on the evidence base for child internet safety policy. *ZER: Journal of Communication Studies, 18*: 13 – 28. Retrieved from http://eprints.lse. ac.uk/62278/

Livingstone, S. (2018). iGen: Why today's super-connected kids are growing up less rebellious, more tolerant, less happy—and completely unprepared for adulthood. *Journal of Children and Media, 12*(1), 118 – 123. doi:10.108 0/17482798.2017.1417091

Livingstone, S., & Blum-Ross, A. (2018). *Parenting for a digital future.* Appendix A: Methodology. London, UK: London School of Economics and Political Science. Retrieved from http://www.lse.ac.uk/media—and—communications/ assets/documents/research/preparing—for—a—digital—future/Methodology. pdf; 소니아 리빙스턴, 얼리샤 블럼-로스, 박정은 옮김,《디지털 세대의 아날로그 양육자들》(위즈덤하우스, 2023).

Livingstone, S., & Blum-Ross, A. (2019). Imagining the future through the lens of the digital: Parents' narratives of generational change. In Z. Papacharissi (Ed.), A networked self and birth, life, death (pp. 50 – 68). New York,

NY: Routledge.

Livingstone, S., Blum-Ross, A., Pavlick, J., & Ólafsson, K. (2018). In the digital home, how do parents support their children and who supports them? Parenting for a digital future: Survey report 1. Retrieved from http://www.lse.ac.uk/media-andcommunications/assets/documents/research/preparing-for-a-digital-future/P4DFSurvey-Report-1-In-the-digital-home.pdf

Livingstone, S., Blum-Ross, A., & Zhang, D. (2018). What do parents think, and do, about their children's online privacy? Parenting for a digital future: Survey report 3. Retrieved from http://eprints.lse.ac.uk/87954/1/Livingstone_Parenting%20Digital%20Survey%20Report%203_Published.pdf

Livingstone, S., & Haddon, L. (2017). Risks, opportunities, and risky opportunities: How children make sense of the online environment. In F. Blumberg & P. Brooks (Eds.), *Cognitive development in digital contexts* (pp. 275–302). San Diego, CA: Academic Press.

Livingstone, S., Haddon, L., & Görzig, A. (2012). *Children, risk and safety on the internet: Research and policy challenges in comparative perspective*. Bristol, UK: Policy Press.

Livingstone, S., Hasebrink, U., & Görzig, A. (2012). A general model of determinants of risk and safety. In S. Livingstone, L. Haddon, & A. Görzig (Eds.), *Children, risk and safety on the Internet: Research and policy challenges in comparative perspective* (pp. 323–337). Bristol, UK: Policy Press.

Livingstone, S., & Helsper, E. J. (2008). Parental mediation of children's internet use. *Journal of Broadcasting & Electronic Media, 52*(4), 581–599.

Livingstone, S., & Helsper, E. J. (2012). Gradations in digital inclusion: Children, young people and the digital divide. In J. Hughes (Ed.), *SAGE Internet Research Methods* (pp. 403–412). London, UK: Sage.

Livingstone, S., & Lunt, P. (2013). Mediated frameworks for participation. In N. Pachler & M. Boeck (Eds.), *Transformation of representation: Essays in honour of Gunther Kress* (pp. 75–84). New York, NY: Routledge.

Livingstone, S., Marsh, J., Plowman, L., Ottovordemgentschenfelde, S., &

FletcherWatson, B. (2014). Young children (0–8) and digital technology: A qualitative exploratory study—national report—UK. Retrieved from http://publications.jrc.ec.europa.eu/repository/handle/111111111/1

Livingstone, S., Mascheroni, G., & Staksrud, E. (2018). European research on children's internet use: Assessing the past and anticipating the future. *New Media & Society, 20*(3), 1103–1122. doi:10.1177/1461444816685930

Livingstone, S., & Ólafsson, K. (2018). When do parents think their child is ready to use the internet independently? Parenting for a digital future: Survey report 2. Retrieved from http://eprints.lse.ac.uk/87953/1/Livingstone_Parenting%20Digital%20Survey%20Report%202_Published.pdf

Livingstone, S., Ólafsson, K., Helsper, E. J., Lupiáñez-Villanueva, F., Veltri, G. A., & Folkvord, F. (2017). Maximizing opportunities and minimizing risks for children online: The role of digital skills in emerging strategies of parental mediation. *Journal of Communication, 67*(1), 82–105. doi:10.1111/jcom.12277

Livingstone, S., & Palmer, T. (2012). Identifying vulnerable children online and what strategies can help them. *Report of the seminar arranged by the UKCCIS Evidence Group*. Retrieved from http://www.saferinternet.org.uk/

Livingstone, S., & Sefton-Green, J. (2016). *The class: Living and learning in the digital age*. New York, NY: New York University Press.

Livingstone, S., & Third, A. (2017). Children and young people's rights in the digital age: An emerging agenda. *New Media & Society, 19*(5), 657–670. doi:10.1177/1461444816686318

Lomas, N. (2018, February 28). AI will create new jobs but skills must shift, say tech giants. Retrieved from https://techcrunch.com/2018/02/28/ai-will-create-new-jobsbut-skills-must-shift-say-tech-giants

Lopez, L. K. (2009). The radical act of "mommy blogging": Redefining motherhood through the blogosphere. *New Media & Society, 11*(5), 729–747. doi:10.1177/1461444809105349

Lopez, M. H., Gonzalez-Barrera, A., & Patten, E. (2013). Closing the digital divide: Latinos and technology adoption. Retrieved from http://www.

pewhispanic.org/files/2013/03/Latinos_Social_Media_and_Mobile_Tech_03-2013_final.pdf

Loveless, A., & Williamson, B. (2013). *Learning identities in a digital age—rethinking creativity, education and technology*. Milton Park, UK: Routledge.

Luckin, R. (2018). *Enhancing learning and teaching with technology: What the research says*. London, UK: Institute for Education Press.

Luckman, S., & Thomas, N. (2018). *Craft economies*. London, UK, and New York, NY: Bloomsbury Academic.

Lundby, K. (Ed.). (2009). *Mediatization: Concept, changes, consequences*. New York, NY: Peter Lang.

MacArthur Foundation. (2014). Digital media & learning. Retrieved from http://www.macfound.org/programs/learning/

MacLeod, J. (2005). *Ain't no makin' it: Aspirations and attainment in a low-income neighborhood* (2nd ed.). Boulder, CO: Westview Press.

Macvarish, J. (2016). *Neuroparenting: the expert invasion of family life*. Basingstoke, UK: Palgrave Macmillan.

Makey Makey. (2018). Retrieved from https://makeymakey.com/

Mako Hill, B. (2002). The geek shall inherit the earth: My story of unlearning. Creative Commons. Retrieved from https://mako.cc/writing/unlearningstory/StoryOfUnlearing.html

Mallan, K. M., Singh, P., & Giardina, N. (2010). The challenges of participatory research with "tech-savvy" youth. *Journal of Youth Studies, 13*(2), 255–272.

Mansell, R. (2012). *Imagining the Internet: Communication, innovation, and governance*. Oxford, UK: Oxford University Press.

Mansell, R., & Silverstone, R. (Eds.). (1996). *Communication by design: The politics of information and communication technologies*. Oxford, UK: Oxford University Press.

Mares, M. L., Stephenson, L., Martins, N., & Nathanson, A. I. (2018). A house divided: Parental disparity and conflict over media rules predict children's outcomes. *Computers in Human Behavior, 81*, 177–188.

Marsh, J., Kumpulainen, K., Nisha, B., Velicu, A., Blum-Ross, A., Hyatt,

D., . . . Thorsteinsson, G. (2017). Makerspaces in the early years: A literature review. Retrieved from http://makeyproject.eu/wp-content/uploads/2017/02/Makey_Literature_Review.pdf

Marsh, J., Plowman, L., Yamada-Rice, D., Bishop, J. C., Lahmar, J., Scott, F., . . . Winter, P. (2015). Exploring play and creativity in pre-schoolers' use of apps: Final project report. Retrieved from http://techandplay.org/tap-media-pack.pdf

Martin, A. (2003). The impact of free entry to museums. Retrieved from http://www.culturehive.co.uk/wp-content/uploads/2013/04/Impact-of-free-entry-to-museumsMORI.pdf

Marvin, C. (1988). *When old technologies were new: Thinking about electric communication in the late nineteenth century.* New York, NY, and Oxford, UK: Oxford University Press.

Mascheroni, G., & Ólafsson, K. (2015). The mobile Internet: Access, use, opportunities and divides among European children. *New Media & Society, 18*(8), 1657–1679. doi:10.1177/1461444814567986

Mayall, B. (2015). Understanding inter-generational relations: The case of health maintenance by children. *Sociology of Health & Illness, 37*(2), 312–324.

Mayo, A., & Siraj, I. (2015). Parenting practices and children's academic success in low-SES families. *Oxford Review of Education, 41*(1), 47–63. doi:10.1080/03054985.2014.995160

Mays, N., & Pope, C. (1995). Rigour and qualitative research. *BMJ, 311*(6997), 109–112.

Mazurek, M. O., & Engelhardt, C. R. (2013). Video game use in boys with autism spectrum disorder, ADHD, or typical development. *Pediatrics, 132*(2), 260–266. doi:10.1542/peds.2012–3956

Mazurek, M. O., Shattuck, P. T., Wagner, M., & Cooper, B. P. (2012). Prevalence and correlates of screen-based media use among youths with autism spectrum disorders. *Journal of Autism and Developmental Disorders, 42*(8), 1757–1767. doi:10.1007/s10803-011-1413-8

McCarthy, J. (2008). *Mother warriors.* New York, NY: Penguin Group; 제니 매카

시, 이수정 옮김,《예방접종이 자폐를 부른다》(알마, 2011).

McClelland, K., & Karen, D. (2009). Analysis. In J. MacLeod (Ed.), *Ain't no makin' it: Aspirations and attainment in a low-income neighborhood* (pp. 409 – 463). Boulder, CO: Westview Press.

Mckenzie, L. (2015). *Getting by: Estates, class and culture in austerity Britain*. Bristol, UK: Policy Press.

McRobbie, A. (2015). *Be creative: Making a living in the new culture industries*. Cambridge, UK: Polity Press.

Miller, D. (2009). *Stuff*. Cambridge, UK: Polity Press.

Miller, D. (2011). *Tales from Facebook*. Cambridge, UK: Polity Press.

Miller, D., Costa, E., Haynes, N., McDonald, T., Nicolescu, R., Jolynna, S., . . . Wang, X. (2016). *How the world changed social media*. London, UK: UCL Press.

Miller, T. (2005). *Making sense of motherhood: A narrative approach*. Cambridge, UK: Cambridge University Press.

Millwood Hargrave, A., & Livingstone, S. (2009). *Harm and offence in media content: A review of the empirical literature* (2nd ed.). Bristol, UK: Intellect Press.

Miltner, K. (2018). Girls who coded: Gender in twentieth century U.K. and U.S. computing. *Science, Technology, & Human Values, 44*(1), 161 – 176.

MIT Scratch Team. (2018). Scratch. Retrieved from https://scratch.mit.edu/

Morgan, D. L. (2008). *Snowball sampling. The SAGE encyclopedia of qualitative research methods* (Vol. 2). Thousand Oaks, CA: Sage Publications.

Morgan, G., Wood, J., & Nelligan, P. (2013). Beyond the vocational fragments: Creative work, precarious labour and the idea of "Flexploitation." *Economic and Labour Relations Review, 24*(3), 397 – 415. doi:10.1177/1035304613500601

Mumsnet. (2016). Mumsnet blogger network. Retrieved from http://www.mumsnet.com/bloggers/about-us

Nadesan, M. (2005). *Constructing autism—Unravelling the "truth" and understanding the social*. New York, NY: Routledge.

Nathanson, A. I. (1999). Identifying and explaining the relationship between parental mediation and children's aggression. *Communication Research, 26*(2), 124–143. doi:10.1177/009365099026002002

Nathanson, A. I. (2002). The unintended effects of parental mediation of television on adolescents. *Media Psychology, 4*(3), 207–230.

Nathanson, A. I. (2015). Media and the family: Reflections and future directions. *Journal of Children and Media, 9*(1), 133–139. doi:10.1080/17482798.2015.997145

Nathanson, A. I., & Yang, M. S. (2003). The effects of mediation content and form on children's responses to violent television. *Human Communication Research, 29*(1), 111–134.

National Audit Office (NAO). (2018). *Financial sustainability of local authorities 2018*. London, UK: Ministry of Housing, Communities & Local Government.

Nature Canada. (2018). The health impacts of too much screen time. Retrieved from https://naturecanada.ca/wp-content/uploads/2018/12/NOV-23-FINAL-ContactInfo-Nature-Canada-report-Screen-Time-vs-Green-Time.pdf

Nelson, M. K. (2010). *Parenting out of control: Anxious parents in uncertain times*. New York, NY: New York University Press.

Nemorin, S., & Selwyn, N. (2016). Making the best of it? Exploring the realities of 3D printing in school. *Research Papers in Education, 32*(5), 578–595. doi:10.1080/02671522.2016.1225802

Neri, D. (2018). The need for nuance in the tech use debate: A conversation with Amy Orben. *Behavioral Scientist*. Retrieved from http://behavioralscientist.org/need-nuance-conversation-amy-orben/

Nesta. (2017). Guidance for developing a theory of change for your programme. Retrieved from https://www.nesta.org.uk/sites/default/files/theory_of_change_guidance_for_applicants_.pdf

Nesta. (2019). Precarious to prepared A manifesto for supporting the six million most at risk of losing their jobs in the next decade. Retrieved from https://media.nesta.org.uk/documents/Precarious_to_prepared_A_manifesto_for_supporting_the_six_million_most_at_risk_of_losing_their_jobs_in_the_next_decade_v5.pdf

Newell, A. (2003). Inclusive design or assistive technology. In J. Clarkson, S. Coleman, S. Keates, & C. Lebbon (Eds.), *Inclusive design—Design for the whole population* (pp. 172- -181). London, UK: Springer.

Newman, J. (2017). *To Siri with love*. New York, NY: Harper.

Nikken, P., & Jansz, J. (2006). Parental mediation of children's videogame playing: A comparison of the reports by parents and children. *Learning, Media and Technology, 31*(2), 181-202. doi:10.1080/17439880600756803

Nikken, P., & Schols, M. (2015). How and why parents guide the media use of young children. *Journal of Child and Family Studies, 24*(11), 3423-3435. doi:10.1007/s10826-015-0144-4

Nutt, D. J., Lingford-Huges, A., Erritzoe, D., & Stokes, P. (2015). The dopamine theory of addiction: 40 years of highs and lows. *Nature Reviews Neuroscience, 16*(5), 305.

Ochs, E., & Kremer-Sadlik, T. (Eds.). (2013). *Fast-forward family: Home, work, and relationships in middle-class America*. Berkeley, CA: University of California Press.

Ochs, E., & Kremer-Sadlik, T. (2015). *How postindustrial families talk. Annual Review of Anthropology, 44*, 87-103.

Ochs, E., & Shohet, M. (2006). *The cultural structuring of mealtime socialization. New Directions for Child and Adolescent Development, 2006*(111), 35-49. doi:10.1002/cd.154

Ofcom. (2017). *Children and parents: Media use and attitudes report*. London: Office of Communications.

Office for National Statistics. (2011). Migration by ethnic group. 2011 UK Census. Retrieved from https://www.nomisweb.co.uk/query/construct/components/simpleapicomponent.aspx?menuopt=15040&subcomp=

Office for National Statistics. (2016). Population of the UK by country of birth and nationality: 2016. Retrieved from https://www.ons.gov.uk/peoplepopulationandcommunity/populationandmigration/internationalmigration/bulletins/ukpopulationbycountryofbirthandnationality/2016#london-has-the-highest-proportion-of-nonbritish-nationals

Office for National Statistics. (2017a). Household disposable income and inequality in the UK: Financial year ending 2017. Retrieved from https://www.ons.gov.uk/peoplepopulationandcommunity/personalandhouseholdfinances/incomeandwealth/ bulletins/ householddisposableincomeandinequality/financialyearending2017

Office for National Statistics. (2017b). Internet users in the UK: 2017. Retrieved from https://www.ons.gov.uk/businessindustryandtrade/itandinternetindustry/bulletins/internetusers/2017

Ofsted. (2018). Retrieved from https://www.gov.uk/government/organisations/ofsted

Ogata, A. (2013). *Designing the creative child: Playthings and places in midcentury America*. Minneapolis, MN: University of Minnesota Press.

Oldenziel, R. (1999). *Making technology masculine: Men, women and modern machines in America*, 1870 – 1945. Amsterdam, Netherlands: Amsterdam University Press.

Oliver, M., & Barnes, C. (2012). *The new politics of disablement* (2nd ed.). New York, NY: Palgrave Macmillan.

Orgad, S. (2019). *Heading home: Motherhood, work, and the failed promise of equality*. New York, NY: Columbia University Press.

Organisation for Economic Co-operation and Development (OECD). (2018). *The future of education and skills*. Retrieved from https://www.oecd.org/education/2030/E2030%20Position%20Paper%20(05.04.2018).pdf

Ortega, F. (2009). The cerebral subject and the challenge of neurodiversity. *BioSocieties, 4*(4), 425 – 445.

Osteen, M. (Ed.). (2008). *Autism and representation*. New York, NY: Routledge.

Oster, E. (2019). *Cribsheet: A data-driven guide to better, more relaxed parenting, from birth to preschool*. New York, NY: Penguin Press; 에밀리 오스터, 노혜숙 옮김,《최강의 데이터 육아》(부키, 2022).

Oxford English Dictionary. (2018). *Negotiate. Oxford English Dictionary*.

Palys, T. (2008). Purposive sampling. In L. M. Given (Ed.), *The Sage encyclopedia of qualitative research methods* (Vol. 2, pp. 697 – 698). Los Angeles, CA: Sage.

Parker, K., & Livingston, G. (2018). 7 facts about American dads. Retrieved from http://www.pewresearch.org/fact-tank/2018/06/13/fathers-day-facts/

Parks, D., Haron, A., Essien, O., & Vargas, A. (2018). We are geeks of color. Retrieved from https://geeksofcolor.co/about/

Patton, M. Q. (1990). *Qualitative evaluation and research methods* (2nd ed.). Thousand Oaks, CA: Sage Publications.

Pedersen, S. (2016). The good, the bad and the "good enough" mother on the UK parenting forum Mumsnet. *Women's Studies International Forum, 59*, 32–38.

Pedersen, S., & Lupton, D. (2018). "What are you feeling right now?" communities of maternal feeling on Mumsnet. *Emotion, Space and Society, 26*, 57–63.

Pelletier, C., Burn, A., & Buckingham, D. (2010). Game design as textual poaching: Media literacy, creativity and game-making. *E-Learning and Digital Media, 7*(1), 90–107.

Penuel, W., & O'Connor, K. (2018). From designing to organizing new social futures: Multiliteracies pedagogies for today. *Theory into Practice, 57*(1), 64–71.

Peppler, K. (2013). New opportunities for interest-driven arts learning in a digital age. Retrieved from http://www.wallacefoundation.org/knowledge-center/arts-education/key-research/Documents/New-Opportunities-for-Interest-Driven-Arts-Learning-ina-Digital-Age.pdf

Perrier, M. (2012). Middle-class mothers' moralities and "concerted cultivation": Class others, ambivalence and excess. *Sociology, 47*(4), 655–670. doi:10.1177/0038038512453789

Phillips, N., & Broderick, A. (2014). Has Mumsnet changed me? SNS influence on identity adaptation and consumption. *Journal of Marketing Management, 30*(9–10), 1039–1057.

Pinchevski, A., & Peters, J. D. (2016). Autism and new media: Disability between technology and society. *New Media & Society, 18*(11), 2507–2523. doi:10.1177/1461444815594441

Pink, S., & Leder Mackley, K. (2013). Saturated and situated: Expanding the meaning of media in the routines of everyday life. *Media, Culture &*

Society, 35(6), 677 – 691. doi:10.1177/0163443713491298

Polkinghome, D. (2007). Validity issues in narrative research. *Qualitative Inquiry, 13*(4), 471 – 486.

Postill, J. (2010). Introduction: Theorising media and practice. In B. Bräuchler & J. Postill (Eds.), *Theorising media and practice*. Oxford and New York: Berghahn.

Prensky, M. (2001). Digital natives, digital immigrants. *On the Horizon, 9*(5), 1 – 2.

Prensky, M. R. (2010). *Teaching digital natives: Partnering for real learning. Thousand Oaks*, CA: Corwin; 마크 프렌스키, 정현선, 이원미 옮김,《디지털 네이티브 그들은 어떻게 배우는가》(사회평론아카데미, 2019).

Prince's Trust. (2018). The Prince's Trust Macquarie youth index 2018. Retrieved from London: https://www.princes-trust.org.uk/about-the-trust/news-views/macquarieyouth-index-2018-annual-report

Przybylski, A. K., & Weinstein, N. (2017). A large-scale test of the goldilocks hypothesis: Quantifying the relations between digital-screen use and the mental well-being of adolescents. *Psychological Science, 28*(2), 204 – 215. doi:10.1177/0956797616678438

Pugh, A. J. (2009). *Longing and belonging: Parents, children, and consumer culture*. Berkeley, CA: University of California Press.

Putnam, L. L., & Fairhurst, G. T. (2015). Revisiting "organizations as discursive constructions": 10 years later. *Communication Theory, 25*(4), 375 – 392. doi:10.1111/comt.12074

Putnam, R. (2000). *Bowling alone: The collapse and revival of American community*. New York, NY: Simon & Schuster; 로버트 D. 퍼트넘, 정승현 옮김, 《나 홀로 볼링》(페이퍼로드, 2009).

Putnam, R. D. (2015). *Our kids: The American dream in crisis*. New York, NY: Simon & Schuster; 로버트 D. 퍼트넘, 정태식 옮김,《우리 아이들: 빈부격차는 어떻게 미래 세대를 파괴하는가》(페이퍼로드, 2016)

Qualtrough, E. (2018). CIOs facing skills and recruitment challenges to drive transformation, 2018 CIO 100 reveals: But CIOs looking to insource and increase headcount to develop in-house capability. Retrieved from https://

www.cio.co.uk/cio-career/cios-facing-skills-recruitment-challenges-drive-transformation-3676503/

Radesky, J. S., & Christakis, D. (2016a). Increased screen time: Implications for early childhood development and behavior. *Pediatric Clinics of North America, 63*(5), 827 – 839. doi:10.1016/j.pcl.2016.06.006

Radesky, J., & Christakis, D. (2016b). Media and young minds. *American Academy of Pediatrics, 138*(5), 1 – 6. doi:10.1542/peds.2016 – 2591

Radesky, J. S., Kistin, C., Eisenberg, S., Gross, J., Block, G., Zuckerman, B., & Silverstein, M. (2016). Parent perspectives on their mobile technology use: The excitement and exhaustion of parenting while connected. *Journal of Developmental & Behavioral Pediatrics, 37*(9), 694 – 701. doi:10.1097/DBP.0000000000000357

Rafalow, M. (출간 예정). *Digital divisions: How schools create inequality in the tech era*. Chicago: University of Chicago Press.

Ramaekers, S., & Suissa, J. (2012). *The claims of parenting—Reasons, responsibility and society*. London, UK: Springer.

Raphael, R. (2017). Netflix CEO Reed Hastings: Sleep is our competition. *Fast Company*. Retrieved from https://www.fastcompany.com/40491939/netflix-ceo-reed-hastingssleep-is-our-competition

Raspberry Pi. (2018). Retrieved from https://www.raspberrypi.org/

Reay, D. (2004). Gendering Bourdieu's concepts of capitals? Emotional capital, women and social class. *Sociological Review, 52*(s2), 57 – 74. doi:10.1111/j.1467-954X.2005.00524.x

Reay, D. (2017). *Miseducation: Inequality, education and the working classes*. Bristol, UK: Policy Press.

Reece, H. (2013). The pitfalls of positive parenting. *Ethics and Education, 8*(1), 42 – 54. doi:10.1080/17449642.2013.793961

Reese, H. W., & Lipsitt, L. P. (1978). Child discipline and the pursuit of self: An historical interpretation. In H. W. Reese & L. P. Lipsitt (Eds.), *Advances in child development and behavior* (Vol. 12, pp. 231 – 261). New York, NY: Academic Press.

Reeves, A. (2014). Neither class nor status: Arts participation and the social strata. *Sociology, 49*(4), 624–642. doi:10.1177/0038038514547897

Reich, J., & Ito, M. (2017). *From good intentions to real outcomes: Equity by design in learning technologies*. Retrieved from https://clalliance.org/wp-content/uploads/2017/11/GIROreport_1031.pdf

Reiser, R. A., Williamson, N., & Suzuki, K. (1988). Using Sesame Street to facilitate children's recognition of letters and numbers. *Educational Communication and Technology Journal, 36*(1), 15–21.

Renninger, K. A., & Hidi, S. (2011). Revisiting the conceptualization, measurement, and generation of interest. *Educational Psychologist, 46*(3), 168–184. doi:10.1080/00461520.2011.587723

Resch, A., Mireles, G., Benz, M., Grenwelge, C., Peterson, C., & Zhang, D. (2010). Giving parents a voice: A qualitative study of the challenges experienced by parents of children with disabilities. *Rehabilitation Psychology, 55*(2), 139–150.

Resnick, M., Maloney, J., Monroy-Hernandez, A., Rusk, N., Eastmond, E., Brennan, K., . . . Kafai, Y. (2009). Scratch: Programming for all. *Communications of the ACM, 52*(11), 60–67. doi:10.1145/1592761.1592779

Ribbens McCarthy, J., & Edwards, R. (2011). *Key concepts in family studies*. London, UK, and Los Angeles, CA: Sage; 제인 리벤스 매카시, 로절린드 에드워즈, 전영주, 원성희, 황경란, 양무희, 배덕경, 송정숙, 이복숙, 정수빈 옮김,《가족학의 핵심개념》(시그마프레스, 2013).

Ribbens McCarthy, J., Gillies, V., & Hooper, C.-A. (2013). *Family troubles? Exploring changes and challenges in family lives of children and young people*. Bristol, UK: Policy Press.

Richdale, A., & Schreck, K. (2009). Sleep problems in autism spectrum disorders: Prevalence, nature, & possible biopsychosocial aetiologies. *Sleep Medicine Reviews, 13*(6), 403–411.

Rideout, V., & Katz, V. S. (2016). Opportunity for all? Technology and learning in lowerincome families. Retrieved from http://www.joanganzcooneycenter.org/wp-content/uploads/2016/01/jgcc_opportunityforall.pdf

Rienzo, C., & Vargas-Silva, C. (2017). Briefing: Migrants in the UK: An overview. Retrieved from https://migrationobservatory.ox.ac.uk/wp-content/uploads/2017/02/Briefing-Migrants_UK_Overview.pdf

Rimini, M., Howard, C., & Ghersengorin, A. (2016). Digital resilience: Empowering youth online. Practices for a safer internet use. A major survey targeting Australia, Japan, Indonesia, Korea and Taiwan. Retrieved from http://www.thinkyoung.eu/research

Ringland, K., Wolf, C., Faucett, H., Dombrowski, L., & Hayes, G. (2016). *"Will I always be not social?": Re-conceptualizing sociality in the context of a Minecraft community for autism.* 이 논문은 ACM CHI Conference on Human Factors in Computing Systems. San Jose: CA에서 발표되었다.

Robbins, A. (2011). *The geeks shall inherit the earth: Popularity, quirk theory, and why outsiders thrive after high school.* New York, NY: Hyperion.

Roberts, J. (2018). Mumsnet. Retrieved from https://www.mumsnet.com/

Robinson, L., Cotten, S. R., Schulz, J., Hale, T. M., & Williams, A. (2015). *Communication and information technologies annual: Digital distinctions and inequalities.* Bingley, UK: Emerald Publishing.

Robison, J. (2017). Autism parent memoirs: Illuminating or exploitive? Retrieved from https://www.psychologytoday.com/us/blog/my-life-aspergers/201712/autism-parentmemoirs-illuminating-or-exploitive

Roeder, M. (2014). *Unnatural selection: Why the geeks will inherit the earth.* New York, NY: Arcade Publishing.

Roy, K., Zvonkovic, A., Goldberg, A., Sharp, E., & LaRossa, R. (2015). Sampling richness and qualitative integrity: Challenges for research with families. *Journal of Marriage and Family, 77*(1), 243–260.

Royal Society. (2017). After the reboot: Computing education in UK schools. Retrieved from https://royalsociety.org/~/media/policy/projects/computing-education/computingeducation-report.pdf

Rutkin, A. (2016, April 30). How Minecraft is helping children with autism make new friends. Retrieved from https://www.newscientist.com/article/mg23030713-100-howis-helping-children-with-autism-make-new-friends/

Saldaña, J. (2009). *The coding manual for qualitative researchers.* London,

UK: Sage; 조니 살다나, 박종원, 오영림 옮김,《질적연구자를 위한 부호화 지침서》(신정, 2012).

Sassen, S. (1991). *The global city: New York, London, Tokyo*. Princeton, NJ: Princeton University Press.

Savage, M. (2015a). Introduction to elites from the "problematic of the proletariat" to a class analysis of "wealth elites." *Sociological Review, 63*(2), 223–239.

Savage, M. (2015b). *Social class in the 21st century*. London, UK: Penguin Books.

Scabini, E., Marta, E., & Lanz, M. (2006). *The transition to adulthood and family relations: An intergenerational perspective*. Hove, UK: Psychology Press.

Schleicher, A. (2011). The case for 21st-century learning. *OECD Observer*, 42–43.

Schor, J. (1991). *The overworked American: The unexpected decline of leisure*. New York, NY: Basic Books.

Schor, J. B. (2004). *Born to buy: The commercialized child and the new consumer culture*. New York, NY: Scribner; 줄리엣 B. 쇼어, 정준희 옮김,《쇼핑하기 위해 태어났다》(해냄, 2005).

Scott, J. (1985). *Weapons of the weak: Everyday forms of peasant resistance*. New Haven, CT: Yale University Press.

Sefton, J. (2008). The roots of open-world games. Retrieved from https://www.gamesradar.com/the-roots-of-open-world-games/

Sefton-Green, J. (2013a). *Learning at not school: A review of study, theory, and advocacy for education in non-formal settings*. Cambridge, MA: MIT Press.

Sefton-Green, J. (2013b). What (and where) is the "learning" when we talk about learning in the home? Retrieved from http://eprints.lse.ac.uk/54793/

Sefton-Green, J., & Erstad, O. (2016). Researching "learning lives"—A new agenda for learning, media and technology. *Learning, Media and Technology, 42*(2), 246–250. doi:10.1080/17439884.2016.1170034

Sefton-Green, J., & Erstad, O. (Eds.). (2019). *Learning beyond the* school: International perspectives on the schooled society. New York, NY: Routledge.

Sefton-Green, J., Watkins, C., & Kirshner, B. (2020). *Young people's journeys into creative work: Challenges and transitions into the workforce*. New York, NY: Routledge.

Seiter, E. (2005). *The Internet playground: Children's access, entertainment, and miseducation*. New York, NY: Peter Lang.

Selby-Boothroyd, A. (2018). The challenges of charting regional inequality. *The Economist*. Retrieved from https://medium.economist.com/the-challenges-of-charting-regionalinequality-a9376718348

Selwyn, N. (2014). *Distrusting educational technology: Critical conversations for changing times*. Abingdon, UK, and New York, NY: Routledge.

Selwyn, N., & Facer, K. (2007). *Beyond the digital divide: Rethinking digital inclusion for the 21st century*. Bristol, UK: Futurelab.

Sennett, R., & Cobb, J. (1993). *The hidden injuries of class*. New York, NY: W. W. Norton & Company.

Shakespeare, T. (2010). The social model of disability. In L. J. Davis (Ed.), *The disability studies reader* (pp. 266–273). New York, NY: Routledge.

Shane, H. C., & Albert, P. D. (2008). Electronic screen media for persons with autism spectrum disorders: Results of a survey. *Journal of Autism and Developmental Disorders, 38*(8), 1499–1508. doi:10.1007/s10803-007-0527-5

Share, M., Williams, C., & Kerrins, L. (2017). Displaying and performing: Polish transnational families in Ireland Skyping grandparents in Poland. *New Media & Society 18*(10), 1–18. doi:10.1177/1461444817739272

Sheffer, E. (2018). *The problem with Asperger's*. Retrieved from https://blogs.scientificamerican.com/observations/the-problem-with-aspergers/

Siebers, T. (2008). *Disability theory*. Ann Arbor, MI: University of Michigan; 토빈 시버스, 조한진 옮김,《장애이론: 장애 정체성의 이론화》(학지사, 2019).

Silander, M., Grindal, T., Hupert, N., Garcia, E., Anderson, K., Vahey, P., & Pasnik, S. (2018). What parents talk about when they talk about learning. Education Development Center & SRI Education. Retrieved from http://www.edc.org/

sites/default/files/uploads/EDC_SRI_What_Parents_Talk_About.pdf

Silberman, S. (2001, December 1). The geek syndrome. *Wired*, 9.

Silicon Valley. (2018). Retrieved from https://www.hbo.com/silicon-valley

Silverstone, R. (2006). Domesticating domestication: Reflections on the life of a concept. In T. Berker, M. Hartmann, Y. Punie, & K. J. Ward (Eds.), *The domestication of media and technology* (pp. 229–248). Maidenhead, UK: Open University Press.

Silverstone, R., & Hirsch, E. (1992). *Consuming technologies: Media and information in domestic spaces*. London, UK: Routledge.

Skeggs, B. (2004). *Class, self, culture*. London, UK: Routledge.

Skeggs, B. (2015). Introduction: Stratification or exploitation, domination, dispossession and devaluation? *Sociological Review, 63*(2), 205–222.

SketchUp. (2018). Retrieved from https://www.sketchup.com/

Skinner, J. (2012). *The interview: An ethnographic approach*. London, UK: Berg.

Smale, H. (2015). *Geek girl*. New York, NY: HarperTeen.

Smith, J. (2015). Breck Bednar murder: How Lewis Daynes manipulated his victim. Retrieved from https://www.bbc.com/news/uk-england-essex-30730807

Social Mobility Commission. (2017). State of the nation 2017: Social mobility in Great Britain. Retrieved from https://www.gov.uk/government/uploads/system/uploads/attachment_data/file/662744/State_of_the_Nation_2017_-_Social_Mobility_in_Great_Britain.pdf

Social Mobility Commission. (2018). *Social mobility barometer*. London: Crown copyright. Retrieved from https://assets.publishing.service.gov.uk/government/uploads/system/uploads/attachment_data/file/766797/Social_mobility_barometer_2018_report.pdf

Sousa, A. (2011). From refrigerator mothers to warrior-heroes: The cultural identity transformation of mothers raising children with intellectual disabilities. *Symbolic Interaction, 34*(2), 220–243.

Spangler Effect. (2018). Retrieved from https://www.youtube.com/user/TheSpanglerEffect

Sparrow, M. (2017). Why to Siri with love is a wrecking ball of a book. In S. Des Rochas Rosa, J. Byde Myers, L. Ditz, E. Willingham, & C. Greenburg (Eds.), *Thinking person's guide to autism* (Vol. 12). Redwood City, CA: Deadwood City Publishing.

Spector, J. M. (2016). *Foundations of educational technology: Integrative approaches and interdisciplinary perspectives* (2nd ed.). New York, NY, and Abingdon, UK: Routledge; J. 마이클 스펙터, 김영수, 이현우, 정재삼, 임규연 옮김,《교육공학: 통학적 접근과 학제적 관점》(교육과학사, 2013).

Spigel, L. (1992). *Make room for TV: Television and the family ideal in postwar America*. Chicago, IL, and London, UK: University of Chicago Press.

Spradley, J. (1979). *The ethnographic interview*. Long Grove, IL: Waveland Press; 제임스 P. 스프래들리, 박종흡 옮김,《문화기술적 면접법》(시그마프레스, 2003).

Steiner, L., & Bronstein, C. (2017). Leave a comment: Mommyblogs and the everyday struggle to reclaim parenthood. *Feminist Media Studies, 17*(1), 59 – 76. doi:10.1080/14680777.2017.1261840

Steyer, J. P. (2002). *The other parent: the inside story of the media's effect on our children*. New York, NY: Atria Books.

Stiglic, N., & Viner, R. M. (2019). Effects of screentime on the health and well-being of children and adolescents: A systematic review of reviews. *BMJ Open, 9*(1), 1 – 15. doi:10.1136/bmjopen-2018-023191

Stuart, K. (2016). *A boy made of blocks*. New York, NY: St. Martin's Press; 키스 스튜어트, 권가비 옮김,《소년의 블록》(달의시간, 2020).

Sugg, Z. (2016). *Girl online: On tour: The first novel by Zoella*. New York, NY: Atria/Keywords Press; 조이 서그, 허원 옮김,《온라인 걸, 투어를 떠나다》(미메시스, 2017).

Sutton Trust. (2017). The state of social mobility in the UK. Retrieved from https://www.suttontrust.com/wp-content/uploads/2017/07/BCGSocial-Mobility-report-fullversion_WEB_FINAL.pdf

Swartz, M., & Crowley, K. (2004). Parent beliefs about teaching and learning in a children's museum. *Visitor Studies, 7*(2), 1 – 16.

Takeuchi, L., & Stevens, R. (2011). The new coviewing: Designing for

learning through joint media engagement. Retrieved from http://www.
joanganzcooneycenter.org/publication/the-new-coviewing-designing-
for-learning-through-joint-mediaengagement/

Tavory, I., & Eliasoph, N. (2009). Coordinating futures: Toward a theory of
anticipation. *American Journal of Sociology, 118*(4), 908–942.

Taylor, C. (2003). *Modern social imaginaries*. Durham, NC: Duke University
Press; 찰스 테일러, 이상길 옮김,《근대의 사회적 상상》(이음, 2010).

Taylor, S. (2004). The right not to work: Power and disability. *Monthly Review,
55*.

Te Riele, K. (2006). Youth "at risk": Further marginalizing the marginalized? *Journal
of Education Policy, 21*(2), 129–145. doi:10.1080/02680930500499968

Tech Nation. (2018). The state of the UK tech nation. Retrieved from
https://35z8e83m1ih83drye28oo9d1-wpengine.netdna-ssl.com/wp-
content/uploads/2018/05/Tech-Nation-Report-2018-WEB-180514.pdf

TechUK. (2019). Preparing for change: How tech parents view education
and the future of work. Retrieved from http://www.techuk.org/images/
documents/future_of_work_FINAL.pdf

Therrien, A., & Wakefield, J. (2019). Worry less about children's screen use,
parents told. *BBC News*. Retrieved from https://www.bbc.com/news/
health-46749232

Thomas, C. (2013). Disability and impairment. In J. Swain, S. French, C. Barnes,
& C. Thomas (Eds.), *Disabling barriers—Enabling environments* (3rd ed.,
pp. 9–16). London, UK: Sage Publications.

Thompson, C. (2017). The next big blue-collar job is coding. *Wired*. Retrieved
from https://www.wired.com/2017/02/programming-is-the-new-blue-
collar-job/

Thomson, R. (2011). *Unfolding lives: Youth, gender and change*. Bristol,
UK: Policy Press.

Thorton, S. (1996). *Club cultures: Music, media and subcultural capital*. Hanover,
NH: Wesleyan University Press.

Threadgold, S., & Nilan, P. (2009). Reflexivity of contemporary youth, risk and
cultural capital. *Current Sociology, 57*(1), 47–68.

Tilly, C., & Carre´, F. J. (2017). *Where bad jobs are better: Retail jobs across countries and companies*. New York, NY: Russell Sage Foundation.

Tirraoro, T. (2015). SEN figures show 2.5% drop in children with special educational needs in England. Retrieved from https://www.specialneedsjungle.com/sen-figures-show-2-5-drop-in-children-with-special-educational-needs-in-england/

Titchkosky, T. (2001). Disability: A rose by any other name? "People-first" language in Canadian society. *Canadian Review of Sociology/Revue canadienne de sociologie, 38*(2), 125 – 140.

Tkachuk, A. (2018). Engender creativity in young children to maximise their potential. RSA. Retrieved from https://www.thersa.org/discover/publications-and-articles/rsablogs/2018/02/engender-creativity-in-children-to-function-in-todays-world

Togni, L. (2015). The creative industries in London. *Working Paper 70*. Retrieved from https://www.london.gov.uk/sites/default/files/creative-industries-in-london.pdf

Tolstoy, L. (1886). *Anna Karenina*. Oxford, UK: Oxford University Press.

Trienekens, S. (2002). "Colourful" distinction: The role of ethnicity and ethnic orientation in cultural consumption. *Poetics, 30*(4), 281 – 298. https://doi.org/10.1016/S0304-422X(02)00025-6

Tripp, L. (2011). "The computer is not for you to be looking around, it is for schoolwork": Challenges for digital inclusion as Latino immigrant families negotiate children's access to the internet. *New Media & Society, 13*(4), 552 – 567.

Turkle, S. (2011). *Alone together: Why we expect more from technology and less from each other*. New York, NY: Basic Books; 셰리 터클, 이은주 옮김,《외로워지는 사람들: 테크놀로지가 인간관계를 조정한다》(청림출판, 2012).

Turkle, S. (2015). *Reclaiming conversation: The power of talk in a digital age*. New York, NY: Penguin Press; 셰리 터클, 황소연 옮김,《대화를 잃어버린 사람들: 온라인 시대에 혁신적 마인드를 기르는 대화의 힘》(민음사, 2018).

Turner, F. (2006). *From counterculture to cyberculture: Steward Brand, the whole earth network and the rise of digital utopianism*. London, UK: University of Chicago Press.

Twenge, J. M. (2017). *iGen: Why today's super-connected kids are growing up less rebellious, more tolerant, less happy—and completely unprepared for adulthood (and what this means for the rest of us)*. New York, NY: Atria Books; 진 트웽이, 김현정 옮김,《#i세대: 스마트폰을 손에 쥐고 자란 요즘 세대 이야기》(매경출판, 2018).

UK Digital Skills Taskforce. (2014). Digital skills for tomorrow's world. Retrieved from http://www.ukdigitalskills.com/wp-content/uploads/2014/07/Binder-9-reduced.pdf

UK Government. (2017). Looked-after children. Retrieved from https://www.gov.uk/topic/schools-colleges-childrens-services/looked-after-children

UNESCO. (2015). Leveraging information and communication technologies to achieve the post-2015 education goal. *Report of the international conference on ICT and post-2015 education*. Retrieved from http://unesdoc.unesco.org/images/0024/002430/243076e.pdf

Valkenburg, P. M., Piotrowski, J. T., Hermanns, J., & de Leeuw, R. (2013). Development and validation of the perceived parental mediation scale: A self-determination perspective. *Human Communication Research, 39*(4), 445–469.

Van Dijk, J. (2005). *The deepening divide: Inequality in the information society*. London, UK: Sage.

Victor, D. (2015, August 19). The Ashley Madison data dump, explained. *New York Times*. Retrieved from https://www.nytimes.com/2015/08/20/technology/the-ashleymadison-data-dump-explained.html

Villalobos, A. (2010). Mothering in fear: How living in an insecure-feeling world affects parenting. In A. O'Reilly (Ed.), *Twenty-first-century motherhood: Experience, identity, policy, agency* (pp. 57–71). New York, NY: Columbia University Press.

Villalobos, A. (2014). *Motherload: Making it all better in uncertain times*. Los Angeles, CA: University of California Press.

Vittadini, N., Siibak, A., Reifovà, I., & Bilandzic, H. (2013). Generations and media: The social construction of generational identity and differences. In N. Carpentier, K. C. Schrø der, & L. Hallet (Eds.), *Audience* transformations: *Shifting audience positions in late modernity* (pp. 65 – 88). New York, NY: Routledge.

Vygotsky, L. (1934/1986). *Thought and language*. Cambridge, MA: MIT Press.

Wajcman, J. (2004). *TechnoFeminism*. Cambridge, UK, and Malden, MA: Polity; 주디 와이즈먼, 박진희, 이현숙 옮김, 《테크노 페미니즘: 여성, 과학 기술과 새롭게 만나다》(궁리, 2009).

Wajcman, J., Bittman, M., & Brown, J. E. (2008). Families without borders: Mobile phones, connectedness and work-home divisions. *Sociology, 42*(4), 635 – 652. doi:10.1177/0038038508091620

Wallis, R., & Buckingham, D. (2016). Media literacy: The UK's undead cultural policy. *International Journal of Cultural Policy*, 1 – 16. doi:10.1080/10286 632.2016.1229314

Ward, M. R. M. (2014). "I'm a geek I am": Academic achievement and the performance of a studious working-class masculinity. *Gender and Education, 26*(7), 709 – 725.

Warner, J. (2006). *Perfect madness: Motherhood in the age of anxiety*. New York, NY: Riverhead Books; 주디스 워너, 임경현 옮김, 《엄마는 미친짓이다》 (프리즘하우스, 2005).

Warschauer, M., & Matuchniak, T. (2010). New technology and digital worlds: Analyzing evidence of equity in access, use, and outcomes. *Review of Research in Education, 34*(1), 179 – 225.

Wartella, E., Rideout, V., Lauricella, A. R., & Connell, S. L. (2013). Parenting in the age of digital technology: A national survey. Retrieved from http://web5.soc. northwestern.edu/cmhd/wp-content/uploads/2013/05/Parenting-Report_ FINAL.pdf

Watkins, S. C. (2009). *The young & the digital: What the migration to social-network sites, games and anytime, anywhere media means for our future*. Boston, MA: Beacon Press.

Watkins, S. C. (2012). Digital divide: Navigating the digital edge. *International Journal of Learning and Media, 3*(2), 1 – 12.

Watkins, S. C. (2019). *Don't knock the hustle: Young creatives, tech ingenuity, and the making of a new innovation economy*. Boston, MA: Beacon Press

Webb, P. (2011). Family values, social capital and contradictions of American modernity. *Theory, Culture & Society, 28*(4), 96-123.

Weinstein, N., & Przybylski, A. (2019). The impacts of motivational framing of technology restrictions on adolescent concealment: Evidence from a preregistered experimental study. *Computers in Human Behavior, 90*, 170-180.

Wenger, E. (2000). *Communities of practice: Learning, meaning, and identity* (R. Pea, C. Heath, & L. Suchman, Eds.). Cambridge, UK: Cambridge University Press; 에티엔느 뱅거, 손민호, 배을규 옮김, 《실천공동체》(학지사, 2007).

Wessendorf, S. (2014). *Commonplace diversity: Social relations in a super-diverse context*. Basingstoke, UK: Palgrave Macmillan.

Westman, K. E. (2007). Beauty and the geek: Changing gender stereotypes on the Gilmore Girls. In S. A. Inness (Ed.), *Geek chic: Women in popular culture*. New York, NY: Palgrave Macmillan.

Williamson, B. (2010). Policy utopias, sci-fi dystopias, and contemporary contests over childhood in education reform in the UK. *Journal of Children and Media, 4*(2), 206-222.

Williamson, B. (2013). *The future of the curriculum: School knowledge in the digital age*. Cambridge, MA and London, UK: MIT Press.

Williamson, B., Rensfeldt, A., Player-Koro, C., & Selwyn, N. (2018). Education recoded: Policy mobilities in the international "learning to code" agenda. *Journal of Education Policy, 34*(5), 705-725.

Williamson, E., Goodenough, T., Kent, J., & Ashcroft, R. (2005). Conducting research with children: The limits of confidentiality and child protection protocols. *Children and Society, 19*(5), 397-409.

Willis, P. (1977). *Learning to labour*. London, UK: Gower; 폴 윌리스, 김찬호 외 옮김, 《학교와 계급재생산》(이매진, 2004).

Wing, J. (2008). Computational thinking and thinking about computing. *Philosophical Transactions of the Royal Society of London A: Mathematical, Physical and Engineering Sciences, 366*(1881), 3717-3725.

Wood, D., Bruner, J., & Ross, G. (1976). The role of tutoring in problem solving. *Journal of Child Psychology and Psychiatry, 17*, 89-100.

Woodman, D. (2009). The mysterious case of the pervasive choice biography: Ulrich Beck, structure/agency, and the middling state of theory in the sociology of youth. *Journal of Youth Studies, 12*(3), 243–256. doi:10.1080/13676260902807227

Wooldridge, A. (2016). The rise of the superstars. *The Economist*. Retrieved from https://www.economist.com/special-report/2016/09/15/the-rise-of-the-superstars

World Health Organization. (2019). Guidelines on physical activity, sedentary behaviour and sleep for children under 5 years of age. Retrieved from https://apps.who.int/iris/handle/10665/311664

Wortham, S. (2006). *Learning identity: The joint emergence of social identification and academic learning*. Cambridge, UK: Cambridge University Press.

Wright, C., Diener, M., Dunn, L., Wright, S., Linnell, L., Newbold, K., . . . Rafferty, D. (2011). SketchUp™: A technology tool to facilitate intergenerational family relationships for children with autism spectrum disorders (ASD). *Family & Consumer Sciences, 40*(2), 135–149.

Yelland, N. J. (2018). A pedagogy of multiliteracies: Young children and multimodal learning with tablets. *British Journal of Educational Technology, 49*(5), 847–858. doi:10.1111/bjet.12635

Yergeau, M. (2018). *Authoring autism: On rhetoric and neurological queerness*. Durham, NC: Duke University Press.

Zelizer, V. A. (1985). *Pricing the priceless child: The changing social value of children*. Princeton, NJ: Princeton University Press.

Zhang, D., & Livingstone, S. (2019). Inequalities in how parents support their children's development with digital technologies. Parenting for a digital future: Survey report 4. Retrieved from http://www.lse.ac.uk/media-and-communications/assets/documents/research/preparing-for-a-digital-future/P4DF-Report-4.pdf

• 찾아보기 •

기타

옮긴이 **박정은**

컴퓨터공학을 공부했고, 공무원과 공기업 직원으로 일하다가 책과 번역이 좋아 출판 번역가로 전향했다. 글밥 아카데미 출판 번역 과정을 수료하고, 현재 바른번역 소속 번역가로 활동하고 있다. 옮긴 책으로는 《내성적인 프리랜서 괜찮을까요?》《리프레이밍》《무너지지 않는 아이》《리더십 리부트》《사랑하는 사람과 저녁 식탁에서 죽음을 이야기합시다》 등이 있다.

감수자 **김아미**

디지털 미디어 리터러시 연구자로, 서울대학교 빅데이터혁신공유대학 연구부교수로 재직 중이다. 서울대학교에서 불어교육학을 전공하고 언론정보학을 부전공했다. 하버드대학교에서 교육공학으로 석사학위를, 유니버시티칼리지런던 교육학연구대학원에서 미디어 리터러시 교육으로 박사학위를 받았다. 확장된 미디어 리터러시 개념 정립과 데이터 리터러시, 디지털 권리 및 디지털 윤리, 아동 주도 미디어 문화 연구 방법론 등을 주제로 연구하고 있다. 《온라인의 우리 아이들》《미디어 리터러시 교육의 이해》《젠더와 미디어 경험》(공저) 등을 썼으며 《미디어 교육 선언》(공역)을 옮겼다.

디지털 세대의 아날로그 양육자들

초판 1쇄 인쇄 2023년 6월 26일
초판 1쇄 발행 2023년 7월 5일

지은이 소니아 리빙스턴, 얼리샤 블럼-로스
옮긴이 박정은
감수자 김아미
펴낸이 이승현

출판2 본부장 박태근
W&G 팀장 류혜정
편집 남은경
디자인 함지현
교정교열 신지영

펴낸곳 ㈜위즈덤하우스 **출판등록** 2000년 5월 23일 제13-1071호
주소 서울특별시 마포구 양화로 19 합정오피스빌딩 17층
전화 02) 2179-5600 **홈페이지** www.wisdomhouse.co.kr

ISBN 979-11-6812-658-9 93370